Das
Kletterpflanzen
Buch

Peter und Ilse Menzel

Das Kletterpflanzen Buch

91 Farbfotos
57 Zeichnungen

VERLAG
EUGEN
ULMER

Umschlagfoto von A. Bärtels, *Clematis* 'Madame Eduard André'

CIP-Titelaufnahme der Deutschen Bibliothek

Menzel, Peter:
Das Kletterpflanzenbuch /
Peter u. Ilse Menzel. –
Stuttgart: Ulmer, 1988
  ISBN 3-8001-6338-1

NE: Menzel, Ilse:

© 1988 Eugen Ulmer GmbH & Co.
Wollgrasweg 41, 7000 Stuttgart 70 (Hohenheim)
Printed in Germany
Einbandgestaltung: A. Krugmann
Satz: Typobauer Filmsatz GmbH, Ostfildern
Druck und Bindung: Röck, Weinsberg

Vorwort

Kletterpflanzen erfreuen sich immer größerer Beliebtheit bei Gartenfreunden, nicht allein ihrer Eroberung der dritten Dimension, sondern auch ihres großen Arten- und Sortenreichtums wegen. Sie können einen Garten bereichern, ohne viel Platz zu beanspruchen, nur die Höhe muß ihnen offenstehen. Sie schenken Schönheit durch Farben und Formen, auch Früchte, manche davon nahrhaft und wohlschmeckend, kommen dazu. So haben in diesem Buch allein über 300 Arten und Sorten von *Clematis* Eingang gefunden. Hinzu kommen noch 150 Gattungen mit mehr als 400 Arten und einer Vielzahl Varietäten und Sorten.

Neben den Farbtafeln und Zeichnungen sollen alte Abbildungen von Kletterpflanzen deren Bedeutung als Gartenpflanze und Wegbegleiter der Menschen vergangener Jahrzehnte und Jahrhunderte deutlich werden lassen.

Das Kletterpflanzensortiment, das hier vorgestellt wird, enthält viele Arten, die nicht ganz einfach zu erlangen sind. Pflanzenliebhabergesellschaften, Pflanzentauschbörsen, Angebote in Gartenzeitschriften, Kataloge von Spezialgärtnereien können vielfach weiterhelfen.

Kletterpflanzen sind oft Reisemitbringsel und bieten Anreiz zum Experimentieren. So sind auch Pflanzen aufgenommen worden, die noch nicht im Handel sind, aber bald zum Kauf angeboten werden können.

Die Pflanzen des Sortiments sind, soweit sie nicht winterhart sind, mit den Möglichkeiten eines normalen Haushaltes zu überwintern, sei es frostfrei im Keller, im Treppenhaus oder in einer hellen Bodenkammer. Ein Kleingewächshaus ist für die frostempfindlichen Pflanzen keine Bedingung, erleichtert aber manches und erweitert das mögliche Sortiment.

Ein Dankeschön für hilfreiche Zusammenarbeit möchten wir den Herren van de Vooren und Dr. Brandenburg, Wageningen, zum Thema Clematis, Dr. Kramer, Bayreuth, für botanische Fragen und dem Verlag Eugen Ulmer, Stuttgart, für die „artenreiche" Lektoratsarbeit und die Gestaltung und Ausstattung des Buches aussprechen. Der Dank gilt auch vielen Pflanzenfreunden und Gärtnern für manch brauchbaren Tip aus ihrem Erfahrungsschatz.

Peter und Ilse Menzel
Sinzig-Bad Bodendorf
im Sommer 1988

Inhaltsverzeichnis

Pflanzung und Pflege von Kletterpflanzen

Wo Kletterpflanzen wachsen können

Fassadenbegrünung ist uns besonders von alten Häusern, Burgen und Schlössern bekannt. Sie gehört mit dem Weinstock am Haus zum vertrauten Bild in klimatisch günstigen Gegenden. Je dichter die Bebauung wird und je enger die Häuser, desto weniger wird das Grün dazwischen. War die Begrünung von Häusern und Fabrikfassaden um die Jahrhundertwende und in den 20er und 30er Jahren mehr dekoratives Element, so sieht man heute in ihr eine Möglichkeit, durch Wandflächenbewuchs das Grün zu schaffen, für das keine Freifläche, kein Garten mehr zur Verfügung steht.

So sind Kletterpflanzen wieder im Kommen. Der Garten, ob klein, sehr klein oder mittel bis groß, gehört heute den Kletterpflanzen. Sie erobern sich die dritte Dimension, sprich ranken an Mauern, Pfählen, Zäunen hoch, durchwachsen Sträucher und Bäume und decken im Nu als Bodendecker das Erdreich zu. Sie schaffen es, in kürzester Frist eine Schmuckfläche zu zaubern, die sowohl dem kleinen Reihenhaus mit Minigarten gut steht als auch einer großen Landhausvilla mit ihren Schönheitsfehlern. Die Völker des Mittelmeerraumes wußten Kletterpflanzen wie den Wein schon vor Jahrtausenden zu schätzen. Er war nicht nur eine Zierde der Häuser, sondern die isolierende Luftschicht zwischen Blatt- und Mauerwerk ließ das Haus im Sommer im Innern angenehm kühl sein. Wir achten in unseren kalten Breiten darauf, sommergrüne Pflanzen besonders an die Südseite des Hauses zu setzen, wo die Wintersonne das Mauerwerk erwärmen kann. Immergrüne Kletterer pflanzt man wegen ihrer isolierenden Wirkung vornehmlich an die Nord-, West- oder Ostseite. Und was in Italien, Griechenland und Spanien der Wein, zauberte in China und Japan die Glyzine, in Mexiko die *Cobaea* und in Deutschland eine Geißblattlaube, nämlich Schatten zum behaglichen Sitzen in der Sommerhitze. Wohltuend ist nicht nur der Schatten, den die Pflanze in einer Laube spendet, sondern auch das Erleben der Lichteffekte, des Duftes und der Formen und Farben von windenden Trieben, Ranken, Blättern und Blüten.

Die Chancen, mit Kletterpflanzen Wände bewachsen zu lassen und so Hinterhöfe, Straßenschluchten und Betongrau zu begrünen, wurden in den letzten Jahren überall mit Begeisterung aufgegriffen. Gearbeitet wurde nach den Erfahrungen, die man von früher her, das heißt von der Jahrhundertwende an bis in die 30er Jahre mit Kletterpflanzen hatte. Damals war die Zeit der soliden Klinker- oder Bruchsteinmauern und der für Generationen haltbaren Außenputze.

Heute gibt es eine Vielfalt von Materialien zur Gestaltung der Außenwände, insbesondere im Bereich der Fassadenverkleidung, der Außenwandverkleidung, der Außenwandisolierung und des farbgebenden Anstrichs, die nur für diese Zwecke entwickelt wurden und von denen manche als tragendes Element für selbstkletterndes Fassadengrün nicht geeignet sind. Dies ist aber kein Grund, die Begrünung von Außenwänden furchtsam zu meiden oder gar zu verteufeln. Wo Wunsch und Wille zur Wandbegrünung da sind, findet sich immer ein Weg durch die Wahl geeigneter Kletterpflanzen und wandgerechter Kletterhilfen.

Schwierigkeiten und Unverträglichkeiten zwischen Haus und Kletterpflanze entstehen nur dort, wo der Putz bröckelig ist, oder die Mauerziegel brüchig sind. Ein intaktes Mauerwerk wird von Kletterpflanzen nicht zerstört. Problemlos ist die Fassadenbegrünung mit Efeu, Kletterhortensie und den mit Saugnäpfen kletternden Scheinreben *(Ampelopsis)* sowie der Jasmintrompete *(Campsis)* bei Bruchstein- und Klinkerwänden, die sauber verfugt sind oder bei rißfreiem, festen Kalk- und Kalkzementputz. Vor der Begrünung sollte in jedem Falle einwandfrei saniert werden. Auch bei Beton kann in gleicher Weise begrünt werden, wenn Betongüte, Oberflächenausführung bzw. eine ausreichende deckende Betonschicht über den eingegossenen Eisenarmierungen Schadstellen verhindert. Andernfalls notwendige regelmäßige Sanierungsmaßnahmen der Betonoberflächen würden durch direkten Kletterpflanzenbewuchs stark erschwert. Kunstharzputze sind kurzlebig, so daß wie bei Anstrichen die Erneuerung problematisch würde, ungeachtet der in der Regel nicht ausreichenden Tragfähigkeit für Selbstklimmer.

Ungünstig für direkten Kletterpflanzenbewuchs sind Wandverkleidungen, in deren Spalten oder Überlappungen wie unter Schindeln und Dachziegeln Triebe einwachsen und Schaden anrichten können. Kontinuierliche Pflege, vor allem Schnitt, könnte dies verhindern, ist aber sehr aufwendig, wenn nicht gar in großen Höhen unmöglich. Holzverkleidungen, Holzsäulen und Balkonfachwerk bedürfen regelmäßiger Pflege. Solche Schutzbehandlungen sind bei Bewuchs nicht möglich. Es sammeln sich auch, zum Beispiel zwischen den Efeukletterwurzeln und den Trieben, Laub und Staub mit Feuchterückhaltevermögen, so daß das Holz fault und auch Pilzbefall möglich ist. Besonders Efeu, aber auch Jungfernrebe *(Parthenocissus)* und Scheinrebe *(Ampelopsis)* bedürfen des pflegenden Beschnitts, da sie sonst auch unter Fensterbleche, in Rolladenkästen und hinter Schieferverkleidungen ihre Triebe schicken.

Regenrinnen und deren Fallrohre sind keine geeigneten Kletterhilfen für kräftige Lianen wie Glyzine *(Wisteria)* oder *Celastrus*, da diese später mit ihrem Dickenwachstum der Triebe ein Regenrohr langsam aber sicher mit „Knautschlook" versehen könnten. Ebenfalls ungeeignet sind außen verlegte Elektroleitungen, Antennenkabel oder Lamellenelemente von vorgehängtem Sonnenschutz. An mehrstöckigen Häusern ist Fassadenbegrünung deshalb immer mit Fachleuten (Baufachleute und Gärtner) vor der Pflanzung abzuklären. An Einfamilienhäusern ist mittels Klettergerüsten, leichten Holzgittern, Schnur- und Drahtbespannung sowohl mit ausdauernden als auch mit einjährigen Kletterern immer der gewünschte Effekt zu erzielen.

Zusammenfassend läßt sich feststellen, daß es außer persönlichen gestalterischen oder situationsbedingten Einwänden nichts grundsätzlich gegen Fassadenbegrünung vorzubringen gibt.

Die Pflanzenvielfalt erlaubt es, glatte, eintönige Wandflächen zu beleben, alte Pfosten zu zieren, farbbedürftige Regenfallrohre zu beranken, einem alten Baum frisches blühendes Grün zu geben und einen Sichtschutz nicht nur zum bösen Nachbarn zu schaffen. Grundsätzlich ist festzuhalten, daß ältere Bäume durch Kletterpflanzen keinen Schaden leiden. Nur bei jungen Bäumen und stammumschlingenden Kletterern, zum Beispiel *Celastrus* und *Lonicera* kann es Schwierigkeiten geben, wenn der Baumstamm mit den Jahren dicker wird, und er dabei durch die Kletterpflanze eingeschnürt wird. Darüber hinaus findet manch ein Vogelpärchen im Efeu oder in der Kletterhortensie einen idealen Nistplatz. Der Efeu, dieser immergrüne Kletterer, ist im Altersstadium mit seinen Früchten zum Winterende nicht nur schön, sondern für Amseln, auch Wildtauben und andere Vögel eine reiche Nahrungsquelle. Sind Haus und Garten noch sehr jung, ist der Garten also noch ohne hohe Bäume, so kann man mit Pergolen, Pfählen, Säulen oder Zaun plus Kletterpflanze den noch nicht gewachsenen Baum ersetzen, damit die dritte Dimension schaffen und den Gartenraum sichtbar machen. Da bieten sich viele Kletterpflanzen an, mannigfach in Form, Farbe und Blütezeit. Von Ende Dezember bis Anfang März blüht der Winterjasmin, im April schließen sich zum Beispiel *Clematis* an wie *C. alpina* oder *C. macro-*

petala, im Mai werden sie dann abgelöst von großblumigen *Clematis*, deren Blütenflor bei geschickter Sortenwahl kontinuierlich bis in den Oktober erfreut. Der Kombinationsvielfalt sind keine Grenzen gesetzt. Schön ist die Farbkombination von einjährigen, gelbblühenden Kapuzinerkressen *(Tropaeolum peregrinum)* im wilden Wein, dessen Herbstlaub leuchtendrot gefärbt ist oder einer großblumigen weißblühenden *Clematis*, die im Zierapfel mit seinen kleinen dunkelroten Früchten Stamm und Äste umrankt.

Der Weg zum Kauf einer Kletterpflanze

Ihnen gefällt die Gartenseite zum rechten Nachbarn nicht mehr. Dort wachsen seit vielen Jahren Sträucher wie Forsythie, Kornelkirsche und Falscher Jasmin oder Pfeifenstrauch *(Philadelphus)*. Im Frühling, schon ab Februar blüht es herrlich gelb, später weiß, aber von Mitte Mai bis zum Herbst ist die Seite eine einzige grüne Front, ein Sichtschutz zum Nachbarn zwar, aber ohne zierende Blüten. Das ist auf die Dauer recht langweilig und mit einem herrlichen sommerblühenden Schlinger wäre der Eintönigkeit abzuhelfen.

Nun sehen Sie sich in den Nachbargärten um, was dort an Kletterpflanzen wächst und blüht. Und wenn der Rundblick nicht sehr befriedigend ausfällt, führt der nächste Weg in einen botanischen Garten, in einen Park oder auch in das nächste gut sortierte Gartencenter oder in die Verkaufsbaumschule zur Orientierung. Nützlich sind solche Erkundungsgänge zum Kennenlernen der Schlinger, um zu sehen wie sie wachsen, blühen und fruchten. Sie können Vergleiche anstellen und sehen, was für den geplanten Standort geeignet sein könnte und sich mit der Umgebung verträgt.

Wohl dem, der Nachbarn besitzt, in deren Garten die gewünschte Pflanze steht. Seine Kulturerfahrungen zu erfragen, bedeutet, mit der Pflanze schon relativ vertraut zu sein und auf ihre Bedürfnisse besser eingehen zu können, da der Nachbargarten in der Regel ein ähnliches Kleinklima hat. Daneben studieren Sie Gartenbücher und Pflanzenkataloge, um Eigenschaften und Ansprüche der Pflanzen kennenzulernen. Dabei überlegen Sie, welche Gattung und Art, welche Sorte in Blütenfarbe, Blütezeit, Blattwerk und Herbstfärbung zu der ihr zugedachten Umgebung paßt und welche dort, unter den gegebenen Bedingungen wachsen und blühen kann. Sie müssen also wissen, welche Ansprüche die Pflanze stellt. Gehört sie zu den anspruchslosen genügsamen oder zu den wählerischen Schlingern? Zum Glück leiden Schlinger selten unter Pflanzenkrankheiten. Man fragt sich, ob die Pflanze jährlichen Rückschnitt benötigt, und ob sie kalkhaltigen oder sauren Boden liebt. Zu bedenken ist auch, ob ihre Wuchskraft der ihr zugedachten Aufgabe, etwa eine 8 m hohe Hauswand zu bedecken, gerecht wird. Eine andere Frage ist, ob sie mit ihrem Partner, im geschilderten Fall Kornelkirsche *(Cornus mas)*, im Gleichschritt wächst, ohne ihn zu erwürgen oder zu überwuchern. Es darf auch keine Kletterpflanze sein, die jedes Jahr kräftig zurückgeschnitten werden muß. Wer mag schon aus einem dicht verzweigten Strauch Clematisranken herauszupfen? Ein Gärtner kann darüber sicher erschöpfende Auskunft geben und findet gewiß eine Kletterpflanze, die Ihren Ansprüchen und denen des Standortes entspricht. Und ganz zum Schluß kommt Ihnen vielleicht die Frage in den Sinn, wieviel dieses kleine Wunder an Wuchs- und Blütenkraft kostet. Der Preis steht im Verhältnis zur Qualität, aber letztlich ist es immer preiswerter eine teurere, aber gute, kräftige Pflanze zu erwerben, als eine Pflanze, die mickrig und hilfsbedürftig aussieht und ein paar Mark weniger kostet. Sie haben schneller und wahrscheinlich auch mehr Freude an der kräftigen Pflanze, die möglicherweise schon im kommenden Jahr reichlich blüht und Ihnen damit beweist, daß Sie eine gute Wahl getroffen haben.

Bei sehr seltenen Arten wird man froh sein, Saatgut oder einen bewurzelten Steckling zu bekommen – aber wenn man die Wahl hat... –

Mit der guten Wahl bewegt man sich, wenn es um den Duft geht, in die vierte oder fünfte Gartendimension. Mit geschlossenen Augen kann man eine Gartensommernacht erleben. Ein Erlebnis besonderer Art, Gartenräume durch ihre Düfte aufzunehmen. Dafür sind besonders zu empfehlen:

Geißblattarten, zum Beispiel *Lonicera periclymenum*, *L. japonica* 'Halliana'
Glyzinen, zum Beispiel, *Wisteria floribunda* und *W. sinensis*-Sorten
Jasmin, zum Beispiel *Jasminum officinale*
Gartenwicke, *Lathyrus odoratus*-Sorten
Rosen, zum Beispiel 'Zephirine Drouhin' oder 'Sympathie'
Clematis, zum Beispiel *Clematis flammula*, *C. vitalba*

Es gibt noch viele duftende Kletterpflanzen, bei denen der Duft aber weniger raumfüllend ist (siehe Liste Seite 40 und 168).

Die Winterhärte

Was hält eine Pflanze an Winterkälte aus? Diese Frage ist sehr wichtig für die Pflanzenauswahl, denn sie entscheidet über Erfolg und Mißerfolg mit den gewählten Kletterpflanzen. Entscheidend für die Winterhärte ist zum einen die Heimat der Art, aber auch die Herkunft der erworbenen Pflanze. Stammt sie von Pflanzen aus milden Lagen, so ist sie empfindlicher, während Ausgangsmaterial aus extremen Höhenlagen bei der gleichen Art die Winterhärte mitbringen kann, die eine Pflanze bei uns benötigt. So mag von mancher schönen, heute bei uns als empfindlich geltenden Pflanze in ihrer Heimat noch für uns winterhartes Ausgangsmaterial vorhanden sein. Diese Möglichkeit läßt hoffen und ist vielen Pflanzenfreunden Ansporn, nach solchen Pflanzentypen zu suchen. Früher begnügten sich Pflanzensammler meistens mit der neuentdeckten Art, ohne nach extremen Standorten der neuen Pflanzenart zu suchen, um den härtesten Typ nach Hause zu bringen. Das war ganz normal, denn die Suche galt neuen Pflanzen und nicht neuen Pflanzen, die auch noch in unserem Klima winterhart sein mußten.

Ein anderer wichtiger Faktor für die Winterhärte ist das Ausreifen der Pflanze im Herbst. Frische, saftige Triebe, die bis zum Winterbeginn nicht ausreifen konnten, sind wesentlich empfindlicher als gut ausgereifte Zweige. Der Unterschied der Frostverträglichkeit kann ohne weiteres 10 °C und mehr betragen. Geringere Wassermengen und im Herbst keine Düngung mehr können die Winterhärte beachtlich steigern. Es gilt also, weniger zu gießen oder in Einzelfällen, soweit möglich, bei schweren Herbstregenfällen den Wurzelbereich mit einer Folie abzudecken. Dies kann besonders nach einem trockenen Sommer wichtig sein, wenn Regenfälle bei warmem Herbstwetter die Pflanze wieder in Trieb bringen und ein Ausreifen der Triebe verhindern würden.

Ein anderer ebenso wichtiger Faktor ist das Kleinklima am Standort der Pflanze. Steht sie an einer wärmespeichernden Mauer, ist sie windgeschützt. Der Winterwind trocknet die Pflanze durch erhöhte Verdunstung aus und läßt sie vertrocknen. Das Abdecken der Pflanze mit einem Vlies schafft langsameren Temperaturwechsel und läßt die Pflanze zwischen Mauer und Vlies in einer Art Minigewächshausklima den Winter besser überstehen. Die Wintersonne kann den Pflanzen erheblich schaden. Wenn ein Trieb einseitig von der Sonne beschienen und auf der Schattenseite gefroren ist, entstehen Spannungen, die Rinde kann auf- und vom Trieb abplatzen, oder der Trieb selbst kann aufreißen. Dies vermeiden heißt Südlagen zur Pflanzung meiden oder mit Reisig oder Sackleinen Schatten spenden. An Ost-, West- oder Nordseiten hat man es leichter. Bei manchen Arten aber ist die Wärme einer Südseite zum Ausreifen der Pflanze und damit besserer Winterhärte so wichtig, daß man den zusätzlichen Aufwand für Winterschutz gerne in Kauf nimmt. Wenn der Wurzelbereich durch Laub, Schnee oder bodendeckende Pflanzen geschützt ist, bleibt wenigstens die Möglichkeit für neue Frühjahrstriebe aus

Wind-, Winter- und Sonnenschutz.

dem Wurzelbereich, wenn die oberirdischen Teile im strengen Winter erfroren sind. Eine solche Bodenabdeckung hilft den immergrünen Pflanzen auch, während milder Wintertage Wasser aus dem Boden nachzuholen, um das verdunstete Wasser zu ersetzen und so Trockenschäden zu vermeiden. Frostschäden sind bei genauerer Prüfung oft Trockenschäden, da die Pflanze wegen des gefrorenen Bodens kein Wasser aufnehmen kann und die Verdunstung Blätter und Zweige vertrocknen läßt. Gerade in städtischen, engbebauten Bereichen gibt es viele Standorte, an denen an sich kaltes Klima zu Weinbauklima verbessert. Solche günstigen Klimanischen schaffen dann in Weinbaugebieten sogar die Möglichkeit, Pflanzbereiche mit mittelmeerähnlichem Klima zu haben. So lassen sich auch bei uns Pflanzen an Standorten kultivieren, an denen sie normalerweise nicht mehr gut gedeihen.

Der geschickte Pflanzenfreund hat zudem viele Möglichkeiten, der Natur nachzuhelfen oder Kompromisse einzugehen. Dies gilt besonders für Pflanzen, deren oberirdische Teile unsere Winter auch bei sehr günstigen Standorten nicht überstehen. Der Wurzelbereich ist leicht zu schützen. Viele Pflanzen stecken, wenn sie eingewachsen sind, voller Kraft und treiben jedes Frühjahr neu aus. Dazu blühen viele Pflanzen an den neuen Trieben im gleichen Jahr. Das ist der Trick, um unserem Winter ein Schnippchen zu schlagen. Wir verzichten einfach auf das Überwintern der oberirdischen Triebe und begnügen uns mit dem jährlichen neuen Triebwachstum. Dazu braucht die Pflanze natürlich viele Nährstoffe und reichlich Wasser und es bedarf deshalb ausreichenden Düngens und Wässerns. Beispiele dafür sind Passionsblume *(Passiflora)*, echter Jasmin *(Jasminum officinale)* oder gar die tropische Süßkartoffel *(Ipomoea batatas)*.

Das frostfreie Überwintern, sozusagen in den Winterschlaf versetzen, ist bei empfindlichen Arten hilfreich. Leicht ist es bei Arten, die Knollen oder feste Wurzelstöcke besitzen und auch in ihrer Heimat eine Winterpause einlegen. So können ähnlich wie Dahlien zum Beispiel *Thladiantha* oder etwas wärmer *Gloriosa* und *Littonia* überwintern. Wenn Pflanzen als Kübelpflanzen überwintert werden sollen, so ist bei sommergrünen Pflanzen oft ein starker Rückschnitt möglich oder aus Platzgründen auch nötig. Sie können dann im Ruhestadium meistens mit wenig Licht und etwas Feuchtigkeit bis zum Frühjahr vor sich hin ruhend, überwintert werden. Andere Pflanzen wieder wurzeln als Stecklinge schnell und wachsen dann im Frühjahr flott weiter, so daß es sich nicht lohnt, ganze Pflanzen zu überwintern.

Die Überwinterung mit bewurzelten Stecklingen, die im Mai nach den Eisheiligen ausgepflanzt werden, geht zum Beispiel sehr gut bei den Solanum-Arten, die bei uns nicht winterhart sind.

Empfindliche, immergrüne Arten müssen als Kübelpflanzen mit ausreichender Feuchtigkeit in hellen Räumen, in Treppenhäusern oder auf dem Boden mit Dachfenstern überwintert werden. Wer ein Kleingewächshaus besitzt, das er frostfrei halten oder leicht temperieren kann, hat es besonders gut. Dort können, ausgepflanzt oder als Kübelpflanze, sogar die seltenen und sonst schwierig zu kultivierenden chilenischen Gesneriaceen *Asteranthera* und *Mitraria* kultiviert werden. Im Kübel lassen sich auch die besonderen Bodenansprüche dieser Pflanzen erfüllen (hier humoses, saures und feuchtes Substrat).

Die frostfreie Überwinterung im Keller, in der Garage oder im Kleingewächshaus sollte nur genutzt werden, wenn man dazu reichlich Platz hat und alle anderen Möglichkeiten ausgeschöpft sind. Einfacher ist es immer noch, die Pflanzen mit einem sorgfältig gebauten Winterschutz im Freien zu belassen, ohne mit ihnen im Herbst und Frühjahr ein ganzes Umzugsunternehmen starten zu müssen. Wenn Pflanzen eingewachsen an ihrem Standort bleiben können, entwickeln sie sich in jedem Fall besser. Wir brauchen dann nur pflegend oder korrigierend das Wachsen und Blühen im Jahreslauf zu begleiten.

Einfach ist auch Aussaat im Frühjahr mit Vorkultur. Das kennen wir vom Gemüsegarten. Aussaat je nach Art ab Januar bis Anfang Mai und Eintopfen, wenn die Pflanze 2 bis 3 Laubblätter gebildet hat, als Beispiel seien Kürbisgewächse genannt. Die Aussaat kann in kleinen Töpfen, Bechern oder jedem beliebigen Gefäß erfolgen und bei einmaligem Verpflanzen kräftige, schnellwachsende Exemplare zum Auspflanzen nach den Eisheiligen liefern. Wichtig

Vlies- oder Folienzelt zum Schutz von Austrieb, Blüten oder reifenden Früchten gegen Fröste im Frühjahr und Herbst, aber auch als Schutz vor zu viel Regen.

ist auch die Keimtemperatur, die je nach Erfordernis durch Standort auf einem Heizkörper geregelt werden kann. Beim Heranwachsen der Pflanze ist in der Regel viel Licht wichtig, damit die Pflanze kräftig und gedrungen bleibt. Kletterpflanzen, die mit langen Trieben ihr Wachstum beginnen, müssen aufgebunden werden, damit sie sich nicht untereinander verwirren und später nicht mehr zu trennen sind. Sie müssen auch, wenn sie kräftige Wachser sind, bei früher Aussaat gedüngt werden, damit sie nicht steckenbleiben. Pflanzen, die einmal ihr Wachstum eingestellt und sozusagen eine Zwischenruhe eingelegt haben, bekommt man nicht schnell wieder in Gang. Wichtig ist beim Hinausbringen in den Garten auch das Abhärten. Man kann an regnerischen oder trüben Tagen pflanzen, oder den Pflanzen durch Bretter und Zweige etwas Schatten verschaffen. Die Pflanzen können auch im Schatten eines Baumes oder auf der West- oder Nordseite eines Hauses stehen, um sich einige Tage an das Frisch- und Freiluftklima des Gartens zu gewöhnen.

Aussaat an Ort und Stelle im Frühjahr ist die einfachste Art der „Pflanzenüberwinterung" und bei vielen Arten möglich, zum Beispiel beim japanischen Hopfen *(Humulus scandens)* und den Prachtwinden. Wenn empfindlichere Arten, die eigentlich Vorkultur benötigen, gleich an Ort und Stelle ausgesät werden, dann blühen sie ein bis zwei Monate später, beispielsweise *Eccremocarpus*. Es braucht also niemand auf diese schönen Schlinger zu verzichten, wenn er, aus welchen Gründen auch immer, die Vorkultur am Fensterbrett nicht schafft oder vergessen hat. Man kann dies bei einigen Arten sogar vorteilhaft in der Weise nutzen, daß man Pflanzen mit kurzer Blühzeit auch an Ort und Stelle aussät, so daß diese später blühenden Exemplare die vorkultivierten, schon mit der Blüte nachlassenden Pflanzen ablösen. So erhält man ununterbrochen Blüten vom Mai bis zum Frost, was ohne diese Kombination nicht möglich wäre.

Manche Pflanzen siedeln sich mit ein wenig Hilfe selbst an, so zum Beispiel die Kapuziner-

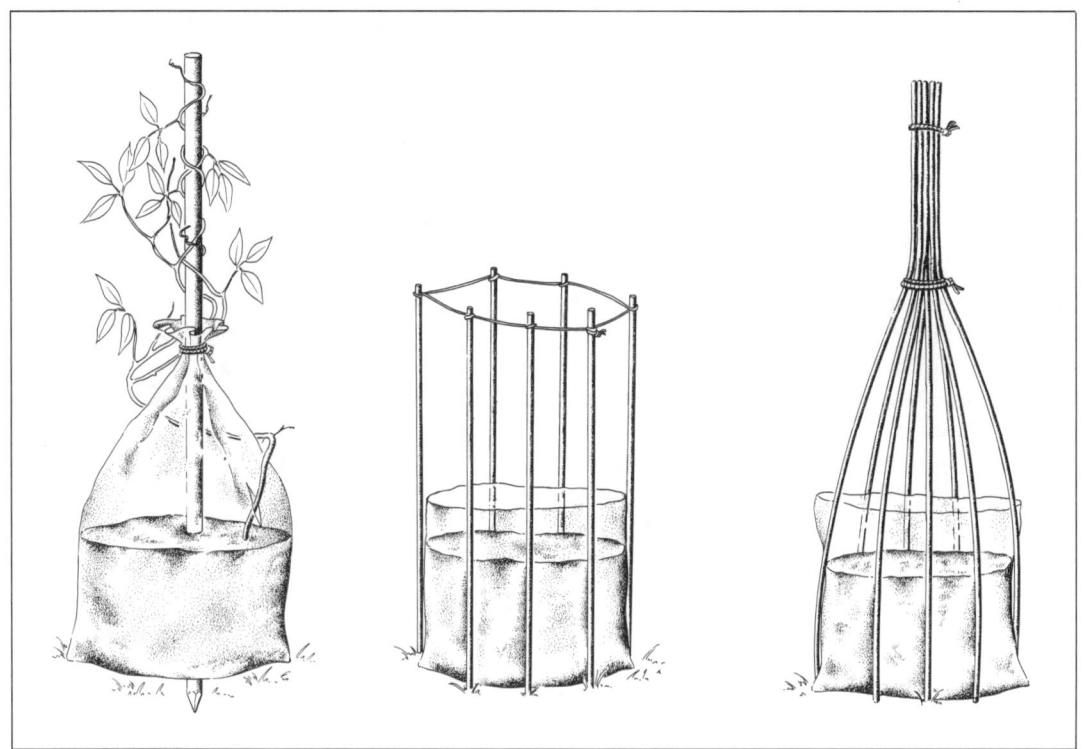

Kombinierte, temporäre Pflanz- und Klettermöglichkeit für Sommerschlinger.

kresse, wenn während des Sommers und Herbstes abgefallene Samen beim Umgraben mit in die Erde kommen. Die Samen können dann von den Frösten nicht zerstört werden und keimen im Frühjahr. Auf ähnliche Weise ist sogar in einem Garten die Kalebasse *(Lagenaria)* seit Jahren im Komposthaufen heimisch. Dort werden die reifen oder zerbrochenen Früchte mit reifen Samen nicht in den Mülleimer, sondern eine Schaufel tief in den Kompost gesenkt oder sie werden bei den herbstlichen Gartenarbeiten mit den Gartenabfällen zugedeckt. Auf diese Weise sind im Frühjahr immer reichlich Kalebassen-Pflanzen vorhanden.

So entscheiden Ausgangsmaterial, Ausreifen der Pflanzen und kleinklimatische Situationen neben manchen Möglichkeiten des geschickten Pflanzenfreundes über „Winterhärte" oder „Nichtwinterhärte" der Pflanzen in unseren Gärten. Viele widersprüchliche Angaben über

die Winterhärte einzelner Pflanzen sind durch diese Faktoren leicht zu erklären.

Wie Kletterpflanzen klettern

Der Trieb einer Kletterpflanze ist zumindest in der Jugend weich, flexibel und nicht verholzt, wenn auch oft feste Fasern enthaltend und deshalb biegsam und zäh. Schnelles Triebwachstum in der Jugend und nach einem eventuellen Rückschnitt gehören zu den Charakteristika einer Kletterpflanze. Die einfachste, primitivste Form des Kletterns ist das Durchwachsen eines Strauches oder einer Staude, um sich dann ganz oben im Licht – denn das war das Ziel der Kletterpflanze – auszubreiten, weiter zu wachsen und zu blühen. Der Eisenhut *(Aconitum napellus* var. *neomontanum)* ist so eine Pflanze ebenso wie die Kanarenglocke *(Cana-*

rina canariensis). Der Klettereisenhut *Aconitum volubile* geht schon etwas weiter. Er fängt bereits an, sich um Zweige zu winden.

Wenn Pflanzen höher hinaus ans Licht müssen und dann auch in Wind und Wetter „oben" bleiben wollen, brauchen sie Hilfen zum Festhalten. Am einfachsten geht es mit Dornen und Stacheln, wie sie bei Rosen oder Brombeeren mit nach unten gerichteten Spitzen auf den Trieben sitzen. Die Pflanzen haken sich damit fest. Bei der Brombeere sitzen solche Stacheln auch noch auf der Unterseite der Blattrippen. Damit können sie sich festhalten und sozusagen einspreizen, festhaken. Man nennt sie deshalb Spreizklimmer. Wo nur ein Zweig, ein Trieb, ein Stock oder Pfahl zur Verfügung steht, hat es so ein Kletterer schon schwerer. Dann reichen Dornen oder abspreizende Blätter zum Festhalten nicht mehr, dann ist es notwendig, sich um die Kletterhilfe zu schlingen, zu win-

Smilax mit Stacheln und Ranken

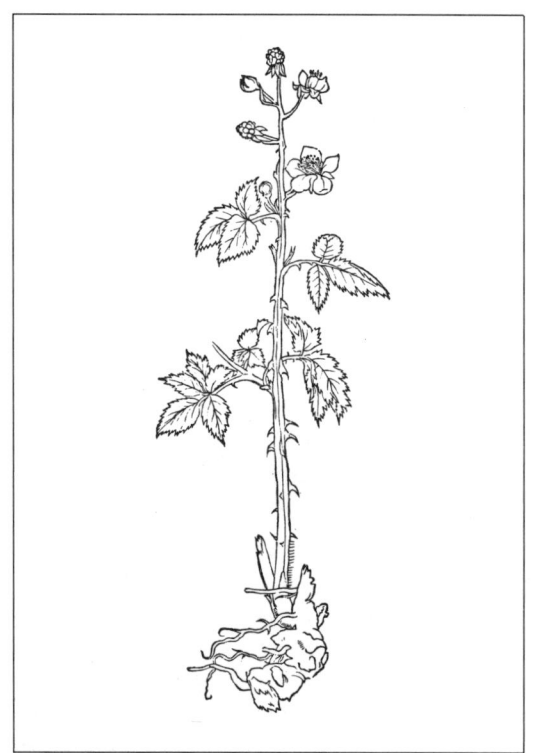

Brombeere mit hakigen
Stacheln

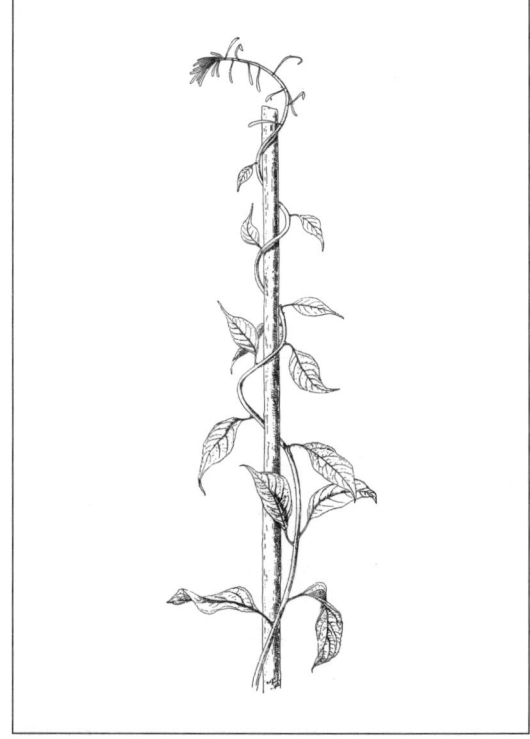

Baumwürger (Celastrus) mit links
windendem Trieb

16

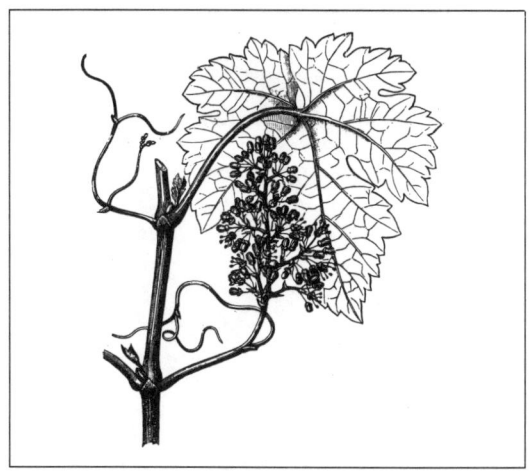

Weinranken (Vitis)

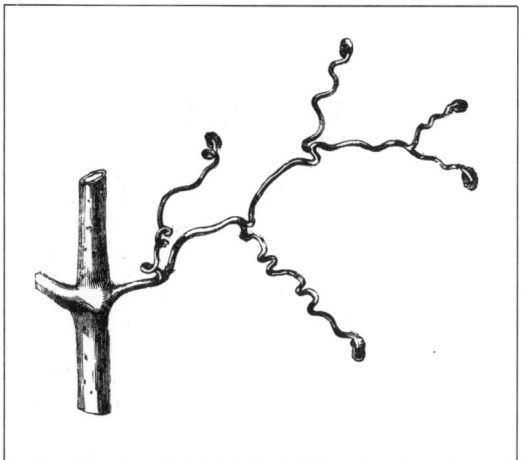

Wilder Wein (Parthenocissus tricuspidata) mit Haftscheibenranken

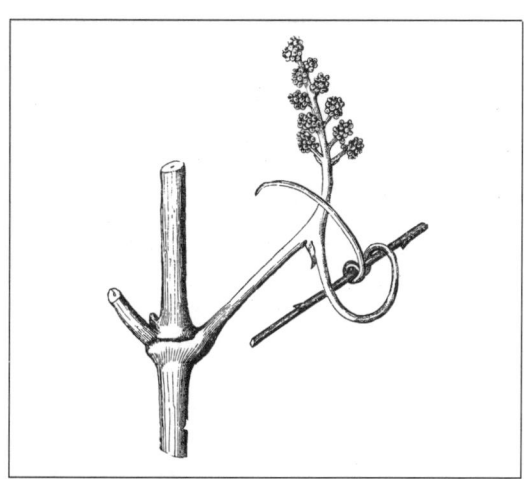

Wein (Vitis) mit Ranken im Blütenstand

den, wie es die Winde oder der Hopfen tut. Dies ist die Gruppe der Schlinger. Der Hopfen hat dazu noch Hakenhaare an den Trieben und sitzt, nachdem er ihn umschlungen hat, rutschfest verankert an dem Pfahl. Bei den Kletterpflanzen gibt es solche, die in ihren Windungen dem Lauf der Sonne folgen, das heißt rechtswindend sind, also im Uhrzeigersinn winden. Andere winden entgegengesetzt dem Sonnenlauf. Sie sind linkswindend, winden gegen den Uhrzeigersinn. Manche Pflanzen aber haben eine solche Eigenschaft nicht erblich und fest in ihrem Programm, sondern wechseln die Richtung je nach Situation. Dann ist diese Eigenschaft kein charakteristisches Bestimmungsmerkmal innerhalb ihrer Pflanzengattung, wie es zum Beispiel mit rechts- oder linkswindenden Arten der Gattung *Wisteria*, den Glyzinen, benutzt wird, um sie, wenn sie nicht blühen, leichter voneinander unterscheiden zu können.

Viele Kletterpflanzen haben spezialisiertere Kletterhilfen, nämlich Ranken entwickelt und können sich damit noch sicherer festhalten. Man nennt diese Gruppe Rankenkletterer oder Ranker. Ranken sind Pflanzenteile, die sich bei der Berührung eines rauhen Gegenstandes zu krümmen beginnen und sich dann darum herum ringeln. Deshalb dürfen Kletterhilfen für rankende Pflanzen nicht zu glatt sein. Die Ranken verholzen dann und verfestigen so die Umklammerung. Später verkürzen sie sich oft durch Verdicken oder auch durch korkenzieher- oder spiralfederartige Windungen und bauen so auf diese Weise noch einen Federungseffekt ein. Ranken findet man in vielerlei Ausbildung an Pflanzen. So benutzt zum Beispiel die *Gloriosa* die Blattspitzen dazu. Es können aber auch viele andere Pflanzenteile in einfache oder verzweigte Ranken mit Haken oder

Erbse (Pisum) mit Ranken an der Blattspitze

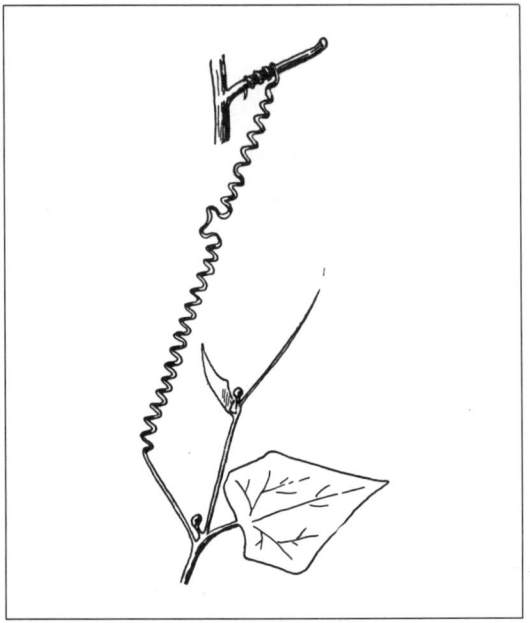

Explodiergurke (Cyclanthera) Wickelranke mit Federung

mit Saugnäpfen umgewandelt sein, zum Beispiel:
- aus der Haupttriebspitze entsteht eine Ranke beim Wein
- aus einem Blatt wird eine Ranke bei der Gurke und Zaunrübe *(Bryonia)*
- aus einem Blattstiel bzw. der Verlängerung der Blattmittelrippe wird eine Ranke bei *Mutisia*
- aus dem oder den letzten Blättchen eines Blattes werden Ranken, zum Beispiel bei der Erbse
- aus dem Ende des Blütenstandes wird eine Ranke beim Korallenwein *(Antigonon)*
- statt der unteren Blüten wachsen anstelle der Blütenstiele Blütenranken beim Ballonwein *(Cardiospermum)*
- auch Nebenblättchen neben dem Ansatz des Blattstieles am Haupttrieb entwickeln sich zu Ranken, zum Beispiel bei *Smilax.*

Die Ranken können einfach sein wie bei der Gurke oder verzweigt wie bei der Jungfernrebe *(Parthenocissus)*. Manchmal haben sie an den Enden krallenartige Spitzen wie die Katzen-

kralle *Doxantha unguis-cati.* Nadelartige Spitzen an den Ranken wie bei der Glockenrebe *(Cobaea)* helfen der Pflanze, sich sofort festzuhaken. Manche anderen Ranken verdicken sich an den Spitzen zu Saugnäpfen und halten sich dadurch an glatten Wänden besonders fest. Beispiel dafür ist der selbstkletternde Wein.

Zum Festhalten an dünnen Zweigen benutzen zum Beispiel *Clematis* und Solanum-Arten die Blattstiele und *Asarina* und *Tropaeolum* Blatt- und Blütenstiele. Sie winden sie eng um die Kletterhilfe und halten sich auf diese Weise fest. Das bedeutet natürlich, daß solche Kletterhilfen nicht zu dick sein dürfen. Bleistiftstärke ist das äußerste.

Eine andere Möglichkeit des Festhaltens beim Klettern bilden Wurzeln, die aus den verholzten Trieben wachsen und sich als kleine Seitenwurzeln fest an einen Stamm, an Zweige oder glatte Mauerflächen und Felsen anheften. Beispiele für solche Wurzelkletterer sind der Efeu und die Kletterhortensie. Bei ihnen funktioniert das so gut, daß sie dadurch jedem Wind

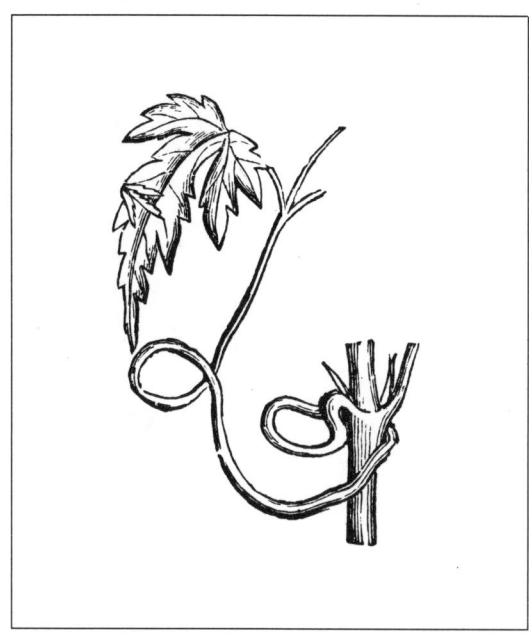

Alpenclematis (Clematis alpina) nutzt den Blattstiel wie eine Ranke

und Wetter fest verankert standhalten; nicht so verläßlich halten die Triebe der Klettertrompete *(Campsis)*. Manche Wurzeln, zum Beispiel die der Kletterfeige *(Ficus pumila)*, scheiden noch eine Flüssigkeit aus, die dann wie eine Art Klebezement die Wurzeln auf ganz glatten Flächen festheftet.

An der außerordentlichen Vielfalt von Klettermöglichkeiten und Kletterhilfen, die einzelne Pflanzenarten entwickelt haben, ergibt sich jeweils eine ganz unterschiedliche Pflanzsituation für Kletterpflanzen. Unter Berücksichtigung der Fähigkeiten, die die Pflanze selber hat, können wir an einer Pflanzstelle nachhelfen und der Pflanze die geeignete Möglichkeit schaffen. Oder wir können umgekehrt, je nach vorhandener Kletterhilfe die Pflanze mit den dafür geeigneten Klettereigenschaften auswählen.

Ranken und Wurzeln als Kletterhilfen können sehr alt werden und halten, wenn sie verholzt sind, die Pflanze über viele Jahre hin eisern an der Kletterhilfe, am Zweig, am Stamm fest und machen so aus zwei Pflanzen eine fest-

verbundene Einheit. Dies können wir uns zunutze machen, wenn wir entsprechende Kletterhilfen an Mauern anbringen oder durch das Spannen von Seilen oder Drähten oder in Form von Pergolen und Bögen den Pflanzen die Voraussetzung schaffen, dort dauerhaft ein Triebgerüst aufzubauen und zu verankern. Anders ist es bei den Sommerschlingern. Hier müssen wir dafür sorgen, daß die Pflanzen Klettermöglichkeiten finden, an denen sie ohne abzugleiten oder abzubrechen schnell Höhe und damit Blühgröße für den Sommerflor erreichen. Beispiele für Kletterhilfen sind auf der folgenden Seite abgebildet.

Kletterhilfen

In der Natur wissen sich Kletterpflanzen beim Durchwachsen von Sträuchern und Bäumen, beim Hochranken oder Herunterhängen über Felsen und Mauern oder beim flachen Kriechen auf dem Boden selbst zu helfen und benötigen keine künstliche Hilfe. Im Garten müssen wir ihnen an den Stellen helfen, an denen sie keine solchen natürlichen Möglichkeiten, wie das Durchwachsen von Sträuchern, vorfinden. Wir wollen Kletterpflanzen oft an Stellen haben, an denen sie normalerweise alleine nicht wachsen würden oder nur flach auf der Erde kriechen könnten. Wenn Kletterpflanzen also nicht die Kletterhilfen von Natur aus vorfinden, muß man sie ihnen in Form von Zäunen, Zaunelementen, Säulen, Pfählen, Stäben, Schnüren anbieten. Das gilt bei freiwachsenden Blütenhecken genauso wie in Staudenrabatten oder an einer Stelle im Garten, wo man eine *Clematis* an einem Baumstamm, an einem Pfahl oder an mehreren zeltartig zusammengestellten Stangen hochwachsen lassen möchte. Nach Standortfestlegung und Wahl der geeigneten Kletterpflanze zeigt sich, ob eine Kletterhilfe nötig ist. Sie muß unbedingt vor der Pflanzung angebracht werden, damit die Pflanze nicht beschädigt wird, was beim späteren Einbau in der Regel passiert, sei es durch Festtreten des Pflanzlochbereichs bei der Montage

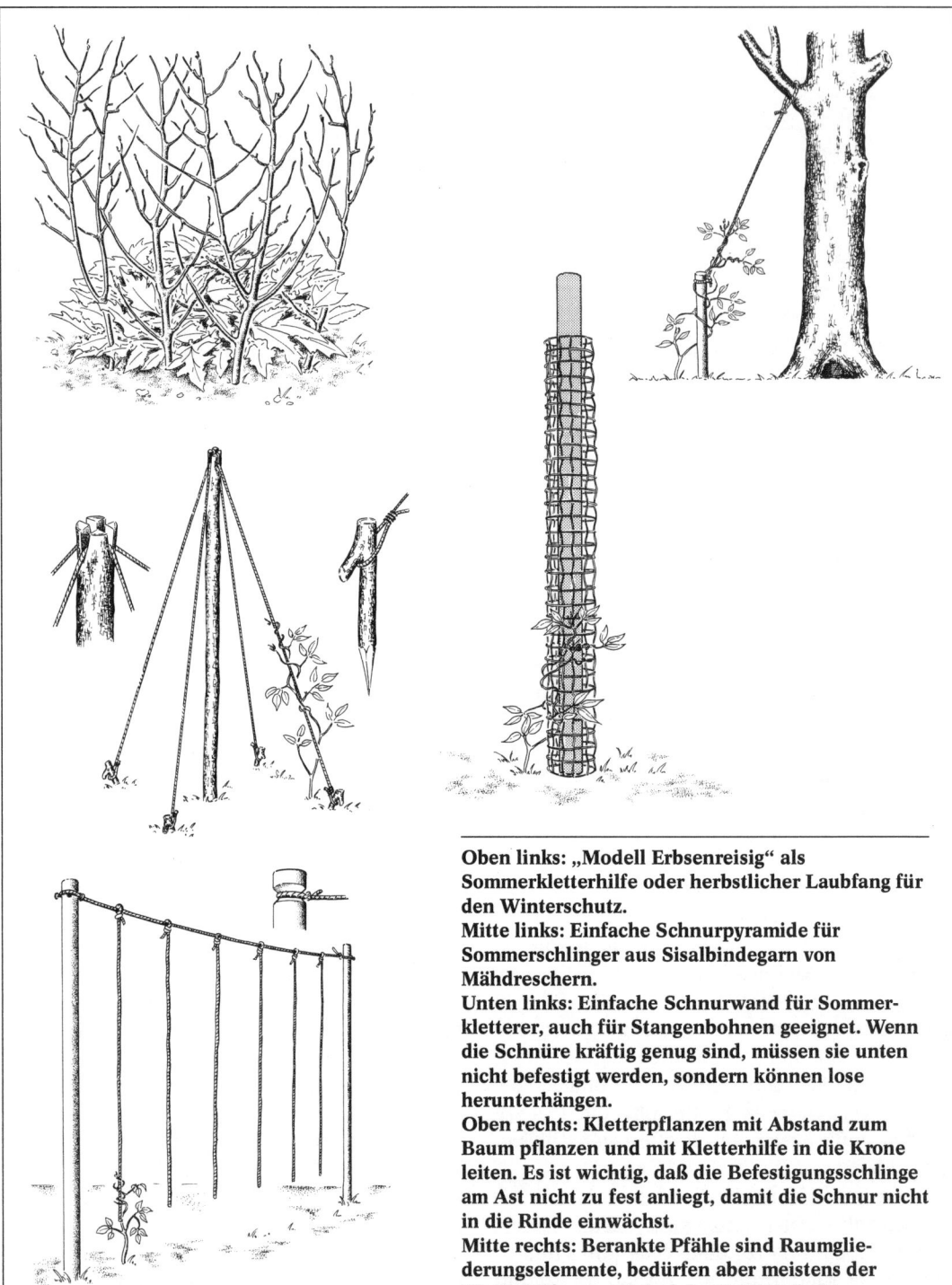

Oben links: „Modell Erbsenreisig" als Sommerkletterhilfe oder herbstlicher Laubfang für den Winterschutz.

Mitte links: Einfache Schnurpyramide für Sommerschlinger aus Sisalbindegarn von Mähdreschern.

Unten links: Einfache Schnurwand für Sommerkletterer, auch für Stangenbohnen geeignet. Wenn die Schnüre kräftig genug sind, müssen sie unten nicht befestigt werden, sondern können lose herunterhängen.

Oben rechts: Kletterpflanzen mit Abstand zum Baum pflanzen und mit Kletterhilfe in die Krone leiten. Es ist wichtig, daß die Befestigungsschlinge am Ast nicht zu fest anliegt, damit die Schnur nicht in die Rinde einwächst.

Mitte rechts: Berankte Pfähle sind Raumgliederungselemente, bedürfen aber meistens der Kletterhilfe, zum Beispiel mit Gitterdraht.

oder durch Beschädigung des Wurzelballens durch das Einrammen von Pfählen. Reihenfolge muß also immer sein: Standort- und Pflanzenwahl, Bau der Kletterhilfe, Vorbereitung der Pflanzstelle, Pflanzung, anbinden und etikettieren.

Es gibt heute Elemente aus Holz oder verzinktem Eisen, die als Zaunelemente oder Bauzaun günstig zu erwerben sind. Aus welchem Material die Kletterhilfe bestehen soll, hängt ebenso von der Gartengestaltung wie vom persönlichen Geschmack und den technischen Anforderungen des Standorts und der Pflanzenart ab.

Spanndrähte oder Spannschnüre, an denen Pflanzen entlangwachsen sollen, sollten verzinkt sein oder kunststoffummantelt und nicht zu glatt. Ein oder zwei Jahre überdauern auch Sisalschnüre. Sie sind für Sommerschlinger ideal zu verwenden und ermöglichen auch die Bildung von Girlanden, ohne im Winter einen störenden Anblick zu hinterlassen. Spaliere lassen sich aus Maschendraht, verzinkten Betonstahlmatten, Lattengerüsten oder auch Schnur- und Kettenbespannungen herstellen und an einer Mauer oder frei zwischen Pfosten als Rahmen mit Bespannung anbringen. Wichtig ist, dabei zu bedenken, daß sowohl an einer Mauer wachsende wie an Pergolen freistehende Kletterpflanzen bei Regen oder im Winter bei nassem Schnee sehr schwer werden, und dadurch große Belastungen bzw. Zugkräfte an der Konstruktion auftreten. Bei Befestigungen an der Mauer dürfen die Kletterpflanzen nicht zu eng an der Mauer anliegen. Der Wandabstand sollte mindestens 10, besser 15–20 cm betragen, schon um direkte Wandberührung zu vermeiden und vor allem auch durch Luftzirkulation hinter den Kletterpflanzen die sommerliche Wärmerückstrahlung, besonders an Südwestlagen, zu mindern, wie auch ein Abtrocknen zu ermöglichen. Für alle Schlinger sind senkrechte Hilfen wichtig, die je nach Art 20, 50 oder 100 cm Abstand voneinander haben sollten. Querseile, Querstangen oder Noppen an den senkrechten Kletterhilfen gegen das Abrutschen des Schlingerbewuchses sind sinn-

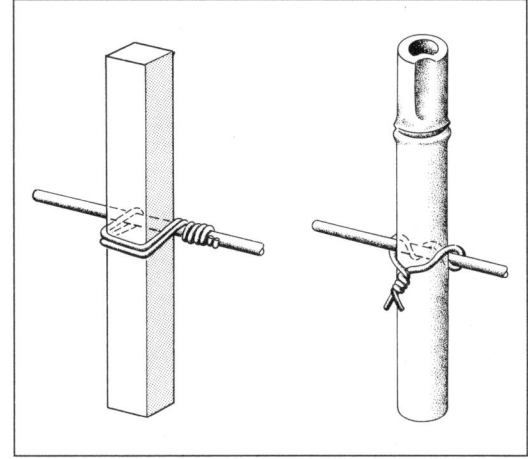

Befestigungen bei Wandkletterhilfen aus Spanndrähten und Holz.

voll, denn Regen oder Schnee vergrößern das Gewicht. Bei breiteren Kletterelementen sind gitterartige Gliederungen gut brauchbar. Etwa 10–15 cm × 20 cm ist eine bei Baustahlmatten gängige „Netzloch"-Größe. Sie findet sich in großen Bauzaunelementen mit 2 m Höhe und 3 m Breite, aber auch in verzinkten Zaunteilen oder gleichgestalteten Klettersäulen, Bögen und Torkonstruktionen. Diese Elemente lassen sich mit stabilen Wandverankerungen auch gut zur Fassadenbegrünung für schlingende Arten wie Glyzinen (Wisteria) oder bei ungeeigneter Fassadenoberfläche verwenden. Sicher werden sich die bisher nur sehr zaghaften Ansätze, Kletterhilfen als gestaltende Wandelemente in Fassaden zu integrieren, weiter entwickeln. Dies wäre der beste Weg, um Fassaden trotz der Wärmedämmungen an den Außenwänden und den damit verbundenen, heutigen nur für diese Ansprüche entwickelten Wandverkleidungen, Kunstharzputzen oder Anstrichen dennoch problemlos mit Kletterpflanzen begrünen zu können. In jedem Fall müssen solche Bauteile aneinander und an Mauern mit stabilen Dübeln und Eisen befestigt werden. Solche Eisen sollten mindestens 8–10 mm Durchmesser haben, tief genug im Mauerwerk sitzen und entweder mit großen Dübeln eingesetzt oder besser noch mit Schnellzement einbetoniert

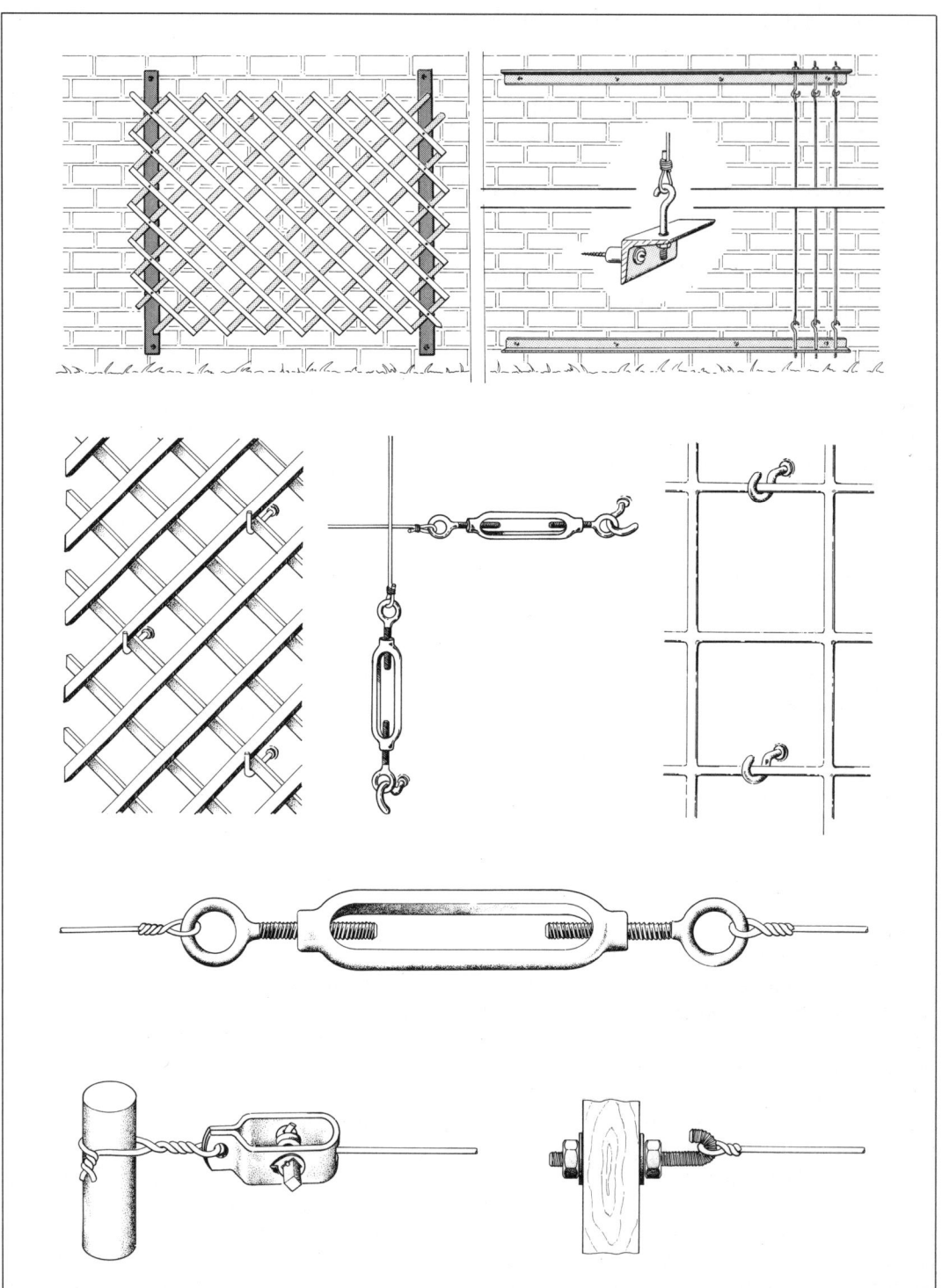

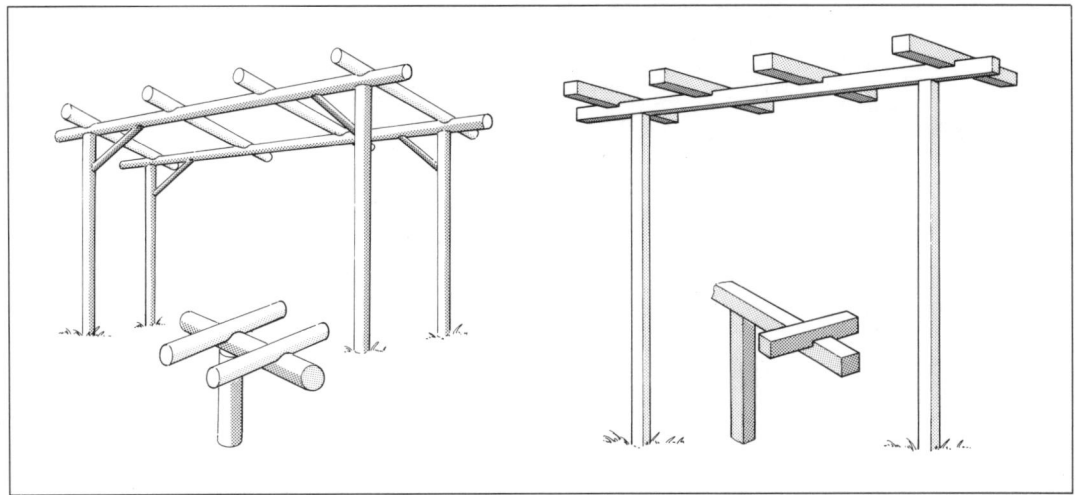

Das klassische Klettergerüst seit dem Altertum ist die ein- oder mehrreihige Pergola aus Rund- oder Vierkanthölzern.

werden. Rahmen- oder Schnurbespannungen müssen durch in die Mauer fest einbetoniertes Eisen auf Abstand gebracht werden. Drähte oder Ketten sind mit Spannschlössern oder durch Ösenstäbe mit Gewinde zu befestigen, damit sich die Spannung nachträglich korrigieren läßt.

Für Bögen lassen sich auch verzinkte Rohrkonstruktionen oder Volleisenstäbe verwenden. Verzinkte Zaunelemente und auch einfache verzinkte Bauzäune aus Drahtgeflecht gibt es im örtlichen Handel oft preisgünstig. Manchmal hat der Bauschlosser Abfallteile von Konstruktionen, die mit wenig Aufwand zu solchen Elementen zusammengefügt werden können. Sägewerke und Holzhandlungen bieten Bretter, Rundhölzer und Balken aus Kie-

fern- oder Lärchenholz und manche tropischen Hölzer an, die von Haus aus so stark mit harzähnlichen Stoffen durchsetzt sind, daß eine Imprägnierung nicht notwendig ist. Sie halten lange Jahre im Freien, ohne zusätzlich behandelt werden zu müssen. Eine Behandlung des Holzes oder Metalls, ist nach dem Bewachsen des Gerüstes mit Kletterpflanzen unmöglich, sie muß unbedingt vorher gründlich erfolgen. Wichtig ist auch, durch geeignete Materialstärke oder beispielsweise durch verzinktes Eisen vorzusorgen, damit man später keinen Ärger hat, und das Gerüst ohne zusätzliche Pflege viele Jahre hält.

Holzlatten, die an Mauern oder als Gerüste und Wände aufgestellt werden, dürfen nicht zu schwach sein. Sie müssen druckimprägniert oder dreimal mit Leinöl gestrichen sein, um länger zu halten. Es empfiehlt sich, ein Leinöl-Terpentin-Gemisch im Verhältnis 1:1 zu verwenden, damit das Leinöl gut eindringt. Bei dieser Art des Holzschutzes können die Latten sofort verwendet werden. Bei vielen anderen Holzschutzmitteln ist eine Wartezeit nach dem Anstrich erforderlich, da manche gasförmigen Bestandteile beim Trocknen und auch danach die Kletterpflanzen schädigen können. Blattschäden sind das äußere Zeichen dafür. Es gibt

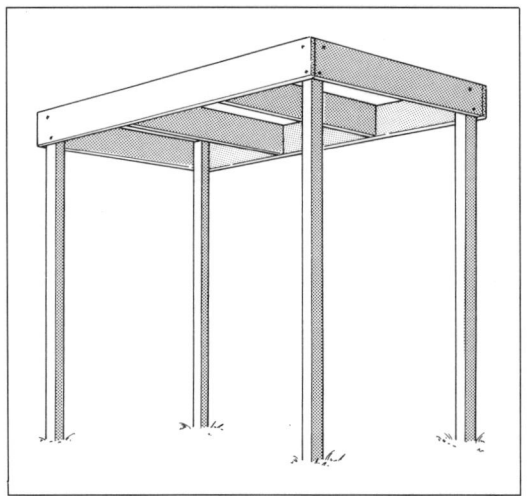

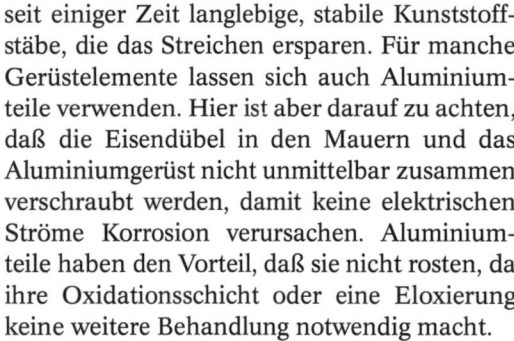

**Pergola als Überdachung für Sitzplatz oder
Autoabstellplatz oder als Kiwilaubendach.**

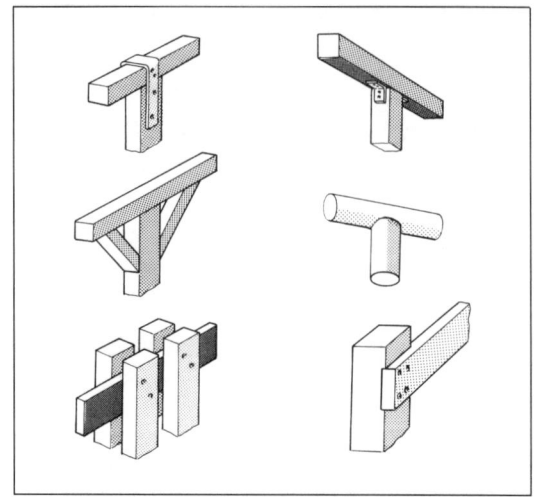

Beispiel für Holzverbindungen beim Pergolabau.

seit einiger Zeit langlebige, stabile Kunststoffstäbe, die das Streichen ersparen. Für manche Gerüstelemente lassen sich auch Aluminiumteile verwenden. Hier ist aber darauf zu achten, daß die Eisendübel in den Mauern und das Aluminiumgerüst nicht unmittelbar zusammen verschraubt werden, damit keine elektrischen Ströme Korrosion verursachen. Aluminiumteile haben den Vorteil, daß sie nicht rosten, da ihre Oxidationsschicht oder eine Eloxierung keine weitere Behandlung notwendig macht.

Pergolen sind auf vielfältige Art herzustellen, genauso Bögen und Rahmen. Man sollte auch hier dauerhaftes Holz wählen. Im Altertum wurden einfache Pergolen für Weinreben benutzt. Zwei Pfähle, die oben gegabelt waren, wurden durch ein Querholz verbunden. Man kann dieses Grundelement aus zwei Pfosten und einem Querstück beliebig kombinieren. Als lange Reihe nebeneinander ergibt sich eine Wandkonstruktion. Die Elemente in einer Reihe hintereinandergereiht, ergeben die Grundkonstruktion für einen Laubengang. Die einzelnen Elemente sind dann nur noch in ihrer Gesamtlänge miteinander zu verbinden. Wenige Elemente hintereinander und oben mit Verbindungsbalken ohne zu einer Einheit zusammengefaßt, ergeben die übliche Pergola.

Breit genug, überdachen sie einen Sitzplatz oder den Stellplatz für das Auto. Mit diesen Konstruktionen und ihren vielfältigen Abwandlungsmöglichkeiten ersetzen wir den Kletterpflanzen in unseren Gärten die natürlichen Kletterhilfen. Torbögen, Pergolen und ähnliche Konstruktionen bedürfen der Eckenaussteifung oder einiger Windverspannungen, damit Seitenschubkräfte bei Wind oder einseitiger Belastung nicht die gesamte Konstruktion zusammenbrechen lassen. Der Anfänger sollte deshalb den Rat eines erfahrenen Hobbygärtners einholen oder bei größeren Einheiten einen Fachmann hinzuziehen.

Kritisch ist bei Holz die Stelle, an der das Holz aus dem Boden kommt, seien die Holzpfähle nun einbetoniert oder einfach in den Boden geschlagen. Diese Stelle muß in jedem Fall zusätzlich geschützt werden, entweder durch Teeranstrich oder, wenn das Holz in Beton steckt, mit einer dauerelastischen Kittmasse. Das Ankohlen dicker Pfähle hilft nur begrenzte Zeit. Gegen Teeranstrich sind viele Pflanzen empfindlich. Einfacher ist es, die Pergolenständer oder Säulen mit einem Eisenfuß zu versehen und diesen einzubetonieren. Damit vermeidet man die kritische Zone der schnellen Verrottung.

Zwischen Säulen oder Bäumen lassen sich Girlanden aus Kletterpflanzen ziehen. Von der Standfestigkeit der Säulen hängen die Girlanden im wahren Sinne des Wortes ab. Dazwischen werden Ketten, Drähte oder Schnüre gespannt, von einem Baum zum anderen oder zwischen zwei oder mehreren Pfosten. Man kann dann Rosen, *Lonicera, Clematis* an ihnen entlangwachsen lassen. Diese Girlanden dürfen keinem starken Wind ausgesetzt sein.

Zäune lassen sich sehr gut bewachsen, besser durchwachsen und bilden dann grüne, lebende Abgrenzungen. Das Zaungeflecht sollte aus starkem, verzinkten Draht bestehen, möglichst kunststoffummantelt. Die Pfosten müssen so stabil sein, daß sie später, wenn die Kletterpflanze, z.B. der Efeu, den Maschendraht durchwachsen hat und der Draht verrostet ist, die grüne Efeuwand von Zaunpfosten zu Zaunpfosten halten.

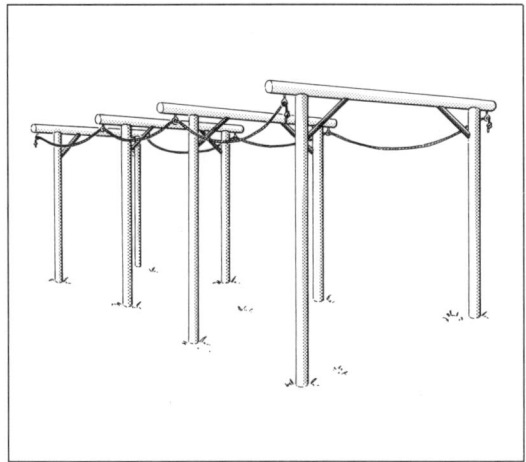

Die Ständer einer Pergola müssen solide im Boden verankert werden (am dauerhaftesten mit verzinkten Eisenfüßen).

Erst pflanzen, dann klettern lassen

Die Wahl des Standortes und die richtige Vorbereitung für die Pflanzung ist entscheidend für die weitere Entwicklung aller Pflanzen. Das gilt ganz besonders für die Kletterpflanzen. Bei einjährigen Kletterpflanzen läßt sich im nächsten Jahr ein neuer Versuch starten, wenn der Standort oder die Bodenvorbereitung nicht gut genug waren. Anders ist es bei ausdauernden, mehrjährigen Kletterpflanzen. Bei denen entscheidet die gute Vorbereitung der Pflanzgrube nicht nur über ein lebenslanges Wachsen, Blühen und Fruchten, sondern auch über die Entwicklung im ganzen. Ob Rosen oder Kiwi, ob *Clematis* oder Geißblatt, ohne gute Vorbereitung gibt es kein schnelles Wachstum und

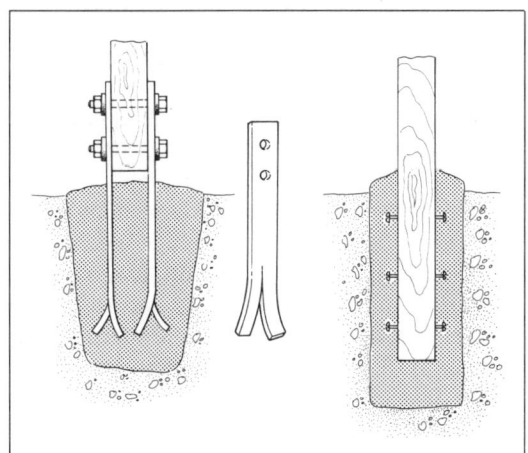

Girlandenpergola oder auch als Hilfe zum Aufbau eines Triebgerüstes zum Beispiel beim Wein.

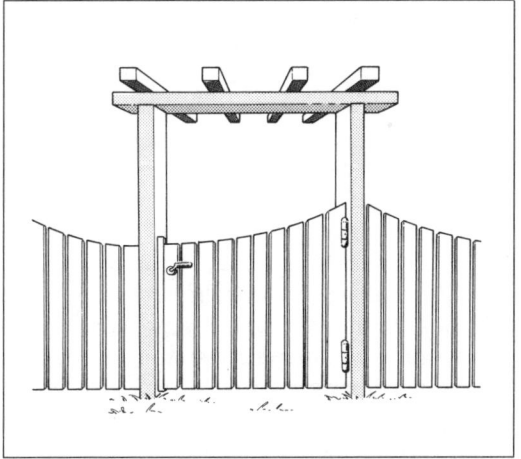

Pergolatorbogen, der aber aus Metall bei höherer Stabilität und Lebensdauer zierlicher ist.

keine frühe Blüte. Selbst nach 3 bis 5 Jahren vegetieren die Pflanzen nur vor sich hin.

Wichtig ist, wie im Abschnitt „Winterhärte" bereits erklärt, die Wahl des Standortes und die standortgerechte Auswahl der Pflanzen. Man sollte darauf achten, daß an der vorgesehenen Pflanzstelle keine Konkurrenz durch Wurzeln anderer Bäume, insbesondere Birken herrscht, andererseits aber auch nicht von Zweigen oder der Dachrinne regelmäßig Tropfen auf die Pflanzstelle fallen.

Ost- und Südseiten nahe an Mauern sind nicht besonders geeignet, da durch den Regenschatten nur selten Feuchtigkeit direkt den Wurzelbereich erreicht, man also immer zusätzlich wässern muß. Kritisch ist dieser Standort besonders deshalb, weil durch die Wärmeabstrahlung einer Stützmauer starke Verdunstung und damit hoher Wasserbedarf entsteht. Vor allem empfindliche, nicht ganz winterharte Kletterpflanzen sollten an leicht beschatteten Plätzen gepflanzt werden, an denen sie im Spätwinter nicht den starken Temperaturgegensätzen von Frost und Sonne ausgesetzt sind und dadurch Schaden erleiden. Andererseits sollten sie aber auch so stehen, daß sie während des Sommers reichlich Wärme bekommen, damit das Holz ausreifen kann und auf diese Weise winterfester wird.

An Mauern enthält der Boden oft noch die Spuren ehemaliger Bauarbeiten. Bauschutt und andere Bauabfälle an der Pflanzstelle müssen beseitigt und gegen Gartenerde oder Kompost ausgetauscht werden. Zusätzlich ist auch tiefgründig zu lockern, wenn Baumaschinen vorher den Bereich durch Befahren verdichtet haben. Umgraben in Spatentiefe reicht nicht aus, die Lockerung muß 60–100 cm tief erfolgen. Es ist wichtig, daß die Pflanzstelle sorgfältig vorbereitet wird. Man sollte sich nicht durch Zeitmangel davon abbringen lassen, die Pflanzgrube mindestens 70 cm tief und in einem Durchmesser von 70 cm auszuheben und den Untergrund und die Seitenwände etwas aufzulockern. Dann ist die Grube wieder mit lockerem Material, verrottetem Laubhumus und Kompost aufzufüllen. Ganz unten ist

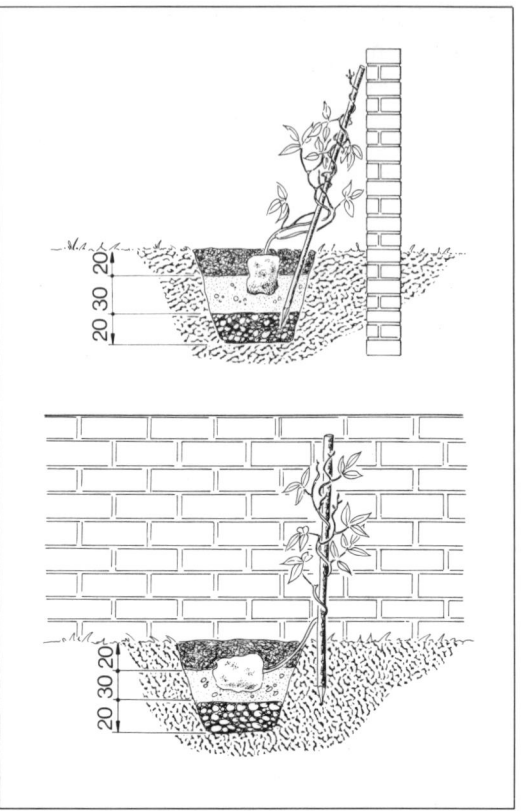

Pflanzlöcher müssen wegen Trockenheit Abstand von Mauern haben. Bei Clematis wird der Ballen flachgelegt, um viel austriebsfähiges Holz in den Boden zu bringen.

mit einer Schicht von Ästen und Zweigen, notfalls auch Kies, Dränung zu schaffen, damit die Pflanzgrube nicht zum wasserstauenden großen Blumentopf gerät. Eine solche Pflanzgrube, wieder angefüllt mit Kompost und guter Gartenerde, sollte möglichst einige Wochen vor der Pflanzung fertig sein, damit das eingefüllte Erdreich gut durchfeuchtet ist und sich noch vor der Pflanzung setzen kann. Kletterpflanzen können im Gegensatz zu Bäumen oder Sträuchern etwas tiefer in das Pflanzloch einsacken und mit Erde eingefüllt werden, da sie am Stamm durchaus Wurzeln bilden können. Veredelte Glyzinen werden über der Veredelungsstelle an ihrem Stamm selbst Wurzeln bilden und sich später sogar von der Unterlage lösen.

Die Pflanzen sollten nicht zu dicht an Mauern oder Baumstämmen gesetzt werden, weil es dort meist sehr trocken ist. Der Pflanze muß sonst lange durch Wässern geholfen werden, bis sie ihre Wurzeln weiter weg in feuchteres, durch den Regen durchtränktes Erdreich schickt. Sinnvoller ist es, das Pflanzloch 30–40 cm von der Mauer oder dem Stamm entfernt auszuheben und die Pflanze schräg in die Erde zu legen und mit einem Stab oder einer Kletterhilfe zu ihrer Stütze hinzuleiten.

Bei nicht absolut winterharten Pflanzenarten ist beim Pflanzen gleich an den Winterschutz bzw. die Möglichkeit für Winterschutz zu denken. Man kann zum Beispiel Vorkehrung treffen, daß im Herbst sehr einfach, durch vier Bretter begrenzt, eine dicke Laubdecke aufgebracht werden kann. Diese ist dann mit einer Plastikfolie vor der Winternässe zu schützen. Andererseits benötigt eine Kletterpflanze, die wie die Passionsblume *Passiflora caerulea)* in jedem Frühjahr ein neues Gerüst mit Trieben, Blüten und Früchten aufbaut, reichlich Wasser und Nährstoffe. Sie muß also an ihrem Standort regelmäßig und reichlich gegossen und gedüngt werden. Die Pflanzstelle darf aber auch nicht bei starken Regenfällen regelmäßig überschwemmt werden. Natürlich gibt es da auch Ausnahmen. Der Bittersüße Nachtschatten *(Solanum dulcamara)* wird sich über eine solche Wasserflut, ja sogar über Staunässe freuen. Dort ist er in seinem eigentlichen, natürlichen Wachstumsbereich. Andere Pflanzen aber nehmen Nässe übel.

Die Pflanzzeit ist bei den in Containern angebotenen Pflanzen nicht mehr so entscheidend. Bei absolut winterharten Gehölzen ist die Pflanzung im Herbst vorteilhaft. Alle anderen werden im Frühjahr gepflanzt. Empfindlichere Pflanzen kann man im Sommer oder Herbst erwerben, hell und frostfrei überwintern, so daß sie, wenn sie nach den Eisheiligen gepflanzt werden, kräftig im Wachstum sind und bis zum Herbst gut einwachsen.

Einjährige Pflanzen mit Vorkultur sind in jedem Fall erst nach den Eisheiligen, also nach Mitte Mai, wenn keine Nachtfrostgefahr mehr besteht, ins Freie zu setzen. Auch für die einjährigen Pflanzen gilt eine tiefgründige Bodenlockerung und reichliche Bodenverbesserung mit Kompost oder guter Gartenerde und einem Langzeitdünger. Einjährige müssen in einem Sommer aufbauen und zeigen, was sie können und haben nicht wie die mehrjährigen Pflan-

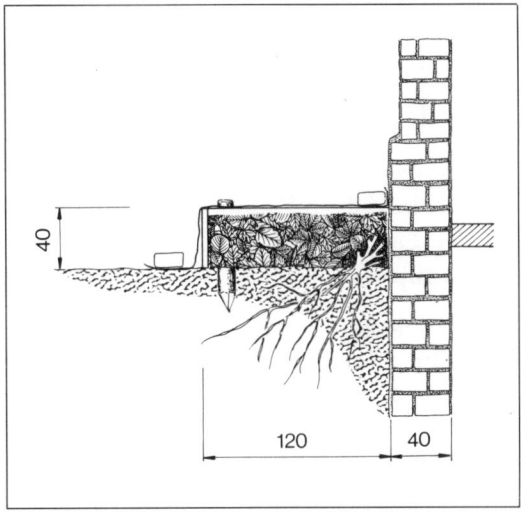

Ein Bretterrahmen voll trockenem Laub mit Folienabdeckung schützt zum Beispiel Passiflora caerulea wie ein wärmendes Kissen. Ein guter und wichtiger Schutz ist auch die warme Hauswand vor einem Heizungskeller.

zen Zeit, im Laufe der Jahre größer und stärker zu werden.

Wenn die Kletterpflanzen gesetzt sind, muß man ihnen helfen, klettern zu können, das heißt man muß selbstkletternde Pflanzen zur Mauer hin führen und notfalls anfangs mit Klebestreifen befestigen. Sie werden sonst vom Wind hin und her geweht und gebogen und haben keine Chance, sich mit ihren Saugnäpfen oder Saugwurzeln an der Mauer festzusetzen.

Windenden Kletterpflanzen wie Geißblatt, Clematis oder Stangenbohne sollte man helfen, die erste Windung um die Schnur, den Stab oder das Gitter zu tun. Danach helfen sie sich

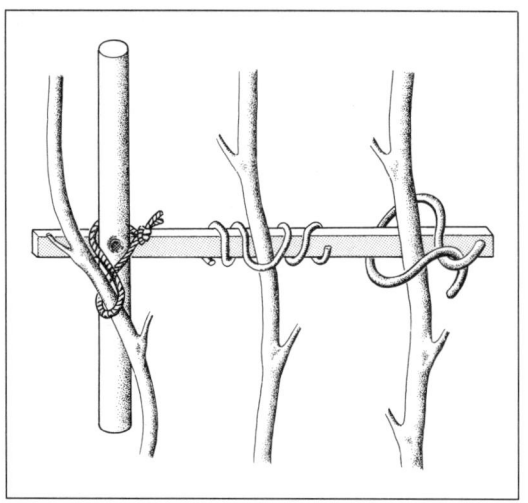

Befestigungsbeispiele für Kletterpflanzentriebe, die den Trieb festhalten, ohne ihn zu schädigen.

selbst weiter. Dabei ist daran zu denken, daß es linkswindende und rechtswindende Arten gibt (s. Seite 17). Bei vielen rankenden Pflanzen genügt es, die Ranke mit dem Stab in Berührung zu bringen und kurze Zeit daran zu lehnen oder festzuhalten. Viele Pflanzen, zum Beispiel *Cobaea*, krümmen sich so schnell, daß man beinahe zusehen kann, wie die Pflanze sich in 5 bis 10 Minuten mit ihren Ranken um die Kletterhilfe klammert.

Sollen Pflanzen an Pfählen hochklettern, um sich freistehend an einer Säule zu produzieren, dann sollte der Pfahl vor der Pflanzung gesetzt werden, damit nicht später mit dem Pfahl die Wurzeln beschädigt werden.

Nachdem die Pflanze richtig eingepflanzt ist, Bodenverbesserung, Nährstoff- und Wasserversorgung sowic Licht- und Kleinklimaverhältnisse bedacht sind, geht es noch darum, den Boden um die Kletterpflanze herum zu beschatten. Dies kann entweder durch ergänzende Pflanzung von Stauden oder durch Aufbringen einer 10–15 cm dicken Kiesschicht oder aber durch einige Steine geschehen. Wichtig ist die Bodenbeschattung für das Kühl- und Feuchthalten des Wurzelbereichs. Eine Mulchschicht könnte gleiche Dienste leisten, ist aber weniger schön. Am besten sind Bepflanzungen,

die Schutz während des ganzen Jahres geben und die Sonne abhalten. Das läßt sich zum Beispiel mit Efeu und immergrünen Stauden leicht durchführen. Die Auswahl sollte auch Blütezeit und Blütenfarbe und die Gesamtwirkung im Garten berücksichtigen.

Im ersten Jahr muß notfalls, wie schon beschrieben, mit Klebestreifen oder auch durch Anbinden der Triebe Starthilfe zum Klettern gegeben werden. Das Bindematerial muß sich dehnen können. Geeignet sind Ringgummis, die nach ein bis zwei Jahren von selbst zerfallen oder, für größere Triebe, auch Streifen aus Fahrradschläuchen oder spezielle dehnbare Bindeklips. Draht, Kunststoffbänder und ähnliches Material wachsen ein oder schneiden tief in die dicker werdenden Stämme und führen zu Schäden.

Wächst die Zahl der Kletterpflanzen im Garten, so ist es gut, sie dauerhaft zu etikettieren. Geeignete Etiketten aus dem Fachhandel oder auch Bananenpreisanhänger werden mit wetterfestem Etikettenstift beschriftet.

Wer mehr von seinen Pflanzen und ihrem Gartenleben wissen will, sollte ein Pflanzentagebuch führen und das jahreszeitlich wechselnde Wachsen und Blühen, Tiere – willkommene und unwillkommene – die sich an der Pflanze einfinden, Pflegemaßnahmen und dergleichen festhalten – ein reizvolles Hobby.

Kletterpflanzen pflegen

Düngen und Mulchen

Viele Kletterpflanzen wachsen schnell. Um große Höhen zu durchwachsen, müssen Nahrungsstoffe schnell mobilisiert werden und es muß auch Nachschub dasein, Nachschub an Wasser und Dünger. Deshalb wirken Wasser und Dünger bei vielen Schlingpflanzen wahre Wunder.

Von den ausdauernden und verholzenden Kletterpflanzen wie *Akebia* oder *Actinidia*, Knöterich und Kletterrosen wird erwartet, daß sie kräftig wachsen. Es sollte deshalb selbstverständlich sein, ihnen durch Düngung Nährstoffnachschub zu geben. Das kann an Stellen, an denen kein starkes Wachstum erwünscht ist, mit Kompost und organischen Düngern geschehen, wo aber starker Nährstoffbedarf besteht und viel von der Pflanze erwartet wird, müssen mineralische Dünger zusätzlich nachhelfen. Das darf allerdings nicht dazu führen, daß der Boden überdüngt und in seiner Struktur vernachlässigt wird. Man muß dafür sorgen, daß genügend Huminstoffe zur Krümelbildung und damit zu einem gut durchlüfteten und nicht für Staunässe anfälligen Boden vorhanden sind. Zusätzliche Humusgaben müssen eventuell den Boden verbessern.

Ebenso wichtig sind aber Wasser und Dünger für viele einjährige Schlinger. Sie haben nur kurze Zeit, um vom Samenkorn oder der Knolle hochzuwachsen, zu blühen, Früchte zu bringen und durch ihre Blätter Sichtschutzwände oder Windschutz zu schaffen. Besonders wichtig ist dies bei allen Kürbisgewächsen, die von den einjährigen Schlingpflanzen die größte Wuchsleistung erbringen. Neben der Düngung durch Humus, Komposterde, oder mineralischen Dünger, ist das Mulchen wichtig, um den Boden zu bedecken. Die meisten Kletterpflanzen lieben einen kühlen, feuchten Fuß mit guter Wasserversorgung. Das erreicht man durch Abdecken der Pflanzstelle mit Komposterde, mit Rasenschnitt oder durch eine Laubdecke, jedoch nur auf feuchtem Boden.

Die meisten Kletterpflanzen wissen es im Gegensatz zu den Gehölzen durchaus zu schätzen, wenn sie tiefer gepflanzt werden, sich ein eventuell verbleibendes Loch langsam mit Laubhumus füllt, und sie sich dann an ihren Trieben bewurzeln können. Wenn wir mulchen und den Boden abdecken, damit der Feuchtigkeitshaushalt gut erhalten bleibt, tun wir etwas, was an natürlichen Standorten von selbst geschieht. Kletterpflanzen wachsen dort in Sträuchern, durch Sträucher, in einer dicht geschlossenen Pflanzengesellschaft, die den Boden beschattet. Da wir Kletterpflanzen im Garten auch an Stellen setzen, an denen sie alleine stehen, müssen wir durch Mulchen, Abdecken mit Humus und durch Bepflanzen der Wurzelregion für den Schatten sorgen, den sie in der Natur durch die Pflanzengesellschaft, in der sie wachsen, automatisch erhalten.

Wässern

Eine reichliche Versorgung mit Wasser in der Triebzeit, während der Blüte und des Fruchtansatzes ist notwendig. Vor allem viele der einjährigen Kletterer sind gegen Wassermangel besonders empfindlich, leiden Schaden an ihren Blättern, am ganzen Aussehen und sind dann nur noch ein trauriges Abbild dessen, was sie eigentlich als Gartenschmuck, als Kletterpflanzen im Sommer sein könnten. Sie können in der kurzen Vegetationszeit kein so weit verbreitetes und tief in den Boden reichendes Wurzelnetz aufbauen, um sich entferntere Wasserreserven für ihr Wachstum nutzbar zu machen. Wichtig ist das Wässern aber auch bei immergrünen Kletterpflanzen. Im Herbst sollte man sie vor allem nach trockenen Sommern reichlich wässern, damit sie im Wurzelbereich und in der Pflanze selbst voller Saft in den Winter gehen. Es gibt sonst wie bei Rhododendren sehr schnell Wintertrockenschäden. Zu beachten ist, daß nicht zu früh gewässert wird, sondern erst, wenn die Pflanze im Herbst ihr Wachstum abgeschlossen hat und auch keine wachstumsauslösenden Temperaturen mehr herrschen. Zu frühes, intensives Wässern erhält die Pflanze im Wachstum und bringt sie wieder zum Austrieb. Die ersten Winterfröste sind dann für die jungen, nicht ausgereiften Triebe bereits tödlich und können zu schwerem Schaden oder gar zum Verlust der Pflanze führen. Vor allem wintergrüne Pflanzen, wie *Lonicera henryi* brauchen reichlich Wasser.

Beim Wässern ist auch darauf zu achten, daß zwar gründlich gewässert wird, andererseits aber die Pflanzen nicht bis zum „Kragen" in Wasser stehen. Der Untergrund muß bei der Pflanzung so tief gelockert werden, daß keine Staunässe eintreten kann. Wenn ausreichend Licht und Wärme verbunden mit Feuchtigkeit und Nährstoffversorgung zusammentreffen, ist der guten Entwicklung aller Kletterpflanzen keine Grenze gesetzt.

Schnitt

Beim Pflanzen brauchen Gehölze eine besondere Schnittbehandlung, damit sie nach dem Einpflanzen aus wenigen Augen kräftig austreiben. So kann sich eine widerstandsfähige, kräftige und gut aufgebaute Pflanze entwickeln. Bei den Wurzeln ist gleichfalls ein Rückschnitt erforderlich, damit sie nicht zu lang oder krumm in den Boden kommen und ein gutes Wurzelgerüst im Boden entsteht. Beschädigte, abgeknickte, gebrochene, in der Rinde beschädigte Wurzeln müssen abgeschnitten werden, da sie sonst faulen.

Der Pflanzschnitt richtet sich nach der Pflanzenart. *Clematis* werden zum Beispiel grundsätzlich auf 30 cm zurückgeschnitten. Pflanzen ohne Ballen sollte man besonders kräftig zurückschneiden, Pflanzen mit Ballen oder aus Containern, die leicht weiterwachsen, brauchen wenig oder gar keinen Rückschnitt.

Spätestens vom zweiten Jahr an ist bei den Gehölzen ein Aufbauschnitt notwendig, damit sie sich richtig verzweigen. Dies gilt vor allem für Rosen an Spalier oder Mauer, für Spalierobst und andere Gehölze an Mauern, wie Glyzinen. Dabei geht es darum, die Gerüsttriebe aufzubauen. Auch Kletterpflanzen, die üblicherweise nicht geschnitten werden, vertragen gelegentlich einen Schnitt. Der Kletterknöterich (Polygonum) ist durchaus in der Lage, innerhalb von fünf bis sechs Jahren ein Gerüst kräftig verholzter, mehrere Zentimeter dicker Triebe zu entwickeln. Bis auf dieses Gerüst kann man jedes Jahr alles im Vorjahr gewachsene wegschneiden und dadurch an diesem natürlichen Gerüst jeweils im Frühjahr kräftiges frisches Grün und nachfolgend eine reichliche Blüte bekommen. So hält man den Knöterich im Zaum und vermeidet die im Alter sich bildende Matratze aus abgestorbenen Trieben. Ein Auslichten ist erforderlich, wenn die Pflanzen zu dicht geworden sind. Dies ist aber nur nach Bedarf und nicht regelmäßig nötig.

Bei den Pflanzen, die am jungen, im gleichen Jahr gewachsenen Trieb blühen, ist im Frühjahr ein kräftiger Rückschnitt nötig, damit die neuen Triebe reichlich und kräftig wachsen und Blüten und gegebenenfalls auch Früchte ansetzen. Dies gilt ganz besonders für viele Clematis-Arten und für Kletterpflanzen, deren oberirdische Triebe im Winter erfrieren, wie bei der Passionsblume. Der Rückschnitt fördert jedes Jahr neuen kräftigen Austrieb und reiche Blüte. Man kann dies auch bei Pflanzen praktizieren, die man normalerweise nicht zurückschneidet, zum Beispiel *Clematis alpina*. Hier muß der Rückschnitt allerdings nach der Blüte geschehen, damit sich neue Triebe entwickeln, die im nächsten Frühjahr blühen.

Alle Pflanzen, die an den Vorjahrstrieben blühen, müssen *nach* der Blüte kräftig zurückgesetzt werden. Die im Laufe des Sommers gewachsenen und ausgereiften Triebe blühen dann im darauffolgenden Jahr. Ein Beispiel ist *Jasminum nudiflorum*, der Winterjasmin.

Bei den Kletterrosen ist ein Rückschnitt der abgeblühten alten Triebe nach der Blüte erforderlich. Man kann auf diese Weise dafür sorgen, daß immer wieder neue Triebe für die nächstjährige Blüte und die des darauffolgenden Jahres wachsen. Notwendig ist auch, wenn die Frucht nicht zur Zierde an der Pflanze bleiben soll, die abgeblühten Blüten vor der Ausbildung der Früchte abzuschneiden, um die Pflanze nicht zu schwächen und stattdessen weiteres Wachstum von Knospen und Trieben anzuregen; zum Beispiel bei der Duftwicke *(Lathyrus odaratus* und der Staudenwicke *Lathyrus latifolius)*.

Aus Platzmangel müssen manche nicht winterharten Pflanzen beim Einräumen im Herbst zurückgeschnitten werden. Dabei ist darauf zu achten, daß die Pflanzen noch genügend Lebensmasse, das heißt, belaubte Triebe oder Zweige behalten und daß, falls die Pflanze am vorjährigen Holz blüht, genügend Zweige für die nächstjährige Blüte überwintern.

Ein Rückschnitt besonderer Art ist das Stutzen bei jungen Pflanzen oder Sämlingen, damit sie sich reich verzweigen und mehrtriebig weiterwachsen. Praktiziert wird das bei Gurke und Melone, zumal die Seitentriebe mehr weibliche, also fruchtende Blüten haben als der Haupttrieb. Die meisten Kletterpflanzen sollen reichverzweigt und nicht nur eintriebig wachsen. Da muß man oft im Jugendstadium durch Kappen des Haupttriebes nachhelfen. Ausnahmen gibt es auch: *Gloriosa, Mutisia, Bomarea* sind Pflanzen, an denen bei Verlust der Triebspitze in der Regel keine Seitentriebe entstehen.

Ein ähnlicher Eingriff ist das mehrfache Schneiden bzw. Einkürzen der Triebe bei Wein oder Spalierobst. Auf diese Weise wird das vegetative Wachstum in Schranken gehalten, damit sich genügend kräftige Triebe mit ausreichend starken Knospen, Blüten, Früchten entwickeln können.

Ausschneiden, Ausbrechen oder Ausdünnen wird bei Spalierobst und bei anderen Pflanzen nötig, an denen sich Einzelfrüchte sorten- oder arttypisch in Größe, Form und Farbe ausbilden sollen, bei denen aber durch günstiges Wetter und reichliche Bestäubung der Fruchtansatz für die Größe der Pflanze zu reich ist. Das Ausbrechen der Früchte kann auch notwendig werden bei Melonen oder Flaschenkürbissen oder auch den großen Gemüse-Kürbissen, wenn man prächtige Einzelexemplare für Ausstellungen erhalten möchte und lieber die Menge zugunsten besonderer Einzelexemplare reduzieren will.

Ein regelmäßiger Rückschnitt im Sinne einer Formierung ist der Heckenschnitt, der während des Wachstums gemacht wird. Er wirkt ähnlich wie bei Wein, Glyzine oder Spalierobst. Er erfolgt hier aber nicht im Sinne einer Einzelbehandlung eines Zweiges, sondern es wird generell nach der gewünschten Form der Hecke geschnitten. So wird auch Efeu geschnitten, der einen Maschendrahtzaun durchwachsen hat. Die neuen langen aus dem „Efeuzaun" herauswachsenden Triebe müssen einmal oder auch zweimal im Jahr entfernt werden.

Schnittmaßnahmen sind erforderlich bei:
Brombeeren *(Rubus)* und den
Hybridsorten, Clematis, Gurke *(Cucumis)*,
Glyzine *(Wisteria)*, Kiwi *(Actinidia chinensis)*, Kürbis *(Cucurbita)*, Melone *(Cucumis melo)*, Rosen und Wein.

Einzelheiten zum Schnitt sind bei den jeweiligen Pflanzen beschrieben.

Pflanzenschutz

Kletterpflanzen, zumindest die ausdauernden, sind recht robust und werden selten von Schädlingen befallen. Bei den Einjährigen ist es manchmal etwas schwieriger, aber im großen und ganzen auch problemlos.

Die vier wichtigsten tierischen Schädlingsgruppen, die manchmal Schwierigkeiten bereiten, sind Blattläuse, Weiße Fliege, Rote Spinne und Schnecken.

Man sollte zunächst daran denken, daß es in einem Garten, in dem die ökologischen pflanzengesellschaftlichen Zusammenhänge berücksichtigt werden, viele Helfer gibt. Nützlinge wie Marienkäfer, Schwebfliegen, Florfliegen, die helfen, Blattläuse zu vertilgen, Vögel, die Insekten und auch Blattläuse sammeln und ihre Jungen damit füttern. Eine solche Gemeinschaft aus Pflanzen und Tieren entsteht erst im Laufe einiger Jahre und ist nicht automatisch beim Anlegen eines Gartens vorhanden. Man kann ihre Entwicklung fördern, indem man Nistkästen aufhängt, Doldenblütler oder *Lythrum* pflanzt, um Schwebfliegen anzulocken, die Samen von Gräsern und Cosmeen ausreifen läßt, um Vögeln Futter zu bieten und sie durch eine Vogeltränke und zusätzliche Winterfütterung an den entstehenden Garten zu gewöhnen. Hecken und Sträucher als Nist- und Zufluchtstätten erleichtern den Vögeln das Eingewöhnen und Bleiben.

Blattläuse lassen sich im Anfangsstadium recht einfach eindämmen, bevor sich Kolonien bilden. Ganz stark befallene Triebe sollte man abschneiden. Man kann auch Nützlinge wie Marienkäfer und Marienkäferlarven, Florfliegenlarven oder Schwebfliegenlarven auf diese Zweige setzen und wird dann mit Erstaunen feststellen, daß in wenigen Tagen die ganze Blattlauskolonie vertilgt und der Trieb blattlausfrei ist. Sollte es einmal besonders schlimm sein, läßt sich eine dünne Schmierseifenlösung oder zum mechanischen Abspritzen der Blattläuse auch reines Wasser benutzen. Sollten andere Mittel eingesetzt werden, ist Beratung nötig.

Die Weiße Fliege kann zwar im Überwinterungsraum, aber kaum im Freien ernsthaften Schaden anrichten. Die Larven der Weißen Fliege saugen in ihrer Entwicklungszeit nur wenige Zellen aus, so daß also auch systemische Insektizide hier wenig helfen. Die Weiße Fliege wird durch hohe Luftfeuchtigkeit oder niedrige Temperaturen in ihrer Entwicklung beeinträchtigt. Die Population bleibt bei unseren kühlen Nächten – so warme Sommer wie 1983 sind die Seltenheit – und wenn hin und wieder die Blattunterseite abgespritzt wird, so gering, daß wir sie tolerieren können. Ein Abschütteln, wenn ein kräftiger Luftzug geht, führt meistens dazu, daß die erwachsenen Tiere vom Winde weiter geweht werden, und sich die Population nicht weiter entwickeln kann. Gegen Weiße Fliege helfen auch Gelbtafeln. Es sind gelbe Plastiktafeln zum Aufhängen, die beidseitig mit sehr langsam trocknendem Leim bestrichen sind. Weiße Fliegen, aber auch Trauermücken, deren Larven große Wurzelschädlinge besonders bei Sämlingen sind, fliegen auf das Gelb zu und bleiben kleben.

Etwas unangenehmer ist die sogenannte Rote Spinne. Diese Milbe kann kräftigen Schaden anrichten, wird aber durch hohe Luftfeuchtigkeit und kühle Nachttemperaturen in ihrer Entwicklung beeinträchtigt und dann selten gefährlich. Aufpassen muß man bei der Vorkultur von einjährigen Pflanzen, so zum Beispiel bei den Kürbisgewächsen, damit sie durch die Rote Spinne keinen Schaden leiden, bevor sie ins Freie kommen. Es gibt spezielle Milbenmittel, die anderen Insekten nicht schädlich werden. Die Beratung durch den zuständigen Pflanzenschutzfachmann ist zu empfehlen. Es hilft aber auch häufiges Einsprühen der Pflanze mit Wasser. Vor allen Dingen ist darauf zu achten, daß von Roter Spinne gern befallene Pflanzen, wie Kürbisgewächse, nicht zu dicht an Mauern und Wände gesetzt werden. Die dort zurückstrahlende Wärme erzeugt das trocken-warme Klima, das ihr zur Massenvermehrung so richtig behagt. Häufiges Abspritzen der Blattunterseiten aber auch der ganzen Pflanze hemmt auch die Entwicklung der Roten Spinne beträchtlich.

Bei dem Einsatz von Pflanzenschutzmitteln gegen Blattläuse, Weiße Fliege, Rote Spinne oder auch gegen Blattwanzen und andere Insekten ist darauf zu achten, daß nur Mittel der niedrigsten Giftklasse oder ungiftige Mittel verwendet werden. Pflanzenschutzmittel dürfen nur in der vorgeschriebenen Dosierung ausgebracht werden und müssen bienenunschädlich sein. Oft ist es einfacher, den einen oder anderen befallenen Zweig zu entfernen. Mit mechanischen, relativ primitiven Mitteln ist meist ganz gut zurechtzukommen.

Die genannten Schädlinge haben, wie bereits gesagt, Feinde. Sie werden als Nützlinge für den Pflanzenschutz auch gezielt eingesetzt und im Handel angeboten. Man sollte sich beim Pflanzenschutzamt erkundigen, ob es in der Nähe jemanden gibt, von dem man diese Nützlinge beziehen kann. Wichtig ist zu wissen, daß für ihren Einsatz ein gewisser Schädlingsbefall nötig ist, denn die Nützlinge ernähren sich ja von den Schädlingen. Man kann sie also nicht vorbeugend aussetzen und hoffen, dadurch nie einen Schädling an den Pflanzen zu haben. Werden Nützlinge auf befallenen Pflanzen ausgesetzt, heißt es Geduld haben, bis sie auf ihre Weise mit den Schädlingen fertig werden. Im Garten eine Nützlingspopulation aufzubauen, ist möglich, weil immer Pflanzen mit einigen Blattläusen, Weißer Fliege oder Roter Spinne da sind, deren Feinde auf diese Weise überleben und bei stärkerem Schädlingsbefall eingreifen können.

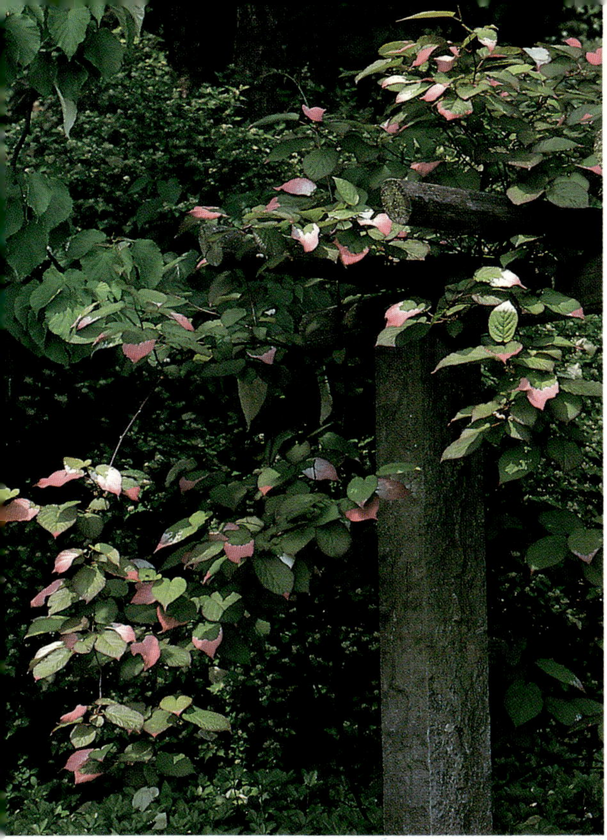
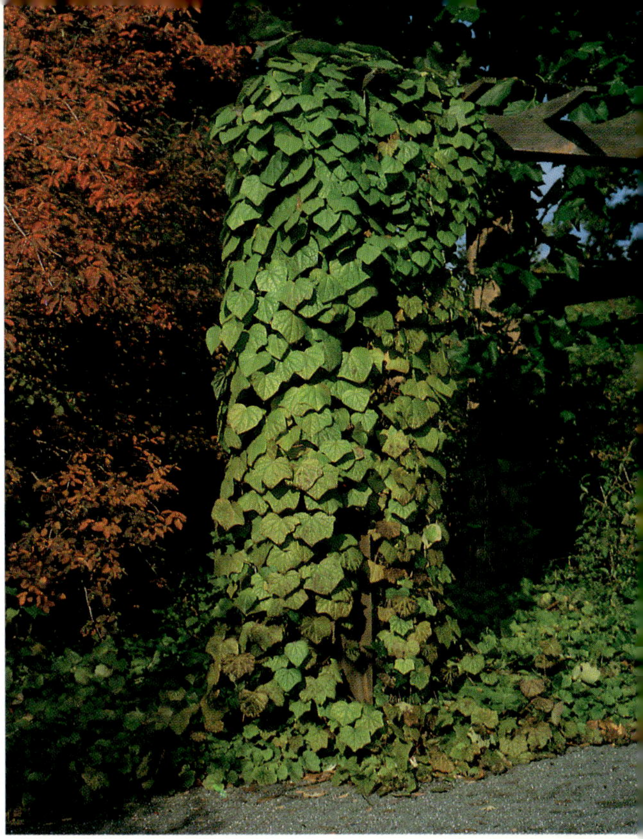
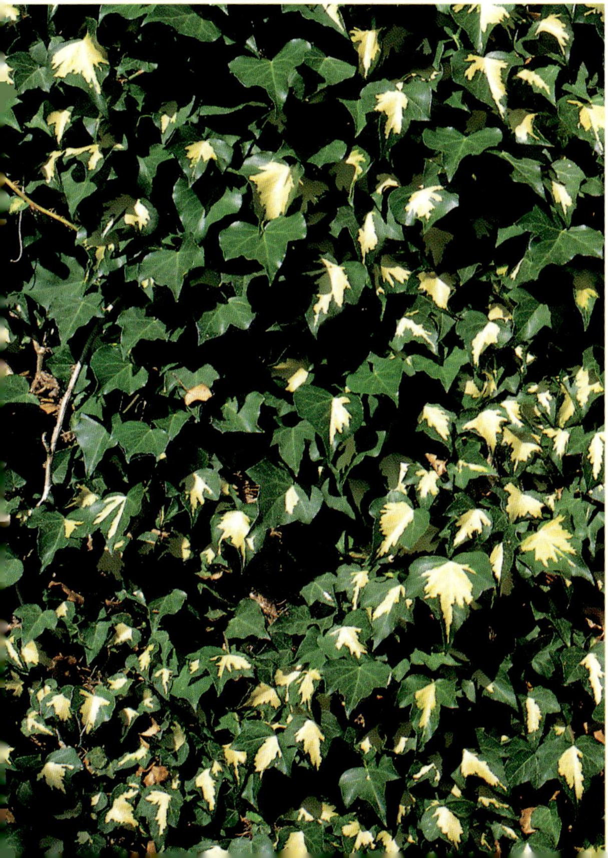
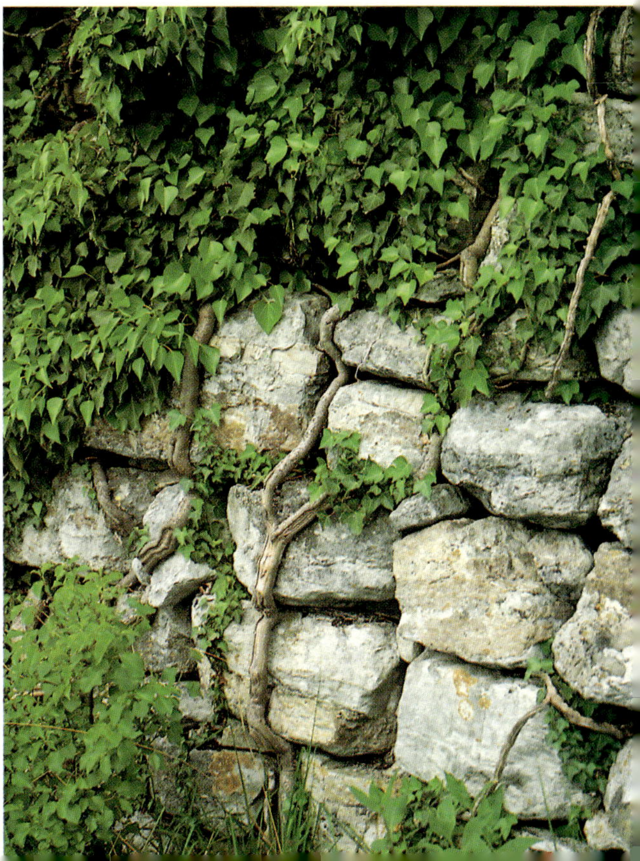

In geschlossenen Räumen ist bei geeigneter Temperatur der Nützlingseinsatz eine gute, erfolgreiche Sache. Im Freien kann man nur den Aufbau der natürlichen Population fördern und sich in Geduld üben.

Was die Schnecken anbelangt, sollte man sich, wenn man kein Schneckenkorn verwenden will, auf etwas ganz Einfaches verlassen, das gut wirkt, nämlich den Schneckenfang mit Bier. Man gräbt in der Nähe der Pflanze einen Joghurtbecher bis zum Rand in die Erde und steckt einen zweiten Becher hinein, in den man Bier gibt. Man muß dann regelmäßig den Bierbecher mit den Schnecken einsammeln und wieder erneuern, besonders solange die Pflanzen jung sind.

Eine andere Gruppe von Schädlingen sollte heute eigentlich Freude auslösen, wenn wir sie finden. Dies sind Raupen, zum Beispiel an *Lonicera*, am Windenblatt, an der Kapuzinerkresse. Schmetterlinge sind so selten geworden, daß wir uns glücklich schätzen müssen, wenn noch Raupen, das Vorstadium zum Schmetterling, bei uns im Garten zu sehen sind. Wir sollten beobachten, wie sich eine Raupe entwickelt, wie sie größer wird und aus ihr nach der Verpuppung vielleicht einer der ganz selten gewordenen Winden- oder Geißblattschwärmer wird. Da Schmetterlinge nicht standorttreu sind, kann man sich natürlich nicht darauf verlassen, daß im nächsten Jahr wieder Raupen und Schmetterlinge in den Garten zurückkommen. Wenn die Raupen sich ungestört entwickeln können und wir auf einige Blätter, vielleicht auch einmal auf ein Stück Pflanze verzichten, werden die Schmetterlinge wieder zahlreicher. Die Wahrscheinlichkeit, sie auch bei uns im Garten regelmäßig zu sehen, könnte dann größer werden. Auch die Weißlinge, die

ihre Raupen an Kohlköpfe und an die Kapuzinerkresse setzen, sind in den letzten Jahren so selten geworden, daß man auch diese leben lassen sollte. Nicht nur Schmetterlingsraupen brauchen Futterpflanzen, auch bei vielen anderen Insekten und Tierarten gibt es recht enge Bindungen an einzelne Pflanzenarten oder Gattungen. So wird eine Rosengalle nur von einer Rosengallwespe ausgelöst. Bei Geißblatt (*Lonicera*), Kapuzinerkresse *(Tropaeolum)* und Winden *(Calystegia)* sind weitere Beispiele beschrieben.

Ein anderes Problem sind die pilzlichen Krankheiten wie Mehltau, Sternruß, Blattfleckenkrankheit. Außer an Rosen treten sie selten auf und können durch Entfernen der befallenen Blätter noch vor der Sporenausbildung auf einfache Weise unterdrückt oder bekämpft werden. Bei Mehltau gibt es die Möglichkeit zu spritzen. Andererseits muß man auch dabei feststellen, daß je nach Jahreswitterung das Keimen dieser Pilzsporen gefördert oder gehemmt wird, und daß es Mehltaujahre gibt und Jahre, in denen der Mehltau verschwunden zu sein scheint. Gut ernährte, im kräftigen Wachstum stehende, sich gut entwickelnde Pflanzen sind von Pilzkrankheiten wenig beeinflußt.

Ausnahmen dabei sind die Rosen. Hier sollte man sehr sachlich vorgehen. Zum einen weiß man, daß Rosen nicht an jedem Standort gleich resistent sind oder gleich häufig von Pilzen befallen werden, auf der anderen Seite gibt es eine ganze Reihe von Kletterrosen-Sorten, die gegen Pilzkrankheiten relativ oder ganz resistent sind. Wenn man also nicht unbedingt eine ganz besondere Rosensorte bei sich im Garten haben möchte, sollte man auf anfällige Sorten verzichten und eine resistente pflanzen. Bei der Pflanzung von Rosen an Stellen, an denen Rosen bereits lange Jahre standen, sollte man ungefähr 1 m³ Erde austauschen und neu auffüllen, damit die Rosen nicht mit den Rückständen der alten Wurzeln in Berührung kommen, da sie dadurch im Wachstum beeinträchtigt werden. Gleiches gilt auch für *Clematis*. Die *Clematis*welke wird durch zwei Pilze (*Ascochyta clematidina* und *Coniothyrium*

**Oben links: Aristolochia littoralis,
kletternde Osterluzei
Oben rechts: Aristolochia macrophylla,
Pfeifenwinde
Unten: Aristolochia macrophylla,
ideal für eine Laube**

clematidis-rectae) ausgelöst, die bei ihrem Wachstum die Leitungsbahnen der Pflanze verstopfen und so das Absterben ganzer Triebe oder der ganzen Pflanze bewirken. Gesunde, kräftig wachsende Pflanzen werden seltener befallen – so scheint es zumindestens – ebenso kann man durch ein systemisches Fungizid im Gießwasser die Pflanze behandeln. *Clematis*-Sammler halten ihre gekauften Pflanzen oft erst ein Jahr vor dem Pflanzen sozusagen in Quarantäne um zu sehen, ob sie gesund sind und ihrer Sammlung einverleibt werden können. Eine Reihe von *Clematis*-Arten sind nicht für die *Clematis*welke anfällig: Die Gruppe der *Clematis alpina* und verwandte Arten, *Clematis montana* mit Sorten, *Clematis viticella* mit Sorten und die Arten der *C. orientalis*-Gruppe.

Vermehrung von Kletterpflanzen

Die meisten in diesem Buch beschriebenen Kletterpflanzen sind im Handel erhältlich. Wir finden sie bei Gärtnern, in Baumschulen, Staudengärtnereien oder Gartencentern. Bei selteneren Arten muß man möglicherweise viele Male nachfragen und verschiedene Adressen anschreiben. Oft erhält man aber auch von Pflanzenfreunden oder über den Samentausch nur ein Pflanzenstück, sei es ein Steckling, eine Knolle, ein Teilstück oder ein Zweig. Man muß sich dann selber bemühen, daraus eine Pflanze wachsen zu lassen. Wer seltene Kletterpflanzen besitzt, wird von anderen Pflanzenfreunden gebeten, ihnen auch zu einem Exemplar zu verhelfen. Das ist nicht nur Freundschaftsdienst unter Hobbygärtnern. Es trägt auch dazu bei, seltene Pflanzenarten und ihre Sorten in Kultur zu erhalten und zu verbreiten. Nur auf diese Weise ist das Überleben vieler Pflanzen und besonders ihrer Sorten auf Dauer zu sichern. Einzelheiten zur Vermehrung sind bei den jeweiligen Gattungen zu finden. Hier sollen die im Text genannten Begriffe kurz erläutert werden. Wer detailliert über Vermehrung Bescheid wissen will, sei auf weiterführende Literatur verwiesen.

Aussaat

Aussaat ist möglich bei Arten und Sorten, auch bei Veredlungsunterlagen, soweit sie aus Samen rein zu ziehen sind. Von Hybriden, also Kreuzungen – viele Sorten sind dies – kann die Aussaat nicht empfohlen werden. Sie spalten bei Aussaat auf, das heißt es entstehen von den Elternpflanzen vielfältig abweichende Sämlinge. Hybriden muß man vegetativ durch Pflanzenteile vermehren. Bei der Aussaat gibt es zwei Möglichkeiten: Entweder von März bis Mai an Ort und Stelle oder Aussaat im Haus am Fensterbrett oder im Kleingewächshaus, das heißt mit Vorkultur zum späteren Auspflanzen nach Mitte Mai. Verbreitet ist das Verfahren mit Vorkultur zum Beispiel bei Gurken, Melonen und Tomaten.

„Aussaat nach Reife" heißt bei Samen- oder Fruchtreife sofort aussäen. Dies gibt beste Keimerfolge auch bei Arten, deren trocken gewordene und gelagerte Samen Keimhemmung besitzen. Andere Samen benötigen zunächst eine Kälte- oder Frostperiode, um die Keimhemmung abzubauen. Dafür reicht in der Regel eine Feuchtlagerung über 2 bis 4 Monate bei etwa 5 °C, bei Rosen dürften 4 bis 6 Monate ausreichen. Dazu werden die Samen in feuchtem Sand eingeschlagen und in Plastiksäckchen oder ähnlichen Behältnissen gelagert.

Zu empfehlen ist die Aussaat bei verholzenden Pflanzen nur, wenn keine andere, einfachere und schnellere Vermehrungsmethode möglich ist. Sämlinge von verholzenden Pflanzen benötigen nämlich meist viele Jahre bis zur Blüte und es ist fraglich, ob die neue Pflanze so gut ist wie die, von der der Samen stammt.

Vermehrung durch Stecklinge

Aus „Stecklingen vermehren" heißt Pflanzenteile bewurzeln. Mit den heute überall erhältlichen und einfach zu benutzenden Bewurzelungsmitteln ist dies eine schnelle und einfache Vermehrungsmethode.

„Krautige Stecklinge" werden aus verhältnismäßig jungen, noch grünen Trieben geschnitten. Wichtig ist ein scharfes Messer! Beim Schneiden ist etwas Widerstand zu spüren, sie sind aber noch nicht verholzt. Das Stadium davor ergibt „weiche Stecklinge". Das Stadium danach „ausgereifte Stecklinge". Diese sind verholzt und fertig ausgereift, Rinde und Knospen sind entwickelt. Stecklinge von ausgereiften Trieben, die im Herbst geschnitten werden, nennt man „Steckholz".

Wurzelschnittlinge und Knollen

Einige Pflanzenarten bilden an 3–10 cm langen Wurzelstücken Triebe, die zur Vermehrung benutzt werden können. Diese Stecklinge nennt man „Wurzelschnittlinge". Knollen und andere unterirdische Speicherorgane der Pflanzen, zum Beispiel die Kartoffel, haben manchmal „Augen", Stellen mit schlafenden Knospen. Man kann sie ganz oder in Teilstücken zur Anzucht benutzen. „Knollenteilung" heißt hier der Fachausdruck.

Teilung, Ausläufer, Ableger

Besteht der Wurzelstock aus mehreren unterirdischen Teilen, ist dieser in einzelne kleine Pflanzen jeweils mit Trieb und Wurzel auseinanderzunehmen. Hier ist die „Teilung" der Pflanze das geeignete Vermehrungsmittel.

Unterirdisch wachsende Triebe, die neben der Mutterpflanze oberirdische Triebe bilden, lassen sich als „Ausläufer" heranziehen und sobald sie Wurzeln gebildet haben, abtrennen. Aufzupassen ist bei veredelten Pflanzen, bei denen diese Ausläufer in der Regel aus der Unterlage kommen und nicht aus der Pflanze, die man eigentlich vermehren will.

„Ableger" nennt man einen Trieb, der zu Boden gebogen wird und an dem ein Blattknoten mit einem Drahthaken festgehalten und mit Erde bedeckt wird. Ein Einschneiden des Knotens und die Verwendung von Bewurzelungsmittel kann dabei sinnvoll sein. An langen Trieben kann dies mehrfach wiederholt werden. Jede auf diese Weise in der Erde liegende und während des Sommers feucht zu haltende

Stelle bildet Wurzeln und kann im folgenden Frühjahr als Einzelpflanze abgetrennt und weiterkultiviert werden. Bei manchen Pflanzen dauert die Bewurzelung sehr lange, so daß man ein bis drei Jahre Geduld haben muß. Manche Pflanzen machen es uns einfach und bewurzeln schon, wenn ein Zweig auf dem Boden aufliegt, so zum Beispiel der Winterjasmin oder die Brombeere.

Abmoosen

Ältere, verholzte Triebe kann man nicht mehr zur Erde biegen. Statt dessen bringt man das Substrat, in dem sich die Wurzeln bilden sollen, an die Pflanze. Der Trieb wird am Blattknoten bis zur Hälfte eingeschnitten, ein kleines Steinchen hineingeklemmt, und die Schnittflächen werden mit Bewurzelungshormon eingestäubt oder eingestrichen. Dann wird feuchtes Moos oder Torf mit einer Folie als Tüte um diese Triebstelle gebracht und so fest eingerollt und oben und unten so dicht zugebunden, daß die Feuchtigkeit im Substrat erhalten bleibt. Meist ist in zwei bis drei Monaten nach dieser Operation das Substrat durchwurzelt. Man kann dieses Verfahren als eine Art Bewurzelung von Riesenstecklingen, d. h. Trieben mit gut Bleistiftstärke verwenden. Größere Pflanzen sind auf diese Weise ohne Schwierigkeiten, aber nur in geringen Stückzahlen zu vermehren.

Veredeln

Veredeln ist eine komplizierte Vermehrungsart, die bei Pflanzen angewendet wird, deren Stecklinge sich nicht gut bewurzeln oder eigene Wurzeln zu empfindlich sind. Mit dieser Methode lassen sich schnell viele Exemplare einer besonderen Einzelpflanze vermehren. Außerdem ist es auf diese Weise möglich, Pflanzen, die selbst nicht kalkverträglich sind, auf eine kalkverträgliche Unterlage zu veredeln und damit auf Kalkboden wachsen zu lassen. Schwach wüchsige Sorten können durch stark wüchsige Unterlagen zu kräftigem Wachstum gebracht werden.

Naturschutz und Artenschutz

Viele Tier- und Pflanzenarten sind vom Aussterben bedroht, weil sie entweder gejagt, gesammelt, gegessen oder aus anderen Gründen vernichtet werden oder weil man ihren Lebensraum beeinträchtigt oder zerstört. Was für Wildpflanzen gilt, gilt auch für viele alte Gartensorten. So ist zum Beispiel die heute nur noch selten in Kultur zu findende *Clematis florida* vom Aussterben bedroht. Es ist die chinesische *Clematis*, die Thunberg 1776 aus den Gärten Japans als gefülltblühende Gartenpflanze zu uns brachte. Die einfachblühende Gartenform *Clematis florida* 'Sieboldii' führte von Siebold 1829 über den Botanischen Garten Gent aus Japan ein. Sie gehört zu den Stammeltern einiger unserer heutigen großblumigen Garten-*Clematis*. Es geht also beim Artenschutz auch darum, für uns Gärtner und Pflanzenfreunde seltene oder selten gewordene alte Gartensorten vieler Pflanzen zu bewahren. Oft ist es Detektivarbeit, einer solchen Pflanze auf die Spur zu kommen. Wir müssen suchen, notfalls mit einem Aufruf in Pflanzenzeitschriften. Daneben ist es reizvoll, alte Gartenbücher zu wälzen und uns ein wenig in die Zeit zu versetzen, zu der diese Pflanzen zu uns kamen, in die Gärten genommen wurden und man anfing, sich mit ihnen züchterisch zu beschäftigen. Bei der *Clematis* werden wir dabei nach Japan gelangen und merken, was dort und auch in China an jahrtausendealter Gartenkultur bestand und daß viele unserer Pflanzen eigentlich aus den Gärten dort kommen und nur wenige direkt aus der Wildnis. Wenn wir seltene Arten gefunden und bei uns mit Erfolg angesiedelt haben, können und sollten wir sie vermehren oder durch jemanden vermehren lassen, der dies kann, damit sie in möglichst vielen Gärten Verbreitung finden. Nur durch häufiges Vorkommen, durch weite Verbreitung ist ihnen die Überlebenschance – auch für die Zeit unserer Kinder und Enkel – gesichert. Bei alten Rosen hat dieses Forschen und Sammeln vor etwa 20 Jahren begonnen. Heute kann man viele hundert alte Rosensorten wieder kaufen. Sie werden vermehrt und in dicken Katalogen angeboten. Bei vielen anderen Pflanzenarten, zum Beispiel bei *Clematis*, bei alten Geißblatt-Sorten, die früher zu jedem Bauerngarten gehörten, harren noch ungeahnte Schätze des Hebens und Pflanzens in unsere Gärten. Vielleicht birgt die eine oder andere alte Friedhofsecke ein Geißblatt, das aus den Gärten entkommen ist, so wie man in Dithmarschen 40 alte Rosensorten in den Hecken eines Dorffriedhofes und an ähnlichen Stellen fand und wieder zusammentrug. Dieses Bewahren alten Gartenkulturgutes, dieser alten Gartensorten ist Artenschutz, ist Naturschutz, ist das Erhalten und Bewahren alter Kultur, dessen, was unsere Vorfahren geschaffen haben. Dies gilt für Gartenpflanzen ebenso wie für Wildpflanzen. Erstere sind Kulturgut und beide unersetzliche Genreserven.

Es sollte jedem Pflanzenfreund eine Selbstverständlichkeit sein, keine Pflanzen aus der Natur zu entnehmen. Wenn er meint, er müsse eine seltene Art, die dort vorkommt, vermehren, dann soll er sich mit der Naturschutzbehörde in Verbindung setzen, soll bei Botanischen Gärten nachfragen. Meistens gibt es noch eine ganze Reihe anderer Quellen, ohne den Wildbestand zu verringern. So hilft man durch Verbreitung dieser Pflanzen, sie sicherer für die nächste Generation zu bewahren. Des Schutzes bedürfen nicht nur die Pflanzen, er ist auch für unsere Tiere nötig. So haben manche Schmetterlingsraupen bestimmte Futterpflanzen. Um einen unserer größten Schwärmer, den Windenschwärmer zu erhalten, müssen wir ihm Winden als Futterpflanzen anbieten. Wir sollten Raupen nicht bekämpfen, sondern daran denken, daß ein Schmetterling für die nächste Generation mehr wert ist, als die Windenblüte eines Sommers.

Begrünen mit Kletterpflanzen

Wenig Platzbedarf und doch grün mit allen Funktionen der lebendigen Natur – so lautet die Überlegung für den Stadtbereich, um in der dritten Dimension, das heißt, an Hauswänden Pflanzen wachsen zu lassen. Neben der Hausbegrünung bietet sich für viele andere Situationen auch Kletterpflanzengrün an. Unterschiedlichste Pflanzen stehen zur Verfügung, um ein grünes Kleid über Mauern, alte Schuppen, Zäune, Säulen und Flächen zu decken, Balkone abzugrenzen, Sichtschutz zu gewähren und das, was man nicht gerne sieht, hinter „Grün" verschwinden zu lassen. Eine ganze besondere Gruppe ist zu diesem Thema im Kapitel „Immergrün und winterhart" zusammengefaßt und auf Seite 48 vorgestellt. Zu diesen immergrünen Zauberkleidern kommen noch die sommergrünen, die teils winterhart sind, teils nur einen Sommer über dauern. Die folgenden Listen mögen als Anregungen bei verschiedenen Situationen dienen.

Geeignete Kletterpflanzen für grüne Wände treffen wir in vielen Gattungen an. Einige der in den Listen genannten Arten werden an anderer Stelle beschrieben, da sie auch in anderem Zusammenhang interessant sind. Sie sind über das Register im Anhang leicht zu finden. Einige besonders geeignete Arten werden vorgestellt.

Begrünung mit winterharten Gehölzen und Stauden von gewaltiger Wuchskraft

Actinidia arguta – Gehölz, bis 8 m,
  A. chinensis – Gehölz, bis 6 m
Ampelopsis megalophylla – Gehölz,
  Riesenblätter bis 60 cm, Höhe bis 8 m
Aristolochia macrophylla – Gehölz, bis 10 m,
  A. tomentosa – Gehölz, bis 6 m

Bryonia cretica ssp. *dioica* – Staude, bis 7 m
Celastrus – Gehölz, von 6 bis 10 m
Clematis vitalba – Gehölz, bis 15 oder 20 m
Clematoclethra integrifolia – Gehölz, bis 5 m
Hedera colchica – Gehölz, je nach Sorte
  3 bis 6 m
H. helix – Gehölz, je nach Sorte 3 bis 20 m
Humulus lupulus – Staude, bis 6 m
Parthenocissus quinquefolia – Gehölz,
  je nach Sorte 8 bis 15 m
P. tricuspidata – Gehölz, je nach Sorte
  6 bis 20 m
Polygonum aubertii – Gehölz, 6 bis 8 m,
  P. baldschuanicum – Gehölz, bis 15 m,
  P. multiflorum – Staude, 2 bis 4 m
Pueraria lobata – Staude, 5 bis 8 m
Sinofranchetia – Gehölz, bis 10 m
Sinomenium – Gehölz, bis 10 m
Tamus – Staude, bis 5 m
Thladiantha – Staude, 5 bis 9 m
Vitis – Gehölz, je nach Art 5 bis 20 m

Schnelles Grün für einen Sommer

Anredera – Knollenüberwinterung,
  bis 5 m
Cobaea – Vorkultur, bis 6 m
Cucurbita ficifolia – Vorkultur, bei günstiger
  Witterung bis 10 m
Cyclanthera – Vorkultur, bis 5 m
Dioscorea batatas – Vorkultur, 2 bis 3 m
Eccremocarpus – Vorkultur, bis 5 m
Echinocystis – Vorkultur oder Direktsaat,
  bis 5 m
Humulus scandens – Vorkultur, bis 4 m
Passiflora – Überwinterung als Pflanze, je
  nach Art und Sorte, bis 8 m
Pharbitis learii – Überwinterung bewurzelter
  Triebstücke, bis 6 m

Sommergrün mit Blütenakzent, auch für schattige Stellen

Anredera – Knollenüberwinterung, weiß mit Duft, bis 5 m
Berchemia – Gehölz, weiß-grün, 3 bis 6 m
Cynanchium – Gehölz, bei uns oft staudig, weiß bis rosa, bis 3 m
Decumaria sinensis – Gehölz, weiß, 4 bis 6 m
Hydrangea anomala – Strauch, weiß, bis 10 m
Lonicera × tellmanniana – Gehölz, goldgelb bis kupferfarben, bis 6 m
L. tragophylla – Gehölz, gelb, bis 5 m
Paederia – Strauch, weiß-purpurn, bis 6 m
Periploca – Strauch, auch staudig, weiß und braunrot, 5 bis 10 m
Schizophragma hydrangeoides – Gehölz, weiß, bis 10 m

Sommergrün mit bunten Herbstfarben

Actinidia arguta – Gehölz, gelb, bis 8 m
Ampelopsis megalophylla – Gehölz, bronzerote Blätter, bis 60 cm, Höhe bis 8 m
Celastrus orbiculatus – Gehölz, gelb, bis 10 m
Hydrangea anomala – Gehölz, gelb, bis 10 m
Menispermum canadense – Gehölz, gelb, bis 4 m
Parthenocissus quinquefolia – Gehölz, rotpurpurn, bis 10 m, *P. tricuspidata* 'Purpurea' – Gehölz, orangegelb bis scharlachrot, 2–3 Wochen früher als Art, bis 10 m
Periploca sepium – Gehölz, gelb, 5 bis 10 m
Vitis amurensis – Gehölz, purpurrot, bis 10 m, *V. coignetiae* – Gehölz, gelb zu orangescharlach, bis 15 m, *V. vinifera* 'Brant' – Gehölz, rotgelbadrig, bis 9 m

Begrünung mit bunten Blättern

Actinidia kolomikta – Gehölz, weißrosa Blattspitzen, bis 4 m, *A. polygama* – Gehölz, weiße Blattspitzen, bis 5 m
Hedera colchica – Gehölz, gelbbunte Sorten, wintergrün, bis 6 m, *H. helix* – Gehölz, gelbe und weißbunte Sorten, wintergrün, bis 6 m

Humulus lupulus 'Aurea' – Staude, gelbgrün, bis 6 m, *H. scandens* 'Variegata' – Staude, nicht winterhart, gelbgrün, bis 6 m
Lonicera japonica 'Aureomaculata' – Gehölz, gelbgrün, bis 4 m
Parthenocissus henryana 'Variegata' – Gehölz, nicht winterhart, silbrig-rötlich, bis 2 m
Senecio macroglossus 'Variegatus' – Staude, nicht winterhart, gelbgrün, bis 2 m
Solanum dulcamara 'Variegata' – Gehölz, auch staudig, weißgrün, bis 2 m

Begrünung mit Fruchtschmuck

Abobra – Staude, Duft, rote Beeren, bis 5 m
Bryonia – Staude mit roten oder schwarzen Beeren, 3–5 m
Cardiospermum – Sommerschlinger, Lampionfrüchte, ca. 3 m
Celastrus – Gehölz, rotorange aufplatzende Früchte, 6 bis 10 m
Clematis vitalba – Gehölz, Duft, silbrigfedrige Fruchtstände, bis 15 m
Cocculus – Gehölz, bei uns staudig, rote oder schwarze Beeren, 2–4 m
Dioscorea – Staude, geflügelte Früchte, 2–5 m
Diplocyclos – Staude, gelbgrüne oder rote Beeren, 2–3 m
Menispermum – Gehölz, bei uns meist staudig, blauschwarze Beeren, 3–4 m
Schisandra – Gehölz, rote Beeren, 4–6 m
Tripterygium – Gehölz, geflügelte Früchte, bis 3 m

Duftende Begrünung

Akebia – Gehölz, purpurviolett, bis 10 m
Anredera – Staude, nicht hart, weiß, bis 5 m
Apios – Staude, braun, bis 2 m
Araujia – Gehölz, nicht hart, weiß, 3 bis 7 m
Clematis flammula – Gehölz, weiß, 2 bis 5 m, *C. vitalba* – Gehölz, cremefarben, bis 15 m
Lonicera japonica 'Halliana' – Gehölz, weiß zu gelb, bis 6 m
Melothria – Staude, nicht hart, weiß, duftend, bis 2 m
Vitis riparia – Gehölz, grünlich, bis 10 m

Anredera
Madeira-Wein
Basellaceae, Schlingmeldengewächse

In Nord- und Süd-Amerika sind 5 bis 10 Arten beheimatet, von denen eine für unser Klima geeignet ist. *A. cordifolia* (syn. *A. baselloides, Boussingaultia cordifolia, B. gracilis* var. *pseudobaselloides, B. baselloides*) zeigt durch ihre vielen Synonyme, wie schwer es die Botaniker mit ihr haben. Die Pflanze hat einen

Anredera cordifolia

knolligen Wurzelstock und wechselständige, fleischige, herzförmige Blätter. Sie kann in sehr geschützten Lagen mit Laubdecke im Freien überwintern. Bei nicht zu sonnigem, trockenen Standort kann sie mit ihren rötlich überlaufenen, runden Trieben 5 bis 6 Meter hoch werden. Die langen fleischigen Wurzelknollen brechen leicht und tragen so zur Vermehrung bei. Zur Sicherheit ist es empfehlenswert, jedes Jahr einige Wurzelstöcke frostfrei und trocken zu überwintern. Man kann mit Anredera schnell dichte, saftiggrüne Wände wachsen lassen. Im Herbst stehen die weißen Blüten duftend, zu vielen in achselständigen, bis 20 cm langen Trauben. Die Knollen sind eßbar, und die Blätter werden als Spinatgemüse verwendet. Im englischsprachigen Raum heißt sie Madeira-Wein, weil sie in Madeira wie in vielen tropischen Ländern verwildert ist. Vermehrung erfolgt durch Teilung der knolligen Wurzelstöcke, durch Achselknöllchen oder Stecklinge, denn jedes Triebstück wurzelt schnell an. *Anredera cordifolia* ist für Balkon, Zäune und kleine Lauben oder Sichtschutzwände geeignet.

Aristolochia
Osterluzei, Pfeifenblume, Pfeifenwinde
Aristolochiaceae, Osterluzeigewächse

350 Arten sind in den tropischen und gemäßigten Zonen der Erde verbreitet. Es sind Kräuter mit Rhizomen oder Sträucher und schlingende Lianen. Vermehrung erfolgt durch Aussaat, Stecklinge oder Ableger. Viele Arten, so auch *A. macrophylla*, unsere kletternde Pfeifenwinde, braucht einige Jahre zum Einwachsen und Hochwinden, bis sie blüht. Auch oberirdisch erfrierende Arten sind kulturwürdig, da sie im Sommer schnell mit neuen Trieben hochwachsen. Sie fühlen sich durchaus auch im Schatten und Halbschatten wohl. Bei der meist sehr großen Wuchsleistung sollte man sie zumindest bei längerer Trockenheit kräftig wässern und auch öfters düngen.

A. fimbritata, stammt aus Brasilien und zeigt wie viele andere Pflanzen von dort, daß sie trotz tropischer Herkunft auch unser kühles Klima vertragen kann. Ihr knolliger Wurzelstock läßt sich im Ruhezustand bei 12–15 °C überwintern. Sie wird etwa 2 m hoch und blüht reich im Herbst. Die Blüten sind klein und interessant: außen gelbgrün, der Schlund braunrot gefleckt und mit langen gelbgrünen Wimpern (daher der Artname). Sie hat sehr schöne, runde Blätter mit silbernen Adern. Viele Sommerschlinger mit Vorkultur sind weniger schön.

A. kaempferi, aus Japan, ist ein stark wachsender, winterharter Kletterer, der 6–8 m Höhe erreicht. Die Blätter sind bis 15 cm lang und variabel, von oval bis länglich mit Spitze; die Unterseite ist seidig behaart. Die Art blüht im Juni–Juli mit u-förmigen, röhrigen Blüten, die innen purpurn und außen gelb sind. Der Name erinnert an Engelbert Kaempfer, einen deutschen Arzt, der um 1700 in Japan und China reiste und Pflanzen beschrieb und sammelte.

A. littoralis (syn. *A. elegans*), Kalikoblume (Abb. Seite 34). Diese Art stammt aus Brasilien und ist eine der wenigen kletternden Osterluzei-Arten, deren Blüten nicht unangenehm riechen. Sie ist ein eleganter Schlinger (bis 7 m) mit etwas herzförmigen, leicht blaugrünen Blättern. Die Blüten sind 3–4 cm groß, gelbgrün, offen purpurn, weißgeadert und erscheinen in großer Zahl von März bis Oktober. *A. littoralis* gedeiht im Kleingewächshaus oder im Sommer auch als Kübelpflanze an geschützter Stelle im Freien. Wintertemperatur 10–15 °C.

A. macrophylla (syn. *A. durior, A. sipho*, Abb. Seite 34) aus den USA, windet mit glatten verholzenden Trieben leicht 15 Meter hoch (linkswindend). Die rundlich herzförmigen Blätter sind hellgrün und bis 30 cm groß. Die pfeifenartigen Blüten sind gelbgrün, innen braun, 2–3 cm groß und hängen an langen Stielen. Eine ideale Kletterpflanze, die früher viel für Lauben verwendet wurde. Durch die großen Blätter scheint an Sommertagen ein sanft grünes, romantisches Licht in die Laube. Wurzeln und Rinde duften aromatisch.

A. moupinensis, aus West-China ist ein sommergrüner Kletterstrauch, der so stark wie die vorige Art wächst. Die Blätter sind herzförmig und mit 5–10 cm viel kleiner als *A. macrophylla*. Die Blüten erscheinen erst an älteren Pflanzen. Sie sind u-förmig, innen gelb bis rotgefleckt, außen grüngelb. Diese Art verträgt auch gut einen Standort an Südwänden.

A. sempervirens (syn. *A. altissima*) aus Kreta. Mit verholzenden Trieben und in der Heimat immergrün erreicht diese Art 1–3 m. Sie benötigt zum Gedeihen eine geschützte Stelle mit starker Laubbedeckung des Wurzelbereichs im Winter, ist aber den Versuch wert, der meist erfolgreich ist. Die Triebe frieren praktisch jeden Winter bis zum Boden zurück, die Pflanze treibt aber kräftig wieder aus und blüht reichlich mit purpurnen bis 5 cm großen Blü-

ten. Die Blätter sind dreieckig, herzförmig bis 12 cm lang. Die Art ist vor allem auch als Kletterer in kleine Bäume geeignet.

A. tomentosa, in Nordamerika zu Hause, hat wollig behaarte Triebe, die bis 6 m hoch winden. Die Blätter sind herzförmig, unterseits behaart, 7 bis 20 cm lang. Die Blüten sind ähnlich wie von *A. macrophylla*, aber flacher, gelb mit purpurnem Schlund und behaart. Blütezeit ist im Juli.

Berchemia
Rattanrebe, Rattanschlinge, Windender Hans
Rhamnaceae, Faulbaumgewächse

Die 22 Arten sind in Süd- und Ost-Asien und in Nord-Amerika und Ost-Afrika verbreitet. Es sind sommergrüne, windende Kletterpflanzen. Einige Arten sind in Kultur. Sie wachsen in Sonne und Halbschatten und in jedem guten Gartenboden, sind aber unterschiedlich winterhart. Das Laub ist sehr schön und macht sie zu versuchswerten Schlingern.

B. giraldiana, aus Mittel- und West-China, wird 4–6 m hoch und hat dunkelgrüne, unterseits bläulichgrüne Blätter. Die Blüten sind weiß und stehen im Juni–Juli in etwa 20 cm langen, endständigen Rispen. Die bis 1 cm großen Früchte sind erst rot und dann bei der Reife schwarz. Sie muß geschützt gepflanzt werden.

B. racemosa, bei uns winterharte Art aus Formosa, Japan und Taiwan wird nur 3–4 m hoch. Die Blätter sind etwa 5 cm groß, oberseits dunkelgrün und unterseits weißlich- bis gelblichgrün. Die Blüten sind grünlich, klein und stehen im Juli bis August in 10 bis 25 cm langen, endständigen Rispen. Die Früchte sind erbsengroß, erst rot und dann schwarz, wenn sie im Juli bis August des folgenden Jahres reifen. Die unterschiedlichen Blattgrößenangaben in der Literatur deuten daraufhin, daß wohl auch die B. racemosa var. *magna*, mit etwa doppelt so großen, d. h. bis 10 cm großen Blättern in Kultur sein könnte. Härteste Art.

Die Sorte 'Variegata' hat weißgefleckte Blätter.

B. scandens, stammt aus dem südlichen Nord-Amerika und ist nicht so winterhart wie die beiden anderen Arten. Sie wird 5 m hoch. Die Blätter sind am Stielende rund und nicht wie bei den vorhergehenden Arten herzförmig. Die kleinen, grünlich weißen Blüten stehen im Juni an bis höchstens 5 cm langen Rispen, die am Ende kurzer Seitentriebe wachsen. Die erbsengroßen Früchte reifen im August und sind schwarz.

Sie sind nur für milde, geschützte Weinbaulagen oder für ein frostfreies Kleingewächshaus geeignet.

Clematoclethra
Wimperblatt
Actinidiaceae, Strahlengriffelgewächse

10 Arten in West und Mittel-China. Sommergrüne Kletterer, die mit dem Kiwistrauch *(Actinidia)* verwandt sind. In England werden einige Arten angeboten, die auch bei uns winterhart sind. Sie klettern in Sonne und Halbschatten 4–7 m hoch. Die länglichen, eiförmigen, wechselständigen Blätter sind oft borstig gezähnt. Die Pflanze benötigt für ihre Wuchsleistung nährstoffreichen Boden und wird durch halbreife Stecklinge oder Ableger vermehrt. Diese kräftigen Wachser sind ebenso wie *Actinidia* eine interessante Alternative zum Knöterich.

C. actinioides wird bis 10 m hoch. Die weißen Blüten mit rosa Hauch stehen zu 1–3 m im Juni in den Blattachseln. Die Frucht ist eine schwarze Beere.

C. integrifolia wird bis 5 m hoch. Die Blüten sind weiß und duften. Im Juli stehen sie zu ein- bis fünfblütigen Büscheln in den Blattachseln. Die Früchte sind schwarze Beeren.

C. lasioclada wird bis 6 m hoch. Die weißen Blüten, 1,5 cm groß, stehen zu 2–7 in Büscheln im Juli in den Blattachseln. Früchte sind schwarze Beeren.

C. scandens wird bis 7 m hoch. Die weißen Blüten stehen zu 3–6 im Juni in Büscheln in den Blattachseln. Die Früchte sind schwarze Beeren.

Cynanchum
Moskitopflanze, Hundswürger
Asclepiadaceae, Schwalbenwurzgewächse

Die Gattung enthält 25 Arten meist windender Stauden und Gehölze, beheimatet in Süd-Europa, Afrika, Asien und Australien. Die gegenständigen Blätter sind herzförmig mit langer Spitze oder auch spießförmig. Die Blüten sind klein, sitzen aber zu vielen in doldigen Blütenständen. Moskitopflanze heißt sie, weil Insekten bei der Bestäubung oft eine Weile an dem wachsartigen Pollen hängenbleiben. Viele Arten sind anspruchslose, winterharte Kletterer mit schönen Blättern und am besten geeignet für volle Sonne. Sie sind leicht vermehrbar durch Aussaat, Stecklinge oder, die staudigen Arten, durch Teilung. Wer interessante, ausgefallene Kletterer für seine Sammlung sucht, sollte es mit folgenden versuchen:

C. acutum aus Süd-Europa, wird bis 3 m hoch. Die Blätter sind dreieckig, herzförmig, die Blütenstände mit weißen oder rosa süßduftenden, etwa 1 cm großen Blüten. Früchte paarweise, ca. 8 cm langen Hörnern gleichend.

C. sibiricum aus Nord-Asien, wird bis 3 m hoch, ist schnell wachsend und ähnelt *C. acutum*. Eine Pflanze steht in der reichhaltigen Kletterpflanzensammlung im Botanischen Garten Essen.

Sicherlich sind auch noch andere Arten kulturwürdig. Dies gilt vor allem für die Arten in Japan und China.

Dioscorea
Yamswurz
Dioscoreaceae, Yamswurzgewächse

Etwa 600 Arten von Schlingpflanzen in den Tropen und Subtropen der Erde. Einige Arten stammen aus kühlen Gebieten und können bei uns als 2–5 m hohe, winterharte Schlingpflanzen wachsen. Sie haben einen knolligen Wurzelstock und oft Knollen in den Blattachseln. Nährstoffreiche, tiefgründige, humose Böden und ein sonniger Standort mit reichlich Wasser, aber auch Halbschatten bekommen ihnen gut.

Die Frucht ist eine aufgeblasene, dreiflügelige Kapsel. Vermehrt wird durch Teilung der Knollen, durch Stecklinge oder Achselknöllchen. Die Pflanzen bilden schnell dichte, grüne Flächen mit dachziegelartiger Blattdeckung an Wänden und Säulen.

D. balcanica, vom Balkan ist eine bis 3 m hohe, schlingende Art mit sehr zierenden großen, dreiflügeligen Kapseln, die in großen Trauben im Herbst in den Blattachseln hängen. Die Blätter sind breit herzförmig mit kurzer Spitze. Eine schöne Pflanze steht im Botanischen Garten Nymphenburg in München.

D. batatas, Yams, auch Zimtwein genannt, da die Blüten nach Zimt duften. Die Pflanze wird überall in warmen Gebieten der Erde angebaut und die Yamsknolle ist ein wesentlicher Nahrungsbestandteil in vielen Ländern. In gut sortierten Gemüsegeschäften sind hin und wieder die Knollen zu kaufen. Sie sind länglich mit stumpfspitzen Enden, bis 90 cm groß und oft viele Kilo schwer. Wenn sie bei uns 30 cm und tiefer im Boden sitzen, sind sie auch winterhart und brauchen nur in schneelosen Wintern mit einer Laubdecke geschützt zu werden. Man kann die Knollen auch als Hydropflanzen kultivieren und dann als Sommerschlinger verwenden. Die Blüten sind klein, weißgrün. Die männlichen Blüten stehen in achselständigen, die weiblichen Blüten in hängenden Trauben mit Zimtduft.

D. bulbifera, indomalayisches Heimatgebiet. Es ist eine Luftkartoffel. Sie hat keine Bodenknolle, bildet aber reichlich bis kiloschwere Luftknollen in den Blattachseln. Sie ist nicht winterhart, aber für Zimmer, Balkon und Kleingewächshaus als Sommerkultur zu empfehlen. Die Überwinterung dieses prachtvollen Schlingers in Knollenform, dessen grünsilbern gezeichnete Blätter sehr zierend wirken, ist einfach. Er wächst bis fünf Meter und höher in einem Sommer. Die Blüten sind grünlich, hängen in vielblütigen Trauben in den Blattachseln. Blütezeit ist von August–September.

D. caucasica aus dem Kaukasus, hat einen kräftigen Wurzelstock und klettert bis 2 m hoch mit dünnen, weichen Trieben und blau-grünlichen, ovalen bis herzförmigen Blättern mit langer Spitze. Ein guter Kletterer für warme und schattige Stellen, besonders auch an Säulen.

D. fargesii, aus Westchina, wird gut 1 m hoch mit zierlicher Belaubung und drei- bis fünfteiligen Blättern, meist wollig behaart. In den Blattachseln werden oft Luftknöllchen gebildet. Die weiblichen Blüten sind weißlich und hängen in langen, achselständigen Trauben.

D. japonica, aus Japan, hat längliche Blätter, dreieckig mit herzförmigem Blattgrund. Die Blüten sind weiß in verzweigten, achselständigen Trauben, die weiblichen Blütenstände hängend, die männlichen Blütenstände aufrechtstehend. In den Blattachseln bildet *D. japonica* ebenfalls häufig Knöllchen.

D. villosa, aus Nord-Amerika, wird bis 4 m hoch. Die Blätter sind herzförmig mit langer Spitze und unterseits behaart. Die Blüten sind gelblich-grün, erscheinen im Juni–August. Sie sitzen in hängenden Trauben in den Blattachseln.

D. deltoidea, Heimat Kaschmir, wächst staudig mit Knollen. Die Früchte sind grüngeflügelte Kapseln, ähnlich *D. balcanica*.

Humulus
Hopfen
Cannabaceae, Hanfgewächse

Die zwei Arten dieser Gattung sind unser heimischer Hopfen und der bei uns als Sommerschlinger gezogene japanische Hopfen. Die Pflanzen haben haken- und amboßförmige Haare an den windenden, krautigen Stengeln und haken sich damit fest an die Kletterhilfe. Es sind kräftige Wachser, die humosen, nährstoffreichen Boden und einen nicht austrocknenden Standort brauchen und für ihre riesige Sommerwuchsleistung entsprechende Düngung und Wässerung benötigen. Die Blätter sind herzförmig mit 3–7 Lappen, rauh und grobgesägtem Rand. Jugendblätter meist ungelappt. Die Rinnen auf der Oberseite der Blattstiele sind in der Lage flüssiges Wasser aufzunehmen, eine Seltenheit bei Landpflanzen.

H. lupulus (Abb. Seite 87), unser heimischer Hopfen, ist in Europa, Asien und Nord-Amerika verbreitet. Blätter 3–5lappig. Es ist eine Staude mit vielen Ausläufern, die ein bis zwei Jahre zum Einwachsen braucht und dann Triebe bis 6 m Höhe und mehr hochwinden läßt. Die Art ist für größere Gärten oder dicht zu berankende Pergolen oder auch in größere Strauch- und Baumgruppen gut geeignet. Bei niedrigen Hecken können die fruchtenden Triebe sehr dekorativ auf den Sträuchern liegen. Um die Pflanze klein zu halten, kann man sie alle zwei Jahre durch Abstechen verkleinern. Dann läßt sie sich gut im Zaum halten und ist problemlos. Die Schuppendrüsen der zapfenartigen weiblichen Blütenstände enthalten den Bitterstoff Lupulin, der dem Bier die Würze gibt. Die „Hopfendolden" sind auch gute Trockenblumen.

Die Sorte 'Aureus' hat gelbgefleckte Blätter und ist nicht so stark wachsend.

H. scandens (syn. *H. japonicus*), aus Japan, Taiwan, China, ist einjährig und durch Aussaat, besser mit Vorkultur zu vermehren. Obwohl auch in japanischen Floren als einjährig angegeben, gelingt es manchmal, Pflanzen zu überwintern und wieder zum Wachsen zu bringen. Die Blätter sind 5–7teilig, sonst wie unser heimischer Hopfen. Er ist einer unserer schnellsten grünen Sommerschlinger und bleibt bis zum Frost grün und deckend.

Die Sorte 'Variegatus' hat weiß gefleckte Blätter. Man darf sie nur wenig düngen, da die Blätter sonst vergrünen, und die weiße Zeichnung verlorengeht.

Menispermum
Mondsame
Menispermaceae, Mondsamengewächse

Eine Gattung mit zwei bei uns winterharten Arten sommergrüner, windender Sträucher aus Nord-Amerika und Ost-Asien. Die Blütezeit ist Mai–Juni. Die Blüten sind klein, grüngelb in hängenden Trauben. Früchte gibt es nur, wenn man männliche und weibliche Pflanzen zusammensetzt. Die Früchte sind blauschwarz und hängen im Oktober–November wie kleine Weintrauben an den Pflanzen. Die Blätter sind schildförmig wie bei Kapuzinerkresse und sehr dekorativ. Wenn der Boden nicht zu trocken ist, wachsen sie in der Sonne und im Schatten. Wenn die oberirdischen Teile im strengen Winter zurückfrieren, treiben sie schnell wieder aus dem Wurzelstock aus und werden trotzdem 3–4 m hoch. Vermehrung erfolgt durch Aussaat, Stecklinge, Ableger und Ausläufer. Die Beeren sollen giftig sein.

M. canadense, aus Nord-Amerika mit behaarten Trieben, wird bis 4 m hoch (Abb. Seite 33).

M. dauricum, aus Ost-Asien. Die jungen Triebe sind kahl und werden nur etwa 3 m hoch.

Mikania
Schlingdost
Asteraceae, Asterngewächse

Eine 250 Arten starke Gattung kletternder Kräuter und Sträucher, die besonders im tropischen Amerika verbreitet sind.

M. scandens (syn. *Eupatorium scandens*), ist ein nicht winterharter Kletterstrauch aus den USA. Die leicht vierkantigen Stengel winden sich im Uhrzeigersinn bis 3 m hoch um Zweige und andere Kletterhilfen. Die gegenständigen Blätter sind herzförmig und etwa 10 cm lang. Die gelblichweißen bis leichtrosa Blüten stehen bis zu 20 in langgestielten, bis 8 cm breiten Blütenständen von Juli–Oktober in den Blattachseln. Als Sumpfpflanze braucht *Mikania* bei uns im Sommer einen Sonnenplatz mit reichlich Wasser und Dünger. Überwintert werden die Pflanzen durch bewurzelte Stecklinge, die nach den Eisheiligen ins Freie gepflanzt werden. Auch Aussaat ist möglich.

In den USA wird die Pflanze als Unkraut betrachtet. Sie ist nicht mit *Senecio mikanioides*, dem „Eisenbahnerefeu", zu verwechseln, die in älterer Literatur auch *Mikania scandens* genannt wird.

Samen von *M. scandens* wird in Samen-Listen aus den USA manchmal angeboten und sollte zum Probieren reizen. Neuerdings werden auch Ampelpflanzen davon angeboten.

Periploca

Baumschlinge, Seidenwein
Asclepiadaceae, Schwalbenwurzgewächse

Diese Gattung wurde bisher der Familie der Asclepiadaceen zugerechnet, wird in neuerer Zeit jedoch als eigene Familie (Periplocaceae) abgetrennt. Die zehn Arten stammen aus Nord- und Mittel-Afrika, dem Mittelmeergebiet und Ost-Asien. Zwei bei uns gezogene Arten sind stark schlingende Sträucher. Die Vermehrung erfolgt durch Aussaat, Stecklinge (im Mai) oder Teilung. Das schöne dunkelgrüne lanzettliche Laub mit langen Spitzen hält bis zum Frost. In Sonne und Halbschatten, auch an einer Nordwand wächst Periploca gleich gut. Sie braucht frischen, nährstoffreichen Boden. Wachsen aber auch an trockenen, warmen Stellen sehr gut. Der bei der Verletzung der Pflanzen austretende Milchsaft ist giftig. Die langgezogenen Balgfrüchte enthalten viele seidig behaarte Samen. Die Pflanzen winden alle sehr gern, notfalls auch um sich selber, so daß die Triebe sich schnell verwirren. Daher auch der Name peri = herum und plocain = schlingen. Wenn die Pflanze in sehr kalten Gegenden im Winter bis zum Boden abfriert, treibt sie doch willig jedes Jahr wieder aus und ist nicht schlechter als eine ältere, verholzte Pflanze – nur eben nicht so hoch.

P. graeca (Abb. Seite 200), auf dem Balkan und in Kleinasien zuhause, wird bis 12 m, bei uns bis 5 m hoch. Die Blüten sind etwa 2 cm breit und sternartig, außen weiß und innen braunrot. Sie stehen im Juli–August zu 5–10 in lockeren, traubigen Blütenständen am Ende kurzer Seitentriebe. Die Früchte sind 10 cm lang. Das Laub bleibt bis zum Frost grün.

P. sepium stammt aus Nordchina und wird bis 10 m hoch. Ihre Blüten, die von Juni–Juli erscheinen, sind kleiner als bei der vorigen Art. Ihre Früchte werden etwa 15 cm lang und stehen jeweils paarweise wie Stierhörner nach der Seite ab. Die Rinde von P. sepium wird in China zur Herzstimulierung verwendet. Diese häufig oberirdisch abfrierende Art färbt ihr Laub im Herbst leuchtend gelb.

Senecio

Kreuzkraut
Asteraceae, Asterngewächse

Als eine der artenreichsten Gattungen des Pflanzenreiches ist Senecio mit etwa 3000 Arten in fast allen Klimazonen der Erde vertreten.

Senecio mikanoides (syn. *S. scandens*) (Abb. Seite 198) aus Süd-Afrika ist eine bei uns um die Jahrhundertwende als „Eisenbahnerefeu" verbreitete Kletterpflanze. Im Wuchs ähnelt sie einer Efeu-Pelargonie mit flacheren, fleischigeren 3–7lappigen Blättern. Die Triebe werden in einem Sommer bis 1,5 m lang. Die gelben Blüten stehen zu vielen im verzweigten Blütenstand an den Triebenden oder in den Blattachseln. Wir erleben die Blüte nur im Spätherbst eines sehr heißen Sommers. Die Überwinterung bewurzelter Stecklinge erfolgt hell bei 5–8 °C. Humose, nährstoffreiche Erde mit reichlichem Gießen und Düngen bringt diesen Kletterer zu voller Entfaltung. Er hängt ebenso schön vom Balkonkasten herab, wie er durch lockere, kleine Sträucher klettert oder Bodenflächen schnell bedeckt. Es gibt auch eine Sorte mit gelb gefleckten Blättern.

S. tamoides, eine andere südafrikanische Art, wächst in einem prächtigen Exemplar in Wisley, dem Schaugarten der Royal Horticultural Society unweit von London. Es ist ein ähnlicher aber viel gewaltigerer Kletterer, der über 10 m erreicht. Die Blüten sind gelb und 2–3 cm groß mit 5 bis 6 Zungenblüten. Sie stehen zu vielen in verzweigten achselständigen und endständigen Blütenständen. Die Pflanze ist leicht durch Stecklinge zu vermehren. Ihre Ansprüche sind wie die von *S. mikanoides*. Die Art wird jetzt bei uns als „grüne" Ampelpflanze hin und wieder angeboten.

S. macroglossus aus Süd-Afrika ist von ähnlich einfacher Kultur. Es gibt auch eine Sorte mit weißfleckigen Blättern, die als Blattpflanze sehr geeignet ist. Man findet sie häufig mit wenigen großen gelben Blütenköpfen als winterblühende Kletterer im Mittelmeergebiet. Gegen Trockenheit resistent ist *S. macroglos-*

sus als Bodendecker unter dem Dachvorsprung geeignet.

S. confusus, der mexikanische Flammenschlinger ist zum Bewuchs der Kleingewächshauskonstruktion (rechtswindend) gut geeignet. Die 2–4 cm großen Blüten stehen zu mehreren an den Triebenden. Sie öffnen sich orangefarben und verblühen zu Rot. Die Temperaturansprüche liegen bei 15–20 °C im Sommer und bei 10 °C, auch bis 5 °C im Winter.

Sinomenium
Chinesischer Mondsame
Menispermaceae, Mondsamengewächse

Aus einer einzigen, sommergrünen schlingenden Art besteht diese Gattung. Es ist *S. acutum* aus Mittel- und West-China und Japan. In Weinbaugegenden ist sie winterhart und bis 10 m hoch kletternd. Die Blätter sind herzförmig bis siebenteilig tief eingeschnitten. Die kleinen, gelben Blüten erscheinen im Juni in kegelförmigen 10–15 cm großen, hängenden Blütenständen. Ihnen folgen im Oktober erbsengroße, schwarzblaue Früchte. *S. acutum* ist für Sonne und Halbschatten zum Klettern in Bäume und große Sträucher gut geeignet und stellt keine besonderen Ansprüche an den Boden. Der Wurzelbereich sollte jedoch durch eine Laubdecke geschützt sein. Da Sinomenium zweihäusig ist, müssen weibliche und männliche Pflanzen nebeneinander gesetzt werden, damit es zum Fruchtansatz kommt. Vermehrung erfolgt durch Aussaat.

Tamus
Schmerwurz
Dioscoreaceae, Yamswurzgewächse

Die fünf Arten sind auf den Kanaren, Madeira und im Mittelmeergebiet zu Hause. Eine Art, *T. communis*, kommt auch bei uns im Rhein-, Mosel- und Saartal vor und ist gegen Westen hin bis England verbreitet. Diese heimische Art ist der einzige Vertreter der Yamswurzgewächse in unseren Breiten. Es ist ein Schlinger, dessen Knollen, die bis 10 kg schwer werden können, unsere kalten Winter überleben. *Tamus* schlingt als eingewachsene, ältere Pflanze bis 5 m hoch. Die Blätter sind herz- bis pfeilförmig und besitzen eine langausgezogene Spitze. Die Blüten zeigen sich im Mai–Juni, sind zwar unscheinbar grünlich-weiß, duften aber leicht und besitzen viel Nektar. Die männlichen Blüten stehen in langen, büscheligen Blütenständen in den Blattachseln. Die Schmerwurz ist als heimische Kletterpflanze interessant. Eigenartig ist auch, daß ältere Pflanzen aus ihrer Knolle 10–20 Triebe sehr schnell emporwachsen lassen, so schnell, daß die ersten 1–2 m Höhe schon erreicht sind, ehe sich die ersten Blätter entfalten.

Wo die Stechpalme *(Ilex)* oder auch die frühlingsblühende – im Namen zu Unrecht geschmähte – leuchtend gelbgrün blühende Stinkende Nießwurz *(Helleborus foetidus)* wächst, läßt sich auch die Schmerwurz ziehen. In kälteren Gegenden muß eine Herbstlaubdecke gegen die Winterkälte helfen.

Immergrün und winterhart

Grüne Wände sind das Ziel vieler Interessenten von Kletterpflanzen. In südlichen Gefilden ohne Frost ist die Auswahl groß. Bei uns schränkt der winterliche Dauerfrost die Artenzahl sehr ein. Mauern an Ost-, West- und Nordseiten, die nur Hitze-, Regen- und Kälteschutz gewähren, können zu grünen Wänden werden. An Südseiten sollten es nur sommergrüne Pflanzen sein, damit die Wintersonne die Mauern erwärmen kann. Zwei Gruppen lassen sich bilden: immergrüne und bedingt immergrüne Pflanzen.

Immergrün, auch in strengen Wintern
Hedera helix und Sorten, *Hedera colchica* und die meisten Sorten, *Euonymus fortunei* und Sorten, *Lonicera henryi* (meistens), *Rubus fruticosus* mit wintergrünen Typen und Sorten, *Jasminum nudiflorum* (grüne Zweige), *Smilax sieboldii*
Die ersten beiden klettern mit ihren Kletterwurzeln ohne Hilfe an Mauern und Stämmen und sitzen auch ohne Hilfe im Alter noch fest. Efeu ist auch die einzige wintergrüne Art, mit der sich transportable Sichtschutzwände begrünen lassen, die dann sommers und winters ihre Funktion erfüllen.

Bei der zweiten Gruppe können winterharte Herkünfte (ihr natürliches Verbreitungsgebiet umfaßt auch ähnlich winterkalte Gegenden) bei gutem Ausreifen jeden normalen Winter fast immergrün überstehen. Bei extremer Winterkälte ist Winterschutz – insbesondere der gefrorenen grünen Blätter vor Sonne und austrocknendem Wind – erforderlich. Städtisches Kleinklima wirkt dabei meist Wunder.

Immergrün bei günstigem Standort und mildem Winter
Akebia, vor allem *A. trifoliata*, *Cocculus* – Blätter bleiben sehr lange an der Pflanze, *Decumaria barbara*, *Kadsura japonica*, *Lonicera japonica* und *L. acuminata*, *Lonicera sempervirens*, *Pileostegia viburnoides*, *Stauntonia hexaphylla*, *Vinca major*.
Sie alle sind einen Versuch wert. Immergrüne, aber nicht winterharte Kletterer gibt es noch viele. Sie sind auf Seite 63 zusammengestellt. Ein frostfreier oder warmer Wintergarten ist nötig, um sie am Leben zu erhalten.

Von den oben genannten Gattungen sind hier – auch mit ihren weniger winterharten Arten beschrieben:
Akebia, Blaugurkenwein; *Cocculus*, Kokkelstrauch; *Euonymus*, Spindelstrauch; *Hedera*, Efeu; *Vinca*, Immergrün.

Akebia
Blaugurkenwein
Lardizabalaceae, Fingerfruchtgewächse

Die fünf Arten dieser Gattung stammen aus China und Japan und sind ideale Schlinger für unsere Gärten. Die Blüten sitzen in vielblütigen Trauben in den Blattachseln. Die weiblichen Blüten sind 2–3 cm groß und sitzen an der Rispenseite. Die männlichen Blüten sind kleiner. Sie sind braunrot oder schokoladenfarben mit blauviolettem Schimmer und duften. Da sie oft schon Ende April erscheinen, besteht die Gefahr, daß sie erfrieren. Die Früchte sind 6–8 cm lang, gurkenförmig, braunrot, blaubereift und eßbar. Leider ist der Fruchtansatz auch bei Handbestäubung selten. Kreuzbestäubung zwischen *A. quinata* und *A. trifoliata* zeigte oft Erfolg. Bei geschütztem Standort (gegen Spätfröste) in Sonne und Halbschatten sind sie elegante Schlinger, deren Laub bis zum Frost hält. Der Boden sollte locker, tiefgründig und frisch sein. Bei den Akebien ist es wie bei vielen Schlingern, sie reagieren auf Düngen mit kräftigem Wachstum. Vermehrung möglich durch Stecklinge, Ableger und Wurzelschnittlinge. In der Jugend wachsen sie sehr langsam. Beim Klettern in Bäume und Spaliere verkahlen sie im Alter unten und sind dann mit anderen Kletterpflanzen wie *Clematis alpina* oder niedrigbleibenden *Lonicera* oder *Euonymus* zu ergänzen.

A. quinata klettert bis 10 m, hat 5teilige Blätter und blüht im Mai. Falls Fruchtsansatz erfolgt, reifen die Früchte im September – Oktober und sind dunklel purpurviolett. In milden Wintern behält sie ihre Blätter.

A. trifoliata ist ein sommergrüner Schlinger bis 9 m, ist im Trieb kräftiger als *A. quinata*, die Blätter mit 3 ovalen Teilblättchen. Weibliche Blüten sind bis 3 cm breit, männliche etwa halb so groß. Die Früchte sind eßbar, 6 – 13 cm lang, pflaumenförmig und bei der Reife violettblau. Blüht im April – Mai und fruchtet – wenn überhaupt – im Herbst.

A. pentaphylla ist eine Hybride zwischen beiden Arten und in den Merkmalen zwischen beiden stehend.

Cocculus
Kokkelstrauch
Menispermaceae, Mondsamengewächse

Elf Arten sind in Süd- und Ost-Asien, Nord-Amerika, Afrika und auf den Hawaiinseln verbreitet. Zwei schlingende Arten sind auch bei uns im Freien verwendbar. Die Blätter sind sehr dekorativ, oval bis herzförmig und fallen erst bei strengem Frost ab. Sie sind für Zäune und Lauben, für Sträucher und kahlgewordene Baumstämme oder auch für Mauerbegrünung zu verwenden. Wenn sie im Winter bis zum Boden (Wurzelbereich mit Laubdecke schützen) zurückfrieren, wachsen sie schnell wieder auf 2 – 3, gar 4 m Höhe in einem Jahr. Für Sonne bis leichten Schatten ohne besondere Bodenansprüche – nur zu trocken darf es nicht sein – und für viele Gartensituationen sind sie geeignet. Vermehrung erfolgt durch Aussaat nach Samenreife und durch Teilung.

C. carolinus aus Nord-Amerika ist eigentlich immergrün. Die Blüte im Juli ist weißgrünlich, in bis 10 cm langen, achselständigen Trauben, denen rote, erbsengroße Früchte folgen. Über Winter Wurzelbereich mit Laubdecke schützen.

C. trilobus, aus China und Japan ist etwas härter als die vorige Art, aber weniger hochwachsend, nur 2 – 3 m erreichend, laubabwerfend. Die gelblichweißen Blüten stehen in dichten, traubigen Blütenständen in den Blattachseln und erscheinen Juli – August. Ihnen folgen gut erbsengroße, glänzende, blauschwarze Früchte im Oktober. Es ist die härteste Art, die ihrer Blüten und Früchte wegen zu empfehlen ist.

Euonymus
Spindelstrauch
Celastraceae, Spindelstrauchgewächse

Die Gattung ist mit 176 Arten besonders im Himalaja, in China und Japan, aber auch in Europa und Amerika heimisch. Zu ihr gehört auch unser Pfaffenhütchen.

E. fortunei, eine kletternde, immergrüne Art aus Japan, ist für uns als Haftwurzelkletterer bis 5 m Höhe interessant. Die Triebe sind grün, die Blätter gegenständig, eiförmig bis länglich spitz, je nach Sorte. Die Blüten sind blaßgrün, klein und erscheinen erst nach vielen Jahren. Die Frucht ist eine Kapsel mit Samen, die von rotem oder orangefarbenem Gewebe, dem Arillus oder Samenmantel umgeben sind. Als Bodendecker kriechend oder an Wänden, Zäunen, Säulen und Baumstämmen kletternd, ist sie auch für Halbschatten und Schatten gut geeignet und gleich Efeu absolut winterhart, aber langsamer wachsend. Das kann auch ein Vorteil sein, da man die Pflanzen dann nicht zurückschneiden muß. Für frischen Boden und Wässerung bei Trockenheit und vor Beginn des Winters ist die Pflanze sehr dankbar. Vermehrung erfolgt durch Stecklinge und Teilung. Die Früchte sind giftig, aber ungefährlich.

Sorten:
'Carrieri', bis 2 m hoch. Blätter zum Teil mit weißem Rand, färben sich im Winter purpurrot.

Da die Sorte bereits als junge Pflanze blüht und fruchtet, ist sie vielleicht die Altersform der Art *E. fortunei*.

'Colorata', im Herbst auf der Blattoberseite dunkelpurpurrot und Blattunterseite heller rot.

'Emerald Gaiety', große schmal weißrandige Blätter; kräftiger 'Gracilis'-Typ.

'Emerald'n Gold', breite hellgelb gerandete Blätter, die sich im Winter etwas röten.

'Gracilis', kriechender oder an Mauern und Baumstämmen bis 1,50 m hochkletternder Strauch mit kleinen, 2–3 cm großen Blättern, die weißrandig und beim Austrieb rötlich überlaufen sind.

'Minimus', Blätter 1–2 cm dunkelgrün, sehr flach wachsend oder kletternd; als 'Kewensis' wird ein Typ mit nur 0,5–1 cm großen Blättern angeboten.

E. fortunei var. **vegeta** ist eine mehr buschig wachsende Art, aber bei genügend Halt auch bis 2 m hoch kletternd. Die Triebe sind brüchig, die Blätter rundlich, derb, grün, die Früchte korallenrot.

E. radicans ist eine kriechende oder an Mauern und Kletterhilfen bis 1 m hoch kletternde Art. Die Blätter sind derb, elliptisch, dunkelgrün, 2–3 cm lang.

Die Sorte 'Reticulatus' an Mauern und Baumstämmen kletternd wie *E. radicans*, aber Blätter mit weißen Nerven. 'Silver Gem' wie *E. fortunei*'Carrieri', aber Blätter ganz weißbunt und an den Mauern bis 3 m hoch kletternd.

Hedera
Efeu
Araliaceae, Araliengewächse

Die Gattung ist mit sechs Arten von Japan über Asien, Europa, dem Mittelmeerraum bis zu den Kanarischen Inseln verbreitet. Es sind immergrüne, mit Haftwurzeln kletternde Sträucher. Sie bilden kletternde Jugend- und aufrecht strauchig wachsende, blühende und fruchtende Altersformen, die sich meist deutlich an den Blättern unterscheiden. Die Blüten sind grünlichgelb in dichten Dolden. Die Früchte sind schwarze, nur bei *H. nepalensis* und *H. helix* 'Poetica' gelbe bzw. orangefarbene Beeren. Alle Efeu-Arten variieren stark in Blattform und Färbung, am stärksten *H. helix*, unser heimischer Efeu, der auch das größte Verbreitungsgebiet besitzt und am häufigsten kultiviert wird. Junge Efeutriebe sind von schuppenartigen Sternhaaren besetzt. Man kann sie mit einer starken Lupe untersuchen und gut zur Bestimmung der Arten und Sorten nutzen. Efeu ist sowohl im Schatten als auch in der Sonne gut als immergrüne Kletterpflanze, Bodendecker oder sommer- und wintergrünes Mauerkleid zu verwenden (siehe Kapitel Begrünen mit Kletterpflanzen Seite 39). Die Ausbildung der Altersform erfolgt etwa nach 6 bis 10 Jahren nur beim Klettern und bei einer Mindestmenge an Licht. Dabei entsteht im Laufe der Jahre aus Pflanze und Wasser (Regen, Schnee) meist ein beachtliches Gewicht, das berücksichtigt werden muß. An Mauern kann durch Schnitt die grüne Decke ohne dieses Gewichtsproblem erhalten bleiben.

Efeu liebt humosen, nicht zu trockenen Boden und Schutz vor austrocknenden Winterwinden. Nach trockenen Sommern im Herbst ist einige Male kräftig zu wässern, damit die Pflanze nicht sehr trocken in den Winter geht. Vermehrung erfolgt durch Stecklinge und Bewurzelung ausgereifter Triebe, auch der Altersform (angeboten als *H. helix* 'Arborescens'), die ihren Wuchs und ihre Blattform beibehalten. Aussaat wird selten durch den Menschen, aber reichlich durch Vögel praktiziert.

Die Efeublüten, im August–Oktober, werden intensiv von Bienen beflogen. Die Beeren reifen ab Februar bis März oder Mai und werden bei uns sehr gern vor allem von Amseln, Drosseln, Ringeltauben und Türkentauben gefres-

---

sen. Die Information in vielen Büchern, Efeubeeren würden nicht gefressen, könnte darauf beruhen, daß die Beeren nicht ausreifen oder nur trocken, saftlos bleiben oder daß es auch süße und bittere Typen gibt.

Efeu gibt die beste Möglichkeit, selbst dunkle Hofecken, düstere Mauerschluchten, schattige Flächen unter Bäumen zu begrünen und zu beleben.

Wie im Garten bei Vogelaussaat zu beobachten, beginnen Efeusämlinge sofort ohne Hilfe zu klettern. Bei gepflanzten Exemplaren muß meist nachgeholfen werden.

Auch läßt Efeu sommergrüne Bäume zu immergrünen Bäumen werden. Efeu ist durch die vielen Sorten mit unterschiedlichsten Blattformen, Farben und Wuchstypen eine Pflanzengattung zum Sammeln. Spezialliteratur siehe Literaturverzeichnis.

H. canariensis aus den Kanaren, Azoren, Madeira, Nordwest-Afrika. Bekannt ist die Sorte 'Gloire de Marengo' mit gelbpanaschierten Blättern als Zimmerpflanze. Sie ist ein kräftiger Wachser mit großen Blättern und unterschiedlich stark lappenartigen Ausbuchtungen. Die Sternhaare sind 10- bis 15strahlig. In Weinbaugegenden ist sie bei normalen Wintern noch hart.

H. colchica, Persischer Efeu aus Südost-Europa, dem Kaukasus bis Nord-Iran, ist bei uns verbreitet mit der Sorte 'Dentata', deren Blätter bis 20 cm lang herabhängen und ihren Rand etwas einrollen. Junge Triebe mit gelblichen, etwa 20strahligen Sternhaaren, Früchte sind größer als bei *H. helix* und auch schwarz. *H. colchica* ist immergrün und ebenso wie die vom Rand her gelbgefleckte Sorte 'Dentata Variegata' gut winterhart (Abb. Seite 180). Beide sind beeindruckende Kletterer, die es bis gut

6 m Höhe schaffen. Der englische Name „elephant ear" (= Elefantenohr) ist treffend auf die ungewöhnliche Blattgröße bezogen. 'Sulphur Heart' Blätter sind von der Mitte her grüngelb panaschiert.

H. helix ist unser heimischer Efeu mit vielen Sorten, die entweder in seinem Verbreitungsgebiet gefunden wurden oder in Kultur entstandene Mutanten sind (Abb. Seite 33). Er klettert mit Luftwurzeln 20–30 m hoch und wird sehr alt. Dies tut er aber nur mit der Luftwurzeln bildenden Jugendform, so daß man ihn notfalls durch Rückschnitt in diesem Zustand halten und zum Klettern zwingen muß. Die Sternhaare an den jungen Trieben sind 4- bis 10strahlig. Die Winterhärte ist gut, wobei trocknende Winterwinde bei gefrorenem Boden wie bei allen wintergrünen Pflanzen gefährlich sind. Viele Zimmerpflanzensorten lassen sich auspflanzen, besitzen aber sehr unterschiedliche Winterhärte, da sie nach Blattform, Blattfarbe und Wuchstyp und nicht nach Winterhärte ausgelesen wurden. In den USA besteht eine Efeu-Gesellschaft, die auch die Efeu-Welt-Sorgenregisterstelle führt.

Einige Sortenbeispiele mit verläßlicher Winterhärte zum Probieren: 'Atropurpurea' 5lappige, wenig gebuchtete bis 7 cm breite Blätter. Die im Sommer dunkelgrünen Blätter färben sich im Winter violettrot. Ähnlich „winterrot violett" färben sich 'Glymii' und 'Woeneri'. Diese Anthocyan-Färbung zeigt Winterhärte an.

'Baltica' bei Riga, im nördlichsten Verbreitungsgebiet von *H. helix* von Rehder gefunden und wohl der härteste Efeu. Blätter 4–5 cm groß, dunkelgrün mit weißen, etwas erhabenen Adern.

'Cavendishii' 3lappige, 6–7 cm große Blätter mit unterschiedlich starkem gelblichem Rand und grüner Mitte. Vergrünt nicht und bildet auch reich fruchtende Altersform.

'Conglomerata' Blätter dicht zweireihig stehend, meist ungelappt und rundlich wirkend mit gewelltem Rand. Wächst langsam und verzweigt sich stark. Für Terrassenmauern gut geeignet, da niedrig bleibend.

Oben links: Calystegia sepium, Zaunwinde
Oben rechts: Convolvulus althaeoides
Mitte links: Pharbitis purpurea, Prachtwinde
Mitte rechts: Merremia tuberosa, Holzrose
Unten links: Pharbitis learii
Unten rechts: Quamoclit coccinea, Sternwinde

'Deltoidea' Herzblattefeu. Blätter schwach 3lappig, dreieckig bis 10 cm lang und breit. Dunkelgrün, im Herbst–Winter etwas violett.

'Glacier' Blätter 3- bis 5lappig, bis 6 cm groß und silbrig graugrün bis grün gefleckt mit gelblichem Rand. Im Winter etwas rötlich violett gefleckt. Heller freundlicher Farbtupfer an schattigen Stellen.

'Goldheart', oft auch als 'Goldherz' oder 'Oro de Bogliasco' angeboten. Schnell wachsend und mit der goldgelben Blattmitte zum dunkelgrünen Rand hin leuchtend. Blätter dreieckig bis 6 cm groß. Gut winterhart und eleganter goldfarbener Kletterer in Bäume, besonders Nadelgehölze und beim Klettern an Mauern gut haftend (Abb. Seite 33).

'Hibernica' Irischer Efeu. Tetraploid. Schnell wachsend und großblättrig. Blätter bis 15 cm groß und 5lappig. Es ist die meistgepflanzte Efeusorte. Guter Bodendecker, aber nicht für Blumenzwiebelbereiche, da er eine sehr grobe Struktur durch seine großen Blätter schafft. Diese Sorte wurde mit Fatsia japonica gekreuzt und ergab Fatshedera lizei. Es gibt auch eine wechselnd stark gelbgefleckte bis teilweise gelbblättrige Sorte davon 'Hibernica Variegata'.

'Minor Marmorata' typische 3lappige Efeublätter, deren Dunkelgrün durch weißgelbe Flecken leicht bis stark gemustert ist. Ähnelt einer Virus-Fleckung, ist aber normale Panaschierung. Interessantes Farbspiel an schattigen Nord- und Ostwänden.

'Pedata' Vogelfußefeu. Blätter 5lappig, tiefeingeschnitten, dunkelgrün und weißgrau geadert, 5–6 cm groß. Daraus entstand auch die Sorte 'Heron', bei der die Blattfläche auf schmale Bänder entlang der 5 Hauptrippen reduziert ist. Beide Sorten wirken auf heller Wand dekorativ grafisch.

'Tricolor' kleine dreieckige bis 4 cm große Blätter. Sie haben eine graugrüne Blattmitte und sind am Rand gelblich gefärbt. Das leichte Rosa des Blattrandes verstärkt sich im Winter und breitet sich auch in der Blattfläche aus. Sorte mit steifem, langsamen Wuchs für Mauersockel und Zäune.

Zum Abschluß sei noch die bei uns nicht winterharte kleinasiatische H. helix-Sorte mit gelborangen Früchten genannt.

'Poetica' meist die Altersform vermehrt, da an dieser Blätter und gelborange Früchte sehr schön sind. Für größeren Efeu-Bonsai geeignet. Nicht winterhart und als Topfpflanze zu ziehen. Es lohnt sich, danach zu suchen, da es der einzige, bei uns sicher orangefruchtende Efeu ist. H. nepalensis schafft das bei uns mangels Sonne und Wärme nicht.

H. nepalensis aus Afghanistan, Kaschmir und dem Himalaja, hat längliche Blätter spitz mit 3 bis 6 nach vorn gerichteten Lappen. Sternhaare sind 12- bis 15strahlig. Er ist winterhärter als *H. canariensis* und an geschützter Stelle ein interessanter Kletterer. Obwohl die gelborangen Früchte bei uns nicht ausgebildet werden – vielleicht sollte man eine andere Form in Kultur nehmen – ist es ein pflanzenswerter Mauerkletterer, der seine Haftwurzeln an jedem Stengelknoten ausbildet.

H. pastuchovii aus dem Kaukasus, ist ein kräftiger Kletterer mit kleinen länglichen Blättern, die eine herzförmige Basis haben. Die Blätter sind bis 6 cm lang und halb so breit ohne Efeublattlappung. Für Efeusammler eine schöne Ergänzung.

H. rhombea, syn. *H. japonica*, *H. tobleri* aus Japan und Süd-Korea hat 4–5 cm große, dreieckig ungelappte Blätter. Sternhaare sind 10- bis 18strahlig. Dieser japanische Efeu hat auch eine Sorte 'Variegata' mit weißem Rand. Art und weißgerandete Sorte sind bei uns ebenso hart wie viele Sorten von *H. helix*.

Vinca
Immergrün
Apocynaceae, Hundsgiftgewächse

Eine der fünf Arten dieser Gattung, *V. minor*, ist bei uns heimisch und auch ein guter Bodendecker im Garten. In Süd-Europa wächst *V. major* wild. Es ist eine große Ausgabe unseres heimischen Immergrüns. Verbreitet ist die Sorte 'Variegata' mit gelbgrün gefleckten Blättern. Die Pflanzen sind an geschützten Stellen und im Weinbaugebiet sogar ohne Winterabdeckung hart. Zwar frieren die Triebe fast jeden Winter bis zum Boden zurück, aber die bis über 1 m langen, nicht blühenden neuen Triebe können einen Zaun oder eine niedrige Kiefer, zum Beispiel eine Latschenhecke, auflockernd durchwachsen. Die gelbbunten *Vinca*-Blätter und das dunkle Latschengrün passen gut zueinander. Die blaßblauen Blüten erscheinen im April bis Mai, manchmal auch ein zweites Mal im Herbst und sitzen in den Blattachseln der kürzeren, nur 30–40 cm langen Blütentriebe.

Vermehrung erfolgt durch Stecklinge und Teilung. Das große Immergrün liebt wie unsere heimische Art humosen, nicht austrocknenden nährstoffreichen Boden, der immer mit Laub bedeckt bleiben sollte. Es wächst auch in der Sonne, besser aber im Halbschatten bis Schatten. Die langen Triebe eignen sich auch gut für Sträuße und halten lange in der Vase. Schon im Mittelalter war eine gefüllt blühende Form als „*Clematis aegyptica hortensis*" bei uns bekannt, wie der Basler Botaniker Gessner 1561 in seinem Buch „Horti Gemaniae" schreibt.

Die Knöteriche stellen sich vor

Bei Knöterich denkt man zunächst ans Unkrautjäten oder an die wuchernden Dickichte entlang unseren Bahndämmen, Schuttplätzen und Ufern wo der Sachalin-Knöterich wächst, der jetzt wie sein ebenso wuchernder Vetter *Reynoutria* statt *Polygonum* genannt wird. Nicht vergessen werden darf dabei natürlich die Assoziation zum Klettermaxe, der seine Gattungszugehörigkeit von *Polygonum* über *Bilderdykia* zu *Fallopia* geändert hat.

Alle Anerkennung sei der vielseitigen Verwendung des Klettermaxe (in den beiden Arten *F. aubertii* und *F. baldschuanica*) gebührend ausgesprochen. Zu würdigen ist auch, daß ihm mit der Bezeichnung „Architektentrost" die heilende Überdeckung von architektonischen Gestaltungssünden zugeschrieben wird. Die Pflanzen benötigen zwar 2 bis 3 Jahre, bis sie richtig loslegen, um dann in wenigen Jahren ungezügelten Wachstums wahre „Matratzen" über ihre Kletterhilfen zu legen. Viele Vögel lieben sie deshalb als sicheres Nestversteck sehr. Dem, der solcher Kletterpflanzenwuchskraft bedarf, sei der Hinweis auf viele andere Kletterpflanzen gegeben, die unter Umständen einen schöneren, besseren oder zumindest abwechslungsreicheren Anblick bieten. Niemand denkt zum Beispiel an unsere zwei heimischen, einjährigen, zartfiligranen Knöteriche, den Heckenknöterich, *Fallopia dumetorum*, und den Windenknöterich, *F. convolvulus*. Es gibt auch eine tropische Gattung, *Antigonon*, von der die Korallenranke, *A. leptopus*, auf mich einen tiefen Eindruck machte, als ich in Israel eine von ihr überwachsene Mauer sah. Wer ein Kakteengewächshaus besitzt, sollte eine Wand mit ihren korallenroten Blüten zieren. Zierlich ist auch *Muehlenbeckia axillaris*, der Scheinknöterich, aus Neuseeland, den wir nur als Bodendecker aus der Staudengärtnerei kennen. Seine Triebe ähneln einem Gewirr aus Kupferdraht. Wer im Botanischen Garten München vom blütenreichen Parterre aus durch den Laubengang spaziert, ist sicher über viele Kletterpflanzen verwundert, ganz besonders über die schmal-herzförmigen, smaragdgrünen Blätter eines Knöterichs, den Thunberg erstmals beschrieb und als *Polygonum multiflorum* benannt hat. Er ist zwar nicht so hart und stirbt in sehr strengen Wintern oberirdisch ab, da er aber im Gegensatz zu anderen Knöterichen einen knolligen Wurzelstock besitzt, stürmen seine Triebe im Frühjahr wieder kräftig los. Vielleicht begegnet Ihnen auch einmal die mit gegabelten Ranken bis 8 m hoch kletternde, verholzende, sommergrüne Knöterich-Art, die dem Klettermaxe in der Winterhärte entspricht, ohne gleich schön zu sein. Es ist *Brunnichia cirrhosa* aus dem Südosten der Vereinigten Staaten von Nordamerika – und wäre eigentlich dem Raritätenkapitel zuzuordnen. *Antigonon* und *Fallopia* sind auf den folgenden Seiten beschrieben.

Antigonon
Korallenwein
Polygonaceae, Knöterichgewächse

Von den acht Arten aus Mexiko und Mittel-Amerika ist *Antigonon leptopus* eine in den Tropen und Subtropen verbreitete Schlingpflanze (Abb. Seite 51). Die verholzenden Triebe klettern mit verzweigten Ranken bei uns 3 – 4 m, in der Heimat bis 6 m hoch. Die wechselständigen, länglichen Blätter, die am Stiel herzförmig sind, sind 10 cm lang. Die rosa Blüten wachsen zu 15 in Trauben. Die Pflanze hat Knollen und kann so, da sie nicht hart ist, gut frostfrei überwintert werden. Die wärmste sonnige Stelle ist für ihr Wachstum am besten. Vermehrung erfolgt sehr leicht durch Aussaat und durch Stecklinge. Eine mit dem Korallenwein rosa überzogene Mauer ist ein Erlebnis.

Fallopia
Knöterich
Polygonaceae, Knöterichgewächse

Wichtiger als der Namensstreit der Botaniker um die Benennung von *Polygonum* oder *Fallopia* ist, die Pflanze zu haben, die heute bei uns zumindestens in der Art *F. aubertii* zu den verbreitetsten Kletterpflanzen gehören.

Die Knöteriche stellen keine besonderen Bodenansprüche. Sie bedürfen aber bei der ungeheuren Wuchskraft des Düngers und der Sonne. Auch Halbschatten sagt ihnen zu, aber bei zu wenig Licht und zu starker Trockenheit werden sie sehr struppig. Mit dichten, grünen Teppichen können sie kleinere Gebäude, Schuppen, Bäume ganz einhüllen. Da sie am jungen, einjährigen Trieb blühen, kann man sie jedes Jahr bis auf die Haupttriebe, etwa wie Weinstöcke, zurückschneiden. Die Blütenstände halten fast eine Woche in der Vase. Beim Pflanzen ist ihr starker Wuchs zu berücksichtigen, der mehrere Meter pro Trieb und Jahr betragen kann. Man sollte Fallopia nicht um Drähte winden lassen, da diese schnell einwachsen und die Triebe sich dann selbst strangulieren. Die Vermehrung erfolgt durch Ableger oder Steckholz, ca. 25 cm lang, im November. Es ist die härteste, starkwüchsigste Kletterpflanze, die wir besitzen.

F. aubertii aus West-China wird bei uns 8–10 m hoch. Zurückgeschnittene alte Pflanzen schaffen Jahrestriebe von 4–6 m. Die Blüten zeigen sich ab August oder September und sind weiß mit grünlichem Schimmer, selten mit rosa Hauch. Wegen der späten Blüte reifen bei uns nur selten Samen. Die Blütenstiele und Blütenstandsverzweigungen sind rauhhaarig im Gegensatz zu *F. baldschuanica*.

F. baldschuanica aus Südost-Rußland, erreicht bis 15 m. Neben unserer Waldrebe, *Clematis*

vitalba ist es einer der gewaltigsten winterharten Kletterer. Blüten und Blütenstände sind intensiv rosa ab Juli bis Oktober. Die dreikantigen schwarzen Samen reifen regelmäßig aus.

F. convolvulus, unser einheimischer Windenknöterich, ist recht zierlich und gut brauchbar. Er wird höchstens 1,5 m hoch. Beim filigranen Durchwachsen von Zäunen oder Klettern an zarten Sträuchern ist diese Pflanze keine Plage. Sie blüht von Juli bis Oktober mit grünlichen Blüten in kleinen Rispen. Ihre Triebe sind kantig gefurcht und grau im Gegensatz zur folgenden Art.

F. dumetorum, der heimische Heckenknöterich, ist auch einjährig, klettert aber bis gut 2 m. Er ist besonders zu empfehlen, da seine glatten, runden Stengel ebenso wie die Blüten und späteren Früchte rot überlaufen sind und sich gut gegen das Grün des durchkletterten Strauches abheben. Der Heckenknöterich blüht ebenfalls vom Juli bis zum Frost.

F. multiflorum stammt aus China und ist eine in Japan verwilderte Kletterpflanze. Sie besitzt hell smaragdgrüne Blätter von etwa 4 cm Größe. Sie wächst schwächer, höchstens bis 2 m hoch und hat knollige Wurzelstöcke. Die weißen Blüten zeigt sie im September–Oktober und ist deshalb durch die späte Blüte interessant. Die bei der Fruchtreife rötlichen Flügel zieren nach der Blütezeit. Sie wird in China als Heilpflanze verwendet und ist, da nicht so hart wie vorige, an geschützter Stelle zu pflanzen oder mit Wurzelstock frostfrei zu überwintern. Hier und da wird sie angeboten. Ihr chinesischer Name ist Ho-shou-wu, das heißt Gebinde mit vielen Blüten.

Auch unsere zwei heimischen einjährigen Knöterich-Arten, zierliche Pflanzen im Verhältnis zu den asiatischen Arten, sind für den Garten zu benutzen und in feingliedriger Pflanzung gut zu verwenden. Zu beachten ist aber, daß Wildpflanzen in nährstoffreiche Gartenerde gesetzt, viel gewaltiger werden, als man sie aus der freien Natur her kennt. Das gilt auch für unsere beiden heimischen Knöteriche. Die Triebe beider Arten sind elegantes Beiwerk für Sommersträuße.

Hortensien klettern auch

Bei Hortensien denkt jeder zunächst an die großen, rosa und weißen Blütenbälle in den Vorgärten und Blumentöpfen. Der schwedische Botaniker Carl Thunberg berichtet in seiner „Flora japonica" erstmals von ihnen. Er nannte die Pflanze *Viburnum*, Schneeball in Anlehnung an die Schneebälle, die er aus seiner Heimat Europa kannte. Deshalb hieß diese Hortensie bei ihm *Viburnum macrophyllum*. Sie war damals, schon 1775, viele Jahrhunderte lang eine verbreitete Gartenpflanze Japans.

Gartenpflanze ist das Stichwort für das Werk von Siebolds, der in der Zeit von 1823–1830 und 1858–1862 als Arzt und Botaniker in Japan war und mit seiner „Flora japonica" in Zusammenarbeit mit Gerhard Zuccarini von 1835–1870 eine Art Inventarliste japanischer Gartenpflanzen veröffentlichte. Ihm verdanken wir nicht nur unsere Kletterhortensie, sondern auch viele andere japanisch-chinesische Gartenpflanzen, nicht zuletzt die großblumigen japanischen Clematis-Sorten, die ursprünglich lange vor dieser Zeit aus China dorthin gekommen waren. Sie wurden bei uns als reine Arten beschrieben und sind doch, wie wir heute wissen, alte japanische und chinesische Gartenhybriden.

Franz von Siebold war es auch, der später geschäftstüchtig mit einer eigenen Gärtnerei in Leiden, Holland, seine japanischen Gartenschätze vermehrte und vermarktete. Ihm und dieser „Vermarktung" verdanken wir die Verbreitung dieser Pflanzen in unseren Gärten, die sonst nach strenger Botaniker Sitte als getrocknete Herbarexemplare in einem Museum verschwunden wären.

Unsere japanische Kletterhortensie hat aber noch viele kletternde Verwandte in Mittel- und Südamerika, zum Beispiel hoch in den Anden, woher vielleicht noch eine neue, gartenwürdige Kletterhortensie kommen könnte. Ebenso gibt es im Himalaja nach China zu noch gute Formen unserer Stammart *Hydrangea anomala*. Sogar duftende Typen soll es geben. Der China-Reisende Wilson hat in seinen jetzt wieder nachgedruckten Reisebeschreibungen über die Tier- und Pflanzenwelt Chinas berichtet, daß er auf dem heiligen Berg Omei, einer wahren Pflanzenschatzkammer Chinas, solche Formen entdeckte.

Vielleicht versucht einmal jemand, wie der Hortensienzüchter Cayeux aus Le Havre, die Kletterhortensie mit roten Sorten unserer Gartenhortensie zu kreuzen. Die 1922 ausgestellten Kreuzungspflanzen scheinen im letzten Krieg verlorengegangen zu sein. Ein neuer Versuch wäre lohnend.

Auch duftende kletternde Hortensien gibt es, zum Beispiel *H. glandulosa* auf den Philippinen.

Aus Chile stammt der immergrüne Kletterer *Hydrangea integerrima*, der sich in einem kühlen feuchten Innenhof ohne Sonne wohlfühlen würde und dort auch den Schutz seiner immergrünen Blätter vor harten Winterfrösten hätte, da dort ja sogar die Pelargonien im Balkonkasten den Winter überstehen. *H. integerrima* könnte mit Efeu zusammen wachsen und zeigen, daß auch sie wie der Efeu eine kletternde Jugendform und eine blühende, nicht kletternde Altersform ausbildet.

Drei den Hortensien verwandte Gattungen mit kletternden Arten sind: *Decumaria, Pileostegia* und *Schizophragma*. Sie gehören alle zur großen Familie der Steinbrechgewächse, den Saxifragaceae, werden manchmal aber auch als eigene Familie der Hortensiengewächse, Hydrangeaceae herausgetrennt.

Decumaria

Sternhortensie
Hydrangeaceae, Hortensiengewächse

Zwei Arten sind mit Luftwurzeln kletternde Sträucher. Nur *D. barbara* aus Nord-Amerika ist in wärmeren Gegenden an geschützten Stellen hart genug. *D. sinensis* aus West-China ist schwach wachsend und höchstens in Weinbaugegenden winterhart.

D. barbara klettert mit Luftwurzeln 5–10 m hoch. Ihre länglich ovalen Blätter sind am Rande gekerbt und bleiben in milden Wintern am Strauch. Die Blüten stehen in 5–7 cm breiten, duftenden Doldenrispen im Mai–Juni mit Nachblüte im Hochsommer an der Pflanze. Vermehrung erfolgt durch Stecklinge und Ableger. Frischer, nährstoffreicher, humoser Boden ist wichtig. Bei Trockenheit ist zu wässern. Die Pflanze wächst im Schutz von Mauern oder Sträuchern gut. Wässern und Düngen fördern Wachstum und Blütenreichtum.

Hydrangea

Hortensie
Hydrangeaceae, Hortensiengewächse

80 sommergrüne, strauchige Arten kommen in Ost-Asien, in Nord- und Süd-Amerika vor. Bei uns gibt es nur eine winterharte kletternde Art. Ihre Vermehrung erfolgt durch Stecklinge und Ableger. Der Boden sollte frisch, humusreich sein, und zur sauren Seite tendieren und darf niemals austrocknen. Man darf also die Pflanze nicht an eine Südseite setzen, sondern muß Ost- und Westseiten nutzen. Auch an Nordseiten wächst sie gut, blüht dort aber weniger. Nach langsamer Anwachsphase wächst sie ohne Probleme.

H. anomala 'Petiolaris' syn. *H. petiolaris, H. scandens* (Abb. Seite 51), stammt aus Nord- und Ost-Asien, klammert sich mit Luftwurzeln an Wände, Bäume usw. und klettert bei uns bis 10 m, in der Heimat bis über 20 m hoch. Man kann sie auch freistehend wachsen lassen, muß ihr dann aber etwas helfen. Später, wenn die Triebe kräftig verholzt sind, wird es ein 2–3 m hoher, sich selbst stützender Strauch mit einem Gewirr von Ästen, die sich ineinander verhaken und dadurch halten. Die Pflanze ist absolut winterhart. Ihre Triebe sind rotbraun mit abblätternder Rinde. Die Blätter sind breitoval mit herzförmiger Basis und bis 15 cm lang. Im Juni–Juli zeigen sich die Blüten in flachen, bis 25 cm breiten Blütenständen an den Triebenden. Sie besitzen einen Kranz großer, weißer, steriler Randblüten. Es ist eine unserer wertvollsten Kletterpflanzen auch für Nordwände. Wichtig für gutes Wachstum ist, daß sie Feuchtigkeit bekommt, denn schon ihr Name Hydrangea enthält das griechische Wort hydros, Wasser und erinnert daran, daß sie Wasser braucht. Die schöne gelbe Herbstfärbung erhöht ihren Zierwert. Auch für Zäune und zum Klettern in alte Bäume ist *Hydrangea anomala* sehr gut geeignet.

Pileostegia

Schneeballhortensie
Hydrangeaceae, Hortensiengewächse

Drei Arten sind vom Himalaja bis Formosa verbreitet. Es sind immergrüne, bei uns in strengen Wintern laubabwerfende Kletterhortensien. Die Art *Pileostegia viburnioides* ist unserer verbreiteten Kletterhortensie sehr ähnlich und klettert auch mit Luftwurzeln bis 5 m und mehr. In der Heimat soll sie in Bäumen sogar 15 m erreichen. Geeignet ist sie für Nordwände und andere geschützte, nicht sonnige Stellen. Dieser Strauch hat auch Chancen in schattigen Stadthöfen, die im Winter durch ihr Kleinklima selten strenge Kälte haben und dann in ihm einen immergrünen zierenden Wandschmuck besitzen. Die dunkelgrünen Blätter sind 10–15 cm lang. Die cremeweißen Blüten mit herausragenden Staubblättern stehen wie bei den Kletterhortensien – aber erst im September – in endständigen, 10–15 cm großen Rispen am jungen Trieb. Vermehrung erfolgt durch Stecklinge und Absenker. Der Boden sollte frisch und nährstoffreich sein. Die Pflanze ist im Weinbauklima als hart zu bezeichnen und blüht zum Beispiel im Botanischen Garten Bonn regelmäßig.

Schizophragma
Spalthortensie
Hydrangeaceae, Hortensiengewächse

Von den acht Arten sommergrüner, mit Luftwurzeln kletternder Sträucher aus Ost-Asien sind bei uns zwei Arten verwendbar. Ansprüche, Vermehrung und Verwendung sind wie bei *Hydrangea*, aber Schizophragma braucht geschützte, halbschattige Lagen.

S. hydrangeoides aus Japan und Korea ist ganz winterhart, ähnelt *Hydrangea anomala* 'Petiolaris', unserer verbreiteten Kletterhortensie, hat aber größere Blätter. Die Blüten sind cremeweiß und stehen im Juli in 15–20 cm breiten, schirmartigen Rispen. Die Blüten selbst sind etwa 3 cm breit. Die Pflanze klettert etwa 10 m hoch. Die Sorte 'Roseum' hat dunkelrosa, sterile Randblüten (Abb. Seite 51).

S. integrifolium stammt aus Mittel- und West-China und klettert etwa 4 m hoch. Sie ist so wenig winterhart wie *Decumaria barbara*, also besser als Kübelpflanze oder fürs Kleingewächshaus geeignet. Ihre Blütenstände zeigt sie im Juli. Die Randblüten dieser 25 cm breiten Blütenstände sind ca. 7 cm lang und 3 cm breit und ausgesprochen attraktiv und zierend.

Für Kleingewächshaus und Wintergarten

Die Zahl der Kleingewächshäuser ist in den letzten zwanzig Jahren sehr gewachsen. Daneben erhalten die Wintergärten der Jahrhundertwende heute in anderer Form wieder eine Aufgabe. Als Anlehnhäuser oder Glasvorbauten vor der Südseite von Wohnhäusern fangen sie die Sonnenenergie ein und helfen, Heizung sparend, das Haus oder die Wohnung zu erwärmen. Warum soll das Nützliche nicht auch dem Schönen und Angenehmen dienen? Wenn ein Wintergarten mit einer Zusatzheizung ausgestattet ist, um in sehr kalten Winternächten frostfrei zu bleiben, ist er als großes, grünes Wohnzimmer eine Bereicherung des Lebensraumes Haus. In unseren kühlen Sommern reicht die tags aufgenommene, nachts von der Mauer zurückgestrahlte Wärme aus, die Temperatur vom zeitigen Frühjahr bis in den späten Herbst genügend hoch zu halten und auch Wärme an das Innere des Hauses abzugeben. Ein freistehendes Kleingewächshaus muß dagegen immer geheizt werden, wenn keine die Tageswärme speichernde Wand den Tag-Nacht-Ausgleich schafft. Nutzt man außerdem noch Doppel- oder Dreifachverglasung bzw. Eindeckung mit entsprechenden Kunststoffplatten, dann sind auch die Energiekosten im Winter erträglich. Ein anderer Weg ist die Verglasung oder das Umbauen und Überdachen des Sitzplatzes oder der Terrasse am Haus. Der beschauliche Abend auf der Terrasse im Grünen wird dadurch oft schon im März oder April möglich. Eine Bodenheizung entweder nach Gärtnerart mit Kunststoffschläuchen als Warmwasserheizung im Boden oder als übliche Zimmerfußbodenheizung mit Fliesenabdeckung, erhöht den Nutzwert ganz beträchtlich. Im ersten Fall kann man auspflanzen, im zweiten Fall müssen fast alle Pflanzen in Kübeln oder Töpfen stehen. Was halten Sie von einer Honigmelone, die über Ihrem Terrassentisch reift?

Wichtig ist die Frage: Wie tief kann die Nachttemperatur in normal kalten Winternächten fallen? Die Antwort darauf ergibt den begrenzenden Faktor für die Pflanzenauswahl. In extremen Wintern läßt sich mit Isolierung durch Styroporplatten an den Wänden in Verbindung mit einer elektrischen Zusatzheizung Abhilfe schaffen. Der teuere Weg ist, die Heizung so groß auszulegen, daß auch strenge Winter damit zu überstehen sind.

In einem solchen Kleingewächshaus oder Wintergarten wachsen Pflanzen viel schneller und üppiger als im Sommer im Freien. Draußen als einjährige Sommerblumen gezogene Pflanzen sehen plötzlich ganz anders aus: Maurandie (*Asarina*) oder auch Thunbergia und Korallenwein (*Antigonon*) benehmen sich plötzlich wie unsere verholzenden Freilandschlingpflanzen. Die Glockenrebe (*Cobaea*) entpuppt sich als dem Klettermaxe an Schnelligkeit und Wachstumsgewalt ebenbürtig. Im Wintergarten oder im Gewächshaus ist für die Pflanzen vielfach Schnitt erforderlich; aber auch mehr Wasser und Dünger als bei üblichem Sommerwachstum draußen. Der Befall mit Spinnmilben, Weißer Fliege oder Blattläusen ist häufiger und deren Vermehrungsrate auch höher. Bei geringem Befall von Weißer Fliege oder Trauermücke helfen die auf Seite 32 erwähnten Gelbtafeln. Abhilfe können auch Nützlinge schaffen, die bei Befall gegen diese drei Schädlinge eingesetzt werden können, was im Freien nicht möglich wäre (siehe dazu Seite 31).

Für Sommerwachstum und Sommerflor ist die Auswahl einfach und keinen besonderen

Temperaturkriterien unterworfen, wenn man berücksichtigt, daß hinter Glas die Temperatur sehr schnell ansteigen kann und für Belüftung und Schattierung entsprechend sorgt. Bei überwinternden Pflanzen ist mit zu bedenken, daß junge Pflanzen, vor allem wenn sie noch nicht eingewachsen sind, empfindlicher sind als ältere Pflanzen. Deshalb sollte man immer im Frühjahr pflanzen. Die Pflanzen, die auf Dauer im Gewächshaus bleiben sollen, sollten in ausreichendem Abstand voneinander gepflanzt werden, damit sie auch nach drei bis vier Jahren noch ausreichend Platz haben. Dazwischen ist mit Sommerpflanzen oder „Füllern", die später herausgenommen oder zurückgeschnitten werden, dem Ausprobieren keine Grenze gesetzt.

Nun zur Pflanzen-Auswahl. Für die Bepflanzung sind die Mindesttemperaturen wissenswert, um für die Sommerbepflanzung nicht zu früh auszupflanzen oder im Winter bei den Dauerbewohnern keine Ausfälle zu riskieren. Die Mindesttemperatur sollte nicht unterschritten werden, da die Pflanzen sonst Schaden leiden. Pflanzen, die gut abgehärtet und ohne „nasse, kühle Füße" in den Winter gehen, halten besser durch.

In den folgenden Listen sind Pflanzen zusammengestellt, die bei Temperaturen von 5, 10 bzw. 15 °C keinen Schaden leiden und in der Regel weiter wachsen und bei entsprechender Pflege und Lichtintensität auch blühen. Ist nur der Gattungsname genannt, dann verhalten sich alle im Buch genannten Arten dieser Gattung so, andernfalls sind diese Arten gesondert aufgeführt.

Die Pflanzenbeschreibungen und Kulturhinweise sind über das Register einfach auffindbar.

Minimaltemperatur für Wachstum und Blüte um 5 °C, nachts sicher frostfrei

Aristolochia sempervirens, Berberidopsis, Clematis cirrhosa, C. armandii, Decumaria barbara, Doxantha unguis-cati, Ficus pumila, Holboellia latifolia, Jasminum officinale, Kadsura, Schisandra propinqua, Solanum crispum, Stauntonia, Trachelospermum asiaticum

Minimaltemperatur für Wachstum und Blüte um 10 °C, nachts nicht unter 5 °C

Anredera, Araujia, Asarina, Asteranthera, Billardiera, Bomarea, Bougainvillea, Cobaea, Dregea, Eccremocarpus, Ercilla, Gelsemium, Hardenbergia, Hedera canariensis, Hoya carnosa, Jasminum polyanthum, Kennedia, Lapageria, Lardizabala, Mandevilla laxa, Manettia, Mikania, Mitraria, Mutisia, Passiflora caerulea, P. racemosa, Pharbitis learii, Rosa 'Mermaid', Solanum jasminoides, Sollya, Thunbergia alata, Trachelospermum jasminoides

Minimaltemperatur für Wachstum und Blüte um 15 °C, nachts nicht unter 10 °C

Antigonon, Aristolochia fimbriata, A. elegans, Basella, Calonyction, Canarina, Hibbertia, Ipomoea horsfalliae, Lonicera hildebrandiana, Manettia, Oxypetalum, Passiflora edulis, Petrea volubilis, Quamoclit, Rhodochiton, Senecio, Thunbergia grandiflora, Tropaeolum majus

Einige Pflanzen sind in der Lage, bei tiefen Temperaturen in eine Art Winterruhe zu verfallen und können so überdauern, allerdings ohne Wachstum. *Anredera* stirbt bis zum Boden ab. Ihre Blätter verlieren *Aristolochia sempervirens, Bignonia, Bougainvillea, Passiflora caerulea, Solanum, Jasminum*. Natürlich lassen sich auch winterharte Pflanzen oder solche, die im Weinbauklima oder in günstigen Lagen ausdauern, ins Gewächshaus pflanzen, wenn sie dort gerade passend sind. So eignet sich zum Beispiel *Lonicera tragophylla* mit sehr großen gelben Blüten dafür, weil sie im Schatten reich blüht. Andere Arten sind im Gewächshaus statt sommergrün immergrün, früh blühende erleiden keine Spätfrostschäden und spät reifende Früchte bleiben von frühen Herbstfrösten verschont.

Besser grünen, blühen, fruchten als im Freien

Actinidia chinensis – lange Reifezeit
Akebia – durch Spätfrost gefährdete Blüte

Anredera – bleibt grün
Aristolochia sempervirens – bleibt grün
Bignonia unguis-cati – bleibt grün
Clematis armandii – bleibt grün
  und blüht
Clematis florida 'Sieboldii'
Eccremocarpus – bleibt grün
Holboellia – Früchte
Jasminum stephanense und andere
Lonicera japonica 'Aureoreticulata'
Lygodium – bleibt grün
Passiflora caerulea und Sorten

Manche Schlinger danken die warme Überwinterung gleichzeitig mit reicher Blüte – vorausgesetzt die Lichtmenge reicht – da sie aus frostfreien Gegenden stammen oder die Südhemisphäre ihre Heimat und damit unser Winter ihr Sommer und ihre Blütezeit ist. Dies trifft zu für Pflanzen aus Mittel- und Süd-Amerika wie *Araujia, Asarina, Eccremocarpus, Lapageria, Rhodochiton, Solanum, Tropaeolum peltophorum* und *T. tricolor*; für Pflanzen aus Australien wie *Hardenbergia* und aus dem Mittelmeerraum für *Clematis cirrhosa* und *Canarina canariensis* von den Kanarischen Inseln.

Für immergrüne Wände im Anlehnhaus oder im Wintergarten eignen sich Kletterpflanzen, die mit Kletterwurzeln oder Ranken selbst an der Wand haften.

Kletterpflanzen für immergrüne Wände im Gewächshaus

Asteranthera
Bignonia capreolata – Blüten orange
Billardiera – lila Beeren
Decumaria sinensis – weiße Blüten,
  Honigduft
Doxantha unguis-cati – gelbe Blüten
Ercilla volubilis – blaßblaue Blüten
Ficus montana
Ficus pumila
Hedera canariensis
Hedera helix – vor allem Sorten mit bunten
  Blättern
Pileostegia virburnoides – weiße Blüten

Ein Kleingewächshaus oder ein Wintergarten verhilft aber auch in unseren Sommern vielen Pflanzen zur vollen Entfaltung, zu der sie sonst bei uns nur in sehr günstigen Lagen oder in besonders warmen Sommern gelangen. Beispiele zum Ausprobieren:
Antigonon, Aristolochia, Basella, Benincasa, Calonyction, Citrullus, Clitoria, Coccinia, Cucumis, Lagenaria, Luffa, Pharbitis nil, Quamoclit, Rhodochiton, Sechium, Solanum wendlandii

Araujia
Blasenblüte, Quälblume
Asclepiadaceae, Schwalbenwurzgewächse

Etwa 2 bis 3 Arten dieser Gattung kommen in Süd-Amerika vor. Es sind windende Sträucher. Eine Art, *A. sericifera*, aus Brasilien ist immergrün und für ein frostfreies Kleingewächshaus oder den verglasten Wintergarten sehr zu empfehlen. Sie kann auch als Kübelpflanze zurückgeschnitten gut überwintern, da sie am Jahrestrieb ab Juli blüht.

Die Blüten sind aufrechtstehende elegante, weiße 1–2 cm breite Glocken mit angenehmem Duft. Vermehrung erfolgt durch Aussaat oder Stecklinge. Die Pflanze blüht nach zehn Monaten. Kräftiger, nährstoffreicher Boden ist nötig.

Den Namen Quälblume (englisch cruel plant, grausame Pfllanze) trägt dieser angenehme Schlinger, weil es heißt, daß Insekten, die nachts die Blüten besuchen, an dem wächsernen Pollen klebenbleiben und dadurch umkommen. Tatsache ist aber vielmehr, daß Insektenbeine, Rüssel oder Zungen sich leicht in dem Spalt zwischen zwei verwachsenen Staubblättern einklemmen und es die Insekten dann manchmal nicht schaffen, sich wieder daraus zu befreien.

Im Mittelmeergebiet erreicht die Pflanze oft 10 m und mehr, bei uns 2–3 m im Kleingewächshaus bei einer Überwinterungstemperatur von mehr als 10 °C. Auch im Winter erscheinen vereinzelte Blütenstände in den Blattachseln.

Berberidopsis corallina
(Korallenstrauch)

Asteranthera
Gesneriaceae, Gloxiniengewächse

Eine Gattung mit einer immergrünen Art, *A. ovata* aus den subtropischen Regenwälder Süd-Chiles, in denen immer eine hohe Luftfeuchtigkeit herrscht. Die Pflanze klettert mit Luftwurzeln bis 1,5 m hoch. Die Blätter sind oval, gezähnt. Die Blüten erscheinen ab Juli. Sie sind trichterförmig, karminrot mit weißer Kehle, paarweise in den Blattachseln stehend. Der Blütenrand ist weit geöffnet und gezähnt. *Asteranthera* braucht feuchten, humosen Boden (Lauberde) und am besten einen halbschattigen Platz. Auch für die Nordseite in einem „kühlen" Kleingewächshaus ist sie geeignet. Überwinterung bei 5–10 °C reicht aus. In Süd-England ist sie im Freien an geeigneter Stelle winterhart. Vermehrung erfolgt durch Aussaat oder Stecklinge.

Berberidopsis
Korallenstrauch
Flacourtiaceae, Maronpflaumengewächse

Die Gattung besteht nur aus einer immergrünen Art aus Chile. Es ist *B. corallina*. Sie ist nicht winterhart, sie sollte aber in Kleingewächshäusern, Wintergärten oder auch an sehr geschützter, halbschattiger Stelle in Weinbaugebieten probiert werden. Sie braucht feuchten, humosen, kalkfreien Boden und kann bis 5 m hoch werden. Ihre oval herzförmigen am Rande bedornten, derben, dunkelgrünen Blätter sind ein hervorragender Hintergrund für die 2 cm großen, tiefroten, hängenden Blütentrauben. Da der Korallenstrauch von Juli bis September blüht, ist er eigentlich jeder Anstrengung der Anpflanzung und Pflege wert. Die Vermehrung erfolgt am besten durch halbreife Stecklinge.

Bignonia
Kreuzrebe, Trompetenblume
Bignoniaceae, Trompetenbaumgewächse

Nur eine Art aus dem Süden der USA, die immergrüne *B. capreolata*, ist nach mehreren Umbenennungen in dieser frühen Sammelgattung geblieben. Den Namen Kreuzrebe hat die Pflanze von der im Querschnitt der Triebe sichtbaren Zeichnung. Sie ist ihrer Herkunft nach nur in sehr geschützten Lagen in Weinbaugebieten oder städtischen Bereichen mit ähnlich günstigem Kleinklima winterhart. Vermehrung erfolgt durch Stecklinge, Aussaat und Absenken. Der Boden sollte nährstoffreich und frisch sein und muß bei Trockenheit und auch vor dem Winter kräftig gewässert werden. Es sind Vogelblumen, die in der Heimat von Kolibris bestäubt werden und deshalb bei uns nur selten Samen ansetzen. *Bignonia* blüht aber doch, wo sie sich wohlfühlt, im Mai bis Juni überreich und klettert mit Saugnapfranken bis 15 m hoch. Die röhrigen, ca. 5 cm langen Blüten sind außen rotorange, innen heller. Sie stehen zu 2 bis 5 in den Achseln der paarig gefiederten Blätter, deren Stiel zwischen den Blättern vorne in einer verzweigten, mit Saugnäpfen besetzten Ranke endet. die Frucht ist eine bis 15 cm lange, dünne Hülse.

Die Sorte 'Atrosanguinea' hat dunkelrotpurpurne Blüten. Die früher der Gattung Bignonia zugeordneten Arten tragen heute die Namen *Campsis*, *Doxantha* und *Pyrostegia*. Sie sind teilweise in unseren Gärten, vor allem aber in den Mittelmeerländern anzutreffen.

**Billardiera longiflora
(Apfelbeere)**

Billardiera
Apfelbeere
Pittosporaceae, Klebsamengewächse

Die acht bekannten Arten stammen aus den gemäßigten Gebieten Australiens. Es sind immergrüne Kletterpflanzen mit wechselständigen Blüten. Die Blüten hängen zu mehreren an den jungen Trieben. Die Früchte sind eßbare Beeren. Die Pflanzen wachsen bei uns am besten in größeren Töpfen im Lauberde-Torf-Gemisch. Sie sind für die Kultur im Kleingewächshaus und im Sommer auf der Terrasse geeignet. Sie brauchen einen sonnigen Standort. Als Kübelpflanze gezogen, sollte im Herbst beim Einräumen ein Rückschnitt vorgenommen werden. Die Überwinterungstemperatur liegt bei 5–10 °C. Vermehrt wird durch Stecklinge.

B. longiflora, aus Süd-Australien und Tasmanien ist die härteste Art. Die Blätter sind schmal, dunkelgrün, etwa 5 cm lang. Die einzelstehenden Röhrenblüten sind gelb mit purpurner Zeichnung und etwa 3,5 cm lang. Im Oktober reifen sehr zierende, glänzende, bis 2,5 cm große, längliche, blaue Beeren, die lange an der Pflanze bleiben. Die Pflanzen wachsen im Sommer bis 2 m hoch und blühen im Juli –August. Man sollte bei der Bestäubung nachhelfen, damit sich in jedem Fall die schönen blauen Früchte entwickeln. Die Sorte 'Alba' trägt weiße Früchte.

Eine reizvolle Aufgabe ist es, noch andere Arten zu sammeln. In Australien gibt es Firmen, die mit Wildsämereien handeln.

B. cymosa, in Eucalyptuswäldern wachsend. Blüten weiß.

B. scandens, Blüten weißlich gelb, lange blühend. Beeren grün, süß.

B. variifolia, Blüten violettblau.

Doxantha
Katzenkralle
Bignoniaceae, Trompetenbaumgewächse

Von dieser kleinen Gattung mit 2 Arten ist nur *D. unguis-cati* (syn. *Bignonia unguis-cati*), ein Kletterstrauch aus dem tropischen Amerika, in Kultur. Wie bei *Bignonia capreolata* sitzen die Ranken in Verlängerungen des Blattstiels. Sie haben aber keine Saugnäpfe, sondern nadelfeine, Katzenkrallen ähnliche Haken an ihren Enden, mit denen sie sich an Mauern festhalten können, die für unsere Finger ganz glatt erscheinen. Die Blüte ist gelb, trompetenförmig, bis 8 cm breit und etwa 5 cm lang und erscheint im März–April oder, je nach Kultur, auch später. Die Frucht ist eine ca. 30 cm lange, hülsenähnliche Kapsel. Die Art ist zwar härter als *Bignonia capreolata*, aber bei uns besser als Kübelpflanze zu ziehen und zu überwintern. Im Sommer treibt sie bei entsprechender Düngung und Wässerung durchaus zwei und mehr Meter hoch. In den Mittelmeerländern erreicht sie 10 m und mehr. Stecklinge sind leicht von Spanien-, Mallorca- oder Italienurlauben mitzubringen. So kann man diese interessante immergrüne Kletterpflanze auch in unsere Balkon- und Terrassensommer mit einbeziehen. Bei Topfkultur winden sich manchmal auch die Blattstiele um dünne Kletterhilfen. Die Überwinterung mit Sommerstecklingen ist einfach.

Ercilla
Kermesbeerengewächse
Phytolaccaceae

Zwei Arten dieser Gattung kommen in Chile und Peru vor. In Kultur zu finden ist nur die immergrüne Art, *E. spicata* (syn. *E. volubilis, Bridgesia spicata*) aus Chile. Im Kleingewächshaus blüht sie von März bis April mit kleinen purpurnen Blüten in Ähren aus den Blattachseln. Dekorativer ist ihre Fähigkeit, sich mit Klebescheiben, besser Klebewurzeln, an einer Wand festzuhalten und diese dicht mit dunkelgrünen, heller geaderten Blättern zu bedecken. Die Blüten erscheinen nur an den oberen, dann herabhängenden Zweigen. Rückschnitt im Februar läßt dieser sonst 5–6 m hohen Pflanze auch Raum in einem Kleingewächshaus. Die Pflanze verträgt keine pralle Sonne.

Vermehrung erfolgt durch Stecklinge oder Ableger.

Hibbertia
Dilleniaceae

Diese Gattung von etwa 100, meist kletternden immergrünen Sträuchern ist vorwiegend in Australien, aber auch in Neuguinea und – erdgeschichtlich interessant – in Madagaskar zu Hause. Die Arten haben meist kriechenden Wuchs, können sich bei geeigneten Möglichkeiten aber auch hochwinden. Mit den australischen Arten, die jetzt zu uns gekommen sind, (wie die blau und gelb blühenden Balkonpflanzen *Brachycome* und *Thymophylla*) wird sicher auch bald *Hibbertia scandens* (syn. *H. volubilis*) zu haben sein. Glänzende, dunkelgrüne, gegenständige Blätter und im Sommer an Kurztrieben in den Blattachseln 5 cm große, leuchtend gelbe Schalenblüten lassen diese strauchig wachsende, bis 5 m kletterfähige und sehr trockenheitsverträgliche, robuste Austra-

lierin interessant für das Sortiment der Sommerschlinger erscheinen. Hibbertia muß immer frostfrei gehalten werden.

Weitere *Hibbertia*-Arten gibt es noch, deren Blüten auch gut in der Vase halten sollen.

Lapageria
Rosenglocke, Chileglocke
Liliaceae, Liliengewächse

Die einzige Art dieser Gattung ist die Nationalblume Chiles, *Lapageria rosea* (Abb. Seite 62). Sie wird heute oft einer eigenen Familie, den Philesiaceae oder Kußblumengewächsen, zugeordnet. Es ist ein kräftiger immergrüner, verholzender Schlinger, der leicht 3 bis 5 m erreicht und zu den Kostbarkeiten unter den Schlingpflanzen gehört. Die Blüten hängen zu ein bis drei in den Blattachseln und sind bis 7 cm lang, wachsartig, rosa bis dunkelkarmin oder weiß. In Chile sind heute mehrere Sorten in Kultur. Leider ist *Lapageria* bei uns nicht winterhart, aber in Kleingewächshäusern zu ziehen. Es gibt auch vereinzelt Erfolgsberichte von Zimmertopfkultur (mit Sommeraufenthalt der Pflanze auf einem Nord- oder Westbalkon). Die Pflanze benötigt kühle, feuchte Luft und wenig direkte Sonnenbestrahlung, frischen humosen, sauren Boden und Temperaturen von 5–15 °C. Es ist eine Gebirgspflanze kühler chilenischer Regenwälder. Man darf sie weder trocken werden lassen noch zurückschneiden. Die Vermehrung erfolgt durch Aussaat, besser aber durch Ableger oder Abmoosen. Aussaat muß warm bei 20–30 °C erfolgen. Sämlinge machen oft ein Ruhestadium von ein bis zwei Jahren durch und wachsen dann wieder gleichmäßig weiter. Für Pflanzenliebhaber ist *Lapageria rosea* eine Verlockung und gleichzeitig eine Herausforderung.

Manettia
Manettie
Rubiaceae, Krappgewächse

Im tropischen Südamerika, in Mittelamerika und auf den Westindischen Inseln sind die

130 Arten verbreitet. Es sind strauchige oder krautige Schlinger mit weißen, blauen, orange-farbenen oder roten, achselständigen Röhren-blüten. Sie sind leicht in humoser Erde zu kulti-vieren und eignen sich für Kleingewächshaus (Mindesttemperatur im Winter 10 °C tags und 5 °C nachts) und für geschützte Balkone als Topf- oder Kübelpflanzen an hellen Standor-ten. Sie benötigen ein Klettergerüst. Die Ver-mehrung erfolgt leicht durch Stecklinge. *Ma-nettien* sollten wieder häufiger verwendet wer-den, da viele Arten Dauerblüher sind.

M. inflata hat etwa 2 cm lange, einzeln in den Blattachseln stehende rote Blüten mit gelber Spitze und breiten Kelchzipfeln. Diese immer-grüne Art stammt aus Uruguay und Paraguay, wird bis 1,5 m hoch und blüht vom Frühling bis in den Winter.

M. bicolor mit etwas mehr Gelb in der Blüte und hervorstehender Narbe und zurückge-schlagenem Blütenzipfel stammt wahrschein-lich aus Brasilien.

Mitraria
Mützenstrauch
Gesneriaceae, Gloxiniengewächse

Eine Kletterpflanzen-Gattung mit nur einer immergrünen Art, *M. coccinea* aus den feuch-ten Regenwäldern Chiles. Sie wird in England angeboten und ist bei uns für kühle Kleinge-wächshäuser, im Schatten von Bäumen oder an Nordseiten geeignet. Wegen ihrer Standort- und Bodenansprüche ist sie nicht ganz einfach zu ziehen. Zu ihrem Gedeihen braucht *Mitra-ria* hohe Luftfeuchtigkeit und feuchten sauren, torfhaltigen, humosen Boden, verträgt aber keine Staunässe.

Die Blätter sind ovallänglich, gezähnt und gegenständig. Ab Juni zeigen sich etwa 3 cm lange, leuchtendrote Blüten an langen Stielen, einzeln in den Blattachseln hängend. Sie ist reichblühend und dadurch einiger Anstren-gung wert. Die Vermehrung erfolgt durch Tei-lung oder Stecklinge. Die Pflanzen bleiben klein und zierlich und werden höchstens 1 m lang.

Oxypetalum
Spitzkrönchen
Asclepiadaceae, Schwalbenwurzgewächse

Die 150 Arten reiche Gattung ist von Mexiko bis Brasilien und Uruguay verbreitet. Als tropi-sche Pflanze ist *Oxypetalum* bei uns nicht win-terhart, aber ein interessanter Sommerschlin-ger mit einfacher Überwinterung. Samen von *Oxypetalum caeruleum* (syn. *Tweedia caeru-lea, Amblyopetalum caeruleum*) werden in vielen Samentauschlisten angeboten. Es ist ein etwas windend kletternder Halbstrauch mit herzförmigen Blättern. Die Blüten sind hell-blau, sternförmig mit grünem Hauch und wer-den beim Verblühen purpurn bis lila. Die 3,5 cm großen Blüten stehen zu 20–50 an den Triebenden. Die Blütezeit reicht von Juni bis in den Herbst und bei geeigneter Überwinterung am Sonnenfenster auch bis in den Winter. Es ist ein reichblühender Minischlinger mit gut 50 cm langen Trieben ohne große Ansprüche. Humose, nährstoffreiche Erde, reichliches Gie-ßen und viel Licht reichen aus. Vermehrung erfolgt durch Aussaat.

Passiflora
Passionsblume
Passifloraceae, Passionsblumengewächse

Etwa 500 Arten sind hauptsächlich in Amerika verbreitet, aber auch einige in Asien und Au-stralien und eine Art kommt in Madagaskar vor. Es sind meist verholzende Kletterpflanzen, die sich mit achselständigen Ranken festhalten. Die Blüten sitzen einzeln oder in Trauben in den Blattachseln. Die Frucht ist eine Beere und bei manchen Arten eßbar. Bei uns ist der Mara-cujasaft oder Passionsfruchtsaft, bekannt. Pas-sionsblumen sind wertvolle, blühende Schlingpflanzen und nicht komplizierter als viele andere Sommerschlinger.

Die Vermehrung erfolgt durch Stecklinge und – soweit Saatgut vorhanden – bei Arten auch durch Aussaat. Einige Arten seien hier als Beispiele für die noch ungehobenen Schätze der Gattung *Passiflora* genannt. Das angebotene Sortiment umfaßt zur Zeit leider nur gut ein Dutzend Arten und Sorten. Bei guter Versorgung, Licht, Wärme , Wasser und Dünger sind es reich blühende Kletterpflanzen von tropisch üppiger Wuchskraft. Sie sind auch für die Kultur im Topf oder Kübel geeignet, auch wenn sie ausgepflanzt erst richtig üppig werden.

Immer häufiger werden die Früchte von Passionsblumen bei uns angeboten: *P. edulis*, *P. laurifolia*, *P. ligularis*, *P. mollissima* und *P. quadrangularis*. Die hier genannten Arten mit Ausnahme von *P. ligularis* und *P. mollissima* benötigen mehr Wärme, ca. 20 °C. Die Samen keimen bei ca. 25 °C in 3 bis 4 Wochen. Für Früchteertrag ist Handbestäubung nötig.

Zur Freilandkultur an geschützter Stelle mit Winterschutz sind *P. caerulea*, *P. incarnata*, *P. lutea* und *P. umbilicata* geeignet.

P. caerulea stammt aus Süd-Brasilien und Argentinien. Ausgepflanzt wächst sie in einem Sommer 6 m und höher. Die Blätter sind breit herzförmig, 5- bis 9lappig. Die weiß-lila Blüten stehen einzeln in den Blattachseln. Sie sind etwa 5 cm breit und duften würzig nach Ambra. Die Frucht ist eine 4–5 cm große, eiförmige, gelborangefarbene Beere, die allerdings bei uns nur nach Handbestäubung angesetzt wird (Abb. Seite 88).

Vor gut 100 Jahren entstand in England durch Aussaat eine interessante Sorte, 'Constance Elliott' mit reinweißen Blüten, die auch nach bisherigen Erfahrungen härter als die reine Art *P. caerulea* ist.

Man pflanzt sie an einer Südmauer etwa 40 cm tief, deckt im Herbst den Wurzelbereich 20 cm hoch mit trockenem Laub ab, legt drei oder vier Bretter als Rand mit einer Folie darüber und schützt sie so gegen den Winter. Sollte in ganz strengen Wintern Frost in den Boden eindringen, dann treiben im Frühjahr die verbliebenen Wurzelstücke wieder aus. Der Jahreszuwachs ist dann etwas geringer und die Blüte erst im Spätsommer zu sehen. Eine Pflanze im Sauerland, in einer Höhenlage von 380 m, hat 20 Jahre lang das halbe Einfamilienhaus bis weit auf das Dach hinaus überrankt. Ihre Blätter waren 20 cm groß und viele Tage blühten 40 und mehr Blüten gleichzeitig. Ihre tropische Vitalität war also auch im Sauerland ungebrochen. Wichtig ist nur, während der Wachstumszeit ausreichend zu gießen und zu düngen, sonst verkümmert die Pflanze und wird nach zehn Jahren zu einem fadendünnen, nicht blühenden Schlingpflanzenrest.

P. caerulea 'Grandiflora', hat 12–20 cm große Blüten.

Mit *P. caerulea* wurde viel gekreuzt. Erhältlich sind:

P. × alata-caerulea *(P. alata × P. caerulea)* 'Kaiserin Eugenie', (syn. 'Imperatrice Eugenie'): Blüten sind 10 cm groß, die äußeren 5 Blütenblätter grünlich, die inneren rosa. Strahlenkrone purpurviolett mit 3 weißlichrosa Ringen. Sehr ansprechende Blüte.

P. caerulea × P. racemosa *P. × caeruleoracemosa)*: 6–8 cm große Einzelblüten (nicht in Trauben, ähnlich *P. racemosa* violett-purpurrosa, Strahlenkranz weiß, zur Mitte purpurn, auch unter den Sortennamen 'Sabine' oder 'Victoria' im Handel.

P. caerulea × P. amethystina: Blütenblätter einheitlich gefärbt, eine sternförmige Blüte bildend. Kelch- und Blütenblätter werden nach hinten zurückgeschlagen; Dauerblüher. Zwei Sorten aus dieser Kreuzung, von Vanderplank, England, um 1983 erzielt, kommen zur Zeit in den Handel:

'Star of Bristol': violette Blütenblätter und violetter Strahlenkranz. In Kontrast dazu: Staubgefäße grün, Narben dunkelpurpurviolett.

'Star of Celvedon': Blütenblätter einfarbig grünlichweiß. Strahlenkrone mit weißem Ring, außen violett, innen bräunlichpurpurn.

'Star of Mikan' (syn. 'Lavender Lady'): Blütenblätter einfarbig purpurrosa. Strahlenkrone violett, zur Mitte dunkler mit weißem Ring; Herkunft dieser Sorte unbekannt.

P. edulis. Maracuja, Heimat Brasilien. Mit eßbaren Früchten. Frucht breit, kugelig purpurn oder gelb.

P. holoserica, Heimat Mittelamerika; Blütenblätter weiß, Strahlenkrone gelb, nach innen rotbraun. Staubgefäße und Narben dazu kontrastierend weiß. Bis zu 8 der ca. 4 cm großen, duftenden Blüten je Blattachsel; benötigt um 20 °C.

P. incarnata, USA. Staudige Passionsblume, die jährlich bis zum Boden abstirbt. Blätter tief dreilappig an bei uns bis 5 m hohen Trieben. Blüten 4–6 cm. Blütenblätter hell lila bis rötlich grünlich. Strahlenkrone dunkler violett, so groß wie die Blüte und zur Mitte hin weiß. Heilpflanze (siehe Seite 91). Mit gutem Winterschutz auch im Freiland möglich.

P. laurifolia, Wasserlimone; Heimat West-Indien, Brasilien, Peru. Früchte länglich eiförmig mit Längsrillen, gelblich, reif duftend, eßbar; auch die Blüten duften.

P. ligularis, Süße Granadilla (Abb. Seite 88); Heimat Mexiko bis Bolivien. Frucht oval kugelig, eßbar, 7–8 cm groß, mit nach oben gezogenem Stielansatz und rötlichbrauner Haut.

P. lutea, USA; eine Staude, deren bis 5 m lange, kletternde Triebe jeden Winter absterben. Blätter tief 3teilig, breit herzförmig. Blüten 1,5–3 cm breit, gelblich weiß mit rosa Staubblättern in der Mitte. Blüht von Juni bis August mit 1 bis 3 langgestielten Blättern je Blattachsel. Frucht haselnußgroß und purpurn bis schwarz. Härte wie *P. incarnata* und mit Laub-

decke im Freiland zu überwintern, wie die Pflanze im Botanischen Garten München zeigt.

P. mollissima, Bananenpassionsfrucht, Heimat Venezuela bis Kolumbien, Peru, Bolivien, Curuba. Die Frucht ähnelt einer ca 10 cm langen, geraden gelben Kanarischen Banane, ist ca. 3–4 cm dick und eßbar.

P. quadrangularis, Riesengranadilla (Abb. Seite 88), Heimat Tropisches Amerika. Frucht länglich, ca. 15–25 cm lang und ca. 10–15 cm breit; grüngelb, oft rotfleckig, geschmacklich fade im Vergleich zu den vorgenannten. Unreife Früche gut als Zucchiniersatz verwendbar. Blüten rosa, bis 10 cm, stark duftend.

P. racemosa (Abb. Seite 88), Heimat Brasilien; Blüten 8–10 cm groß, dunkelrot in reichblütigen Trauben. Blütenblätter schlagen nach hinten. Blütezeit bei ca. 20 °C ganzjährig; wächst schwächer als andere *Passiflora*-Arten, daher gut handhabbar.

P. umbilicata, Heimat Bolivien bis Nord-Argentinien. Tief 3lappige Blätter an 4–5 m langen Trieben. Blüten 4–5 cm groß violett, ähnlich hart wie *P. caerulea.*

P. vitifolia, Heimat Mittelamerika; Blüten 15 cm groß, leuchtendrot. Blätter dreilappig; sehr ähnlich *P. coccinea* (Abb. Seite 88) mit kleineren, bis 10 cm großen Blüten und einfachen Blättern. Eine hierzu zu rechnende Sorte wurde vor einigen Jahren als 'Stern von Bethlehem' als Topfpflanze angeboten.

Petrea
Purpurkranz
Verbenaceae, Eisenkrautgewächse

Die etwa 30 Arten im tropischen Amerika und Westindien sind Schlinger oder große Sträucher. Eine prächtige, violettblau blühende Art, *P. volubilis,* wird in den Tropen und wo immer möglich an geschützten Stellen, auch in den Subtropen wegen ihres Blütenreichtums und ihrer langen, bei genügend Licht und Wärme, Wasser und Nährstoffen fast ganzjährigen Blütezeit gezogen. Die elliptischen Blätter sind bis 20 cm lang, rauh wie Sandpapier, deshalb heißt sie in England Sandpapierpflanze. Am Triebende oder in den oberen Blattachseln stehen oder hängen bis 30 cm lange Blütentrauben. Die violetten Kelche halten noch lange nach der Blüte. Mit ihrem Wachstum bis zu 10 m ist diese Pracht leider nur für größere Wintergärten oder Gewächshäuser geeignet. Sie ist leicht durch Stecklinge zu vermehren.

Manchmal ist auch die ganz ähnliche *P. kohautiana* in Kultur zu finden. Deutlicher Unterschied sind die nur endständigen Blütentrauben.

Solanum
Nachtschatten
Solanaceae, Nachtschattengewächse

Etwa 1500 Arten sind auf der ganzen Erde verbreitet. Es sind Kräuter wie auch Sträucher und Bäume. Auch einige empfehlenswerte Kletterpflanzen sind darunter. Unser heimischer *S. dulcamara* ist winterhart. Die anderen genannten Arten sind leicht durch bewurzelte Stecklinge oder zurückgeschnittene Kübelpflanzen zu überwintern und im Freien von Mitte Mai bis zu den ersten Frösten zu halten. Kräftige, nährstoffreiche, humose Erde mit wöchentlicher Düngung und reichlichen Wassergaben lassen an vollsonnigen, in warmen Jahren auch an Ost- und Westwänden einen reichen Blütenflor wachsen. Solanum sind auch gut geeignet für große Balkonkästen an Geländern.

S. crispum, aus Chile bildet Einjahrestriebe bis 3 m Höhe (Abb. Seite 200). Die Blätter sind lanzettlich-oval, 7–12 cm lang. Die hellila Blüten mit gelber Mitte stehen in bis 10 cm großen, kugeligen Blütenständen an den Triebenden und blühen von Juni bis Oktober oder November. Die Früchte sind weißgelblich und giftig. Es sind gute, haltbare Schnittblumen.

Die Sorte 'Glasnevin' (syn. 'Autumnale'), ist eine großblütigere, reichblühende Auslese, die auch härter sein soll. Ähnlich ist *S. valdiviense* mit Blütenduft.

S. dulcamara, der Bittersüße Nachtschatten ist bei uns heimisch und in Europa, Nord-Afrika und Ost-Asien verbreitet, in Nord-Amerika verwildert. Er klettert bis 3 m hoch. Die Blüten sind hellviolett und erscheinen von Juli bis September in Trugdolden in den Blattachseln. Die Pflanze eignet sich für frische und nasse Stellen. Blühende Zweige halten sich gut in der Vase und bewurzeln auch im Wasser. Rote, aber giftige Beeren (Abb. Seite 200).

Die Sorte 'Album', hat weiße Blüten, 'Variegatum', mit weißgefleckten Blättern. 'Fructu Luteo' hat gelbe Beeren.

S. jasminoides (Abb. Seite 199), aus Brasilien ist trotz seines Namens ohne Duft, wenn auch die Blüten der Sorte 'Album' einer Pflanze jasminähnliches Aussehen verleihen. Die Triebe werden in einem Sommer bis 6 m lang. Im Jugendstadium hat S. jasminoides lanzettliche Blätter, die später drei- bis fünfteilig werden können. 2–2,5 cm breite, weißgraublaue Blüten in 5–10 cm großen Büscheln erscheinen in Blattachseln an den Enden der Haupt- und Seitentriebe. Blütezeit ist von Juli bis zum Frost. Diese Art ist nicht so hart wie *S. crispum*. Die schwarzen Beerenfrüchte sind giftig, reifen bei uns aber meist nicht.

Die Sorte 'Album', hat weiße Blüten. Im Mittelmeer ist sie eine der verbreitetsten Kletterpflanzen, wo sie fast ganzjährig blüht und fast immergrün ist. Im Spalier eines Wilden Weines ergibt sich im Herbst eine schöne rot-weiße Farbkombination. Die Pflanze hält sich mit den Blattstielen an dünnen Kletterhilfen fest.

S. seaforthianum aus Süd-Amerika ist nicht eigentlich kletternd. Die Art ist ähnlich wie *S. wendlandii*, aber wärmebedürftiger, für die verglaste Veranda geeignet. Die Blüten sind 2–3 cm groß, blaß rotlila, bis zu 50 in großen manchmal leicht duftenden traubigen Blütenständen und erscheinen fast das ganze Jahr. Die Frucht ist gelb und giftig.

S. wendlandii, von Wendland aus Costa Rica im vorigen Jahrhundert eingeführt, ist ein strauchiger Kletterer, dessen drei- und mehrteilige Blätter auf dem Rücken der Mittelrippe Kletterhaken besitzen. Die Blüten sind 4 bis 6 cm groß, hellilablau, in großen bis 30 cm langen Trauben angeordnet. Von Juni bis September blühen sie wochenlang. Sie benötigen den wärmsten Platz, sind aber der Schönheit wegen jeder Anstrengung wert. Überwinterung erfolgt bei 10 °C, besser bei 15 °C an sonnigem Fenster.

Sollya fusiformis

Sollya
Blauglöckchen
Pittosporaceae, Klebsamengewächse

Die zwei Arten dieser kletternden Gattung stammen aus West-Australien und sind mit der Kletterpflanze *Billardiera* verwandt. Über englische Baumschulen ist *S. fusiformis* (syn. *S. heterophylla*) zu erwerben. Als Australier ist *Sollya* nicht winterhart, aber als Kübelpflanze gut zu ziehen und hell und kühl einfach zu überwintern. Die wechselständigen Blätter sind länglich ganzrandig, manchmal etwas gebuchtet. Die fünfzipfeligen, 1,5 cm langen Glockenblüten hängen zu mehreren in Blütenständen gegenüber den Blättern an den Triebenden. Von der Blütenform und Farbe her heißt der bis 2 m hoch kletternde Strauch in seiner Heimat „Glockenblumenkletterer". Die Frucht ist eine beerenartig wirkendene, zweizellige Kapsel mit klebrigem Samen. Vermehrung erfolgt durch Aussaat oder Stecklinge. Die

Pflanze benötigt humose Erde wie für Rhododendron, aber mit gutem Wasserabzug, da Staunässe, aber auch Trockenheit nicht vertragen werden.

Trachelospermum
Sternjasmin
Apocynaceae, Hundsgiftgewächse

Die Gattung besteht aus 30 Arten immergrüner windender Sträucher im tropischen und subtropischen Asien. Eine Art kommt in Nord-Amerika vor. Die Blätter sind gegenständig, ganzrandig, länglich, die Blüten in endständigen oder achselständigen Blütenständen. Für geschützte Stellen in milden Gegenden, auch für entsprechende städtische Situationen in Innenhöfen mit günstigem Kleinklima sind einige Arten wegen ihres Duftes einen Versuch wert. Sie wachsen sehr langsam und winden sich fest um die Kletterhilfe. Sie benötigen frischen humosen, sauren Boden ähnlich wie Rhododendron. Absonnige, helle Stellen an Mauern mit Spalieren sagen ihnen zu. Vermehrung erfolgt durch Ableger und Stecklinge.

T. asiaticum, aus Korea und Japan, 3–4 m hoch kletternd, besitzt elliptische bis 5 cm lange Blätter. Die Blüten sind 2 bis 2,5 cm breit, weißgelb und stehen von Juli bis August in großen, duftenden, aufrechten Rispen in den Blattachseln. Dies ist die härteste Art.

T. jasminoides (syn. *Rhynchosporum jasminoides*) stammt aus China. Sie wird bis 5 m hoch und sollte besser im Kleingewächshaus gezogen und frostfrei überwintert werden. Die Blüten sind weiß, im Verblühen gelb und zeigen sich im Juli. Die Blüten sind etwa 2,5 cm groß und duften noch stärker als *T. asiaticum*. Die Art läßt sich, wie die oben beschriebene auch als Kübelpflanze bei uns kultivieren und ist beim Überwintern nicht so lichtbedürftig wie viele andere Kübelpflanzen, sollte aber so gestellt werden, daß sie auf keinen Fall ihr immergrünes Laub verliert. Im Sommer erhält sie einen Standplatz bis Ende September im Freien. Wichtig ist, selten zu verpflanzen, aber regelmäßig im Sommer zu düngen.

Prachtwinden

Winden sind eine Pracht, wenn sie in ihrer Blütenfülle tropische Üppigkeit an Balkone und in Gärten zaubern. Wer noch zusätzlich Duft liebt, dem seien Ackerwinde, Mondwinde und orangerote Sternwinde empfohlen. Die meisten sind tropischen Ursprungs und nur als Zierpflanzen zu uns gekommen. Unsere eigenen Winden werden als „Unkräuter" – als Kräuter am falschen Platz – oft lästig, und der Ärger darüber hindert uns, die Schönheit von Ackerwinde oder Zaunwinde gebührend zu würdigen. Tropische Herkunft fordert meist Vorkultur und Auspflanzen oder Aussaat an Ort und Stelle nach den Eisheiligen. Die Ausnahme ist *Pharbitis purpurea* mit ihren Sorten, die schon vorher direkt ausgesät werden kann.

Problemlos, weil winterhart sind: Zaunwinde, *Calystegia sepium*, Ackerwinde, *Convolvulus arvensis* und die Gefüllte Winde, *Calystegia pellita* 'Flore Pleno'.

Vorkultur in Töpfen ist nötig bei der Trichterwinde, *Ipomoea tricolor*, den Prachtwinden, *Pharbitis*-Arten, den Sternwinden, *Quamoclit*-Arten.

Nur in ausgesprochen warmen Sommern gedeihen und blühen gut im Freien: Japanische Kaiserwinden, Sorten von *Pharbilis nil*, Mondwinde, *Calonyction*, und tropische *Ipomoea*-Arten.

Knollenwurzeln kann man überwintern von: Süßkartoffel, *Ipomoea batatas*, Purgierwinde, *I. purga*, Geigenwinde, *I. pandurata*.

Wer an lauen Sommerabenden Geduld hat, wird den Windenschwärmer, einen unserer farbenprächtigsten und größten Nachtschmetterlinge an Windenblüten beobachten können. Am Tag wird die Ackerwinde manchmal von seinem kleinen tagsüber fliegenden Vetter, dem Taubenschwanz, besucht. Er ähnelt mit seinen Flugkünsten einem Kolibri und kann wie dieser auf der Stelle schwirren oder auch rückwärts fliegen. Wer sich für Blütenkäfer und Schwebfliegen interessiert, kann sich mit einer von Akkerwinden durchwachsenen Zaunfläche einen guten Beobachtungsplatz schaffen und in den honigduftenden Blüten die Käferchen und davor die Schwebfliegen beobachten. Winden, ob heimische oder tropische buntblühende Sommergäste, zaubern an vielen Gartenstellen Farbtupfer und können selbst ein Riesenchinaschilf *(Miscanthus)* oder einen silbergraublättrigen Sanddorn *(Hippophaë)* ab Juli zum Dauerblüher bis in den Herbst hinein verwandeln. Auch Überraschungen gibt es in der Windenfamilie. Eine Art, *Ipomoea arborescens* aus Mexiko, ist ein kleiner, weißblühender Baum, der bei uns vielleicht einmal Kübelpflanzen-Chancen hat. Eine andere Art, *I. batatas*, gehört zu den wichtigsten Nahrungspflanzen der Erde. Ihre Knollen, die Bataten oder Süßkartoffeln, können wir in guten Gemüseläden kaufen. Wir können sie essen oder auch als Kletterpflanze wachsen lassen. Ein Windengewächs der Gattung *Merremia* (Abb. Seite 52) hat verholzende Kelche, und ihre Fruchtstände werden bei uns als Holzrosen für Trockengestecke angeboten. Experimentieren kann man mit den Klee- und Hopfenseiden-Schmarotzern ohne Chlorophyll. – Im Kapitel „Experimente" ist mehr darüber zu finden.

Vom Blütenreichtum war am Anfang des Kapitels die Rede, und doch sind viele Windengewächse auch gute Schlingpflanzen zum schnellen, sommerlichen Begrünen für Sichtschutzwände. Ein Beispiel ist die in vielen tropischen und subtropischen Ländern verbreitete *Ipomoea learii*, die auch als Varietät zu *I. acuminata* gerechnet wird oder auch als *Pharbitis learii* zu dieser anderen Windengattung gestellt wird. Stecklinge von ihr, bei 10 °C überwintert, öfters entspitzt, damit sie sich besser verzweigt, und nach den Eisheiligen ausgepflanzt, ergeben in wenigen Wochen – bei nicht zu kaltem Wetter – an Fäden oder Maschendraht kletternd, geschlossene grüne Wände. Mit Pflanzen dieser Art, die wir von einem Mittelmeerurlaub mitbrachten, war dies auf der IGA 83 in München gut zu beobachten.

Aus der Vielfalt der Gattungen der Windengewächse warten noch viele auf ihre Gartenzeit als bezaubernde blütenreiche Kletterpflanzen. Versuchen Sie es einmal mit den Vertretern von *Calonyction, Calystegia, Convolvulus, Ipomoea, Pharbitis* oder *Quamoclit*.

Calonyction
Mondwinde
Convolvulaceae, Windengewächse

Drei Arten aus der Sammelgattung *Ipomoea* sind hier zusammengefaßt. Es sind kletternde Stauden aus den Tropen. Sie haben eine flache, nicht glocken- oder trichterförmige Blüte und duften. Ihr Gattungsname besteht aus den griechiscchen Wörtern kalos, schön und nyctos, Nacht, weil sie nachts blühen und mit ihrem Duft durchaus auch „Schöne der Nacht" zu nennen sind – wie es in einer älteren Bezeichnung dieser so vielnamigen Pflanze mit *Ipomoea bona-nox* tatsächlich geschehen ist. Vermehrung erfolgt durch Aussaat oder Stecklinge. Sie klettert bei uns im Sommer 2–3 m hoch, hat keine besonderen Bodenansprüche, liebt aber eine warme Lage auf Balkon oder überdachter Terrasse. Schön ist sie abends am Sitzplatz, da sie duftet.

C. album, syn. *C. aculeatum, C. speciosum, C. bona-nox, Ipomoea bona-nox*. Dieser weißblühende Schlinger wird zwar bei uns als Warmhauspflanze empfohlen, ist aber zum Beispiel auf Mallorca im Freiland ein harter, reichblühender Schlinger und könnte auch bei uns bei frostfreier Überwinterung mehr verbreitet sein, da es wenige duftende Schlinger gibt. Die sich abends öffnenden Blüten sind eine hervorragend duftende Tischdekoration für eine Abendtafel.

Calystegia
Zaunwinde
Convolvulaceae, Windengewächse

Die 25 Arten in den gemäßigten und tropischen Gebieten sind Schlingpflanzen mit wandernden Trieben im Boden und der Neigung, lästig zu werden. An geeigneter Stelle oder in begrenztem Wurzelraum sind drei Arten für uns als Kletterpflanze äußerst interessant. Es handelt sich um zwei heimische Arten und eine, die in China, Korea und Japan vorkommt. Jeder normale Gartenboden in sonniger Lage ist als Standort geeignet. Es sind blühende, schnell wachsende Ranker für Zäune, Balkonkästen und in Sträucher. Vermehrung erfolgt durch Aussaat oder Wurzelstockteile.

Calystegia pellita, gefüllte Form

C. pellita, syn. *C. dahurica* var. *pellita, C. pubescens, Convolvulus pellitus* aus China, Korea, Japan ist ein leicht behaarter Schlinger, bis 3 m und mehr hochwachsend. Die Blätter sind länglich zugespitzt mit dreieckig gelapptem Grund; die Blüten einzeln gestielt in den

Achseln der wechselständigen Blätter, reichblühend, rosa. Sie sind trichterförmig, 5 cm breit und blühen den ganzen Sommer über. Vermehrung erfolgt nur durch Wurzelstücke.

Es wird berichtet, daß Fortune die Triebe dieser schönen Winde in China beim Ausgraben einer Pfingstrose in deren Wurzelstock fand und sie nach England an die Königliche Gartenbaugesellschaft schickte, wo sie 1844 erstmals blühte.

'Flore Pleno', ist eine früher öfter angebotene, verbreitete Sorte mit dichtgefüllten rosa Blüten. Die Pflanze muß jede Woche gedüngt werden, sonst läßt sie im Wachsen und Blühen nach. Sie ist meist winterhart, aber zur Vorsicht sollte man einige Wurzelstücke frostfrei überwintern, dabei aber nicht eintrocknen lassen. Die Sorte kann kräftig wuchern.

C. sepium, die heimische Zaunwinde hat bis 7 cm große, weiße Blüten von Juli bis zum Frost (Abb. Seite 52). Sie ist ein böses Unkraut und kaum auszurotten, wenn sie an falscher Stelle wächst, ist aber dennoch ein herrlicher Schlinger, der schon manchem Gartenfreund einen dauerblühenden Strauch oder Zaun beschert hat. Heute gibt es Wuchsstoff als Stift oder als Schaum mit dem man die Windenblätter bestreichen kann, wenn man die Pflanze bekämpfen will. Sie ist ein Musterbeispiel dafür, daß Unkraut nur Kraut am falschen Platz ist. Die Sorte 'Incarnata' hat rosa Blüten.

Im vorigen Jahrhundert kannte man großblumigere, gefüllte, auch rote und rosa Sorten, die heute nicht mehr zu erhalten sind.

Convolvulus
Winde
Convulvulaceae, Windengewächse

350 Arten sind über die ganze Erde verbreitet, einige sind auch als Schlinger für uns interessant, zum Beispiel unsere heimische Ackerwinde *Convolvulus arvensis*. Sie ist eine sehr vielgestaltige Art, die bis 1 m hoch schlingt und dunkelgrüne, pfeilförmige Blätter besitzt. Die Blüten sitzen in den Blattachseln und duften. Sie blüht von Juni bis Oktober und ist gut für Balkonkästen in Südlage als zierlicher, reichblühender Schlinger geeignet. An Feldrainen und Ödstellen können Sie sich die geeigneten Blütenfarben selbst aussuchen. Es gibt sowohl reinweiß blühende Ackerwinden als auch solche mit roten, radiären Streifen, karminrot mit rotem Rand in der Blüte oder auch mit interessanten kreisförmigen oder sternartigen Zeichnungen. Sie müssen an allen Stellen, an denen man sie anpflanzt, insbesondere auch in Balkonkästen, kräftig gegossen und gedüngt werden. Man staunt, wie ein so kleines Pflänzchen, ein „Unkraut", sich als Zierpflanze am richtigen Platz entsprechend entwickelt. Das Übernehmen vom Freiland in den Balkonkasten geht durch Wurzelstücke sehr einfach.

Viele Arten dieser Gattung, zum Beispiel *C. althaeoides* (Abb. Seite 52) und *C. elegantissima* haben bezaubernde, rosa Blüten. Sie stammen aus dem Mittelmeergebiet und sind auf dem sommerlichen Balkon durchaus versuchswert, müssen aber frostfrei überwintert werden. Sie werden gut bis 1 m hoch.

Seit kurzem wird die den Sommer hindurch reichblühende *Convolvulus sabatius*, syn. *C. mauritanicus* als Ampelpflanze angeboten. Ihre hellviolettblauen, weit offenen Windenblüten haben ihr den Handelsnamen 'Blaue Mauritius' eingetragen. Sie ist eine kriechende Winde Spaniens und Nordafrikas.

Ipomoea
Trichterwinde, Morgengruß
Convolvulaceae, Windengewächse

Über 400 Arten sind in den wärmeren Teilen der Welt, meist als schlingende oder kriechende Kräuter zu Hause. Ihre Blätter sind einteilig und handförmig geteilt. Unter ihnen sind viele ausdauernde Stauden mit Arten wie die Süßkartoffel, *Ipomoea batatas*, die der Ernährung dienen oder *I. purga* mit ihrem abführenden Harz, die in der Medizin verwendet werden. Die Blüten in vielen Farben von Blau über Purpur und Rot bis Weiß sind bis 10 cm groß. Sie öffnen sich früh und verwelken bereits in den frühen Nachmittagsstunden, es sei denn, der Tag ist trübe. Dann blühen sie lange, sozusagen als Trost für den fehlenden Sonnenschein. Vermehrung erfolgt durch Aussaat, Stecklinge, Nebenknollen oder Knollenteilung. Die knollenbesitzenden Arten sollten öfter gepflanzt werden, da sie sich wie Dahlien problemlos überwintern lassen. Die Gattung *Ipomoea* war früher eine Sammelgattung, von der heute einige andere Gattungen wie *Pharbitis* abgetrennt wurden.

I. batatas, die Süßkartoffel, die auch in den wärmeren Teilen des Mittelmeergebietes angebaut wird, ist nur aus der Kultur bekannt. Es gibt Sorten mit rundlichen, aber auch mit länglichen bis spindelförmigen Knollen mit weißer, rosa, auch rötlicher Rinde. Die Knollen werden dort gebildet, wo die Triebe dem Boden aufliegen und Wurzeln bilden. Bei uns blüht *I. batatas* wegen des wenigen Sonnenscheins, den unsere Sommer normalerweise haben, nicht. Es ist aber eine interessante Schlingpflanze, deren Knollen man in gut sortierten Gemüseläden kaufen kann. Die Vermehrung erfolgt durch Knollenteilung oder Stecklinge. Für uns ist der Kauf einer kleinen Knolle am einfachsten. *I. batatas* wächst mit Kletterhilfe bis 3 m hoch und ist für Balkonkästen gut geeignet. Die Überwinterung der Knollen lohnt sich nicht, da sie auch bei absolut trockener, warmer Überwinterung meistens faulen.

I. horsfalliae von den Westindischen Inseln hat 5teilig gefingerte, immergrüne Blätter. Die Blüten sind rosarot, sternförmig gezeichnet, 5–6 cm groß und stehen zu vielen in aufrechten, oft durch ihr Gewicht hängenden Trauben. Es ist ein reicher Winterblüher, der von Oktober bis Februar in Kleingewächshäusern und an sonnigen, warmen, großen Blumenfenstern versucht werden sollte.

I. pandurata aus USA ist ein staudiger, bis 4 m hoher Kletterer mit länglichen Knollen. Die Blätter sind herzförmig, breit oval und ganzrandig bis 3lappig. Die Pflanze blüht von Mai bis September mit weißen, oft rosa gestreiften Blüten, die zu 1 bis 5 an Blütenständen in den Blattachseln wachsen. Es gibt auch eine gefüllt blühende Sorte. Die Knollen sind in Weinbaugegenden oder in besonders geschützten Lagen mit Laubdecke durchaus hart, sonst werden sie wie Dahlien überwintert. I. pandurata bildet ein schönes Blütenkleid für Zäune und Spaliere mit wildem Wein.

I. purga, syn. *Exogonium purga*, die Purgierwinde aus Mexiko, wird bis 4 m hoch. Die rübenartigen Knollen waren wegen des abführenden (purgierenden) Harzes als echte Jalapknollen offizinell. Sie wurden früher hoch bezahlt und oft durch andere, keinen Wirkstoff enthaltene Knollen verfälscht. Die Blätter sind pfeilförmig mit herzförmigem Grund. Die purpurrosa Blüten mit hellerförmigem Rand stehen zu 1 bis 2 in den Blattachseln. In Weinbaugebieten mit etwas Laubdecke sind die Knollen meist hart. Zur Sicherheit sollte man sie wie Dahlienknollen überwintern.

I. tricolor syn. *I. rubrocaerulea*, *I. violacea*, *Pharbitis rubrocaerulea* stammt aus dem tropischen Amerika. Die Blätter sind ganzrandig, lang ausgezogen mit herzförmiger Basis. Dies ist mit vielen Sorten unsere verbreitetste einjährige schlingende Sommerwinde. Die Blüten sind 5–7 cm lang und bis 10 cm breit. Sie erblüht früh morgens und welkt am Spätnachmittag, an trüben Tagen erst gegen Abend. Zu *I. tricolor* gehören vielen Sorten, zum Beispiel: 'Heavenly Blue', syn. 'Himmelblau', reichblühend, Blüten himmelblau. 'Rubro Coerulea Praecox', syn. 'Early Flowering Heavenly Blue', 'Blauer Himmel', Blüten heller blau, ein früher blühender Typ. 'Scarlet O'Hara', nach der Figur aus dem Roman „Vom Winde verweht" mit leuchtend scharlachroten Blüten. 'Turris', Blüten scharlachrot, Rand und Schlund weiß.

Pharbitis
Prachtwinde
Convolvulaceae, Windengewächse

Zu dieser Gattung zählen 60 Arten windender Pflanzen in den Tropen, die früher auch oft in die Gattung *Impomoea* mit einbezogen wurden. *Ipomoea* hat eine zwei- bis vierzellige Samenkapsel mit vier Samen, während *Pharbitis* dreizellige Kapselfrüchte mit sechs Samen besitzt. Es ist die Gattung unserer sommerschlingenden Winden, zu denen auch die japanischen Kaiserwinden gerechnet werden. Vermehrung erfolgt durch Saat oder Stecklinge. Viele Arten können im April an Ort und Stelle gesät werden. Besser ist jedoch Vorkultur und Auspflanzen nach den Eisheiligen. Ein warmer geschützter, sonniger Platz mit lockerem Boden, der aber nie trocken werden sollte, gefällt ihnen. *Pharbitis* lieben ebenso wie *Impomoea* kalkhaltigen Boden. Sie benötigen jedoch Kletterhilfen, zum Beispiel rauhe Schnüre, Latten, Maschendraht oder Sträucher. Auch wenn die Blüten nur einen Tag geöffnet sind, gehören sie doch zu unseren reichblühendsten, vielseitig verwendbaren Sommerschlingern. Wichtig ist bei allen Winden eine kräftige, aber stickstoffarme Düngung, um die Blüte zu fördern und das Blattwachstum nicht zu üppig werden zu lassen. Wir wollen schließlich blühende Prachtwinden und keine Blattschlinger.

P. hederacea, syn. *Ipomoea hederacea*, aus Süd-Amerika ist einjährig, bis 3 m hoch kletternd. Die Blätter sind herzförmig, 3lappig, die Blüten hellblau, zu 1 bis 3 an langem Stiel mit behaartem Kelch. Es gibt viele Sorten mit unterschiedlichen Blütenfarben und Blütenzeichnungen. Die manchmal angebotene Form mit weißfleckigen Blättern ist nicht so schön.

P. learii, syn. *Ipomoea learii, P. cathartica* (Abb. Seite 52), aus dem tropischen Amerika, ein schnellwachsender Schlinger, der als Kübelpflanze auch an der Basis etwas verholzt. Die Blätter sind herzförmig, leicht 3lappig, die Blüten von Juli bis Oktober, leuchtendblau mit weißem Schlund. Sie verfärben sich rotviolett beim Verblühen und stehen zu vielen an langem Stengel. Diese Art braucht für ihre Blüte die wärmsten Plätze und wird nur in besonders heißen Sommern schön. Sie hat aber einen Vorteil, der die frostfreie Überwinterung einiger Pflanzen lohnt. Sie wächst in einem Jahr 6 m und mehr und macht mit ihren dunkelgrünen, bis zum Frost haltenden Blättern durchaus dem japanischen Hopfen Konkurrenz. *P. learii*

ist im Mittelmeergebiet viel an Hecken und Zäunen zu bewundern.

P. nil, syn. *Convolvulus nil, Ipomoea nil* ist eine einjährige Art aus den altweltlichen Tropen, heute aber ihrer prächtigen Blüten wegen auf der ganzen Erde verbreitet. Die Blätter sind herzförmig, ganzrandig bis 3lappig und behaart. Die Blüten stehen einzeln oder zu mehreren an gestielten Blütenständen in den Blattachseln. Hierher gehören auch die japanischen Kaiserwinden, die sehr wahrscheinlich Kreuzungen dieser Art mit anderen sind und oft auch als *Ipomoea imperialis* bezeichnet werden. Die Blätter sind spießförmig. Durch jahrhundertelange Züchtung in Japan gib es heute eine Vielfalt von Farben: Weiß bis Blauviolett, Rot und auch vielfarbige Spielarten mit bis zu dunkelpurpurnen und auch gefüllten Blüten. Es gibt sogar Sorten mit kurios geschlitzten Blüten. Dile Züchtung und Kultur der Kaiserwinden war in Japan um die Jahrhundertwende ein vielbetriebenes Hobby. Noch heute existieren eine Reihe von Windengesellschaften, die untereinander den Wettbewerb um die schönste Kaiserwinde ausgetragen. Die Blüten entfalten sich nur unter Dach gut, denn sie werden bis 30 cm groß. Auch wenn sie nur einen Tag blühen und meist am Spätnachmittag schon wieder verwelken, ist die Blütenpracht doch faszinierend. Vor der Jahrhundertwende wurden in Japan für diese Riesenblüten und neue, farblich interessante Sorten Phantasiepreise bezahlt.

P. purpurea, syn. *Ipomoea purpurea, P. hispida* (Abb. Seite 52), stammt ursprünglich aus dem tropischen Amerika, ist aber heute weltweit als Zierpflanze verbreitet. Es ist eine einjährige bis 3 m hoch windende, behaarte Pflanze mit herzförmigen, ganzrandigen Blättern. Die Blüten sind dunkelpurpurnblau bis weiß mit weißem Schlund. Sie stehen zu 1 bis 7 als Blütenstand in den Blattachseln. Viele Sorten dieser verbreiteten reichblühenden Gartenpflanze werden angeboten. Es ist die wichtigste Winde für den Sommerflor, da sie an Ort und Stelle auszusäen und weniger als andere Pracht- und Trichterwinden empfindlich gegen kühles Wetter oder Trockenheit ist. Schon bald nach der Entdeckung Amerikas wurde sie eingeführt, da sie dort bereits als Gartenpflanze vorgefunden wurde. Eine schöne Abbildung unter dem Namen „Convolvulus indicus, fremdes indianisches veilbraunens Windglöcklein" ist im Hortus Eystettensis von 1713 abgebildet und trägt die Bemerkung, daß sie noch nicht in einem solchen Buch beschrieben worden sei und etwas ganz Neues, Herrliches darstelle.

Die Sorte 'Flore Pleno' ist gefülltblühend. 'Tricolor' hat Blüten mit radiären, roten, blauen, oder weißen Streifen. Man sollte diese Sorte nicht verwechseln mit *Ipomoea tricolor*, die mit vielen eigenen Sorten eine weitverbreitete Sommerwinde ist.

Pharbitis purpurea wird leider oft nur in Mischung angeboten. Man kann sich aber, da sie gut Samen ansetzen, selber die Farbtypen auslesen, die man am liebsten hat und im nächsten Jahr wieder neu aussäen. Der Samen muß aber vor dem ersten Frost geerntet werden und sollte nach dem Ausreifen trocken gelagert werden.

Quamoclit
Sternwinde
Convolvulaceae, Windengewächse

Die Gattung von 12 meist einjährigen Schlingern aus Amerika wird manchmal auch in der Gattung *Ipomea* einbezogen. Die bei uns gezogenen Arten waren einmal einer Gattung, die den Namen *Mina* trug, zugeordnet. Die Blüten und Blätter dieser eleganten Schlinger sollten Anlaß sein, sie öfter zu verwenden. An Zäunen, Wänden, Spalieren, Gittern und in kleinen Gehölzen können sie wachsen. Vorkultur wäre gut, obwohl Aussaat im Mai an Ort und Stelle meist auch gute Ergebnisse bringt. Wichtig ist ein warmer, sonniger Standort mit lockerem, nicht zu trockenem Boden, der nicht sauer sein sollte. Vermehrung erfolgt durch Aussaat bei den einjährigen Arten.

Qu. coccinea, syn. *Ipomoea coccinea* (Abb. Seite 52) aus Neu-Mexiko wird 3–5 m hoch und besitzt wechselständige, an der Basis herzförmige bis pfeilförmige Blätter. Die zu drei und mehreren zusammenstehenden, ca. 3–4 cm langen und bis zu 2 cm breiten, scharlachroten Blüten haben einen gelben Schlund. Sie duften. Von Juli bis Oktober blüht die einjährige Pflanze. Die Sorte 'Luteola' hat Blüten von Gelb bis Orange.

Qu. hederifolia, syn. *Ipomoea hederifolia* und *Mina sanguinea* aus Süd-USA und Argentinien, efeuartige Blätter, 3- bis 5teilig gelappt und ist sonst wie *Qu. coccinea*.

Qu. lobata, syn. *Ipomoea versicolor* und als *Mina lobata* noch heute in vielen Katalogen und Büchern, ist eine Staude, die sehr kräftig wächst und leicht 5–6 m erreicht. Die Blätter mit herzförmiger Basis sind tief dreigeteilt. Die Blüten stehen in Wickeln, das heißt entlang sich immer wieder zweiteilenden, bis 40 cm langen Ästen von Blütenständen. Die Blüten – gute Schnittblumen – sind als Knospen beim Aufblühen rot, dann gelb und aufgeblüht weiß. Blütezeit ist von Juli bis September–Oktober. Vermehrung erfolgt auch durch Stecklinge. Die Pflanze wächst auch in leichtem Halbschatten, schwächer auch an Nordseiten und verträgt Kalkboden.

Qu. × multifida, ist eine Kreuzung der zwanziger Jahre von *Qu. coccinea × Qu. vulgaris*, stammt von Herrn Sloter und heißt deshalb auch *Qu. × sloteri*. Die Blüten sind karminrot, die Blätter tief eingeschnitten, in 7 bis 15 schmale Streifen geteilt; (Erbe von Qu. vulgaris).

Qu. vulgaris, syn. *Ipomoea quamoclit*, ist heute noch als *Quamoclit pinnata* oder *Mina pinnata* im Handel. Es ist eine einjährige Pflanze, die um 2 m hoch klettert und durch ihre vielen leuchtendroten Blüten von Juli bis September beeindruckt. Die Blätter vielteilig, farnartig. Für Balkonkästen und zum Klettern in eingekübelten Gehölzen als zweiter Sommerflor des Gehölzes geeignet. Sorten: 'Alba', Blüten weiß. 'Rosea', Blüten rosa.

Die Gloriosa und ihre kletternden Verwandten

Vom „kletternden Schnittlauch" wird im Raritätenkapitel noch die Rede sein. Diese *Brodiaea volubilis* ist eine der vielen raren und oft bezaubernd schönen Verwandten der *Gloriosa*, die selten gezogen werden, obwohl sie problemlos sind. Zwei Familien, die Amaryllisgewächse und die Liliengewächse sind Schatzkammern schönblühender Kletterpflanzen für draußen – wenigstens den Sommer über – und vor allem für Zimmer, Wintergarten oder Kleingewächshaus. Letzteres findet in Form der Anlehnhäuser als Vorbau zum Einfangen der Sonnenenergie immer mehr Verbreitung und bietet ungeahnte Möglichkeiten für den Pflanzenfreund. Viele dieser Kletterer sind mit ihren Zwiebeln oder Knollen zudem leicht und problemlos zu überwintern. Dazu gehören *Brodiaea*, Schlangenlilie, *Gloriosa*, Ruhmeskrone, *Littonia*, Kletterglocke, *Sandersonia*, Chinalaterne. Sie geben all denen, die keine besonderen Überwinterungsmöglichkeiten für Pflanzen haben, ebenfalls gute Chancen. Wichtig ist es, die Knollen und Zwiebeln trocken und warm zu überwintern, da dies ihrer heimatlichen Trocken- und Ruhezeit entspricht.

Von *Bomarea* dürfen die Zwiebeln nicht trocken und nicht über 10 °C überwintern, da diese Hochandenbewohner mehr Feuchte und Kühle gewohnt sind.

Andere Gattungen oder Arten sind als Pflanzen bei Zimmertemperatur zu überwintern, wie *Aloe ciliaris*, eine kletternde Schwester unserer sonst rosettenartig wachsenden *Aloen*-Arten in den Sukkulentensammlungen. Winterhart sind *Asparagus*- und *Smilax*-Arten. Zur Sicherheit ist in extrem kalten Gegenden etwas Schutz des Wurzelbereiches empfehlenswert, da es in vielen vergangenen Wintern zwar Kälte, aber keine schützende Schneedecke gab.

Interessant sind die Klettertechniken dieser verschiedenen Kletterer: *Smilax* windet mit dem Stengel und hakt sich zusätzlich noch mit vielen Stacheln fest. Ganz anders machen es *Gloriosa* und *Bomarea*. Sie besitzen eine langausgezogene Blattspitze, mit der sie Ästchen oder Halme fest umschlingen und sich so beweglich, aber doch fest verankern. Diese Klettertechnik oder besser diese Eigenschaft sich festzuhalten, besitzen auch einige Kaiserkronen-Arten *(Fritillaria)*. Alle zu den Lilien- und Amaryllisgewächsen gehörenden Kletterer besitzen haltbare Blüten, die gut für die Vase geeignet sind. Das beste Beispiel ist die *Gloriosa*, die als Schnittblume angebaut wird.

Asparagus
Spargel
Liliaceae, Liliengewächse

Von den etwa 300 Arten, die in Europa, Asien und Afrika vorkommen, sind viele verbreitete Topfpflanzen und *A. officinalis* ist als köstliches Gemüse, als Spargel bestens bekannt. Von vielen kletternden *Asparagus*-Wildarten werden zum Beispiel im Mittelmeergebiet die jungen, kräftig schmeckenden Frühjahrstriebe zum Verzehr gesammelt. Interessant ist bei der Gattung *Asparagus*, daß die „Blätter" keine Blätter sind. Es sind blattartig gewordene Zweige, sogenannte Phyllocladien. Die Vermehrung der *Asparagus*-Arten erfolgt durch Aussaat. Der Standort muß sonnig auf nährstoffreichem, frischen, humosen Boden sein. Gießen und Düngen fördert das Wachstum. Asparagus verträgt aber auch durchaus einmal vorübergehende Trockenheit.

A. falcatus aus Süd-Afrika ist eine verholzende, in der Heimat bis 10 m hoch kletternde

Art und wird im Mittelmeergebiet viel angepflanzt. Bei uns ist sie nicht hart, aber als Kübelpflanze und robuster Sommerschlinger durchaus gut zu halten. Rückschnitt im Herbst und Überwinterung bei etwa 10 °C bringen die Voraussetzung, im Frühjahr (mit reichlichem Düngen und Gießen) an warmem, sonnigen Stand eine schnellwachsende seltene Schlingpflanze zu besitzen. Topfpflanzen dieser Art werden neuerdings angeboten, und so steht einem Versuch nichts im Wege. Die Blüten sind weiß, in kleinen, achselständigen Trauben und duften. Die Phyllocladien stehen gehäuft und sind bis 15 cm lang.

A. verticillatus aus dem Kaukasus und Sibirien ist eine kletternde, winterharte Art. Die Triebe werden bis 5 m hoch. Am besten läßt man sie zwischen Sträuchern, zum Beispiel Rosen, am Spalier wachsen, wo sich die Triebe mit ihren Kletterhaken selbst festhalten. Sie entfalten ihre elegante Schönheit aber erst nach einigen Jahren des Einwachsens. Die Phyllocladien sind sehr fein, etwa 4 cm lang und stehen in Büscheln bis zu 10 zusammen. Die Blüten sind grünlich-weiß, klein. Die Frucht ist eine rote Beere, erbsengroß und ein- bis dreisamig. Auch von dieser Art sind neuerdings wieder Topfpflanzen zu erhalten.

Bomarea
Andenlilie, Inkawinde
Amaryllidaceae, Amaryllisgewächse

150 Arten sind von Mexiko bis zur Südspitze von Süd-Amerika verbreitet. Einige Arten werden hin und wieder in Blumenzwiebelkatalogen angeboten. Es sind Schlingpflanzen, die 2–3 m hoch wachsen. Sie stammen meist aus den Hochlagen der Anden. Wir können sie wie *Gloriosa* kultivieren und die Zwiebeln bei 10 °C, trocken in Erde eingeschlagen, überwintern. Vermehrung erfolgt durch Aussaat oder Teilung, wobei es einige Jahre bis zur Blüte dauert. Die Pflanzen lieben volle Sonne und humose, nährstoffreiche Erde (Abb. Seite 69).

B. caldasii aus Ekuador und Kolumbien ist eine 1,5–4 m hochkletternde Pflanze mit glockigen, orangegelben 4–5 cm langen Blüten, die gehäuft zu 6–20 oder 40 an den Triebenden stehen, Blütezeit ist Juni–August. Sie ist leicht aus Samen zu ziehen; in Madeira is sie stellenweise verwildert.

B. carderi, hat bis zu 5 cm große, kräftig rosa, braunrot gefleckte Blüten, die zu vielen in endständiger, hängender Dolde stehen.

B. edulis aus Peru bis Mexiko und Kuba blüht von Juni bis August mit ca. 3 cm großen, rosa bis rötlichen Blüten, die zu 10 bis 30 in Büscheln an den Triebenden stehen. Die Pflanze wird 2–3 m hoch und ist wohl die härteste und anspruchsloseste der hier genannten Arten.

Bomarea edulis

B. kalbreyeri, mit 2 cm großen, roten und orangefarbenen Blüten, die zu vielen in endständigen Dolden stehen.

Wer in einem Kleingewächshaus Kakteen und Agaven ausgepflanzt hat, kann mit *Bomarea* ergänzen. Sie fühlen sich dort wohl und sind eingewachsen eine prachtvolle, blühende Ergänzung zu den Sukkulenten. Nur die Wurzeln dürfen nicht so trocken werden wie bei den Kakteen.

Gloriosa
Ruhmeskrone, Prachtlilie
Liliaceae, Liliengewächse

Fünf Arten des tropischen Afrika und Asiens werden zu dieser Gattung gerechnet. Genauere

Untersuchungen, das heißt taxonomische Überprüfungen der Artenmerkmale scheinen aber heute zu zeigen, daß es sich wahrscheinlich nur um eine, höchstens zwei Arten handelt, die sich durch ihre Verbreitung zu so vielen Varietäten und Formen weiter entwickelt haben. Bestätigt wird diese Theorie dadurch, daß alle bekannten sogenannten Arten 22 Chromosomen oder ein Vielfaches davon, zum Beispiel *G. superba* $2 n = 22$; *G. virescens* $2 n = 44$; *G. superba* $2 n = 88$ (nach KUMAR) besitzen.

Gloriosa superba hat bis gut 20 cm lange Knollen, von denen jeweils zwei im spitzen Winkel zueinanderstehende sich im Sommer neu entwickeln. Die alte Knolle stirbt ab. Die Spitzen dieser neuen Knollen sind sorgfältig zu behandeln, denn wenn diese Triebknospen beschädigt werden, können die Knollen nicht mehr austreiben. Die Überwinterung dieser Knollen sollte bei 15–20 °C warm und trocken geschehen. Nach dem Austreiben im April kann man sie im Mai direkt in die Balkonkästen setzen oder auch an warmer, geschützter Stelle auspflanzen. Nach der Pflanzung dauert es etwa 8 bis 9 Wochen bis zur Blüte. Man rechnet etwa auf 1 cm Knollenlänge eine Blüte. Die Entwicklung dieser Blüten hängt allerdings auch von Wärme und Sonne, vom Düngen und Gießen ab. *Gloriosa* sind geeignet für Topfkultur, Balkonkästen, Kübel, aber auch zum Auspflanzen an geeignete Kletterhilfen oder Spaliere vor einer Mauer. In milden Wintern sind *Gloriosa* bei tiefer Pflanzung (25 cm) auch schon gut durch den Winter gekommen, aber es ist gefährlich und nicht sicher. Die Blätter sind lanzettlich und enden in einer Ranke, die sich fest um jede Kletterhilfe ringelt. Der Trieb wird 2–3 m lang und verzweigt sich. Die Blüten sitzen mit je nach Sorte mehr oder minder stark zurückgeschlagenen Blütenblättern an langen Stengeln in den Blattachseln. Die Frucht ist eine 3teilige Kapsel mit roten Samen. Nährstoffreicher, humoser, lockerer Boden und regelmäßige kräftige Düngung (0,4 % bis August) und auch reichliches Wässern sind wichtig, damit sich die Pflanze voll entfalten kann.

Große Knollen und reichliches Düngen und Wässern mit Licht und Temperatur gehören zusammen, um die Pflanze zu ihrer vollen Entfaltung zu bringen. Wenn man Glück hat, bringt eine Pflanze bis zu 25 Blüten. Vermehrung erfolgt durch Aussaat, bei der dann die Pflanzen im zweiten Jahr blühen oder einfacher durch Knollen, die in vielen Geschäften zu haben sind. Verschiedene Arten und Sorten werden angeboten und sind hier der Einfachheit halber alphabetisch vorgestellt:

'Carsonii', weit zurückgebogene gewellte Blütenblätter, rot, zur Blütenmitte hin gelb; Blüte ca. 6–7 cm. Die Pflanze wird bis 1,5 m hoch.

'Citrina' gelber Typ von *G. rothschildiana*.

'Grandiflora' großblütige, mehr gelbe Sorte von G. 'Virescens'.

'Leopoldii', wie G. 'Virescens', Blütenblätter eingerollt.

'Plantii' gehört zu G. 'Virescens', aber rötlicher.

'Rothschildiana' Blütenblätter breit zurückgebogen, Rand gewellt und Spitzen zum Stiel gekrümmt, erblüht gelb und färbt sich im Verblühen tief karminrot; öffnende Blüten 15–20 cm. Pflanze wird bis 2,5 m hoch, hat keine sehr ausgeprägte Ruhezeit und läßt sich nach dem „Einziehen" wieder neu in Kultur nehmen. Blütezeit Juli bis September.

'Simplex' oft Sortimentsname von G. 'Virescens'.

'Superba' Blüten von Grünlichgelb über Gelb zu intensiv Orangerot verblühend. Blütenblätter schmal, mit stark gerkäuseltem Rand und sehr weit zurückgebogen, so daß sich die Spitzen berühren. Blütezeit Spätsommer – Herbst, härteste Art (Abb. Seite 69).

'Superba Africana' Blüten sehr eng zurückgefaltet; Blütenblätter gelb mit orangeroer Mitte im oberen Teil. Afrikanischer Typ von *G. superba*.

'Superba Lutea' sehr schöne gelbe Sorte von *G. superba*.

'Verschurii' Blütenblätter breit, leuchtendrot mit gelbem Rand, aber Spitzen nicht nach innen gebogen und Rand kaum gewellt; wird 1,5–2 m hoch.

'Virescens' nur gut 1 m hoch. Blütenblätter breit, kaum gewellt und nicht zurückgebogen. Blüten öffnen sich grün und verblühen gelb zu leicht orangerot.

Littonia
Kletterglocke, Butterlilie, Natallilie, Gelbglocke
Liliaceae, Liliengewächse

Die zwei Arten im tropischen und südlichen Afrika, werden von manchen Botanikern auch nach dem regionalen Vorkommen und gewissen äußeren Unterschieden in acht Arten aufgeteilt. *Littonia* hat wie *Gloriosa* auch Knollen, die aber kleiner sind. Sie klettert ebenfalls mit den zu Ranken ausgebildeten Blattspitzen. Auch der Stengel windet etwas. Eine Art, *Littonia modesta* wird bei uns hin und wieder angeboten. Sie besitzt achselständige, gelbe glockenförmige, hängende Blüten, mit 6 Blütenblättern. Die Knollen sind 6–8 cm lang und bilden jedes Jahr drei neue Knollen, während bei Gloriosa nur zwei neue gebildet werden. Die Samenkapseln sind 3teilig, etwa 5 cm lang und beim Aufplatzen leuchten die darin sitzenden roten Samen, was sehr zierend ist. Die Pflanze windet, hakt sich bis 1,5 m hoch, am liebsten in Sträuchern, anderen Kletterpflanzen oder an Gittern.

'Keithii' ist eine kräftiger wachsende Sorte mit größeren Blüten und auch reicher blühend.

Sandersonia
China-Laterne, Weihnachtsglöckchen
Liliaceae, Liliengewächse

Bekannt ist nur eine Art, *S. aurantiaca* aus Natal. Der Stengel ist aufrecht bis 1,5 m. Erworbene Knollen ergeben meist nur kleine Pflanzen. Die richtige Größe erreichen sie erst nach mehreren Jahren bei guter Kultur. Erst dann blühen sie reichlich im Juli mit gelborangen, urnenförmigen, an langen Stielen in den Blattachseln hängenden Blüten. Sie werden gelegentlich angeboten und sind wie *Littonia* zu behandeln. Neuerdings werden sie auch als Schnittblumen angeboten (Abb. Seite 69).

Smilax
Stechwinde
Liliaceae, Liliengewächse

Etwa 350 Arten tropischer und subtropischer kletternder Sträucher. Sie werden heute oft als Smilaceae, Stechwindengewächse in eine eigene Familie gestellt. Am Blattstielansatz sitzt auf beiden Seiten je eine Ranke, die wahrscheinlich ein umgewandeltes Nebenblättchen ist. Triebe und Unterseite der Blattrippen sind hakenstachelig, die Pflanze ist also ein sich festhakender Spreizklimmer mit Rankensicherung. Die meisten Arten besitzen einen knolligen oder verholzten, knotigen Wurzelstock. Die Pflanzen sind ohne besondere Bodenansprüche, lieben aber Wärme und Sonne. Vermehrung erfolgt durch Aussaat, Stecklinge oder Ausläufer und Teilung. Einige Arten sind bei uns winterhart und für Kletterpflanzensammler als Rarität interessant.

S. hispida, syn. *S. pseudo-china*, aus Nord-Amerika ist ein sommergrüner, bis 10 m hoch windender Kletterer ohne Ausläufer. Sein Stengel ist rund und bestachelt. Die Blätter sind herzförmig oval, bis 10 cm lang. Im Juni sitzen bis 25 Blüten in achselständigen Dolden. Im September–Oktober zeigen sich blauschwarze Beerenfrüchte.

S. rotundifolia aus Nord-Amerika ist ein sommergrüner, bis 10 m hoch windender Strauch, der durch Ausläufer vermehrbar ist, aber dadurch auch lästig werden kann. Am oberen Ende der Triebe ist er gestachelt, nie aber an den Stengelknoten. Die Blätter sind herzförmig, rundlich, bis 15 cm groß und glänzend grün. Die Blüten sind grüngelb und erscheinen im Juni. Die Beeren sind blauschwarz und reifen im September–Oktober.

S. sieboldii, aus China, Japan, Korea ist ein sommergrüner, in milden Gegenden auch wintergrüner, bis 10 m hoch kletternder Strauch. Die Triebe sind stachelig und geflügelt, die Blätter breit, oval bis herzförmig. Die Blüte ist grünweiß, erscheint im Mai–Juni; die blauschwarzen Beerenfrüchte zeigen sich im September–Oktober.

Unsere Kapuzinerkresse hat viele Verwandte

Knollen der Kapuzinerkresse gehören zur Nahrung in Südamerikas Andengebiet. Die Knospen und jungen Früchte unserer Gartenkapuzinerkresse kann man als Kapernersatz 3 bis 4 Tage in Salzwasser und dann in Essig legen. Ein kräftiger, würziger, kapernähnlicher Geschmack zeichnet die Früchte und Knospen aus. Blätter in Salaten werden als pikante Geschmacksvariante gelobt, und Blüten sind farbenprächtige, eßbare Garnierung. Es gibt alte Gärtner, die darauf schwören, daß Erkältungen ein Fremdwort bleiben, wenn man sommers wie winters jeden Tag 3 bist 5 Knospen der Kapuzinerkresse ißt. Unsere Gartenkapuzinerkresse *(Tropaeolum majus)* bietet viele wertvolle Inhaltsstoffe. Zum Beispiel je 100 g 51 mg Vitamin C gegenüber 11 mg in Kopfsalat; 2,68 mg Karotin gegenüber 0,79 mg in Salat, sehr viel Kalium (224 mg) und auch Vitamin B_1 und B_2 sowie Eisen, Kalzium, Phosphor und Magnesium sind jeweils in höheren Mengen enthalten als in Kopfsalat. Der kresseähnlichen Geschmackskomponente wegen können wir aber nur wenig Kapuzinerkresse, aber eine große Portion Salat auf einmal essen.

Kapuzinerkresse-Arten zu sammeln und ihren vielen Eigenschaften und Nutzungsmöglichkeiten nachzugehen, ist eine abwechslungsreiche Beschäftigung. Deshalb nun näheres zur Kapuzinerkresse.

Tropaeolum
Kapuzinerkresse
Tropaeolaceae, Kapuzinerkressengewächse

90 Arten sind von Mexiko über Mittel-Amerika bis Süd-Amerika verbreitet. Es sind einjährige bis ausdauernde Kräuter, von denen manche knollige Wurzelstöcke besitzen. Die meisten Arten klettern mit den Blattstielen oder auch den Blütenstielen, die sie um die Kletterhilfen winden. Die Blätter sind meist langgestielt, schildförmig, ganzrandig oder handförmig geteilt oder gefingert. Die Blüten stehen auf meist langen Stielen einzeln in den Blattachseln. Sie besitzen, je nach Art, einen unterschiedlich langen Sporn. Vermehrung durch Aussaat, Stecklinge oder Knollenteilung.

Zur Berankung von Gittern, Zäunen und zum Klettern in Sträucher oder Spaliere sind die Kapuzinerkressen hervorragend geeignet. An ihnen kann man auch zeigen, daß fremde, nicht bei uns heimische Pflanzen durchaus heimischen Tieren als Futterpflanze dienen können. Wenn auf Kapuzinerkresse Raupen kriechen, dann sind es meist Weißlingsraupen, die sich darauf wohlfühlen. Man kann die Entwicklung einer Kohlweißlingsraupe vom Ei über Raupe bis Puppe und Schmetterling in einem Gefäß verfolgen, da man die Kapuzinerkressenblätter als Futter zur Hand hat. Kapuzinerkresse benötigt nährstoffreiche, humose und nicht zu stark austrocknende Böden. Bei Trockenheit ist kräftig zu gießen, damit die Blütenfülle nicht leidet. Sie sollte auch durch stickstoffarmen Dünger unterstützt werden. Da die Triebe herabhängen, lassen sich Kapuzinerkressen auch in Ampeln, Balkonkästen, Töpfen und Schalen auf Säulen stellen. Die drei folgenden Arten sind verbreitete und vielfältig verwendbare, sehr schöne Sommerkletterer.

T. majus. Die Art stammt aus Kolumbien und Peru und ist eine Staude, die klettert. In warmen Sommern mit entsprechender Wässerung und Düngung schafft sie 3 m und mehr. Die Blätter sind schildförmig, ganzrandig. Unsere Gartensorten, die aus *T. majus*-Kreuzungen hervorgegangen sind, werden als Tropaeolum-

Hybriden bezeichnet. Vor hundert Jahren gab es über 40 Sorten, während es heute nur einfachblühende und gefülltblühende Mischungen gibt. Farbtypen muß man auslesen und Samen sammeln oder bewurzelte Stecklinge überwintern. Die Blüten sind gelb und orange bis braunrot in vielen Farben. Es sind auch gute Schnittblumen, wenn man sie knospig, wenn sie gerade Farbe zeigen, schneidet. Die Knospen und unreifen Früchte wurden in Notzeiten auch als Kapern eingelegt.

'Alaska Mixed'. Mischung, Blätter cremefarben gefleckt.

T. peltophorum (syn. *T. lobbianum*), Heimat ist Kolumbien und Ekuador. Es sind kräftige Wachser, die bis 4 m hoch klettern, in der Heimat sind es Stauden, leicht verholzend. Die Blätter sind schildförmig und die ganze Pflanze ist weich behaart. Sie wurde viel zu Kreuzungen mit *T. majus* verwendet, weil sie das ganze Jahr hindurch blüht. Sie ist dadurch als Topfpflanze am Sonnenfenster interessant und bringt Farbe in die Wintermonate. Die Blütenfarben reichen von Gelb bis Lachs und von Orange bis Dunkelbraun-Rot. Von ihr werden heute noch Mischungen angeboten. Die vielen Sorten, die um die Jahrhundertwende existierten, gibt es wahrscheinlich nicht mehr. Aus den Kreuzungen mit *T. majus* sind die gefüllten, etwas duftenden Glanzhybriden entstanden: 'Goldglanz', Blüten goldgelb, halbgefüllt.

'Scharlachglanz', Blüten scharlachrot, halbgefüllt.

'Doppelte Glanzhybriden-Mischung', Blüten sind halb bis ganz gefüllt in sehr vielen Farben.

Schöne Typen dieser Mischung kann man im Herbst durch Stecklinge vermehren und am Sonnenfenster blühend überwintern. Im Frühling lassen sich durch Stecklinge ausreichende Pflanzenmengen vermehren. Die Stecklinge wurzeln übrigens leicht in einem Glas mit Wasser. Auspflanzen erst nach den Eisheiligen, denn Kapuzinerkressen vertragen keinen Frost und selbst einige Grad über Null sind für sie schon so stark wachstumshemmend, daß sie zugrunde gehen.

T. peregrinum (Abb. Seite 70, syn. *T. canariense*), stammt aus Peru und ist einjährig. Die Pflanze klettert bis 4 m hoch und weicht von den beiden vorgenannten Arten stark ab. Die Blätter sind kleiner und handförmig, 5- bis 7teilig gelappt. Die Blüten sind zierlich, leuchtend zitronengelb mit kleinen, schmalen Blütenblättern. Die oberen sind gefranst. Es ist ein zierlicher Ranker, der an Ort und Stelle ausgesät wird oder auch mit Vorkultur gepflanzt werden kann. Schön ist er in Spalieren des Wilden Weins, wo er im Herbst leuchtendes Zitronengelb als Kontrast zur dunkelscharlachroten Herbstfärbung setzt.

Viele andere herrliche kletternde Kapuzinerkresse-Arten sind bei uns nicht winterhart, besitzen aber Knollen und lassen sich so relativ problemlos kultivieren. Die Knollen werden wie Dahlienknollen frostfrei, aber etwas wärmer und trocken überwintert. Man muß allerdings oft lange nach diesen Arten fahnden. Die Suche lohnt sich aber und deshalb seien einige Beispiele genannt.

T. azureum (syn. *T. violaeflorum*) stammt aus Chile und ist mit seinen veilchenartigen, blauen und duftenden Blüten ein Traumziel für den Sammler knolliger Kapuzinerkressen. Es ist ein Herbstblüher, der seine Pracht im September–Oktober mit lila bis blaßveilchenblau, gelbschlundigen Blüten zeigt. Die Knollen sind rundlich, die Triebe sehr fein, bis 2 m hoch kletternd. Die Blätter sind schildförmig, tief 5lappig. In der Heimat heißt diese Pflanze „Violetita de Campo" – Kleines Feldveilchen. Es gibt eine Sorte 'Grandiflora' mit bis 3 cm großen Blüten, die einen weißen Schlundfleck besitzt.

T. × leichtlinii mit leuchtend gelborangen, rotgefleckten Blüten ist eine Kreuzung dieser Art mit *T. polyphyllum*.

T. leptophyllum stammt aus Bolivien und Chile. Die Art klettert 1 bis 2 m hoch. Diese Kapuzinerkresse besitzt relativ große Knollen. Ihre Blätter sind 6- bis 7teilig gelappt. Im Juli und August sind die orangegelben oder rosaweißlichen, 3–4 cm großen Blüten zu sehen. Sie ragen an langen Stielen über die Blätter heraus. Die Pflanze ähnelt *T. polyphyllum*.

T. pentaphyllum stammt aus den östlichen Anden und wird 4 m hoch. Die Knolle ist walzenartig länglich. Die Blätter sind schildförmig und 5teilig gefingert, die Blütenstiele kürzer als die Blattstiele. Die Blüten sind von Juli bis zum November zu sehen. Sie sind scharlachrot. Es ist eine Pflanze, die auch im Kleingewächshaus mit ihrer langen Blütezeit viel Freude macht.

T. speciosum (Abb. Seite 70) stammt aus Chile und besitzt einen großen knolligen Wurzelstock. Die Art klettert etwa 3 m hoch. Die Blätter sind schildförmig, 6lappig. Die Blüten sind groß, leuchtend zinnoberrot. Die Blütenblätter sitzen einzeln, wie gestielt, in der Blüte. Das leuchtende Zinnoberrot der Blüten ist so auffallend, daß die Pflanze in England den Namen „Flammenblume" trägt und man das Bild einer blühenden Pflanze, wenn sie durch das Laub von immergrünem Rhododendron klettert, nie vergißt. Die Frucht ist eine blaue Beere. Die Pflanze ist für halbschattigen Standort mit frischem humosen, kühlen, sauren Substrat geeignet. Die Knollen dürfen bei der frostfreien Überwinterung nicht austrocknen. Diese Art ist in Weinbaugegenden oder ähnlich geschützten Lagen mit Winterdecke manchmal winterhart.

T. polyphyllum stammt aus Chile und Argentinien. Die Knollen sind walzenförmig und sitzen oft sehr tief im Boden. Die Art klettert nicht eigentlich, sondern kriecht vielmehr. Ihre bis 1 m langen Triebe sind auch schön, wenn sie aus einem Gefäß heraushängen oder über eine kleine Mauer nach unten wachsen und sich in voller Pracht zeigen. Die blaugrünen Blätter sind rund und bis zur Mitte 7- bis 9teilig gespalten. Die Blüten, die von Juni–Oktober goldgelb mit langem Sporn aufrecht über das Laub hinausragen, ähneln kleinen, nach oben offenen Tüten.

T. tricolor (Abb. Seite 70, syn. *T. yarattii*), kommt in Bolivien und Chile vor. Die Pflanze war im vergangenen Jahrhundert viel verbreitet. Die kleinen rundlichen, schwärzlichen Knollen treiben fadenartige, dunkle, zarte Triebe, die erst, nachdem sie Halt an Zweigen gefunden haben, Blätter ausbilden. Sie wachsen bis 1 m hoch und sind dann recht dicht mit runden, 6teiligen gefiederten Blättern besetzt. Die Blüten erscheinen je nach Pflanzzeit oder Antreiben der Knollen von März–Mai oder auch später im Jahr. Sie ähneln kleinen Zipfelmützen, sind 2,5 cm lang und leuchtend rot mit gelbem Rand und schwarzem Schlund. Diese Art wurde früher viel als Topfpflanze mit kleinen Topfspalieren oder als Hängeampelpflanze gezogen. Sie ist in der Kultur nicht ganz einfach und sollte in Töpfen oder Kübeln stehen. Sie ist als außerordentlich reizvolle Kletterpflanze einen Versuch wert.

Es gibt auch eine großblumige Sorte 'Grandiflora', die auch unter dem Synonym *T. yarattii* im Handel ist.

T. tuberosum (Abb. Seite 70) stammt aus Peru und Bolivien, wo es eine uralte Nutzpflanze ist. Ihre länglichen, an den Enden spitzen, wulstigen wie eingeschnürt wirkenden Knollen werden wie Kartoffeln angebaut und gegessen. Es gibt schlanke, weißlich-gelbe Knollensorten, die den Namen 'Pilifera' tragen und andere dickere, rotgefleckte, die unter dem Namen 'Lineamaculata' einzuordnen sind. Die Pflanze klettert bis 3 m hoch und bildet ihre Knollen jährlich neu. Das ist anders als bei den vorher genannten Arten, deren Knollen mehrere Jahre alt werden. In manchen Jahren bilden sich auch dort, wo die Stengel der Erde aufliegen, neue Knollen. Für uns ist die Vermehrung einfach, da es diese Knollen sowohl im Blumenzwiebelhandel als auch, allerdings seltener, in manchen Gemüsegeschäften zu kaufen gibt. Die Blüten ähneln ziegelroten Zipfelmützen, sind etwa 2 cm groß und stehen an sehr langen, weit über das Laub hinausragenden Stielen. Stengel, Blatt und Blütenstiele sind grünlich bis

---

Oben: Actinidia chinensis, Kiwi, Blüte und Frucht
Unten links: Basella rubra, Schlingmelde, Malabarspinat
Unten rechts: Humulus lupulus, weibliche Hopfenpflanze

bläulich oder rötlich. Die Blütezeit dauert von Ende Juni oder Anfang Juli bis zum Frost. Voraussetzung ist, daß man den bei uns meist im Handel befindlichen sommerblühenden Typ erwischt. Bei dem spätblühenden, früher in Europa verbreiteten Typ erscheint die Blüte erst im September oder Oktober. Es ist auch ein guter Bodendecker. An warmen Stellen können die Knollen, wenn sie 15 cm tief oder tiefer im Boden liegen und durch Laub vor strengster Winterkälte geschützt werden, durchaus unsere Winter überdauern. Zur Sicherheit sollte man aber einige Knollen frostfrei überwintern, um diesen schönen Schlinger nicht durch einen strengen Winter zu verlieren. Stecklinge vom Frühsommer bewurzeln sich gut und entwickeln neue Knollen.

Der sommerblühende Typ erhielt 1981 den Namen 'Ken Aslet' zu Ehren des Erstbesitzers der Sorte. Der alte, im Herbst blühende Typ ist eine schöne Blütenpflanze für ein winterliches Südfenster.

Eine weitere sommerblühende Sorte mit paprikaroten Blüten und bis 2 m hoch kletternd ist 'Sidney'. Sie wird aus England in den Handel kommen.

Oben links: Passiflora caerulea,
Passionsblume
Oben rechts: Passiflora caerulea,
mit Früchten
Mitte links: Passiflora quadrangularis,
Riesengranadilla
Mitte rechts: Passiflora coccinea,
Scharlachpassionsblume
Unten links: Passiflora racemosa,
Traubenblütige Passionsblume
Unten rechts: Passiflora ligularis,
Süße Granadilla

Kletterpflanzen schön und nützlich

Der Anspruch an Schönheit und Nutzen ist in vielen Pflanzen verbunden. Kiwis sind ein gutes Beispiel dafür: stark wachsend, mit rostbraun behaarten Blättern, gelben Erdbeerblüten und den braunen, köstlich schmeckenden Früchten. Die Brombeeren, vor allem die stachellosen Sorten und die vielen neuen Kreuzungen sind auch ein delikates Beerenobst. Delikat sind „Klettererdbeeren" auch vom Namen her, da sie nicht klettern, sondern ihre Ranken hochgebunden werden müssen.

Die Knollen einiger Kletterpflanzen, wie Batate (Süßkartoffel, *Ipomoea batatas*) und Yamswurz *(Dioscorea)* zählen zu den wichtigsten Nahrungspflanzen der Tropen. Ebenfalls eßbar ist aber auch vielerlei an anderen Kletterpflanzen, von Sproß bis Frucht und Knolle. Vielleicht bereichert es Ihre Küche? Versuche kosten nicht viel. Einige Kletterpflanzen bieten Triebe, Blätter, unreife Früchte als Frischgemüse an, andere verwöhnen uns mit Früchten, wenn wir mit Handbestäubung etwas nachhelfen.

Kletterpflanzen mit eßbaren Pflanzenteilen

Actinidia, Strahlengriffel – Kiwi und andere
   Arten und Sorten;
Anredera cordifolia, Madeirawein –
   Beblätterte Triebspitzen und knolliger
   Wurzelstock;
Akebia, Blaugurkenwein
Basella rubra, Schlingmelde – Triebspitzen
   mit Blättern;
Benincasa, Wachskürbis – Frucht;
Calonyction, Mondwinde – fleischige
   Blütenkelche;
Humulus, Hopfen – junge Triebe als
   Hopfenspargel;

Holboellia, Wurstbeere;
Ipomoea batatas, Süßkartoffel – Triebspitzen
   mit Blättern;
Lardizabala, Fingerfrucht-Arten;
Lathyrus tuberosus – Knollen, die „Wilde
   Erdmandel" des Mittelalters;
Momordica charantia, Balsambirne – junge
   Früchte und Triebe;
M. balsamina, Balsamapfel – junge Früchte
   und Triebe;
Passiflora, Passionsblume – reife Früchte;
Rubus, Brombeeren und ihre Kreuzungen;
Schisandra chinensis, Beerentraube –
   Früchte;
Sechium edule, Chayote – junge Früchte
   und Knollen;
Stauntonia, Honigbeere;
Tropaeolum tuberosum – Knollen;
Vitis, Wein – auch andere Arten, wie
   Sommerrebe und Amurrebe.

Dazu kommen noch die vielen wohlbekannten Pflanzen, wie die Rosen mit ihren Hagebutten, Bohnen, Erbsen und die große Familie der Kürbisse, Gurken und Melonen.

Unter den bisher ungenutzten oder nur regional angebauten Leguminosen sind einige wegen ihres hohen Nährstoffgehalts vielversprechende Nahrungspflanzen für die Zukunft. Einige Beispiele seien hier für experimentierfreudige Kletterpflanzenliebhaber genannt.

Dolichos lablab, syn. *Lablab purpureus*, *L. niger*, Hyazinthenbohne, Helmbohne, Faselbohne aus dem Tropischen Afrika. Nutzung: frische Hülsen als Gemüse, Trockenbohnen, Gründüngung, Futterpflanze.

Pachyrhizus erosus, Yambohne, Heimat Mittelamerika. Nutzung: grüne Hülse als Gemüse, stärkereiche Wurzelknollen; die Pflanze und reife Samen haben insektizide Eigenschaften.

Pachyrhizus tuberosus, Kartoffelbohne, Heimat Ekuador. Nutzung: stärkereiche Wurzelknollen.

Psophocarpus tetragonobulus, Goabohne, Flügelbohne, Heimat Zentralafrika. Blaublühend, in englischen Samenkatalogen gelegentlich angeboten. Nutzung: Trockenbohnen und stärkereiche Wurzelknollen.

Sphenostylis stenocarpa, Knollenbohne. Afrikanische Yambohne, Heimat Afrika. Nutzung: Trockenbohnen, stärkereiche Wurzelknollen.

Vigna-Arten, Kuhbohne, Heimat Afrika und Asien. Besonders geeignet für niederschlagsarme Gebiete. Nutzung: Stengel, Blätter, unreife Hülsen als Gemüse, Trockenbohnen, Futterpflanzen oder Gründüngung.

Vigna unguiculata ssp. *unguiculata*, Augenbohne, Heimat Afrika. Den Namen hat diese Bohne wegen des schwarzen Nabelflecks. Sie war die „Phaseolus" der Griechen und Römer und ist unter dieser Bezeichnung auch in den alten Kräuterbüchern genannt. Kenntlich an den für die Gattung *Vigna* typischen, immer paarweise hängenden 30–40 cm langen Hülsen.

Jetzt werden in englischen und holländischen Samenkatalogen wieder Sorten angeboten wie 'Queen Anne' oder 'Black Eyes'.

Vigna unguiculata ssp. *sesquipedalis*, Spargelbohne, Heimat Afrika. Nutzung: unreife Hülsen als Gemüse, Trockenbohnen.

In Südost-Asien werden die Hülsen bis 1 m lang, bei uns meist nur 40–50 cm. In Holland wurden an unsere Lichtverhältnisse und Tageslängen angepaßte Sorten ausgelesen und sind jetzt auch bei uns in den Samenkatalogen zu finden (holländischer Name: Kouseband).

Von einigen der genannten Früchte sind auch die Samen, roh oder geröstet, als lagerfähiges, vielseitig verwendbares Nahrungsmittel bekannt.

Eßbare Samen

Phaseolus coccineus und *P. vulgaris*, Bohnen;
Pisum sativum, Erbsen;
Lens culinaris, Linsen;
Dolichos, Helmbohnen;
Cucurbita-Arten, Kürbiskerne;
Citrullus lanatus, Melonenkerne;
Momordica, Balsamapfelkerne.

Einige Kürbis-Arten liefern Gefäße und sind deswegen heute auf der ganzen Welt verbreitet: die Flaschenkürbisse *(Lagenaria siceraria)* mit Kalebasse, Pulverhorn und Kugelfrucht allen voran. *Coccinia grandis*, eine großfrüchtige Scharlachranken-Art, erspart ebenfalls das Töpfern. Auch der Riesenkürbis, *Cucurbita maxima*, ist ein Gefäßproduzent. Reife Früchte werden ausgehöhlt und wenn die Schale trocken und fest geworden ist ist auch das Gefäß fertig.

Das „Skelett" in der Schwammgurkenfrucht *(Luffa aegyptiaca)* ist unser vegetabiler Badeschwamm. Fasern liefert die Kopoubohne *(Pueraria)* in ihren bis 20 m langen Trieben. Sie wurde deshalb sogar im vorigen Jahrhundert in Süd-Frankreich angebaut. Die Blätter sind auch gut als Viehfutter geeignet.

Unter den vielen Heilpflanzen, die sowohl in der Volksmedizin als auch in der offiziellen Heilkunde in großem Umfang genutzt werden, sind auch viele Kletterpflanzen. Als Beispiel sei hier *Passiflora* genannt. *P. incarnata* wird bei uns zu Beruhigungsmitteln verarbeitet. In Italien und Spanien nutzt man *P. caerulea* gleichfalls als beruhigenden und die Nachtruhe fördernden Tee: Die oberirdischen Pflanzenteile werden im Herbst getrocknet. 2 bis 3 Eßlöffel davon werden mit 0,5 l kochendem Wasser übergossen und nach 30 Minuten filtriert. Von diesem Aufguß werden 2 bis 3 kleine Tassen am Tag getrunken. In einer anderen Empfehlung wird je ein Eßlöffel einer Mischung aus Passiflora, Lindenblüten und Kamille pro Tasse mit kochendem Wasser aufgebrüht, nach 5 Minuten mit Honig gesüßt und warm vor dem Schlafengehen getrunken. Es wird auch empfohlen, einen solchen Aufguß bei plötzlich auftretender Unruhe heiß zu trinken.

Es lassen sich noch viele Beispiele heilkräftiger Kletterpflanzen finden, wie *Aconitum volubile*, *Parthenocissus quinquefolia* oder *Vitis vinifera*. Ein interessantes Hobby, bei dem aber vom Experimentieren ohne Rücksprache mit Arzt und Apotheker abzuraten ist.

Von den vielen hier genannten Kletterern sind einige in einem eigenen Kapitel vorgestellt: Hülsenfrüchtler, Kapuzinerkresse, Kürbisgewächse. Einige Gattungen sind auf den folgenden Seiten beschrieben, die anderen Arten sind über das Register auffindbar.

Actinidia
Strahlengriffel
Actinidiaceae, Strahlengriffelgewächse

In Ost-Asien, vor allem in China, sind die 40 sommergrünen Arten verbreitet. Der Name Strahlengriffel bezieht sich auf die sternförmig abstehenden Griffel in den Blüten. Bei uns ist in den letzten Jahren die Art *A. chinensis*, die chinesische Stachelbeere, als Vitamin-C-reiche Kiwifrucht bekannt geworden. (Dreifacher Vitamin-C-Gehalt gegenüber Citrusfrüchten). Eine Kiwi deckt den Tagesbedarf an Vitamin C.

Die Kiwifrucht wird in China Yang Tao genannt und ist dort schon lange Obstpflanze. Sie hat ihren Siegeszug als Obstpflanze von Neuseeland aus angetreten und war zunächst vor allem sehr erfolgreich, weil sie sehr gut zu lagern bzw. zu transportieren ist. Kurz vor dem Frost geerntete Früchte lassen sich kühl gut lagern.

Inzwischen wird sie auf mehreren Tausend Hektar in Europa, so in Spanien und Frankreich, angebaut. Frankreich will seinen Anbau derzeit auf über 10 000 ha steigern. In Belgien sind vor kurzem Anbauflächen in Gewächshäusern angelegt worden, um besonders frühe Ernten zu erzielen.

Alle *Actinidia*-Arten sind winterharte Klettersträucher. Da sie aber früh austreiben, sind sie spätfrostgefährdet. Pflanzungen an Mauern kommen durch deren Wärmeabstrahlung über kalte Nächte hinweg. Die wechselständigen Blätter sind ungeteilt, langgestielt und meist am Rande gesägt oder gezähnt. Auffällig ist, daß die Blattform an der Einzelpflanze und auch zwischen weiblichen und männlichen Pflanzen variiert. Diese Variation ist aber nicht konstant und reicht nicht aus, um männliche und weibliche Pflanzen einfach an der Blattform zu unterscheiden. Actinidien sind wertvolle Schlingpflanzen, die Verbreitung verdienen. Dunkelgrüne schöne Blätter, eßbare Früchte und bei einigen Arten Blütenduft sprechen für sie. Vermehrung durch Aussaat (nur für Veredlungsunterlagen und gleich bei Fruchtreife), Stecklinge oder Ableger. Bei *A. chinensis* ist auch Veredlung der Sorten auf Sämlinge von *A. chinensis* oder *A. kolomikta* möglich.

Beim Kauf von Pflanzen sollte man versuchen, stecklingsvermehrte Exemplare zu erhalten, damit nach strengen Wintern nicht nur die Unterlage austreibt, weil die darauf veredelte Sorte erfroren ist.

Frischer, nährstoffreicher Boden ist richtig. Die Pflanzen sind aber, wenn eingewachsen, gegen Trockenheit nicht so empfindlich wie oft behauptet wird. Wichtig ist vor allem, daß sie mindestens einen halben Meter tief lockere, humose Erde haben, die während der Zeit des Anwachsens nicht austrocknet, damit sie während der ersten zwei bis drei Jahre richtig Fuß fassen können. Sonnige bis schattige Standorte sind möglich, wenn die Früchte reifen sollen, ist allerdings volle Sonne nötig. Die Pflanzen blühen erst einige Jahre nach der Pflanzung. Fehlschläge gibt es nur bei Kalkboden oder Staunässe.

A. arguta aus China, Japan und Korea ist ein windender, verholzender Strauch mit glatten braunroten Trieben und korkigen Warzen an alten Pflanzen. Sie klettern 6–8 m hoch. Die Blätter sind hautartig dünn mit spitzen Zähnen am Blattrand, die Blüten weiß. Blütezeit ist Juni. Männliche Blüten haben weinrote Staubgefäße. Weibliche Blüten sitzen zu 2–3 in den Blattachseln, männliche bis zu 10 als Blütenstand. Blüten duften. Die grüne Frucht ist 2–3 cm lang, eßbar, süßsauer und im September–Oktober zu verzehren. In Rußland wurden großfrüchtigere Typen ausgelesen, die neuerdings auch angeboten werden. Alte Pflanzen stehen im Berggarten in Hannover und in der Gartenbauschule Friesdorf in Bonn-Bad Godesberg.

A. chinensis, Kiwi oder Chinesische Stachelbeere (Abb. Seite 87), stammt aus China und ist dort alte Obstpflanze. Für Spalierpflanzung ist sie gut geeignet. Bei uns ist sie winterhart und wächst, wenn sie eingewachsen ist, an geschützten Stellen kräftig. Sie erreicht bis 6 m lange Triebe in einem Jahr und blüht und fruchtet reich. Ihre Winterhärte ist erstaunlich, denn sogar im Botanischen Garten Bergen in Norwegen steht eine Pflanze, die sich dort wohlfühlt und kräftigen Zuwachs zeigt. Durch ihre rostroten, behaarten jungen Triebe und Blätter ist sie beim Austrieb bezaubernd schön. Wer Kiwipflanzen gesehen hat, merkt, daß sie gut geeignet sind, wenn man einen stark wachsenden, interessanten Schlinger braucht, sowohl an Wänden als auch in Bäume und über Pergolen. Ein gutes Beispiel ist die alte Pflanze im Pergolenbereich des Berggartens Hannover.

Es gibt in Neuseeland und Kalifornien ausgelesene großfrüchtige Sorten. Bei uns ist die großfrüchtige 'Hayworth' die wichtigste Sorte, da sie spät blüht und Ende Oktober bis Anfang November bei uns noch ausreift. Sie ist auch geschmacklich eine der besten Sorten. Da die weiblichen und männlichen Blüten auf verschiedenen Pflanzen sitzen, ist es wichtig, daß man jeweils eine männliche zusammen mit 1 bis 7 weiblichen Pflanzen mit 3–4 m Pflanzenabstand pflanzt. Die Blüten sind kräftig gelb, gut 4 cm groß, ähnlich flach geöffneten Erdbeerblüten. Sie öffnen sich im Mai–Juni je nach jahreszeitlicher Wetterentwicklung und sind wegen ihers sehr frühen Öffnens oft spätfrostgefährdet. Die Früchte sind braun behaart und je nach Sorte 5–8 m lang. Vor dem ersten Frost geerntet und kühl gelagert, halten sie sich bis Dezember–Januar. Die Lagerung erfolgt bei 2–5 °C, aber nicht mit Äpfeln zusammen, da deren Ethylen die Kiwireife beschleunigt und damit die Lagerfähigkeit auf wenige Tage verkürzt. Früchte in einer Folientüte mit reifenden Äpfeln oder Bananen werden andererseits bei Bedarf schnell reifen.

Es soll auch Pflanzen mit weiblichen und männlichen Blüten auf einer Pflanze geben. Erstmals wird jetzt (1988) eine solche Sorte unter dem Namen 'Jenny' angeboten. Es ist wünschenswert, daß solche Pflanzen bald in den Handel kommen.

Kiwi-Pflanzen schlingen ihre verholzenden Triebe eng um Kletterhilfen. Deshalb müssen Gerüste, Spaliere und andere Kletterhilfen stabil genug sein, um dies auszuhalten. Blüten und Früchte sind erst nach 3 bis 5 Jahren zu erwarten. Mit den Pflanzen sollte man am Anfang ein Gerüst aus Leittrieben aufbauen und später auslichten, damit sich kräftige Triebe für das nächste Jahr bilden. Nach dem Fruchtansatz werden die Triebe ähnlich wie beim Wein 4–5 Blatt oberhalb der Früchte gekappt. Diese *Actinidia*-Art müßte bei uns viel öfter gepflanzt werden. Sie kann es an Wuchskraft durchaus mit dem Knöterich aufnehmen, ist aber viel schöner.

A. kolomikta (Abb. Seite 33) stammt aus Ost-Sibirien, China, Korea und Japan. Sie ist strauchig und auch windend, bei uns 2–3 m hoch wachsend. Die Blattspitzen männlicher, älterer Pflanzen sind im Sommer weißrosa. Die Blüten sind weiß, duftend und erscheinen im Juni. Die Frucht ist gelb, etwa 2–3 cm lang, süß, eßbar, reift im September–Oktober. Auch von dieser Art sind von Mitschurin in Rußland großfrüchtige Sorten ausgelesen worden, die hin und wieder bei uns angeboten werden, zum Beispiel 'Ananasja'. Eine schöne alte Pflanze steht im Botanischen Garten Nymphenburg in München.

A. melanandra, China, Japan. 5–7 m hoch wachsend. Blätter sind dünn, unterseits bläulich-grün. Blüten erscheinen im Juni–Juli. Sie sind weiß. Männliche Blüten mit schwarzroten Staubbeuteln und zusammen mit weiblichen Blüten an einer Pflanze. Früchte 2–3 cm lang, rötlich-braun bereift. Eine schöne, reichfruchtende Pflanze ist im Botanischen Garten Mainz zu sehen.

A. polygama, Japan. Dünntriebige bis 5 m hoch kletternde Sträucher. Blätter dünn, bis 15 cm lang und 8 cm breit. Blattoberseite und auf den Blattnerven der Unterseite etwas behaart. Blätter im Blütenbereich an der Spitze oder auch ganz weiß-gelblich. Blüten weiß und duftend, im Juni zu 2–5 in den Blattachseln. Frucht gelb, länglich, bis 3 cm. Da sie bitter ist, nicht zum Verzehr geeignet. Das Mark der jungen Triebe ist ungekammert und weiß, zur Unterscheidung von der ähnlichen A. kolomikta, bei der das Mark gekammert und braun ist. A. polygama wird manchmal auch als Veredlungsunterlage verwendet. Männliche und weibliche Blüten stehen auf getrennten Pflanzen. Manchmal vergreifen sich Katzen, die wohl den Geruch der Pflanze lieben, an diesem Kletterer und beschädigen seine Triebe. Sie heißt in Frankreich deshalb „Herbe au chat".

A. purpurea, West-China. Triebe kahl, etwas grün und bei uns 7 m hoch schlingend, in der Heimat bis 20 m. Auf der Unterseite der festen Blätter sitzen in den Blattachseln der Blattnerven gelblich-weiße Haarbüschel. Sehr ähnlich A. arguta, aber Zähne am Blattrand angedrückt und nicht abstehend. Blüten bis 2 cm groß, weibliche zu wenigen, männliche zu vielen in den Blattachseln. Männliche und weibliche Blüten auf einer Pflanze. Frucht ist purpurn. (Bei A. arguta grüngelb), 2–2,5 cm lang mit kleinem Schnabel, süß und eßbar. In extremen Lagen nur an geschützte Stellen pflanzen.

Basella
Schlingmelde
Basellaceae, Schlingmeldengewächse

Die Gattung besteht nur aus einer einjährigen Art. B. rubra (syn. B. alba, Abb. Seite 87), die aus Indien von der Malabarküste stammt und deshalb auch den Namen Malabarspinat oder Malabarnachtschatten trägt. Die Blätter und Triebe werden als Spinatgemüse gegessen und deshalb heute in vielen tropischen Ländern angepflanzt. In der Heimat bis 9 m hoch wachsend, wird die Pflanze bei uns nur 3 m hoch. Triebe und Blätter sind rötlich, ca. 10 cm groß, gelbgrün oder purpurn (deshalb früher auch als zwei Arten s. o. betrachtet). Die weißen, rosa oder purpurnen Blüten zeigen sich im August in lockeren, etwa 10 cm langen Ähren in den Blattachseln. Empfehlenswert als Sommerschlinger mit Vorkultur an sonniger warmer Stelle in nährstoffreicher, humoser, frischer Erde. Bei Trockenheit ist zu gießen; Vermehrung durch Aussaat.

Bei uns als schnell wachsender, sich reich verzweigender Schlinger für Sichtschutz und Geländer gut zu verwenden.

Fragaria
Erdbeere und Duchesnea, Scheinerdbeere
Rosaceae, Rosengewächse

Die Gattung Fragaria ist mit 15 Arten in Chile, Nord-Amerika und Eurasien beheimatet. Unsere Erdbeeren gehören zu dieser Gattung. Genannt wird sie hier, obwohl sie keine Kletterpflanze ist, wenngleich in vielen Katalogen sogenannte Klettererdbeeren angeboten werden. Die Ausläufer muß man hochbinden – und das ist dann das Klettern. Die angebotenen, „kletternden" Sorten blühen an den Ausläuferpflanzen. Alte Sorten taten dies erst nach Kälteeinwirkung im Folgejahr. Man kann die Ausläufer auch über niedrige, dichtverzweigte Sträucher wachsen lassen und zum Beispiel aus einer Zierquitte Erdbeeren ernten.

Ähnlich wächst die Scheinerdbeere, *Duchesnea indica*, die als wüchsige, bodendeckende Staude gepflanzt wird. Ihre erdbeerähnlichen Früchte schmecken leider fade. Sie treibt lange Ausläufer, die durchaus bis 1 m hohe Sträucher überklettern und zuwachsen können, wenn sie in zu nährstoffreichem Boden stehen. So ist es 1967 mit Zierquitten, Bartblumen, Buchs und Rosen im Rosengarten der Bundesgartenschau Karlsruhe geschehen.

Holboellia
Wurstbeere
Lardizabalaceae, Fingerfruchtgewächse

Fünf immergrüne, windende Arten sind im Himalajagebiet und in West-China zu finden. Zwei Arten sind für uns geeignet und ab und zu erhältlich. Man kann sie im Kleingewächshaus oder im Wintergarten auspflanzen oder im Freien mit frostfreier Überwinterung verwenden. Reizvoll an der Pflanze sind die duftenden

Blüten und die Früchte. Bei *H. latifolia* ist es besonders der angenehme, kräftige Duft. Es bestehen keine besonderen Bodenansprüche, wohl aber Bedarf an viel Licht und Sonne. Die Vermehrung erfolgt durch Aussaat oder halbreife Stecklinge. Um Früchte zu erhalten, muß man mit einem weichen Pinsel von Hand bestäuben.

H. coriacea, aus West-China, klettert bis 6 m hoch und hat rötliche Triebe. Die Blätter sind 3teilig. Die männlichen Blüten sind rötlich und stehen in endständigen Rispen. Die weiblichen Blüten sind grünlich weiß, rötlich überlaufen und stehen zu mehreren in den Blattachseln. Blütezeit ist April–Mai. Die Früchte sind bis 5 cm lang und purpurn. Diese Art ist in Weinbaugebieten an der Grenze ihrer Winterhärte und deshalb dort an geschützter Stelle auch im Freiland zu versuchen.

H. latifolia, aus dem Himalaja hat graublaue Triebe, die Blätter sind 5- bis 7teilig. Die Blütezeit ist März und zeigt sich durch kräftigen Blütenduft an. Die männlichen Blüten sind grünweiß, die weiblichen purpurn. Die Frucht ist etwas größer, etwa 5–7 cm lang, purpurn und eßbar. Die Art ist empfindlicher als *H. coriacea* und deshalb besser im Kleingewächshaus zu kultivieren.

Lardizabala
Fingerfrucht
Lardizabalaceae, Fingerfruchtgewächse

Es ist eine Gattung mit nur zwei Arten immergrüner Schlingsträucher aus Chile. *L. biternata* ist als Kalthauspflanze für Gewächshaus oder Wintergarten mit ihren 1- bis 3teiligen, dunkelgrünen, ledrigen Blättern hervorragend geeignet und bei uns erhältlich. Die Blüten sind purpurn. Die männlichen Blüten stehen zu 15 zusammen und hängen in achselständigen Trauben, während die weiblichen Blüten etwas größer sind und einzeln stehen. Bei gut wachsenden Pflanzen gibt es das ganze Jahr über Blüten und Früchte. Die Früchte sind dunkelpurpurn, wurstförmig und 5–7 cm lang. Sie gelten als eßbar, sollen süß schmecken und in Chile auch als Obst auf dem Markt gehandelt werden. Aus *L. biternata* wurde in ihrer Heimat lange Zeit eine feste Faser gewonnen.

Vermehrung erfolgt durch Aussaat und Stecklinge. Die Pflanze braucht humosen, lockeren, kalkarmen Boden in sonniger Lage. Männliche und weibliche Pflanzen sind nötig, wenn es Früchte geben soll. Der Zierwert männlicher Pflanzen ist höher.

Rubus
Brombeere
Rosaceae, Rosengewächse

Diese Gattung ist für Botaniker ein unerschöpfliches Reservoir an Arbeit. 250 Arten schreibt man ihr zu und dazu noch ca. 3000 Unterarten, Formen oder Varietäten unserer heimischen Brombeere, *R. fruticosus*. Wer aufmerksam Feldraine und Waldränder durchstreift, wird die schwer bestimmbare Fülle unterschiedlicher Brombeeren schnell bemerken. Viele sind „Hakenkletterer", die sich mit ihren hakenförmigen Stacheln festhalten. Manche unserer heimischen „Arten" haben prächtige lila oder rot gefärbte Triebe (zum Beispiel *Rubus caesius*, Abb. Seite 97) und schieben sich, wenn geeignete Sträucher da sind, einige Meter hoch, auch wenn sie sonst nur flach über den Boden kriechen. Nur wenige Arten zeigen wie *R. ulmifolius*, bedeutenderen Blütenschmuck.

Der Standort sollte sonnig sein mit nährstoffreichem, nicht austrocknendem Boden. Für die Wuchsleistung der *Rubus*-Arten muß gedüngt und gewässert werden, wenn Standort und Witterung die Ansprüche nicht erfüllen. Sie sind kaum für kleine Gärten geeignet, da die Arten bis auf die Weinbeere, die dornlose Brombeere und immergrüne Brombeere, gefährlich mit Stacheln bewehrt sind. Vermehrung erfolgt durch Steckholz, Wurzelschnittlinge oder, bei Arten, ggf. durch Aussaat. Da Brombeeren sich leicht kreuzen, ist das Aussaatergebnis meist ungewisser Abstammung. Viele Arten, so auch unsere Brombeere, wurzeln schon, wenn ein Trieb dem Boden aufliegt.

Die Vermehrung ist deshalb einfach. Aus der Vielfalt sind für unsere Gärten zu empfehlen: **R. fruticosus**, unsere heimische Brombeere. Zu dieser Sammelart sind geschätzte 3000 Arten, Unterarten, Formen und Hybriden zu rechnen. Für Auslese-begeisterte Brombeerfans bietet sich also unendlich viel Material. Darunter finden sich auch Pflanzen mit langen Ranken und nach unten gebogenen Stacheln, mit denen sie in Sträuchern einige Meter hoch „klettern". Die 5teiligen Blätter sind glänzend grün, manche bleiben auch im Winter an der Pflanze, andere fallen ab, färben sich rötlich oder bleiben grün – man braucht nur Umschau zu halten und seinen Typ auszuwählen. Die Früchte sind klein, bis 2 cm groß, schwarz oder schwarzblau bereift, fast geschmacklos bis sehr süß.

R. henryi, die immergrüne Brombeere stammt aus Mittel-China und klettert bis 6 m hoch. Triebe und Blattrippenunterseite sind mit kleinen Stacheln besetzt. Die jungen Triebe sind weißfilzig, die Blätter länglich mit gesägtem Rand und 3- bis 5teilig gelappt. Die Blattoberseite ist glänzend dunkelgrün, die Unterseite weißfilzig. Als immergrüne Kletterpflanze mit Kletterhilfe (Schnüre, Drähte, Latten) ist die Sorte 'Bambusarum' aus den Bambuswäldern der Provinz Hupeh, China, bei uns verbreitet. Ihre Blätter sind schmal lanzettlich, bis 12 cm lang und zum Teil 3teilig. Die Blüten sind hellrot und ca. 2 cm groß. Sie stehen in end- oder blattachselständigen Trauben. Die Früchte sind schwarz. Blüten und Früchte sind ohne Zierwert.

R. laciniatus. Ihre Herkunft ist unbekannt. Die Blätter dieser Brombeere sind farnartig, fiederschnittig und 5teilig. Die Triebe werden bis 6 m und länger. Dazu gehören die zu empfehlenden stachellosen Sorten: 'Thornless Evergreen' (syn. 'Blacky'), 'Dirkensens Thornless', 'Thornfree' und 'Merton Thornless'. 'Black Satin' ist eine neuere Sorte, die lange (2–3 Monate) und reich fruchtet, also eine ideale Hausgartensorte ist. 'Hull Thornless' ähnelt 'Thornfree' und kommt aus USA zu uns mit dem Ruf größerer Winterhärte. 'Oregon Thornless' sei für späte Herbsternte genannt. Die Stachello-

sigkeit ist durch Veränderung der Pflanzenoberhaut (Mantelchimäre) entstanden. Werden Wurzelschnittlinge gemacht oder wird ausgesät, sind die neuen Pflanzen wieder stachelig. Nur Stecklings- bzw. Steckholzpflanzen sind auch stachelfrei. Es sollte auch im Wurzelbereich nicht gehackt werden, da die verletzten Wurzeln oder Wurzelstücke stachelige Austriebe machen. *R. laciniatus* ist gut für Spaliere und Brombeerhecken und als Zaunbegrünung geeignet. Alte Triebe müssen nach dem Tragen ausgeschnitten werden. Bei allen dornlosen Brombeer-Sorten empfiehlt es sich, in der Blüte- und Erntezeit reichlich zu wässern – wenn das Wetter dies nicht tut – damit die Früchte groß werden. Brombeerhecken wachsen auch auf schwerem Boden, wo Himbeeren nicht mehr gedeihen, denn sie brauchen Feuchtigkeit.

R. × loganobaccus. Die Loganbeere wurde von dem Züchter Logan um 1880 in USA als Kreuzung aus *Rubus ursinus* mit einer Himbeere in Kultur genommen. Sie wird bis 4 m hoch und wie Himbeeren gezogen. In England gibt es eine ganz stachellose Sorte 'Loganberry LY 654'. Der gute Fruchtansatz erfolgt ohne Bestäubung. Die Pflanzen sind mit den einige Wochen im Juni dauernden, weißen Blüten sehr zierend. Ende Juni bis Anfang Juli reifen die 3–4 cm langen, dunkelpurpurroten himbeerähnlichen, weichen, säuerlichen Früchte. Beim Pflücken ist das Brombeererbe daran zu erkennen, daß die Frucht sich ganz löst und kein Zapfen, wie bei den Himbeeren, stehenbleibt. Nach dem Fruchten sollten die Stengel ausgeschnitten werden. Für Fruchthecken und Zäune ist die Loganbeere gut geeignet.

Eine weitere Brombeer-Himbeer-Kreuzung ist die Boysenbeere, die wahrscheinlich aus Loganbeere und Himbeere entstanden ist. Sie muß an geschützte, warme, sonnige Stellen gepflanzt werden, damit die Triebe gut ausreifen, weil es sonst zu starken Winterschäden kommt. Die Pflanze verträgt sehr gut Wärme und Trokkenheit.

Die Taybeere ist ebenfalls eine neue Kreuzung zwischen Brombeere und Himbeere, die sehr reich fruchtet. (Trägergerüst muß stabil sein). Die Früchte sind dunkelpurpurrot, etwa 4 cm lang und weniger säuerlich als die der Loganbeere. Die Taybeere trägt auch mehr Früchte als die Loganbeere, hat aber Stacheln. Stengel und Blätter sind rötlich überlaufen. Den guten Geschmack hat ihr ein Elternteil, die Brombeer-Sorte 'Aurora' vererbt. Der Züchter der Taybeere, Derek Jennings, arbeitet zur Zeit an einer stachellosen Taybeere, die in den nächsten Jahren zu erwarten ist. Wichtig ist, beim Kauf darauf zu achten, daß es virusfreie Pflanzen sind; diese tragen den Namen 'Medana Tayberry'.

Eine neue weitere Kreuzung, die 'Sunberry', ist im Versuch. Sie soll noch reicher fruchten und besser schmecken. Sicher sind noch viele Züchtungen bei der Gattung *Rubus* möglich. Noch empfindlicher, deshalb nur für milde Weinbaulagen, ist die stachellose 'Bauer Thornless Logan'. Ebenso empfindlich ist auch die 'Youngberry' mit ihrer stachellosen Mutante 'Acme Thornless Young' – leider, da die Früchte bei beiden groß und wohlschmeckend sind.

Die Vielfalt der brombeerähnlich wachsenden Kreuzungen aus Brombeeren und Himbeeren wächst weiter. Das heutige Sortiment in Übersicht:

Brombeere mit Stacheln: Pflanzabstand 3,5–4,5 m, Fruchtreife August–Oktober.

Brombeere ohne Stacheln: Pflanzabstand 2–3 m, Fruchtreife September–Oktober.

'Black Satin' (stachellos): Früchte ab Juli etwa 10 Wochen lang.

'Boysenberry Thornless': Pflanzabstand 3 m, nicht trockenheitsempfindlich, große brombeerfarbene Loganberryfrüchte im Juli–August.

'Silvan Berry': ähnlich 'Boysenberry', aber härter und widerstandsfähiger gegen Wind, Trokkenheit; auch für schweren Boden geeignet.

'Loganberry Thornless': Pflanzabstand 3 m, Früchte himbeerfarben, pikant säuerlich, Juli–August.

'Black Loganberry': aus Neuseeland, schwach bestachelt, Früchte brombeerfarben.

'King's Acreberry': Pflanzabstand 2 m, Früchte saftig, süßer Brombeergeschmack und vor 'Loganberry' reifend; aufrechter wachsend.

'Marionberry': leicht bestachelt, Pflanzabstand 3 m, Brombeeren mit 'Loganberry'-Geschmack, Juli–September.

'Tayberry': leicht bestachelt, Pflanzabstand 3 m, süßer und 1–2 Wochen früher reif, sonst wie 'Loganberry'.

'Tummelberry': bestachelt, frosthärter als 'Loganberry' und 'Tayberry', Früchte wie 'Loganberry', aber 1–2 Wochen später reifend, Juli–August.

'Sunberry': bestachelt, Pflanzabstand 3 m, himbeerfarbener Brombeertyp, Juli–August.

Rubus caesius (Taubeere)

'Youngberry Thornless': weniger hart als 'Loganberry', Pflanzabstand 2,5 m, Brombeertyp mit Loganberry-Geschmack, Juli.

R. ulmifolius ist eine Mittelmeer-Brombeere, die mit ihren bis 4 m langen Trieben in Bäume und Sträucher klettert. Drei Sorten sind alte Gartenpflanzen:

'Bellidiflorus' mit rosaroten Blüten, gefüllt wie bei Maßliebchen. Sie blüht von Juni bis August in langen Rispen.

'Inermis', eine stachellose Sorte mit einfachen Blüten.

'Variegatus', hat Blätter mit gelben Nerven. Diese drei Sorten von *R. ulmifolius* sind vielleicht noch hier und da in alten Bauerngärten oder Hecken in Dorfnähe zu finden und sollten als alte Gartenpflanzen gerettet werden.

Stauntonia
Honigbeere
Lardizabalaceae, Fingerfruchtgewächse

Die Gattung ist mit 15 Arten von Burma bis Süd-Korea, und Japan verbreitet. Die japanisch-koreanische Art *Stauntonia hexaphylla* wird manchmal angeboten. Es ist ein immergrüner, bei uns nur in milden Lagen, in Weinbaugebieten, versuchswerter Kletterer. Er braucht wie *Actinidia* in jungen Jahren Schutz zum Einwachsen und leidet durch die frühe Aprilblüte unter den Spätfrösten. Im Frühjahr ist immer Rückschnitt auf einige starke Triebe notwendig. An geeigneter Stelle wird *Stauntonia* bis 6 m und höher. Die langgestielten, wechselständigen, unpaarig gefiederten Blätter bestehen aus 5 eiförmigen ledrigen Blättchen. Die duftenden Blüten sind weiß mit violettem Hauch und etwa 2 cm groß. Männliche und weibliche Blüten stehen getrennt in wenigblütigen, achselständigen Trauben, aber an der gleichen Pflanze. Die honigsüßen, saftigen violetten Beerenfrüchte sind eiförmig bis 5 cm groß und eßbar. Vermehrung erfolgt durch Ablegen oder Stecklinge. Die Pflanze ist ohne besondere Bodenansprüche und liebt die Sonne. Sie kann auch als Kübelpflanze gezogen werden, die vor der kühlen Überwinterung auf einige kräftige Triebe zurückgeschnitten wird.

Der Kürbis-Familienclan

Eine ganze Kürbisverwandtschaft kann unseren Garten durchklettern. Schon zur Römerzeit kamen vom Mittelmeer, aus ihrer asiatischen Heimat, Melone und Kürbis zu uns.

Der Flaschenkürbis, *Lagenaria*, war ihr Begleiter. Zu ihnen gesellten sich gleich nach der Entdeckung Amerikas die dortigen Kürbisse, die hier auch den lateinischen Namen *cucurbita* erhielten, der vorher nur dem Flaschenkürbis galt. Als Kolumbus Amerika entdeckte, waren sie dort schon seit einigen Jahrtausenden Kulturpflanzen. Die Abbildungen im Kräuterbuch des Leonhard Fuchs von 1543 zeigen sie als damals bekannte Gartenpflanzen.

Das am weitesten nach Norden vorkommende Kürbisgewächs ist die rotfrüchtige Zaunrübe, *Bryonia*. Sie war Heilpflanze und ist sehr wahrscheinlich bei uns nicht heimisch, sondern verwildert. Ein Holzschnitt von ihr stammt aus dem Hortus sanitatis Germanicae, dem ersten deutschsprachigen Kräuterbuch von 1485. Im 16. Jahrhundert war auch schon *Momordica balsamina* bekannt und ihrer beißenden Bitterkeit wegen „Beißapfel" genannt.

Eine alte Kulturpflanze des östlichen Mittelmeerraumes nach Asien hinein ist die Schwammgurke, *Luffa*, die aber erst im späteren Mittelalter bei uns gezogen wurde.

Als die Zeit der Pflanzenentdeckungen Mitte vorigen Jahrhunderts ihren Höhepunkt erreichte, war es gleichzeitig auch die Blütezeit der an Pflanzenarten reichen Parks, Bürger- und Herrschaftsgärten. In ihnen begegnete man allen neuen Pflanzen. Aus den Ende vorigen Jahrhunderts erschienenen Pflanzenbüchern stammen die Abbildungen von Preiselbeergurke, *Abobra*, Haarblume, *Trichosanthes*, Scharlachranke, *Coccinea*, und andere. Wir müssen diese Vielfalt erst wieder entdecken.

Neben der Gartenverwendung der Kürbisverwandtschaft werden auch drei Arten ihrer robusten Gesundheit wegen als Veredlungsunterlage für Gurke und Melone bei Gewächshauskultur verwendet. Der feigenblättrige Kürbis ist gegen die Gurkenwelke, eine Pilzkrankheit, resistent. Neuerdings kommt die Haargurke, *Sicyos*, dazu, da ihre Wurzeln gegen Wurzelälchen resistent sind. Der Wachskürbis, *Benincasa*, ist heute auch als Unterlage für Melonen im Versuch, weil er gegen Pilzkrankheiten immun ist, die der Melonenwurzel schaden.

Hier sind nur die Gattungen aufgenommen worden, von denen man bei intensiver Suche Samen, Pflanzen oder Knollen und Wurzelstöcke auftreiben kann. Einige sind ganz oder mit Laubdecke hart, andere mit Knollen gut zu überwintern. Alle können einjährig mit Vorkultur gezogen werden, um im vollen Wachstum nach den Eisheiligen ausgepflanzt zu werden. Für jeden Geschmack und fast jede Pflanzstelle ist etwas in den nachfolgend beschriebenen Gattungen zu finden. Die Samenschleuderer Spritzgurke, *Ecballium*, und Explodiergurke, *Cyclanthera*, sind im Kapitel Experimentieren beschrieben. Vielfältige Eigenschaften des Kürbisclans machen ihn uns interessant und für den Garten wertvoll. Duftverströmend sind Preiselbeergurke, *Abobra* und Haarweibchen, *Melothria*, während sich der Blütenduft anderer Arten wie der der Kürbisse erst verschließt, wenn man die Nase in die Blüten steckt. Die Kürbisranken sind ursprünglich aus Blattanlagen entstanden und ab und zu bilden sich Rückfälle in diesem entwicklungsgeschichtlichen Ablauf und es zeigen sich alle Übergangsformen vom Blatt zu Rankenästen oder umgekehrt. Kürbisranken sind übrigens so empfindlich, daß wir sie durch Berührung reizen können und dann miterleben, wie sie den dabei benutzten Zweig umfassen.

Wer schnell begrünen will, wählt richtig mit Haargurke, *Sicyos*; Igelgurke, *Echinocystis*; Kreismännchen, *Cyclanthera*; Preiselbeergurke, *Abobra*; Quetschblume, *Thladiantha*; oder Zaunrübe, *Bryonia*.

Zum Bewachsen von Schnüren, Ketten und Girlanden eignen sich besonders Haarweibchen, *Melothria* und Preiselbeergurke, *Abobra*. Bei Flaschenkürbis und Herkuleskeule, *Lagenaria*, sollte man daran denken, daß nur hängende Früchte ihre typische Form ausbilden.

Einige Arten aus dem Kürbisclan sind rechte Sonnenkinder und benötigen zur guten Entwicklung mehr Wärme als unsere Sommer bieten können. Kleingewächshäuser, Wintergärten oder Glasvorbauten zum Einfangen der Sonnenwärme sind für sie ideal. Dies gilt besonders für Balsamapfel, *Momordica*, Chayote, *Sechium*, Melonen, *Cucumis melo*, Scharlachranke, *Coccinia*, Scheinzaunrübe, *Diplocyclos*, Schwammgurke, *Luffa* und Wachskürbis, *Benincasa*.

Die Arten, deren Wurzelstöcke, Knollen oder Rüben frostfrei überwintert werden können, benötigen im Frühjahr keine Vorkultur und legen aus dieser Vorjahresreserve gleich richtig los. Außer der Quetschblume, *Thladiantha*, die, da winterhart, draußen bleibt, sind dafür geeignet: Haarblume, *Trichosanthes*, Haarweibchen, *Melothria*, Preiselbeergurke, *Abobra*, Staudenkürbis, *Cucurbita foeditissima*. Eine Vielzahl von Kürbisgewächsen sind Nahrungspflanzen und liefern Gemüse oder Obst. Die Zahl der Namen ist groß, oft gibt es mehrere deutsche Namen für die gleiche Art, deshalb soll die folgende Liste helfen, die Zuordnung zu den Arten zu finden.

Gemüse (G) und Obst (O) aus der Kürbisverwandtschaft

Anguriagurke, *Cucumis anguria* – G
Apfelkürbis, *Cucurbita pepo* – Zierkürbis
Balsamapfel, *Momordica balsamina* – G

Balsambirne, *Momordica charantia* – G
Balsamgurke, *Momordica charantia* – G
Birnenkürbis, *Cucurbita pepo* – Zierkürbis
Bisamkürbis, *Cucurbita moschata*, – O
Bittergurke, *Momordica charantia* – G
Cantaloupe Melone, *Cucumis melo* – O
Chayote, *Sechium edule* – G
Coccozellen, *Cucurbita pepo* – Zierkürbis, G
Courgette, *Cucurbita pepo* – G
Croockneck, *Cucurbita pepo* var. *toricollis* – O, G
Dahlemer Süßkürbis, *Cucurbita moschata* – O
Dornenkrone, *Cucurbita pepo* – Zierkürbis, G
Eselsgurke, *Ecballium elaterium* – Heilpflanze
Explodiergurke, *Cyclanthera explodens* – G
Feigenblattkürbis, *Cucurbita ficifolia* – O
Flaschenkürbis, *Lagenaria siceraria* – G, Gefäße
Fliegende Untertassen, *Cucurbita pepo* – G
Gartenkürbis, *Cucurbita pepo*; *C. maxima* – O, G
Gelbe Riesenmelone, *Cucurbita maxima* – O
Gelber Zenter, *Cucurbita maxima* – O
Gemüsekürbis, *Cucurbita pepo*; *C. maxima* – G
Gemüsemelone, *Cucumis melo* var. *conomon* – G
Goldapfel, *Momordica balsamina* – G
Gourd, *Cucurbita pepo* – zierfrüchtige Sorten
Herkuleskeule, *Lagenaria siceraria* – G, Gefäße
Honigmelone, *Cucumis melo* – O
Hubbardkürbis, *Cucurbita maxima* – G, O
Igelgurke, *Echinocystis* – G
Japangurke, *Trichosanthes cucumerina* – G
Jellymelone, *Cucumis metuliferus* – O, auch G
Kalebasse, *Lagenaria siceraria* – Gefäße, auch G
Kiwano, *Cucumis metuliferus* – O, auch G
Koloquinte, *Citrullus colocynthis* – Heilpflanze
Kreismännchen, *Cyclanthera* – G
Krummhalskürbis, *Cucurbita pepo* var. *toricollis* – O, G

Lagerkürbis, *Cucurbita maxima* – G, O
Luffaschwamm, *Luffa aegyptiaca*,
  Badeschwamm, G
Mantelsackkürbis, *Cucurbita moschata*
  'Longa di Napoli' – O
Marrow, *Cucurbita pepo* – G
Melonenkürbis, *Cucurbita
  moschata* – O, G
Melonsquash, *Cucurbita moschata*, O, G
Netzmelone, *Cucumis melo* – O
Ogenmelone, *Cucumis melo* – O
Ölkürbis, *Cucurbita pepo* var. *styriaca* – Öl
Patissonkürbis, *Cucurbita pepo* – G
Prophetengurke, *Cucumis prophetarum* – G
Riesenkürbis, *Cucurbita maxima* – O, G
Scallopini, *Cucurbita pepo* – G
Schlangengurke, *Trichosanthes
  cucumerina* – G
Schlangengurke, *Cucumis sativus* – G
Schlangenmelone, *Cucumis melo* var.
  flexuosus – G
Schwammgurke, *Luffa acutangula* – G
Schwammgurke, *Luffa aegyptiaca* –
  Schwamm, auch G
Schwammkürbis, *Luffa aegyptiaca* –
  G, Schwamm
Sommersquash, *Cucurbita pepo*,
  C. maxima – G
Spaghettikürbis, *Cucurbita maxima* – G
Spitzgurke, *Ecballium elaterium* – Heilpflanze
Squash, *Cucurbita pepo*,
  C. maxima – G, O
Stachelgurke, *Echinocystis* – G
Turbankürbis, *Cucurbita maxima* – G
Wachskürbis, *Benincasa hispida* – G
Warzenkürbis, *Cucurbita pepo* – Zierkürbis
Wassermelone, *Citrullus lanatus* – O
weichschaliger Ölkürbis, *Cucurbita pepo*,
  var. *styriaca* – Öl
Winterkürbis, *Cucurbita maxima, C. pepo,
  C. moschata* – O, G
Wintermelone, *Cucumis melo* var.. *zard* – O
Wintersquash, *Cucurbita maxima,
  C. pepo* – O
Zackengurke, *Cucumis metuliferus* – O, G
Zuckermelone, *Cucumis melo* – O
Zucchini, *Cucurbita pepo* – G

Abobra
Preiselbeergurke
Cucurbitaceae, Kürbisgewächse

Diese Gattung hat nur eine Art, *Abobra tenui-folia* aus Süd-Amerika. Die Blätter sind 5lappig bis tief geschlitzt, feingliedrig und auf beiden Seiten fein weiß gepunktet. Die Pflanze hält sich mit einfachen oder zweiendigen Ranken fest und klettert bis 5 m hoch. Blütezeit ist Juli–Oktober. Die gelblich grünen Blüten sind

Abobra tenuifolia (Preiselbeergurke)

klein, besitzen aber einen weitreichenden, angenehmen Duft. Karl Foerster nannte solche Pflanzen „Umherdufter". Die Früchte sind haselnuß- bis kirschgroß und leuchtendrot. Die Wurzelknolle kann wie bei Dahlien überwintert werden; sie werden ca. 20–25 cm tief gepflanzt. Bei guter Laubdeckung kann man sie normalerweise im Boden lassen. Für sonnige, warme Stellen mit reichlichem Gießen und Düngen sind sie schnelle Kletterer. Vermehrung erfolgt durch Aussaat (Vorkultur wie bei Melonen), Stecklinge oder Wurzelknollenteilung.

Benincasa

Wachskürbis
Cucurbitaceae, Kürbisgewächse

Die Gattung besteht nur aus einer Art, *Benincasa hispida*, syn. *B. cerifera*, einer weichhaarigen, einjährigen Kletterpflanze aus dem tropischen Asien. Heute wird sie in den Tropen der ganzen Erde wegen ihrer eßbaren Früchte angebaut. Sie sind walzenförmig, etwa 30 cm lang mit weißmehligem Wachsüberzug. Sie hat kräftige Triebe, die mit 2- bis 3teiligen Ranken klettern und nierenförmige Blätter besitzen. Die Pflanze wächst 2–6 m hoch. Die Blüten sind groß, gelb und weit offen. *Benincasa* ist am besten wie Gurken oder Melonen in einem kleinen Gewächshaus als exotisches Gemüse zu kultivieren. In besonders warmen Sommern wie 1983 ist auch eine Freilandkultur möglich. Der Samen von *Benincasa* ist neuerdings erhältlich, da man gute Erfahrungen mit dem Veredeln von Melonen auf *Benincasa* als Unterlage gemacht hat. Der Wachskürbis ist für viele Pilzkrankheiten, die sonst der Melonenwurzel schaden, unempfindlich.

Ausgereifte Früchte sind bis ein Jahr lagerfähig. In Asien werden auch die jungen Triebe als Gemüse gegessen.

Bryonia

Zaunrübe
Cucurbitaceae, Kürbisgewächse

Die vier Arten dieser Gattung sind in Europa, Asien, Nord-Afrika und auf den Kanaren verbreitet. Unsere heimischen Zaunrüben sind alte Heil- und Zierpflanzen. Von ihnen ist *Bryonia alba*, die Weiße Zaunrübe, mit schwarzen Beeren, aus den Gärten verwildert und nur *B. cretica*, Rotfruchtige Zaunrübe, mit roten Beeren heimisch oder auch aus Kloster- und Burggärten ausgerissen. Letztere ist gleichzeitig das am nördlichsten verbreitete wildwachsende Kürbisgewächs. An *Bryonia* wurde von dem Vererbungsforscher Correns erstmals im Pflanzenreich die Vererbung des Geschlechtes untersucht. Die Zaunrüben haben ihren Namen von den (bei der roten Zaunrübe verzweigten) rübenartigen Wurzeln. Als im Mittelalter die Alraunmännchen als Zauber- und Schutzmittel gefragt und gut bezahlt wurden, schnitzte man aus Zaunrübenwurzeln Ersatz und verkaufte sie als echte Alraunen. Die richtige Alraunenpflanze ist *Mandragora*, die bei uns nicht vorkommt und auch nicht winterhart ist. Diese Wurzeln, die echten Alraunmännchen, waren sehr teuer und so wurde durch Fälschung viel Geld verdient. Zaunrüben klettern mit unverzweigten Ranken, die sich spiralig um Kletterhilfen drehen. Die Blätter sind ungeteilt bis handförmig, 5lappig. Der mittlere Lappen ist meist größer als die seitlichen. Die männlichen Blüten sind größer als die weiblichen. Sie stehen zu vielen achselständigen Trauben, die weiblichen Blüten nur zu wenigen.

B. alba, blüht im Juni–Juli und trägt männliche und weibliche Blüten auf einer Pflanze. Die Blüten besitzen viel Nektar und werden deshalb von den Bienen reich beflogen. Beeren und Rüben sind bei beiden Arten, *B. alba* und *B. cretica*, giftig.

B. cretica var. dioica (Abb. Seite 105), hat männliche und weibliche Blüten auf getrennten Pflanzen. Wer also eine Zaunrübe als Kletterpflanze im Garten haben möchte, sollte sich eine männliche Pflanze von *B. cretica* ohne Gefahr von Gift in den Beeren aussuchen und Zaun oder Lauben damit beranken lassen. *B. cretica* blüht vom Juni bis zum Frost und zeigt auch von Anfang August an ihren roten Beerenschmuck, wenn – wie gesagt – männliche und weibliche Pflanzen beieinanderstehen. Das Verpflanzen ist sehr einfach, da man nur die Rübe – die allerdings oft sehr tief sitzt – auszugraben braucht und an geeigneter Stelle wieder einsetzt.

Beide Arten klettern etwa 4 m hoch, an günstigen, nährstoffreichen Stellen auch höher. Zaunrüben, besonders *B. cretica*, sind schnelle, winterharte Kletterer, sterben aber als Stauden jeden Herbst oberirdisch ab. Sie sind zur schnellen Begrünung gut zu verwenden, aber, wie gesagt, mit Vorsicht.

Citrullus
Wassermelone
Cucurbitaceae, Kürbisgewächse

Die drei Arten dieser Gattung stammen aus Afrika, dem Mittelmeerraum und dem tropischen Asien. Mittelmeerurlauber kennen möglicherweise die Koloquinte, *Citrullus colocynthis*, die ehemals eine gewisse medizinische Bedeutung hatte.

Als einjähriger Schlinger mit Vorkultur wie bei Gurken ist die Wassermelone *(C. lanatus var. caffer)* interessant. Die Blätter sind 3- bis 5teilig gelappt und mehrfach tief geschlitzt. Die grünen Melonenkugeln haben rötliches, einige Sorten auch weißgrünliches oder gelbliches Fleisch und sind saftig und süß, wenn sie reif geerntet werden. Klettergerüste müssen sehr stabil sein, da Melonen einen Durchmesser von 20–30 cm erreichen und dann einige Kilogramm schwer sein können. Aus diesem Grunde läßt man die Pflanzen nicht unbedingt klettern, sondern meist nur über den Boden kriechen. Man pflanzt sie wegen ihres Wärmebedürfnisses an geschützte Stellen oder in Frühbeetkästen und Gewächshäuser.

Coccinia
Scharlachranke
Cucurbitaceae, Kürbisgewächse

Zur Gattung *Coccinia* gehören 30 Arten im tropischen und südlichen Afrika, tropischen Indien und in Malaysia mit einigen kletternden oder kriechenden Arten, die sich mit einfachen oder gegabelten Ranken festhalten. Sie benötigen sehr warme, geschützte Stellen, an denen sie nach Vorkultur ab Ende Mai im Freien stehen können. Sie stellt Ansprüche wie Gurken. Da alle kletternden Arten einen knolligen Wurzelstock besitzen, kann man diesen wie Dahlienknollen behandeln und frostfrei überwintern. Die Vermehrung erfolgt durch Aussaat oder Stecklinge und Nebenknollen. Das Saatgut ist von einigen Arten ab und zu erhältlich.
C. cordifolia syn. *C. indica*, aus Indien. Sie klettert 3 m hoch und hat 5eckige, etwa 5 cm

große Blätter. Ihre Blüten sind weiß. Die Frucht ist ein länglicher, etwa 5 cm großer, karminrot gefärbter Minikürbis.
C. mac-kenni, syn. *Cephalandra mac-kenni* stammt aus Natal und wird höher als die vorige Art. Ihre Früchte sind etwa doppelt so groß, scharlachrot, mit weißgelben Flecken und Streifen geziert.
C. palmata, wird 5–6 m hoch und hat etwa 10 cm große Blätter und pflaumengroße, scharlachrote, weißgefleckte Früchte.

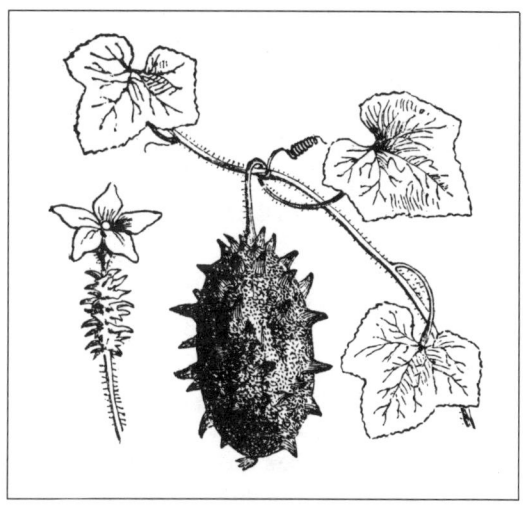

Cucumis metulifera (Zackengurke, Kiwano)

Cucumis
Gurke
Cucurbitaceae, Kürbisgewächse

Die 25 Arten sind vor allem in Afrika, einige auch in Asien beheimatet. Es sind meist einjährige, rauhhaarige Kräuter, die zum Teil mit einfachen Ranken klettern. Männliche und weibliche Blüten sitzen getrennt auf der gleichen Pflanze. Für uns besonders wichtig sind die Arten *Cucumis sativus* und *C. melo*, Gurken und Melonen. Sie sind mit Vorkultur zu ziehen und auch bei uns im Garten oder Balkonkasten, für Spaliere oder Kübel, Sträucher oder Bäume interessante Kletterpflanzen. Leider werden sie als Kletterpflanzen selten gezogen, obwohl es doch möglich wäre, Gurken oder auch Melonen auf dem Balkon oder auf der Terrasse zu kultivieren. Was sie brauchen ist viel Wärme, Licht, reichlich Wasser und Dünger, damit ihre tropische Wuchskraft und Fruchtleistung sich richtig austoben kann. Lockerer humoser Boden und auch Hydrokultur sind gut geeignet.

C. sativus, Gurke. Sie klettert bis 2 m hoch und höher. Die Blätter sind wechselständig, 3- bis 7lappig mit herzförmigem Blattgrund. Die Gurke ist länglich und je nach Sorte 10–50 cm und länger. In Indien wurden sie schon vor 3000 Jahren angebaut und von dort aus über die ganze Welt verbreitet. Uns erreichten sie über Ost-Europa, von Byzanz aus kommend. Heute sind durch die Züchtung Sorten entwickelt worden, die ohne Bestäubung Früchte ansetzen, sogenannte parthenocarpe Sorten. Wir sollten uns für die Veranda solche Sorten besorgen, damit sich auch ohne Bestäubungsnachhilfe Früchte entwickeln. Bei Gurken und Melonen gibt es eine Reihe von Schnittvorschlägen, wie man sie im Zaum hält, um möglichst viele Früchte ausreifen zu lassen. Man kann den Trieb der Gurke oder Melone, wenn er die Höhe des Gitters erreicht hat oder etwa 1 m hoch ist, entspitzen und ebenso die Seitentriebe jeweils nach 2 bis 3 Blättern. Das gibt nicht zu viele reifende Früchte gleichzeitig an der Pflanze, dafür aber große Exemplare. Wer aber dies alles nicht tun will, schneidet weg, was ihn stört und läßt das andere wachsen. Die Gurken sind zusätzliche Gaben zu der an sich schon schönen Kletterpflanze. Man sollte darauf achten, daß an den unteren 50 cm des Haupttriebes keine Gurken ausreifen, weil sie sonst das Blühen und Weiterwachsen vermindern, da von den reifenden Früchten eine Blühhemmung ausgeht.

Es gibt mehrere Gruppen, die zu empfehlen sind:

Traubengurken, davon F₁-Sorten gibt es zum Einlegen als Gewürz-, Essig- oder Salzgurken.

Salatgurken, auch als F₁-Sorten mit 30–40 cm langen Früchten.

Senf- oder Schälgurken, Sorten mit über 50 cm langen, im Herbst sehr zierenden, weißgelben Früchten, die wenig Kerngehäuse und viel Fleisch besitzen und zu Senfgurken oder zu Gemüse verarbeitet werden können.

C. melo, Zuckermelone, Cantaloupe. Die Pflanzen werden nur 1–2 m hoch. Die Blätter sind gurkenähnlich, aber nicht so tief gelappt. Die Früchte sind kugelig und benötigen, wenn sie schwerer werden, Tragehilfen. Man kann dazu Apfelsinennetze, Stücke von einem Damenstrumpf und ähnliches verwenden. Wichtig ist nur, daß das Gitter, Spalier oder die Zweige des Strauches stabil genug sind, um das Melonengewicht zu tragen. Notfalls muß man einen extra Draht spannen. Drei verschiedene Melonengruppen gibt es zum Aussuchen:

Netzmelonen mit gelben bis grünlichen Früchten und genetzter Oberfläche. Die Schale ist dünn, das Fleisch grünlich bis rosa-orange. Dazu gehören die Sorten 'Berliner Netz' und 'Benarys Zuckerkugel'.

Cantaloupe, sehr wohlschmeckende, aber nicht gut lagerfähige Melonen mit starker Längsrippung, länglich bis kugelig. Das Fleisch ist bei der Reife meist orange.

Aus den Cantaloupe-Melonen ist in Israel eine Melonengruppe, die Ogen-Melone, entstanden. Sie wird heute schon in vielen Sorten angeboten. Sie sind sehr süß, kleinfrüchtig und, wenn wir sie auf dem Balkon kultivieren, sonnenhungrig.

'Overgen' ist ein früher 'Ogen'-Typ, reichfruchtend, geschmacklich gut.

Honigmelonen sind hartschalige, weiß-gelbe oder grüne, kugelige Früchte, die sich nach der Reife durchaus noch vier Wochen lagern lassen. Sie sind auch versuchswert.

Melonen produzieren Masse. Sie brauchen

Oben links: Bryonia cretica var. dioica, Rotbeerige Zaunrübe
Oben rechts: Sechium edule, Chayote
Unten: Momordica charantia, Beißapfel, Balsambirne

viel Wasser und dreimal in der Woche flüssigen Dünger – auch wenn man jeder Pflanze nur 5 bis 6 Früchte läßt.

Melonentypen aus Persien haben in Frankreich zu der weit in den Winter lagerfähigen Sorte 'Melon d'hiver de Provence' geführt. Für Melonenfreunde ist dies eine weitere Möglichkeit, auch im Winter auf selbstgezogene Melonen nicht verzichten zu müssen, vorausgesetzt sie haben ein Gewächshaus.

C. metuliferus ist eine dicht steifhaarige, bis 2 m hoch wachsende, einjährige Gurkenart aus Südafrika. Die orangefarbene, höckerige Frucht wird bis 10 cm lang, ist oval und ähnelt einem mittelalterlichen Streitkolben. Die Samen sind in eine die Frucht ausfüllende grüne "Waldmeisterspeise" eingebettet. Die Frucht wird neuerdings als „Kiwano" aus Neuseeland auch zu uns exportiert. Das „Fruchtfleisch" läßt sich mit den Samen essen oder mit anderen Früchten zu Salaten oder Mixgetränken verwenden. Die appetitliche grüne Farbe wirkt ansprechend und wegen der geleeartigen Konsistenz des Fruchtfleisches erhielt diese Melone den englischen Namen Jellymelon, Geleemelone. Samen keimen wie Gurken schnell. Die Pflanze wächst auch bei uns im Kleingewächshaus (aber auch auf der Südveranda). Es gibt männliche und weibliche Blüten wie auch bei anderen Gurkenarten.

Cucurbita
Kürbis
Cucurbitaceae, Kürbisgewächse

Etwa 15 Arten sind in Mittel- und Süd-Amerika verbreitet. Dort sind sie alte Kulturpflanzen und wurden schon viele 1000 Jahre für die menschliche Ernährung genutzt. Heute werden Kürbis-Arten in allen warmen Gebieten der Erde angebaut. Meist sind es einjährige Kräuter, die mit 2- bis mehrteiligen Ranken klettern. Die Blätter sind langgestielt, wechselständig und ganzrandig bis handförmig gelappt. Die ganzen Pflanzen sind weich bis rauhhaarig, die Blüten meist groß. Männliche und weibliche Blüten stehen getrennt auf einer Pflanze. Direktaussaat nach den Eisheiligen ist möglich, besser ist Vorkultur. Nährstoffreiche, humose, frische Böden mit guter Wasserversorgung und Nachdüngung während des Sommers sagen ihnen zu. In warmen Sommern zeigen sie, was an tropischer Wuchskraft in ihnen steckt. Ihr Platz sollte windgeschützt sein, da sie Windbewegung nicht lieben.

Es gibt Wettbewerbe in USA (Weltkürbisvereinigung), um jährlich den größten, schwersten Kürbis zu ermitteln. 1986 lag der Rekord bei 304 kg, die 1987 nicht erreicht wurden. Kürbisse sind ein sehr geeignetes Obst oder Gemüse für Leute, die abnehmen möchten, denn 100 g haben nur 27 kcal. Die Rezepte reichen vom Kürbisauflauf über gefüllten Kürbis (oder Zucchini) bis zur Kürbissuppe. Kürbissamen, besonders die weichschaligen, sind roh oder geröstet ein Knabbervergnügen. Ihnen wird auch heilsame Wirkung bei Prostataleiden nachgesagt.

C. ficifolia ist der Feigenblattkürbis aus Mittel-Amerika mit kantigem, behaarten Stengel und langgestreckten, feigenähnlichen Blättern. Es ist eine Staude, deren Triebe in der Heimat unten etwas verholzen. Die Kürbisfrucht wird 20–40 cm groß, ist länglich rundlich und sehr lebhaft grünweiß-längsgestreift oder gefleckt. Das Fleisch ist süßlich und eßbar. Es wird im Mittelmeergebiet viel zu Süßspeisen verwendet. Als Marmelade wird dort „Cabello de Angel" angeboten. Mit viel Zitronensaft ergibt dieser Kürbis ein hervorragendes Zitronengelee. Die Früchte können als Zierfrüchte etwa zwei Jahre gelagert werden. Es ist einer unserer stärksten und besten Kürbiskletterer an stabilen Pergolen, in Bäumen und an Gittern. Sein Samen ist heutzutage leicht zu erhalten, weil er als Veredlungsunterlage für Gurken benutzt wird. Er ist gegen einige Wurzelkrankheiten unempfindlich, die die Gurken zum Absterben bringen würden. Für die Keimung sind etwa 25 °C nötig. Die Temperaturen erreicht man

Cucurbita pepo, Zierkürbis

am besten indem man das Aussaatgefäß in Ofennähe oder auf einen Heizkörper stellt. Nach Vorkultur ab Mitte Mai wird ausgepflanzt.

Cucurbita ficifolia (Feigenblättriger Kürbis)

C. foeditissima, Stauden- oder Stinkkürbis, ist ein aus Nord-Amerika und Mexiko stammender 5–8 m hoch kletternder Kürbis. Die Blätter sind schmal, dreieckig, fleischig, rauhhaarig und graugrün. Die Pflanze hat eine dicke Rübenwurzel, die mit Laubdecke an geschützter Stelle durchaus winterhart ist, sonst aber wie Dahlienknollen überwintert werden kann. Die Blüten sind gelb mit Veilchenduft, 7–8 cm groß. Die Frucht ist nicht eßbar, da sehr bitter, orangengroß, dunkelgrün-weiß marmoriert. Ältere eingewachsene Exemplare sind sehr schnell wachsende, gut deckende Kletterer als Sichtschutz für Pergolen und Lauben.

Dieser Kürbis wird von der Welternährungsorganisation (FAO) für eine Nahrungspflanze der Zukunft in Wüsten gehalten. 4jährige Pflanzen bringen ca. 45 kg stärkereiche Wurzeln.

C. maxima, unser Speisekürbis, auch als Riesenkürbis oder Zentnerkürbis bezeichnet, ist wirklich oft zentnerschwer. Der Fruchtstiel ist schwach bis stark fünfkantig. Die Pflanze klettert auch, ist aber mit Vorsicht als Kletterpflanze zu behandeln, da das Spalier oder der Baum, in den man sie klettern läßt, außerordentlich stabil sein müssen, um das große Fruchtgewicht auszuhalten. An Sorten sind zum Beispiel 'Gelber Zentner' und 'Melonenkürbis' im Handel. Hierher gehören auch die in USA verbreiteten Squashkürbisse und 'Hubbard'-Sorten. Sie werden als lagerfähige Kochgemüse- und Obstkürbisse vor allem im Winter verwendet. Solche Winterkürbisse sind auch im Mittelmeergebiet an den Obstständen zu sehen, und werden dort in Stücken nach Gewicht verkauft. Von unseren Zierkürbissen gehört der großfruchtige Turbankürbis dazu. Von ihm ist die Sorte 'Aladin' im Handel. Er ist übrigens auch eßbar. Hierher gehört auch der rankende 'Spaghetti-Kürbis', in England 'Mandshurian Squash' genannt. Er macht Ranken, an denen kleine längliche goldgelbe Kürbisse reifen. Diese kocht man 25 Minuten im Ganzen und schneidet sie dann auf. Das Fruchtfleisch sieht spaghettiähnlich aus und schmeckt mit Pfeffer, Salz und Muskat, mit Fleisch-, Tomaten- oder Käsesoße. Reife Früchte lassen sich bei Zimmertemperatur bis April–Mai lagern und verwenden.

C. moschata, Moschus- oder Bisamkürbis, ist in Mittelamerika die wichtigste Kürbisart und hat große Bedeutung heute auch in Asien. Er ist einjährig und wärmebedürftiger als unsere anderen Kürbisse. Das Fleisch ist rötlich (karotinhaltig) und süßlich aromatisch mit Moschuskomponente. Typisch sind die im Mittelmeergebiet auf den Märkten angebotenen Sorten zum Beispiel 'Longa di Napoli' mit länglicher Keulenform und kurzem, dicken Ende, das das kleine, fast runde „Samenpaket" enthält. Der deutsche Name für diese Kürbis-Sorte ist Mantelsackkürbis.

C. pepo, mit Urheimat in Mexiko, ist ein Sommerkürbis, der mit kantigem Stengel bis 10 m hoch klettert. Seine Früchte sind wesentlich kleiner als bei *C. maxima*. Die ganze Pflanze ist sehr hart-rauhhaarig. Die Blätter sind langgestielt, sehr groß, 5lappig bis stark zerteilt, oft auch silbrig geadert. Auch dies ist eine alte Kulturpflanze, von der man 7000 Jahre alte Überreste in Südamerika gefunden hat. Sie wurde weiter gezüchtet, so daß es heute Gemüsesorten, Futtersorten, Zierpflanzensorten und Ölsorten gibt. Diese Sortenvielfalt wird in vier große Gruppen geteilt:

Microcarpina-Gruppe mit kleinen, ungenießbaren, meist stark verholzten Früchten. Hierher gehören alle kleinfrüchtigen Zierkürbisse, fingerdünne, gelbgrün-gestreifte, apfel- und birnenförmige bis kugelig-warzige Formen. Sie werden als kleinfrüchtige und großfrüchtige Mischung angeboten. Die Mischungen enthalten meistens 5 bis 10 und mehr verschiedene Kürbisformen. Früher kannte man über 30 Einzelsorten (Abb. Seite 106).

Pepo-Gruppe, dazu gehören die Futter-, Speise- und Ölkürbisse. Viele dieser Sorten haben keine Ranken mehr und klettern auch nicht mehr.

Giromontiina-Gruppe, hierher gehören die meist auch nicht mehr kletternden Zucchini, auch Courgette genannt, die jung als Gemüse gegessen werden und in letzter Zeit auch bei uns sehr häufig angebaut werden.

Patissoniana-Gruppe, dazu gehören die Kürbisse, die in England und Amerika lange Tradition haben, aber bei uns erst seit wenigen Jahren zu erhalten sind. Sie haben meistens eine flache, mützenförmige Fruchtgestalt und können jung in Scheiben geschnitten, gedünstet ähnlich Zucchini, gegessen werden. Als Kletterpflanze mit ihren Früchten sind sie auch sehr interessant. Die Früchte werden oft als „Fliegende Untertassen" angeboten. Sie sind ausgereift sehr haltbar und können bis zum nächsten Frühjahr als Zierde aufbewahrt werden. Diese Kürbisse heißen oft auch Bischofsmütze, sollten aber nicht mit unserem Turbankürbis verwechselt werden, der in manchen Gegenden auch fälschlich Bischofsmütze genannt wird. Eigen ist diesen Früchten eine sehr starke Rippung, die sich bei flachen Früchten in spitzen Auswüchsen am äußeren Rand deutlich macht. Hierher gehören auch die amerikanischen 'Croockneck'-Sorten, rote, warzige, lagerfähige Kürbisse, von denen die Sorte 'Summersquash' sehr verbreitet ist. Eine dieser Squash-Sorten ist die neuerdings angebotene Sorte 'Table Queen F_1', die violett-schwarze, ca. 20 cm große, stark gerippte, kugelige Früchte besitzt und ein gelbes Fleisch wie die Lagerkürbisse hat. Sie kann frisch wie Zucchini verzehrt werden, ist aber auch später wie Speisekürbisse zu verwenden und rankt nur wenig. Auch die übrigen im Handel angebotenen Sorten dieser Gruppe klettern oft nur wenig.

Zu dieser Sorte gehört auch die sogenannte Dornenkrone. Sie gleicht der „Fliegenden Untertasse" (Patissoniana-Gruppe), hat aber dornenartige Höcker auf den Rippungen und ist manchmal in großfrüchtigen Zierkürbismischungen enthalten.

Diplocyclos
Scheinzaunrübe
Cucurbitaceae, Kürbisgewächse

Eine Gattung mit vier Arten von der Diplocyclos palmatus, früher als *Bryonopsis laciniosa* bezeichnet, bei uns hin und wieder in Kultur ist. Sie ist in den Tropen Afrikas und Ost-Asiens verbreitet und ist eine meist einjährig gezogene Staude, die sich mit einfachen Ranken festhält und im Sommer 2–3 m hoch klettert. Die Blätter sind tief handförmig 5lappig geteilt. Den kleinen, gelblich grünen Blüten folgen kugelige, 2 cm große gelbgrüne Beeren, die 6 weiße Streifen tragen. Bei der Sorte 'Erythrocarpa' sind die Beeren rot gestreift. An geschützter, warmer Stelle wachsen sie nicht nur im Kleingewächshaus, sondern auch im Kasten oder Kübel auf der Veranda. Die sonstigen Ansprüche sind wie die von Gurken und Melonen. Aussaat erfolgt wie bei Gurken im März bei 20 °C Keimtemperatur (auf einem Heizkörper). Ausgepflanzt wird ab Mitte bis Ende Mai. Die weitere Kultur ist wie bei anderen einjährigen Kürbisgewächsen.

Lagenaria siceraria (Flaschenkürbistypen und Herkuleskeule)

Echinocystis
Igelgurke
Cucurbitaceae, Kürbisgewächse

Die 15 Arten sind meist Kletterkürbisgewächse aus Amerika mit knolligem Wurzelstock. Es sind schnelle Kletterer für Zäune, Sträucher und kleine Bäume. 6–9 m können sie hoch werden. Vermehrung erfolgt durch Aussaat, Stecklinge oder Nebenknollen. Die Früchte sind kleine Beeren mit Stacheln, daher der Name. Sie stellen keine besonderen Kulturansprüche, brauchen aber Sonne, Wärme, viel Wasser und Dünger. Die Vorkultur ist wie bei Gurke oder Melone möglich.

E. fabacea stammt aus Südkalifornien, wird bis 9 m hoch und hat tiefeingeschnittene, 5- bis 7teilige Blätter. Die grünweißen Blüten entwickeln sich zu bis 5 cm großen, dichtstacheligen Früchten.

E. lobata stammt aus Nord-Amerika und ist ein schneller, einjähriger Wachser mit fünflappigen Blättern. Die grünweißen Blüten zeigen sich ab Juli in sehr langen Rispen. Die Früchte sind auch etwa 5 cm groß, aber wenig bestachelt. Die Ranken sind interessant, weil sich die Ranken bei der Berührung der eigenen Pflanze nicht krümmen, sondern steif und gerade blei-

ben. Das hilft der Pflanze, sich nicht um sich selbst zu wickeln und an sich selbst festzuhalten, sondern festen Halt an fremden Gegenständen zu finden. Am unteren Neckar und am Mittelrhein ist *E. lobata* verwildert.

E. macrocarpa stammt aus Südkalifornien und wird bis 6 m hoch. Die weißgrünen, großen Blüten sind relativ flach und entwickeln sich später zu apfelgroßen Kürbisfrüchten mit ungleich langen, bis 2,5 cm abstehenden Stacheln.

Lagenaria
Flaschenkürbis, Kalebasse
Cucurbitaceae, Kürbisgewächse

Sechs Arten kommen vor allem in Afrika vor. Sie klettern und wachsen auch bei uns an warmen Stellen, und in warmen Sommern reifen auch ihre Kalebassen aus. Verbreitet ist bei uns als Kalebassenpflanze *Lagenaria siceraria* (Abb. Seite 198). Es ist ein einjähriger Kletterer, der aber durchaus 2–3 m und mehr erreicht und am besten in Bäume oder über Pergolen gelenkt wird, damit die Flaschenkürbisse frei hängen können. Die Pflanze ist in den Tropen der ganzen Welt verbreitet worden, da ihre Früchte naturgegebene, vielseitig brauchbare

Gefäße sind. Bei uns sind seit einigen Jahren Samen-Mischungen mit länglichen, schmalen bis glockig-breit bauchigen Fruchttypen im Handel. Die Blätter sind eiförmig bis herz- oder nierenförmig und gezähnt. Die Blüten sind groß, weiß und stehen in den Blattachseln. Die Frucht muß nach der Reife, noch vor dem ersten Frost, abgenommen werden. Auch wenn sie halbwegs ausgereift ist, braucht sie noch ein halbes Jahr bis ein Jahr, um in einem warmen Raum zu trocknen und dann dauerhaft hart zu sein Die Vermehrung erfolgt durch Aussaat mit Vorkultur. Die Pflanzen werden ab Mitte Mai an geschützte Stellen mit maximaler Wärme und Sonne und bester Wasser- und Düngerversorgung gesetzt.

In diese Gattung gehört auch die als Rarität angebotene Herkuleskeule. Es ist *L. leucantha* 'Longissima'. Dies ist eine Riesengurke mit einer weich behaarten, maximal 2 m langen Frucht, die man ganz jung auch wie Zucchini essen kann, aber besser am Spalier hängenläßt, damit sie an warmer Stelle ausreift und dann viele Jahre als Riesenkalebasse Freude bereitet. Sie ist ein Schnellwachser, deren Frucht pro Tag 2–3 cm länger wird.

Luffa
Schwammgurke
Cucurbitaceae, Kürbisgewächse

Ihren Namen hat diese Gattung, die mit sechs einjährigen Arten in den Tropen als Nutzpflanze verbreitet sind von dem arabischen Wort Lufah (Luffa). Wer mit Erfolg Melonen klettern läßt, kann auch in warmen Sommern seinen eigenen Badeschwamm ziehen und sollte es mit zwei *Luffa*-Arten probieren, die in Botanischen Gärten in den Seerosenhäusern zu finden sind. Sie klettern ca. 3 m hoch, blühen im Hochsommer und haben gelbe Blüten. Ansprüche an den Boden sind wie bei Gurken. Vermehrt wird am einfachsten durch Aussaat. *Luffa*-Gurken werden auch als Material für Trockengestecke angeboten. Die „Schwämme" beider Luffa-Arten werden zusammengepreßt auch als Filter verwendet.

L. acutangula syn. *L. foetida*, mit großen fünf- bis siebenlappigen Blättern, wird hauptsächlich als „Zucchini-Gemüse" angebaut. Die Früchte sind zehnrippig und werden zur Spitze zu dicker.

L. aegyptiaca, syn. *L. cylindrica* ist durch den weit verbreiteten Anbau für Luffaschwämme sehr variabel in Blattform und Fruchtgröße. Die Blätter können nierenförmig rundlich, bis 5lappig oder geteilt und gefleckt sein. Die gurkenähnlichen Früchte sind gefurcht und 10–60 cm lang und überall gleich dick. Junge Früchte sind eßbar. Wenn die Früchte gelb geworden sind, werden sie abgenommen und 2–6 Monate getrocknet. Dann läßt sich die Haut leicht entfernen, die Samen werden herausgeholt, die Frucht ausgewaschen und fertig ist der eigene Luffa-Badeschwamm.

Melothria
Haarweibchen
Cucurbitaceae, Kürbisgewächse

Die etwa 30 Arten dieser Gattung sind Pflanzen der wärmeren Zonen Afrikas, Amerikas und Asiens. Für uns ist aus dieser Grupe *Melothria punctata* aus dem südlichen Afrika geeignet. Ihre Zuordnung und damit ihr Name hat oft gewechselt. Wer Samen von *Bryonia punctata*, *Melothria scabra*, *Pilogyne suavis*, *Zeheria suavis* oder *Zehneria scabra* findet, könnte Glück haben, daß es sein gesuchtes Haarweibchen ist. Der Name ist das griechische Wort für Zaunrübe. So unprosaisch ist das mit den Namen. Die Blätter sind herzförmig, 3- bis 5lappig, oberseits rauh und weiß gefleckt und duften etwas nach Moschus. Die Pflanze klettert bis 2 m hoch und hat weiße Blüten. Mit ihrem Blattwerk ist sie ein sehr interessanter Sommerkletterer, dessen knolliger Wurzelstock sich wie bei Dahlien überwintern läßt. Vorkultur und Pflege sind ohne Probleme, wie bei Gurken. Vermehrung erfolgt durch Aussaat und Stecklinge.

Das Wort suavis, süß, in den älteren Namen trug das Haarweibchen zu Recht, denn seine Blüten dufteten süßlich und stark.

Momordica
Balsamapfel, Beißapfel
Cucurbitaceae, Kürbisgewächse

Diese Kürbisgewächse sind mit 45 Arten in den warmen Gebieten der alten Welt verbreitet und in einigen Arten schon im Mittelalter in Europa gezogen worden. In ihrer Heimat zog man sie der Früchte wegen, die man aß, bei uns der Zierde wegen und als Heilpflanze – wie in Kräuterbüchern des 16. Jahrhunderts nachzulesen ist. Die Blätter der Balsamäpfel sind ähnlich denen der Wassermelonen. Man könnte auch sagen Großausgaben von Blättern der dornlosen Brombeere. Die Pflanzen sind vorzukultivieren wie Melonen oder Gurken und können ab Ende Mai ins Freie an warme, geschützte Stellen gepflanzt werden, wo sich die Sonne fängt, ohne daß es glühend heiß und trocken wird. Sie brauchen viel Dünger und Wasser, um ihre volle Wuchskraft und reiche Frucht zu zeigen. Bei der Reife platzen die dekorativen, orange-rot leuchtenden, faustgroßen Kürbisfrüchte in mehrere Teile auf. Die Kletterhöhe ist 2–4 m. Beißapfel ist ein alter deutscher Name, da die Früchte der alten Sorten beißend bitter waren.

M. balsamina, Balsamapfel, stammt aus den Tropen Australiens, Asiens und Afrikas. Die gelben Blüten zeigen sich ab Juni und sind braungefleckt. Die 15 cm lange Frucht ist orangefarben, an beiden Seiten spitz und auf der ganzen Fläche mit Höckern besetzt. In der aufgeplatzten orangefleischigen Frucht sind dann sehr dekorativ schwarze Samen zu sehen.

M. charantia, Balsambirne (Abb. Seite 105), stammt aus Südost-Asien und dem tropischen Afrika. Sie ist kräftiger als *M. balsamina*. Den gelben Blüten ab Juni folgen Früchte, die aber schlanker, bis 20 cm lang sind, mehr gelb oder kupferfarbig und etwas kantig geflügelt sich vom Balsamapfel abheben. Nach dem Aufplatzen sieht man die weißen oder braunen Samen im Fruchtfleisch. Da die Art als Nutzpflanze, deren Früchte gegessen wurden durch Jahrhunderte verbreitet in Kultur war, wurde sie in viele Sorten aufgetrennt, da man Typen aus-

wählen wollte, deren Früchte nicht bitter sind. Die Stücke hat man oft vor dem Verzehr in Salzwasser gelegt, um Bitterstoffe zu entfernen. Die jungen Triebe werden auch als Spinatgemüse genutzt.

Sechium
Cayote oder Chayote, Stachelgurke
Cucurbitaceae, Kürbisgewächse

Die einzige Art stammt von den westindischen Inseln und wird heute überall in den Tropen als Nahrungsmittel angebaut. Es ist *Sechium edule* (Abb. Seite 105), das für Wintergärten und Kleingewächshäuser interessant ist, aber viel Platz braucht, da es kräftig bis 4 m hoch wächst. Interessant ist die Pflanze, weil der einzige Samen der etwa 10 cm großen Frucht oft schon keimt, bevor die Frucht abfällt, und die Wurzel dann schon unten aus der Frucht heraus sichtbar wird. Die Frucht wird wie Zucchini gegessen. Auch die Wurzelknolle der Pflanze, die sie erst im zweiten Wachstumsjahr entwickelt, ist dick und fleischig und wird in den Tropen wie Yams verzehrt. Für uns ist damit die Pflanze gut frostfrei zu überwintern, falls wir eine für *Sechium* geeignete Freilandecke gefunden haben. Die gelben Blüten stehen in langen Trauben und sind ab Juni zu sehen. Die Pflanze stellt eigentlich keine besonderen Bodenansprüche, sollte aber bei Temperaturen über 15 °C mit viel Wasser und regelmäßiger Düngung kultiviert werden. Sie wird übrigens auch im Mittelmeergebiet als Gemüsefrucht angebaut und wie Zucchini gegessen. Vermehrung erfolgt durch Aussaat und Stecklinge.

Sicyos
Haargurke
Cucurbitaceae, Kürbisgewächse

Es sind Tropenkinder, deren 15 Arten in Hawaii, Polynesien, Australien und dem tropischen Amerika zu Hause sind und alles Schlinger, von denen eine Art, *Sicyos angulatus*, trotz ihrer Herkunft aus den USA auch bei uns an-

Sicyos angulatus (Haargurke)

Thladiantha dubia (Quetschblume)

zusiedeln ist. Dieser einjährige, 8–10 m hoch kletternde, üppige Schlinger sät sich gut aus, so daß im Frühjahr immer wieder Sämlinge da sind, die auch bei unserem Klima gut wachsen. Die Blätter sind groß und 5lappig, die Blüten klein und weißlich. Die Früchte sind eiförmig bis 2 cm groß, schwärzlich und tragen lange, wollige Haare – daher der Name Haargurke. Das Wort Sicyos ist griechisch und bedeutet einfach Gurke. Die Pflanzen wachsen leicht und schnell über Zäune, Lauben, Pergolen und Sträucher und stellen an Boden und Pflanzplatz keine besondern Ansprüche. Sie werden im Sommer gegossen, gedüngt und gepflegt wie Gurken und blühen von Juni bis August. Hin und wieder sind sie verwildert, zum Beispiel auf Schuttplätzen anzutreffen.

Thladiantha
Quetschblume
Cucurbitaceae, Kürbisgewächse

Von den 15 Arten kletternder Kräuter mit Wurzelknollen in Ost-Asien bis Malaysia ist eine Art für uns interessant, da sie sich mit ihren kartoffelähnlichen Knollen gut frostfrei überwintern läßt, andererseits aber durchaus auch, wenn man sie leicht mit Laub abdeckt, winterhart ist:

T. dubia ist eine bis 9 m hoch kletternde Art, die in Balkonkästen ebenso wie an Zäunen oder auch in Spalieren mit ihren goldgelben Blüten und ihren breitovalen, am Grunde herzförmigen, weichhaarigen, kräftig grünen Blättern schnell größere Flächen deckt. Die Früchte sind eiförmig, erst grün und dann bei Reife grün-orange längsgestreift und später orange-rot. Die ganze Pflanze ist – wie auch die Früchte – dicht und weich behaart. Es gibt männliche und weibliche Pflanzen. Oft erfolgt bei den weiblichen Pflanzen auch Fruchtansatz, ohne daß eine Bestäubung stattfindet, allerdings sind die Früchte dann wesentlich kleiner und haben keinen Samen. Die Wurzelausläufer mit den knollenartigen Verdickungen sind gut zur Vermehrung geeignet. Während des Sommers bewurzeln auch Rankenstecklinge.

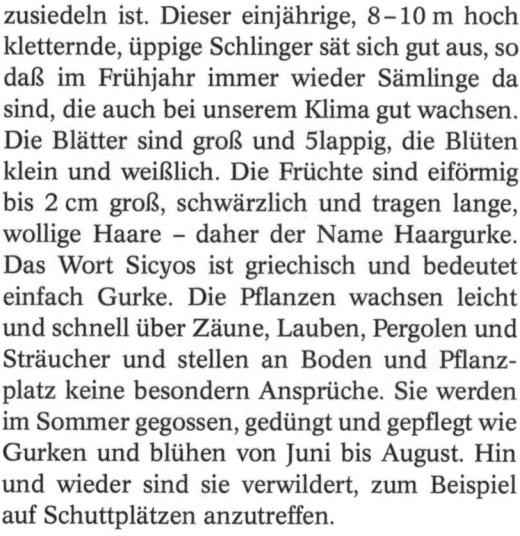

Trichosanthes
Haarblume
Cucurbitaceae, Kürbisgewächse

Von der 15 Arten starken Gattung *Trichosanthes* werden heute viele Arten in den Tropen als Gemüse angebaut. Dazu gehört auch *Trichosanthes cucumerina*, deren gurkenähnliche Früchte bis 1,8 m lang werden. Oft wird an das untere Ende ein Stein angebunden, damit das Gewicht die Gurken geradezieht, dann sind sie besser verkäuflich und gut zu verwenden. Sie wandern wie Zucchini in den Kochtopf. Es ist eine einjährige Art, die wir mit Vorkultur wie Melonen bei uns kultivieren können. Etwa 4 bis 5 Monate nach der Saat, also im Spätsommer, trägt sie Früchte. Das Reizvolle an *Trichosanthes* sind die Blüten mit den geschlitzten Blütenblättern. Sie klettert mit ihren 2- bis 5spaltigen Ranken tüchtig hoch – sonst könnten die 1–2 m langen Früchte nicht herabhängen. Auch bei uns fruchten sie in warmen Sommern durchaus reich und sind für warme Stellen vor Hausmauern oder im Kleingewächshaus geeignet. Vermehrung erfolgt durch Aussaat, Stecklinge oder Nebenknollen. Viele Arten dieser Gattung aus dem Bereich Japan und China sind interessante Zierpflanzen, aber noch wenig in Kultur.

T. anguria, Schlangen- oder Prophetengurke. Eine einjährige Pflanze aus Indien, bei uns ein schöner Sommerkletterer. Die Gurkenfrüchte sind bis 2 m lang und meist schlangenförmig gewunden. Jung grün-weiß-gestreift und reif orangefarben. Sie wird in den Tropen angebaut und kann jung wie Zucchini als Gemüse gegessen werden.

T. ovigera syn. *T. cucumeroides* stammt aus Japan und hat eine fleischige Knolle, die wie bei Dahlien überwintert werden kann. Die Blüten sind weiß, etwa 3 cm groß und stehen zu 5 bis 15 in Trauben. Sie klettert 3–4 m hoch. Die Früchte sehen aus wie leuchtendrote Pflaumen und sind sehr zierend. Vor der Reife sind sie attraktiv grün-weiß gestreift. In Japan erfolgt der Anbau, um aus der Knolle auf industriellem Wege Stärke zu gewinnen.

T. kirilowii var. **japonica** besitzt einen fleischigen Erdstamm, der auch wie Dahlien zu überwintern ist. Sie klettert 3–4 m hoch und hat wie alle *Trichosanthes*-Arten große, weiße Blüten mit geschlitzten Blütenblättern. Bei ihr sind sie von abends bis morgens geöffnet. Die Früchte sind grün.

T. kirilowii var. **kirilowii** stammt aus Nord-China und besitzt wie vorige Art eine Wurzelknolle, schlingt aber wesentlich höher und erreicht durchaus 10 m. Blüten weiß, sehr tief geschlitzt. Die männlichen stehen zu 3–8 in bis 30 cm langen achselständigen Trauben. Ihre Knollen sind Bestandteil der chinesischen Magen- und Darmmedizin mit dem klingenden, den Blüten dieser Pflanze entsprechenden Namen „Pulver himmlischer Blüten".

Wicken, Bohnen & Co.

In die Familie der Wicken und Bohnen gehören viele alte Kulturpflanzen und viele sind zugleich auch Kletterpflanzen. Sie zählen zu der drittgrößten Pflanzenfamilie, den Hülsenfrüchtlern der Frucht nach, wegen der Blütenform aber auch Schmetterlingsblütler genannt. Korrekt heißen sie heute Leguminosen. Unter den 12 000 Arten finden wir wegen ihres Eiweißgehaltes wichtige Nahrungs- und Futterpflanzen, tropische Riesenlianen und wahre Blütenträume, das heißt Riesenbäume voller Blüten, von denen manche die Straßen in den Tropen säumen, oder auch Hungerkünstler und Überwinder extremer Trockenzeiten in den ariden Wüsten und Steppen. Alle besitzen eine eigene „Stickstoffdüngerfabrik" in den Wurzeln, die Knöllchenbakterien, die Luftstickstoff binden und so der Pflanze diesen lebenswichtigen Nährstoff zuführen. Wenn auch Saubohne, Erdnuß und Sojabohne keine Kletterpflanzen sind, so sind es doch viele andere Nutzpflanzen dieser Familie. Man setzt große Hoffnungen auf weitere dieser tropischen Kletterer, deren junge Triebe, Blätter und junge Hülsen als Gemüse geeignet sind. Ältere Pflanzen frißt das Vieh, und alte Stengel bieten Fasern für Schnüre und Stricke. Die trockenen Samen sind gut lagerfähige, an Eiweiß und Kohlenhydraten reiche Hülsenfrüchte für die Küche. Stärkereiche, knollige Wurzeln ergänzen das Nutzungsangebot dieser Vielzweckpflanzen. Kuhbohnen *(Vigna)* und Goabohnen *(Psophocarpus)* stehen zum Beispiel auf den Versuchsfeldern. Was dort für die künftige Welternährung gefunden wird, ist aber nur für tropische Breitengrade geeignet. Wir müssen uns mit wenigen, aber nicht weniger schönen und vielseitig verwendbaren Schmetterlingsblüten-Kletterern begnügen.

Nehmen wir die für unsere Küche nützlichen zuerst, so sind es: Erbse, Bohne und Linse mit Aussaat im Frühjahr an Ort und Stelle. Die Kletterbohnen sind die wüchsigsten und farbenprächtigsten. Als ausdauernde, winterharte Kletterer zum Vergesellschaften in Staudenrabatten, an Zäunen und in andere Pflanzen hineinkletternd und blühend, verwenden wir Wikken, *Vicia*, Duftwicken, *Lathyrus odoratus* und die Staudenwicke, *Lathyrus latifolius*, der leider der Duft fehlt; hinzuzuzählen ist noch der Zimtwein, *Apios*. Allen gemeinsam ist, daß die oberirdischen Triebe im Herbst absterben. Sie bilden also nur sommerblühende Wände mit etwas Sichtschutz. Nur die Glyzine *(Wisteria)* verholzt und ist mit ihrem enormen Wachstum auch ohne Laub im Winter ein interessantes, vielfach gewundenes, gliederndes Schmuckornament an Hauswänden, Gittern, Zäunen und Säulen. Sie ist von allen kletternden Schmetterlingsblütlern die gewaltigste winterharte Liane.

Die beiden Australier Korallenbohne *(Hardenbergia)* und Korallenerbse *(Kennedia)* sind besser im Wintergarten oder Kleingewächshaus aufgehoben, wo sie ihrem heimatlichen Wachstums- und Blütenrhythmus – mit dem Vorteil der Winterblüte für uns – ungestört von unserem Nordhalbkugelwinter folgen können. Die Hyazinthenbohne, *Dolichos* leistet ihnen da gerne – aber mit Sommerblüte – Gesellschaft, wenn unser Sommer normal kühl ist. Alle drei lassen sich aber auch bei Vorkultur in sehr geschützten, warmen sonnigen Garten-, Terrassen- oder Balkonwinkeln draußen zum Blühen bringen, wenn bei den Australiern die Verschiebung in unseren Wachstumsrhythmus auch nur teilweise gelingt. Von Ausnahmen abgesehen, ist eine reichliche Blüte bei der

Schmetterlingserbse, *Clitoria* nur hinter Glas zu erzielen. Etwas Außenseiter spielt die Kopoubohne, *Pueraria*, deren viele, lang hoch kletternde Triebe im Herbst absterben, und die nach Staudenart mit ihrem Wurzelstock überwintert. An geeigneter Stelle macht sie fast dem Knöterich Konkurrenz und ist dabei mehr eine Grünpflanze zum sommerlichen Zudecken oder Zuwachsen als ein reicher duftender Blüher. Im „Experimentier-Kapitel" ist von der Linse ausführlich die Rede. Für spielendes Kennenlernen biologischer Zusammenhänge sind die Schmetterlingsblütler geeignete Objekte: Windet sich die Glyzine rechts- oder linksdrehend um den Stab? Kreuzungen zweier unterschiedlich windender Arten zeigen ein unentschiedenes Verhalten beim Winden. In den Fußstapfen von Gregor Mendel lassen sich durch Auslese von interessant gefleckten Bohnen oder durch Auswahl besonderer Farben bei Duftwicken Züchtungsversuche machen. So entstanden die ersten Sorten vieler Pflanzen. Warum sollte nicht auch bei Ihnen Ihre eigene, ganz persönliche Bohnen- oder Wickensorte entstehen?

Vom Zimtwein über Erbse bis Glyzine ist die folgende Auswahl groß und bietet eigenen Züchtungsversuchen zur Auslese neuer Sorten weiten Spielraum.

Apios
Erdbirne, Zimtwein
Leguminosae, Hülsenfrüchtler

Von den zehn Arten dieser windenden Kräuter in Nord-Amerika und Asien sind drei bei uns winterhart. Die unpaarig gefiederten Blätter haben einen olivgrünen Ton. Leichte, nährstoffreiche Erde an sonniger Stelle sagt ihnen zu. Vermehrung erfolgt durch Aussaat, Stecklinge und am einfachsten durch Nebenknollen, von denen man sich früher einmal kartoffelähnliche Nutzung erhoffte.
A. americana (Abb. Seite 123), syn. *Glyzine tuberosa*, aus Nord-Amerika, ist in Italien und Frankreich teilweise verwildert. Die Pflanze schlingt bis gut 2 m hoch und ist für reichliches

Apios americana (Erdbirne, Zimtwein)

Gießen und gelegentliches Düngen sehr dankbar. Die Blüten sitzen in dichten kurzen Trauben in den Blattachseln. Es sind acht Tage haltbare Schnittblumen. *A. americana* blüht von Juli bis Herbst schokoladenbraun (Zimtwein!) und duftet würzig. Die knollentragenden Wurzelausläufer können bei alten Pflanzen lästig werden.

Selten sind zu erhalten *A. princeana* aus Nord-Amerika, doppelt so hoch wachsend wie *A. americana*, mit rosa Blüten und *A. fortunei* aus Japan und China, die 1–2 m hoch wird, mit grünlichweißen Blüten.

Clitoria
Schmetterlingserbse
Leguminosae, Hülsenfrüchtler

Von den 15 Arten meist staudiger Kletterpflanzen in den Tropen und Subtropen Amerikas und Asiens ist bei uns in den Victoria-regia-Schauhäusern der botanischen Gärten eine Art als blaublühende Kletterpflanze zu bewundern. Der Jahrhundertsommer ließ *Clitoria* auch an einer Pergola auf der IGA 83 in München blühen. Es lohnt sich, sie nach Vorkultur an eine geschützte Stelle zu pflanzen. Sie stellt keine besonderen Ansprüche braucht aber Sonne, Wärme und leichten Boden. Vermehrung erfolgt durch Aussaat und Stecklinge. Die

Pflanze hat unpaarig gefiederte, 3- bis 5teilige Blätter, die Blüten sind erbsenähnlich, aber umgekehrt, so daß die sehr große Fahne nach unten hängt.

C. mariana aus Nord-Amerika wird gut 1 m hoch, mit blaßblauen 5 cm großen Blüten. In USA ist sie als sehr schöne, leicht wuchernde Kletterpflanze gelobt. Vielleicht bringt sie ein Pflanzenfreund aus Amerika mit. Sie wäre ein unempfindlicher, großblumiger Ersatz für die folgende Art.

C. ternata (Abb. Seite 123), Heimat ist Asien, heute wächst sie aber als schöner Schlinger in allen warmen Gebieten der Erde. Den schönsten Namen hat sie in der spanischen Sprache „Zapatico de la reina", kleiner Schuh der Königin. Den Namen *C. ternata* gab Linné, da er glaubte, die Molukkeninsel Ternate sei die Heimat dieser Pflanze. Die Blätter sind, abweichend von den anderen Arten, 5- bis 9teilig, unpaarig gefiedert. Ab Juli stehen dunkelblaue Blüten mit weißer Mittelzeichnung einzeln in den Blattachseln. Es gibt auch Sorten mit blauen gefüllten oder mit weißen Blüten. *C. ternata* klettert 3 m und mehr. Bei Topfkultur ist Düngen sehr wichtig. In Indien werden die Blüten zum Blaufärben von Speisen und Getränken benutzt. Junge Triebe und Blätter finden dort auch als Gemüse Verwendung.

Dolichos
Hyazinthenbohne
Leguminosae, Hülsenfrüchtler

Diese große Gattung umfaßt 70 Arten, deren eine, *Dolichos lablab*, aus dem tropischen Afrika stammt und neuerdings auch als eigene Gattung und zwar als *Lablab niger* abgetrennt wird. *D. lablab* ist eine Staude, die in allen warmen Gebieten der Erde als einjährige Pflanze angebaut wird. Die jungen Bohnen und reifen Samen werden gegessen. Die Pflanze wird aber auch frisch oder getrocknet als Viehfutter verwendet. Der Anbau erfolgt oft auch im Wechsel mit Baumwolle. Bei uns braucht sie eine warme Stelle und warme Sommer, um sich voll zu entfalten. Sie hat Blätter wie unsere Stangen-

Dolichos lablab (Hyazinthenbohne)

bohne und purpurviolette oder weiße, wickenähnliche Blüten, die zu mehreren in lockerer, langgestielter Traube stehen. Sie blüht bei uns nicht so stark und nicht so oft. Es mag daran liegen, daß es Kurztags- und Langtagsrassen gibt, was beim Samenimport und der Vorkultur wohl nicht immer beachtet wird. Zäune, Lauben, Gitter und kleine Sträucher können von der Hyazinthenbohne gut und locker überwachsen werden. Sie braucht Sonne, Wärme, Wasser und ab und zu einen Dungguß. Der Boden sollte nicht sauer, sondern kalkhaltig sein. Wird nach Vorkultur ab Mitte Mai ausgepflanzt, wird die Hyazinthenbohne 3–4 m hoch. Vermehrung erfolgt durch Aussaat und Stecklinge.

'Giganteus', ist eine stärker wachsende Sorte mit größeren Blüten. 'Sudanensis' hat dunkle Blüten und dunkelviolette Hülsen.

Hardenbergia
Korallenbohne
Leguminosae, Hülsenfrüchtler

Es sind zwei Arten windender Kräuter oder Sträucher in Australien. Die Blätter sind einfach oder bis 5teilig, unpaarig gefiedert, die

Blüten etwa 1 cm groß, aber zu vielen in einer Traube in den Blattachseln stehend. Es ist einer der wenigen winterblühenden Schlinger für ein kühles, sonniges Fenster oder das Kleingewächshaus. Die Vermehrung erfolgt durch Aussaat oder Stecklinge. Die Pflanze braucht saure, am besten torfhaltige Erde. Im Mittelmeergebiet sieht man hin und wieder die interessanten winterblühenden Schlinger der Gattungen *Hardenbergia* und *Kennedia*. Von ihnen werden auch bei uns immer wieder in Samentauschlisten Samen angeboten.

H. comptonia, syn. *Kennedia comptonia* windet mit ihren rötlichen Trieben bis 2 m hoch. Die Blätter sind unpaarig gefiedert, 3- bis 5teilig. Die violettblauen Blüten sitzen in 10–15 cm langen Trauben in den Blattachseln. Blütezeit Januar–April.

H. violacea, syn. *H. monophylla, Kennedia monophylla*: Die Blätter sind einteilig, pfeilförmig und etwa 10 cm lang, die Blüten etwa 1 cm groß, purpur bis violett, weiß oder rosa und zu vielen in achselständigen, etwa 10 cm hohen aufrechten Blütentrauben. Blütezeit ist von März bis April. *H. violacea* eignet sich auch für sonnige, heiße Fenster und verträgt durchaus Trockenheit. Sie wird im Kleingewächshaus 2–3 m hoch und blüht dann schon im Januar.

Kennedia
Korallenerbse
Leguminosae, Hülsenfrüchtler

Die Gattung umfaßt 15 australische krautige oder halbstrauchige Kletterer. Der Namenspate war ein Gärtner Kennedy aus Hammersmith in Großbritannien. Interessant ist auch, daß es einige Arten gibt, deren Blüten so dunkel sind, daß man sie wirklich als schwarz bezeichnen kann, zum Beispiel *Kennedia nigricans*. Es sind dekorative Kalthauspflanzen, ähnlich *Hardenbergia*. Sie benötigen eine Lehm-Torf-Mischung als Substrat und sind bei Vorkultur auch an warmen Stellen draußen im Garten auszupflanzen. Dort blühen sie dann im Frühsommer und Sommer. Vermehrung erfolgt durch Aussaat und Stecklinge. Die Gattung taucht immer wieder mit einigen Arten in Samentauschlisten auf.

K. macrophylla ist ein 2–3 m hoch und kräftig wachsender Schlinger mit 3teiligen, bohnenartigen Blättern. Die Blüten sitzen zu 2 bis 6 an langen, aufrechten Stielen in den Blattachseln – etwa im Typus einer Feuerbohne. Im Haus ist die Blütezeit im April, bei Vorkultur und Auspflanzen im Freien im Juli und August.

K. rubicunda ist ähnlich *K. macrophylla*, aber viel eleganter. Die Blüten sind größer, etwa 3–4 cm, dunkelrot. Der Kelch ist seidig braun behaart. Die Blütezeit ist April–Juni. Ihr sehr ähnlich ist *Kennedia nigricans*, wie schon erwähnt, mit fast schwarz-purpurnen auch 3–4 cm großen Blüten. Mit Rückschnitt zum Anregen neuer Triebe ist eine fast ganzjährige Blütezeit zu erreichen.

Weitere Arten zum Sammeln sind *K. coccinea, K. longeracemosa* und *K. ovata*.

Lathyrus
Platterbse
Leguminosae, Hülsenfrüchtler

130 Arten sind in den nördlichen gemäßigten Zonen, aber auch in tropischen Gebieten Afrikas und Süd-Amerikas zu finden. Es sind ein- oder mehrjährige Kräuter mit 1- bis 4paarig gefiederten Blättern. Der verlängerte Blattstiel trägt oft an der Spitze Ranken. Die Stengel sind kantig, oft auch geflügelt. Einige der kletternden Arten eignen sich bei uns für Zäune, Sträucher, Gitter oder liefern auch haltbare Schnittblumen.

Vermehrung erfolgt je nach Art durch Aussaat, Stecklinge oder Teilung. Nährstoffreicher, warmer nicht zu trockener Boden am sonnigen Standort sagt ihnen am besten zu.

L. latifolius stammt aus Süd-Europa und ist eine Staudenwicke für unseren Garten. Sie treibt jedes Jahr wieder neue, 3 m hohe Triebe. Sie blühen reichlich vom Juli bis zum Frost. Wichtig ist dabei, die verblühten Blütenstände auszuschneiden, damit der Samenansatz so gering wie möglich ist, und die Weiterblüte gefördert wird.

Leider hat diese Wicke keinen Duft. Man sollte die Pflanze nach Blütenfarben kaufen. Es gibt weiße, rosa bis rote Töne. Gute Sorten sind vegetativ vermehrte Typen bzw. Auslesen.

Besonders zu empfehlen sind: 'Rose Queen', Blüten kräftig rosa. 'White Pearl', Blüten weiß, zu vielen in dichten langgestielten Blütenständen, mit einer Vasenhaltbarkeit von 8–10 Tagen.

Die nicht unter diesem Namen angebotenen rosa-, rot- oder weißblühenden Staudenwicken sollte man am besten mit einer Blüte kaufen, damit man weiß, ob es sich um kräftige, leuchtend schöne Farben oder verwaschene matte Farbnuancen handelt. Bei Aussaat Samen vorquellen lassen.

L. odoratus, die Duftwicke (Abb. Seite 123) stammt aus Süd-Italien und ist seit dem 17. Jahrhundert wegen ihrer großen, duftenden Blüten in den Gärten zu finden. Ende des vorigen Jahrhunderts gab es eine intensive Wickenzucht in England, Kanada und in USA. Da die Duftwicke einjährig ist, müssen wir sie jedes Jahr neu aussäen. Die Pflanzen klettern schön am Maschendraht und lassen so blühende und duftende Zäune entstehen. Sie klettern aber auch wie Erbsen an Reisig oder Balkongittern und auch in kleine Sträucher. Volle Sonne und tiefgründige, lockere, nährstoffreiche Böden brauchen sie zu guter Entwicklung. Wenn der Boden nicht frisch genug ist, muß reichlich gewässert werden, da die Pflanzen sonst zu früh aufhören, Knospen und damit Blüten zu bilden. Die Stengel sind behaart und kantig-geflügelt. Die Blätter besitzen nur ein Fiederblattpaar und zwischen diesen beiden Fiederblättchen eine verzweigte Ranke. Bei der Wildart waren die Blüten etwa 2–3 cm groß und standen zu 1 bis 3 an langen Stielen. Die heutigen Sorten tragen Blütenstände mit 5 bis 8 und manchmal mehr Blüten, die einzeln bis 8 cm groß sind. Die Blütenfarben sind Violett bis Blau, Weiß, Rot, Rosa und Braunrot. Eine ganze Palette, die auch mehrfarbige Sorten aufweist. Als einzige Farbe fehlt immer noch ein Gelb. Die Wickenblüte besitzt ein großes hinteres Blütenblatt, die Fahne. Die seitlich davon stehenden beiden Blütenblätter heißen Flügel, die nach vorne stehenden verwachsenen Blütenblätter bilden das Schiffchen. Es ist ein richtig schöner Schmetterlingsblütler, wie diese ganze Familie der Leguminosen auch heißt.

Einige Sortengruppen seien genannt: 'Multiflora Gigantea', mit 5 bis 10 großen Blüten, langgestielt. Fahne und Flügel mit gewelltem Rand in vielen Farbsorten. 'Royal', besser als die früheren 'Cubberthsons Floribunda' und 'Zvolaneks Floribunda'. Blüten 6–7 cm breit, zu 6 bis 8 auf 30 cm langen straffen Stielen in vielen Farbsorten.

L. tuberosus, Knollenplatterbse, Erdnußplatterbse (Abb. Seite 123) ist eine einheimische Wicke, die eigentlich einen besseren Namen verdient hätte, aber nach den kleinen, bräunlichen Knollen an ihren Wurzelausläufern benannt ist, da diese früher gesammelt und ähnlich Erdnüssen oder Erdmandeln *(Cyperus esculentus)* gegessen wurden. Sie ist eine bis 1 m hoch kletternde, zierliche, allerliebste staudige Ausgabe unserer Duftwicke und duftet auch köstlich. Sie blüht von Juli bis August mit roten Blüten und ist für das Einwachsen in kleine Sträucher oder Kübelpflanzen ausgezeichnet geeignet. Wer größere Bestände an Bahndämmen oder anderen Stellen findet, kann sich zart- oder kräftigrote, karmin-rosa oder gar weiße Blüten auslesen. Es ist einfach, die Knöllchen auszugraben und in den Garten zu pflanzen. Der Duft ist so angenehm, daß im 16. Jahrhundert, wie Camerarius in seinem Kräuterbuch berichtet, daraus ein Parfum gewonnen und als Rosenwasser verkauft wurde.

Phaseolus
Bohne
Leguminosae, Hülsenfrüchtler

Über 200 Bohnenarten sind aus den Tropen und Subtropen, besonders Amerikas bekannt. Es sind windende Kräuter. Zwei Arten, unsere Speisebohnen, sind Schlingpflanzen und im Garten an geeigneten Stellen vielfältig verwendbar. Sie brauchen tiefgründige, frische, aber nicht nasse, lockere Böden, viel Wärme und Sonne. Zugluft und Sommertrockenheit tut ihnen nicht gut. Die Aussaat sollte im Freiland erst dann erfolgen, wenn der Boden etwa 10 °C warm ist, damit die gequollenen Bohnen auch wirklich keimen und wachsen. Andernfalls ist zur Verfrühung eine Vorkultur in Töpfen und späteres Auspflanzen sinnvoll. Sie brauchen Kletterhilfen wie Stangen, Schnüre, Sträucher, Zäune. Bohnen bieten eine ideale Möglichkeit, Schönes mit Nahrhaftem zu verbinden.

P. coccineus (Abb. Seite 123), syn. *P. multiflorus*, die Feuerbohne stammt aus Mittelamerika und wird bei uns einjährig gezogen. Man kann die verholzenden, dickknotigen Wurzelstöcke wie Dahlienknollen überwintern und im nächsten Jahr wieder aussetzen. So lassen sich interessante Blüten-, Blatt- oder Fruchttypen auslesen und im nächsten Jahr weiterziehen. Die meist unverzweigten Stengel sind linkswindend und schaffen bei kräftigem Wässern und Düngen in warmen Sommern durchaus 4–6 m Höhe. Die Blüten sind scharlachrot und stehen bis zu 15 in dichter, langgestielter, aufrechter Traube in den Blattachseln. Das Blatt ist 3teilig und kürzer als der Blütenstand. Die Bohnen – botanisch Hülsen genannt – sind, wenn jung und nicht verholzt, ein delikates, kräftig schmeckendes Gemüse. Auf fadenlose Sorten ist beim Kauf zu achten.

'Alba', weißblühend, setzt gut an. 'Bicolor', hat zweifarbige rotweiße Blüten, in England 'Painted Lady' genannt.

P. vulgaris, var. *vulgaris*, unsere Stangenbohne, stammt aus Amerika. Sie ist *P. coccinea* sehr ähnlich, aber zierlicher. Die Blüten sind weiß, in aufrechten Trauben, die länger als die Blätter sind. Hier gibt es auch Sorten mit violetten Bohnen, die aber beim Kochen grün werden. Die Stangenbohne ist nicht ganz so robust wie die Feuerbohne und braucht etwas mehr Wärme und Pflege.

Andere Arten können auch zum Experimentieren als Kletterpflanze genutzt werden. Der vielfältige internationale Handel und die damit verbundenen Möglichkeiten, fremde Gerichte

zu kochen und die nötigen Zutaten zu erwerben, haben auch viele Trockenbohnen aus Amerika und Asien in unsere Geschäfte gebracht.

Man sollte zum Beispiel einmal rote Bohnen, die man für Chili con Carne kauft, nicht nur essen, sondern einige im Frühjahr mit Vorkultur aussäen und sich überraschen lassen. In einem Nachbargarten waren sogar rothülsige Bohnen dabei. Eine solche Sorte 'Selma Zebra' mit rotgefleckten Hülsen ist in England im Handel.

Eine interessante Art ist auch *Phaseolus caracalla* aus dem tropischen Süd-Amerika. Sie heißt Schneckenbohne, weil ihre gelblich und purpurrosa Blüten wie Schneckenhäuschen gedreht sind. Sie blühen und duften von Juli bis in den Oktober. Die Schneckenbohne ist eine 2–3 m hohe Kletterstaude vom Aussehen der Hyazinthenbohne *(Dolichos)* und gedeiht nur im Kleingewächshaus gut. Die Blütenstände sind sehr ansehlich und werden von 10 bis 20 der 4–5 cm großen Einzelblüten gebildet. Samen wird angeboten, so daß einem Versuch nichts im Wege steht.

Pisum
Erbse
Leguminosae, Hülsenfrüchtler

Sechs Arten bilden diese Gattung, die ihre Heimat im Mittelmeergebiet und West-Asien hat. Unsere Erbse, *Pisum sativum*, gehört dazu und sollte als Kletterpflanze nicht vergessen werden. Die Blätter besitzen 2 bis 3 große Fiederblattpaare und in Verlängerung des Blattstieles eine verzweigte Ranke. Die Nebenblätter, die rechts und links vor dem Blattstielansatz am Stengel sitzen, sind größer als die Fiederblättchen (bei den Wicken sind sie kleiner als die Fiederblättchen). Die Blüten sind weiß oder rötlich. Wer bunte, gelbe, grüne, rote, violette Blüten liebt, sollte die Futtererbse wählen, dann bekommt er aber keine süßen Zuckerschoten zum Naschen. Die Schoten der Zuckererbsen sollten uns verleiten, einmal einen Versuch auf dem Balkon mit dieser Kletterpflanze zu machen. Sie klettert 50–80 cm, manchmal bis über 1 m und erfreut uns mit zartem Grün, einer Vielgestaltigkeit der Ranken, Blätter und Blüten. Außerdem schenkt sie uns appetitliche Erbsenschoten. Nach der Ernte kann in den Kästen durchaus noch mit anderen Sommerschlingen für die Zeit vom Juli bis zum Frost ein zweiter Flor gezogen werden.

In England gibt es auch rötlichviolett blühende Sorten. Ebenso sind Sorten vorhanden, die keine Blätter, sondern nur Blattrippen haben, zum Beispiel 'Poppet' und als Kuriosität reizvoll sind.

Bei der Sorte 'Bikini' wird empfohlen, die kräftigen Ranken in Butter zu dünsten und als delikates Gemüse mit Brokkoligeschmack zuzubereiten.

Pueraria
Kopoubohne
Leguminosae, Hülsenfrüchtler

Die 35 Arten zählende Gattung aus Südost-Asien ist mit ihren vielen Nutzpflanzen heute in den Tropen der ganzen Welt verbreitet, Viehfutterpflanzen, zum Beispiel Kudzu, sind ebenso dabei wie Arten zur Fasergewinnung und andere, deren Wurzelstock in China genutzt wird. Bei uns wird nur eine Art als einigermaßen winterharter Kletterer, bohnenähnlich in voller Sonne und lockerer nicht zu trockener, aber nährstoffreicher Erde gezogen. Die Pflanze stirbt zwar oberirdisch ab, der Wurzelstock ist aber mit einer trockenen Laubdecke praktisch winterhart. Die Vermehrung erfolgt durch Aussaat, Teilung oder Stecklinge.

P. lobata, ursprünglich aus China stammend, hat viele Synonyme: *P. hirsuta*, *P. thunbergiana*, *Dolichos japonicus*, *Dolichos lobatus*. Zur Fasergewinnung wurde sie schon seit vielen Jahrhunderten, wahrscheinlich Jahrtausenden angebaut und zu diesem Zweck auch im Mittelmeerbereich Europas gezogen. Heute ist sie als Faserrohstoff durch die Kunststoffe verdrängt worden. Ihre Blätter gleichen denen unserer Stangenbohnen. In ihrer Heimat wächst sie bis 20 m hoch. Die langen Triebe verholzen dann so ähnlich wie bei unserer Waldrebe *Clematis vitalba*. Bei uns wächst sie in einem Jahr immer noch stattliche 5–8 m. Man kann den Wurzelstock frostfrei überwintern oder mit einer Laubdecke abdecken. Mit der Kopoubohne kann man schnell dichte, grüne Decken über Schuppen, Zäune und unansehnliche Flächen ziehen. Bei uns blüht sie nur in sehr warmen Sommern reichlich mit aufrechten bis 25 cm langen, rispigen Blütenständen, deren Blüten ein meist trübes Violettblau zeigen. Es gibt auch reinviolette bis fast rosa Blütenfarben, aber bei einer Nutzpflanze wird ja nicht auf Blütenfarbe hin ausgelesen und gezüchtet.

Vicia
Wicke
Leguminosae, Hülsenfrüchtler

150 Arten gibt es davon in den nördlichen gemäßigten Gebieten und in Süd-Amerika. Die meisten Arten klettern mit Blattranken, die an der Blattspitze sitzen. Eine aufrecht wachsende, nicht kletternde Art ist unsere dicke Bohne oder Saubohne, *Vicia faba*. Unter unseren wild wachsenden Wickenarten gibt es auch einige sehr zierliche und im Garten durchaus willkommene Kletterpflanzen. Sie können in kleine Sträucher klettern, in Bambusstämme oder selbst auch an dem kräftigen Stiel von *Lilium davidii* hochranken und uns zusätzliche Blütenerlebnisse schenken. Sie sind anspruchslos, bedürfen aber einer sonnigen Stelle für gutes Wachstum und reiche Blüte. Heimische Wicken sind ein gutes Beispiel dafür, daß auch in unserer Flora noch viele Schätze zu finden sind, die gut zusammen mit Pflanzen aus fremden Ländern gepflanzt werden können. Vermehrung erfolgt durch Aussaat an Ort und Stelle oder junge Pflanzen von einem Feldrain. Wichtig ist für eine lange Blütezeit, alle abgeblühten Blütenstände wegzuschneiden und höchstens soviel Samen reifen zu lassen, wie man benötigt.

V. cracca, die Vogelwicke, ist eine Staude, die 1–1,5 m hoch klettert. Die 1 cm langen, blauvioletten Blüten sitzen zu 20 bis 30 und mehr in aufrechten Trauben in den Blattachseln. Die Blätter haben 6 bis 20 Fiederblattpaare. Die Pflanze blüht von Juni bis August und bei Rückschnitt auch oft bis zum Frost.

V. tenuifolia, die Feinblättrige Wicke. Sie ist eine Staude, die etwa 1,5 m hoch wächst, *V. cracca* sehr ähnlich, aber behaart ist und manchmal als Form ihr zugerechnet wird. Die Blüten sind bis 2 cm groß, hellblau oder violett mit weiß und stehen in Trauben in den Achseln der Blätter, die 9 bis 10 Fiederblattpaare besitzen.

V. villosa, die Zottelwicke (Abb. Seite 123), ist eine einjährige Wicke, die im Frühjahr oder Herbst an Ort und Stelle ausgesät wird. Sie ist an der ganzen Pflanze weich behaart und wird etwa 1,2 m hoch. Blütezeit ist von Juni bis August; Blüten sind 1,5–2 cm groß und zu 20 bis 30 und mehr in aufrechten Trauben in den Blattachseln. Die Blüten sind rot bis violett. Die ganze Blütentraube erblüht fast gleichzeitig, so daß sie ein sehr ansprechendes Bild ergibt. Sie eignet sich sowohl für Balkonkästen als auch zum Beranken für kleine Gitter, zum Wachsen in Böschungen und zum Beranken von Efeuwänden.

Wisteria
Glyzine, Blauregen
Leguminosae, Hülsenfrüchtler

Die Glyzine ist eine der eindrucksvollsten Schlinger. Es gibt neun Arten in Nord-Amerika und Ost-Asien. Es sind windende, sommergrüne Sträucher mit wechselständigen, unpaarig gefiederten Blättern. Vermehrung erfolgt durch Aussaat nur bei reinen Arten oder bei Veredlungsunterlagen, sonst durch Ableger oder halbreife Stecklinge. Die Veredlung der Sorten erfolgt auf Sämlingswurzelstöcken von *W. sinensis*.

Ein sonniger Platz und leichter, nährstoffreicher, nicht zu trockener Boden sagt ihnen zu. In kalkreichen Böden tritt häufig Chlorose auf. Für solche Böden sind *W. sinensis* und Sorten dieser Art am besten geeignet. Bei Frühjahrs-

trockenheit ist kräftig zu wässern, um einen Knospenfall zu verhindern. Auch für die Kübelkultur ist Wisteria geeignet. Dann ist allerdings Winterschutz des Kübels und Wurzelbereichs erforderlich. Schnitt ist bei Pflanzen an Pergolen und Gebäuden sehr zu empfehlen. Die Schnittart ist wie bei Reben. Im Juli–August werden die Jahrestriebe auf 20–30 cm mit 5–7 Augen eingekürzt und ebenso bei weiteren Austrieben, um reich blühende Kurztriebe zu erzielen. Im Februar–März werden alle gekürzten Triebe des Vorjahres auf 2 bis 3 Augen eingekürzt. Reiche Blüte erscheint erst im 4. bis 5. Jahr nach der Pflanzung. Nur vegetativ vermehrte Pflanzen kaufen, da Sämlinge oft sehr schlecht blühen. *Wisteria* benötigt eine kräftige Schlinghilfe. Regenfallrohre sind ungeeignet.

Die bei uns verbreiteten Arten mit ihren Sorten sind *W. floribunda*: Sie schlingt im Uhrzeigersinn und die Blütentrauben blühen allmählich zur Spitze hin auf, und *W. sinensis*: Sie schlingt gegen den Uhrzeigersinn, die Blütentrauben erblühen insgesamt fast gleichzeitig. Von *Wisteria* lassen sich auch Sträucher und kleine Bäumchen ziehen, wenn man entsprechend für einen Stammaufbau schneidet. Pflanzen, die in Bäumen wachsen, werden nicht geschnitten. Dies ist bei der Auswahl des hohen kräftigen „Kletterbaumes" zu berücksichtigen.

W. floribunda syn. *W. brachybotrys*, Heimat ist Japan. Blütezeit ist Mai–Juni. Es ist die härteste Art. Die Einzelblüten sind violett, 1,5–2 cm lang in 20–50 cm langen Trauben, duftend. Sie ist ein starker Wachser. Im Alter kann sie 8–10 m hoch werden. Die Blätter bestehen aus 13 bis 15, auch 19 Einzelblättchen. Sie schlingt im Uhrzeigersinn. Die Blütentrau-

---

Oben links: Apios americana, Erdbirne, Zimtwein
Oben rechts: Clitoria ternata, Schmetterlingserbse
Mitte links: Vicia villosa, Zottelwicke
Mitte rechts: Phaseolus coccineus 'Bicolor',
Zweifarbige Feuerbohne
Unten links: Lathyrus tuberosus, Erdnußplatterbse
Unten rechts: Lathyrus odoratus, Duftwicke

ben erblühen vom Zweig zur Spitze allmählich auf.

Eine ganze Reihe von Sorten gibt es von dieser Glyzine, die von Siebold um 1830 aus Japan, wo sie schon viele Jahrhunderte Gartenpflanze war, nach Belgien gebracht wurde:
'Alba', mit weißen Blütentrauben, 20–30 cm lang, wenig duftend.
'Honbeni', Blüten rosa.
'Issai', Blüten lilablau, auch an jungen Trieben blühend, wenig duftend, ist wahrscheinlich eine Hybride von *W. floribunda* und *W. sinensis*. Da sie sowohl im Uhrzeigersinn als auch entgegen schlingt, bestätigt dies den Hybridcharakter.
'Kuchi Beni' Blütentrauben bis 30 cm, Knospen rosa, Blüten weiß, duftend.
'Macrobotrys', syn. 'Multijuga', großblättriger, mit 50–60 cm langen, lockeren Blütentrauben. In Japan haben über Wasser an Brückengeländern wachsende, alte Pflanzen bis 180 cm lange Blütentrauben.
'Rosea', Blütentrauben blaß lilarosa, 26–35 cm, gut duftend.
'Russeliana', mit dunkelrosa Blüten.
'Violacea', Blüten violettblau.
'Violacea Plena', Blütentrauben violettblau, 25–30 cm. Einzig gefüllt blühende Sorte.
'Variegata', mit weißbunten Blättern.

Es gibt noch viele Sorten in Japan, die noch nicht nach Europa eingeführt worden sind.
W. × formosa, Hybride aus *W. floribunda* 'Alba' × *W. sinensis*. Junge Triebe sind silberweiß behaart. Die Blütentrauben blaß violettrosa, kräftig duftend, 20–25 cm lang, sich fast gleichzeitig öffnend. Schlingt im Uhrzeigersinn.
W. frutescens, aus Nord-Amerika, kam vor 1730 nach Europa. Schwächer wachsend als die anderen Arten, bis 10 m hoch. Schlingt

Wisteria frutescens (Glyzine)

gegen den Uhrzeigersinn. Für geschützte Stellen. Selten zu erhalten, aber wertvoll wegen der Blüte an jungen Trieben im Juli–August. Blätter mit 9 bis 15 Einzelblättchen. Blüten bis 2 cm, duftend, blaß purpurlila mit gelbem Fleck, in 5–10 cm langen, etwas aufrechtstehenden, kompakten Trauben.
'Magnifica' zartlila mit gelbem Fleck auf der Fahne. 'Nivea', Blüten weiß.
W. macrostachya, aus Nord-Amerika ist zierlicher, bis 8 m hoch, schlingt gegen den Uhrzeigersinn. Blätter mit 9 Blättchen. Blüten lilapurpur in dichten 15–35 cm langen Trauben im Juni–Juli.
'Albo-Lilacina', Blüten hell lilarosa.
W. sinensis ist die schönste, bei uns verbreitetste Art (Abb. Seite 142). Sie stammt aus China und kam um 1816 nach Europa. Im Alter kann sie 20–30 m und auch mehr erreichen. Sie ist winterhart. Die Blätter bestehen aus 9 bis 13 Einzelblättchen. Diese Art schlingt entgegen dem Uhrzeigersinn. Die Blüten sind dunkellila, schwach duftend, ca. 2,5 cm groß

Oben links: **Cobaea scandens, Glockenrebe**
Oben rechts: **Eccremocarpus scaber, Schönranke**
Unten links: **Campsis radicans, Klettertrompete, Jasmintrompete**
Unten rechts: **Rosa × paulii, Rose**

und stehen in 20–30 cm langen Trauben, deren Blüten sich fast alle gleichzeitig öffnen. Blütezeit ist April–Mai unmittelbar vor dem Laubaustrieb.

'Alba', mit weißen Blüten. Nach Krüßmann ist unter diesem Namen meist die vorzüglich duftende Sorte 'Jako' im Handel mit sehr dichten, ca. 30 cm langen Blütentrauben und Blättern mit 11 Blättchen. Die Sorte 'Alba' duftet nur sehr wenig.

'Black Dragon', Blüten dunkelviolett, halb gefüllt. 'Plena', Blüten dunkellila, dicht rosettenartig, gefüllt. 'Prolific', syn. 'Oosthoeks Variety' mit langen spitzen Blütentrauben ist eine reichblühende Auslese der Art. 'Variegata', mit weiß gefleckten Blättern.

W. venusta, syn. *W. brachystachys* var. *alba* stammt aus Japan, ist rechtswindend, bis 10 m hoch. Die Blätter haben 9 bis 13 je 7–9 cm lange Einzelblättchen. Im Mai–Juni erblühen die 10–15 cm langen Blütenstände, deren gut 2 cm große purpurne Einzelblüten sich alle gleichzeitig öffnen.

Nur die Sorten 'Alba' und 'Alba Plena' sind in Kultur; beide duften schwach, sind aber wohl mit die besten weißblühenden Glyzinen.

Kletternder Blütenschmuck

Es gibt manche Legende, in der der Wanderstab eines heiligen Mannes in die Erde gesteckt, zu grünen und blühen beginnt. Vielleicht hat eine blühende Schlingpflanze den Stab erklommen? Zäune, Pfähle, Drähte, Schnüre und Gitter, kahle Baumstämme, Bögen, Lauben, Pergolen, Mauern und Säulen verbindende Girlanden können wir mit Schlingern erblühen lassen und die Wand zum Nachbarbalkon ebenso wie die streng geschnittene Hecke, die mit Blütentupfern gleich viel fröhlicher aussieht. Ein paar Zusammenstellungen nach verschiedenen Verwendungsmöglichkeiten sollen die Auswahl erleichtern.

Pergolen, Bögen und Lauben mit blühendem Dach
Winterharte, verholzende Kletterer:
Clematis; Fallopia aubertii und
F. baldschuanicum, Kletterknöterich;
Kletterrosen; *Lonicera* – reichblühende,
duftende Arten; *Vitis riparia* – Duft; *Wisteria*.
Mit jährlichem Rückschnitt:
Clematis – viele großblumige Sorten; *Bryonia*,
Zaunrübe – Staude, zieht im Winter ein;
Passiflora caerulea, Passionsblume;
Pueraria, Kopoubohne.
Einjährig:
Cobaea, Glockenrebe; *Cucurbita*, Kürbisse –
Blüten und Früchte; *Dolichos lablab* (Duft);
Pharbitis purpurea, Prachtwinde; *Phaseolus coccineus*, Feuerbohne; *Thunbergia alata*
'Orange Wonder', Schwarzäugige Susanne.

Dauerblüher
Winterhart:
Clematis – viele großblumige Sorten;
Lathyrus latifolius, Staudenwicke;
Pueraria, Kopoubohne.

Einjährig:
Asarina, Gloxinienwinde; *Caiophora*,
Brennwinde; *Cobaea*, Glockenrebe;
Eccremocarpus, Schönranke; *Ipomoea*,
Winden; *Pharbitis*, Prachtwinden; *Phaseolus*,
Bohnen; *Thunbergia alata*, Schwarzäugige
Susanne; *Tropaeolum*, Kapuzinerkresse.
Für Topf oder Kübel:
Antigonon, Korallenwein; *Asarina*,
Gloxinienwinde; *Araujia*, Quälblume;
Jasminum officinale, Jasmin; *Oxypetalum*,
Spitzkrönchen; *Passiflora*, Passionsblume;
Rhodochiton, Rosenkelch; Rosen; *Solanum*,
Nachtschatten; *Thunbergia*, Schwarzäugige
Susanne; *Tropaeolum peltophorum*,
Kapuzinerkresse.

Girlanden
Asarina, Gloxinienwinde – einjährig;
Clematis vitalba, Waldrebe; *Cobaea*,
Glockenrebe – einjährig; *Eccremocarpus*,
Schönranke – einjährig; *Lonicera*, Geißblatt;
Rhodochiton, Rosenkelch – frostfrei
überwintern; Rosen; *Tropaeolum peregrinum*,
Kapuzinerkresse – einjährig;
Wisteria, Glyzine.

Filigrane Gewebe aus Blüten, Ranken und Blättern
Abobra Preiselbeergurke – starker Wachser;
Adlumia, Doppelkappe; *Asarina*,
Gloxinienwinde; *Caiophora*, Brennwinde –
Brennhaare; *Calystegia*, Zaunwinde;
Cardiospermum, Ballonwein; *Cobaea*
Glockenrebe – starker Wachser;
Eccremocarpus, Schönranke – starker
Wachser; *Echinocystis*, Igelgurke – starker
Wachser; *Fallopia dumetorum*,
Heckenknöterich; *Fallopia convolvulus*,

Windenknöterich; *Melothria*, Haarweibchen; *Quamoclit*, Sternwinde.

Zierliche Kletterer für Sträucher, Stauden, Maschendraht

Höhe etwa 1 m:

Codonopsis – Staude, bei manchen Arten Pflanze oder Knolle frostfrei überwintern; *Convolvulus* – Staude; *Corydalis claviculata* – einjährig; *Dicentra torulosa* – einjährig; *Fallopia convolvulus* – einjährig; *Fumaria capreolata* – einjährig.

Höhe etwa 1–2 m:

Aconitum – Staude; *Adlumia* – einjährig; *Apios* – frostfrei überwintern; *Asarina* – einjährig oder frostfrei überwintern; *Caiophora* – Brennhaare einjährig; *Calystegia* – Staude oder einjährig; *Clematis alpina* und ähnliche Arten – Gehölze; *Clitoria* – einjährig; *Codonopsis* – Staude oder frostfrei überwintern; *Cucurbita* – einjährig oder frostfrei überwintern; *Dolichos* – einjährig; *Ecballium* – einjährig; *Fallopia dumetorum* – einjährig; *Gloriosa* – frostfrei überwintern; *Hablitzia* – Staude; *Ipomoea* – einjährig oder frostfrei überwintern; *Lathyrus* – Staude oder einjährig; *Melothria* – einjährig, Duft; *Passiflora* – frostfrei überwintern; *Pharbitis* – einjährig; *Phaseolus* – einjährig; *Quamoclit* – einjährig; *Thunbergia* – einjährig; *Tropaeolum* – einjährig oder frostfrei überwintern; *Vicia* – einjährig oder Staude.

Höhe über 2 m:

Abobra – einjährig oder frostfrei überwintern; *Anredera* – frostfrei überwintern; *Caiophora lateritia* – Brennhaare! einjährig; *Calystegia* – Staude oder frostfrei überwintern; *Cobaea* – einjährig; *Cucurbita* – einjährig oder frostfrei überwintern; *Cyclanthera* – einjährig; *Eccremocarpus* – einjährig oder frostfrei überwintern; *Echinocystis* – einjährig; *Passiflora* – frostfrei überwintern; *Thladiantha* – frostfrei überwintern; *Trichosanthes* – frostfrei überwintern; *Tropaeolum tuberosum* – frostfrei überwintern

Winterharte Kletterer für kleine Bäume

Berchemia, Rattanrebe; *Campsis*, Klettertrompete; *Clematis* – schwach wachsende Arten; *Lonicera*, Geißblatt; *Paederia*, Stinkbeere; *Periploca*, Seidenwein; Rosen; *Tripterygium*, Dreiflügelschlinge.

Winterharte Kletterer für hohe Bäume

Actinidia chinensis, Kiwi; *Akebia*, Blaugurkenwein; *Clematis grata, C. montana, C. rehderiana, C. vitalba; Hydrangea*, Kletterhortensie; *Schizophragma*, Spalthortensie; *Vitis riparia*, Uferrebe – Duft; *Wisteria*, Glyzine.

Einjährige Kletterpflanzen oder kletternde Stauden, die jeden Herbst absterben und dürre Triebe hinterlassen, sind in Bäumen zwar für Vögel als Nistgelegenheiten geeignet. Sie sind aber weder schön noch für den Baum auf Dauer zuträglich und sollen deshalb hier nicht empfohlen werden.

Sommerblüte für Spaliere und Mauern

Aristolochia, Osterluzei; *Campsis*, Klettertrompete; *Clematis; Cobaea*, Glockenrebe – einjährig; *Hydrangea*, Kletterhortensie; *Jasminum; Passiflora*, Passionsblume; *Quamoclit*, Sternwinde; Rosen; *Schizophragma*, Spalthortensie; *Solanum*, Nachtschatten; *Wisteria*, Glyzine.

Sichere Blüher im Schatten

Aristolochia, Osterluzei; *Clematis* – einige großblumige Sorten; *Cymbalaria*, Zymbelkraut; *Decumaria*, Sternhortensie; *Hablitzia tamnoides; Hydrangea*, Kletterhortensie; *Jasminum nudiflorum*, Winterjasmin; *Lonicera periclymenum*, Geißblatt – Halbschatten, *L. tragophylla; Pileostegia*, Schneeballhortensie.

Einige wegen ihres Blütenschmucks besonders empfehlenswerte Kletterpflanzen werden auf den folgenden Seiten vorgestellt. Dies sind: *Asarina, Campsis, Cobaea, Cymbalaria, Eccremocarpus, Thunbergia* und Kletterrosen.

Asarina

Gloxinienwinde

Scrophulariaceae, Braunwurzgewächse

Die Gattung *Asarina* ist mit 15 Arten in Mexiko und den südlichen USA vertreten. Nur eine kriechende, nicht kletternde Art, *A. procumbens*, ist in Süd-Europa beheimatet. Manche dieser schönen Kletterpflanzen sind einmal

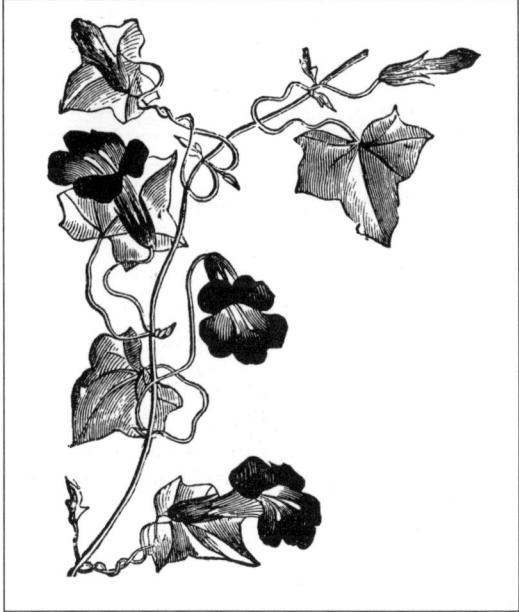

Asarina barcleiana

der Gattung *Maurandya*, ein anderes Mal *Anthirrhinum* und jetzt wieder *Asarina* zugeordnet worden. Wir sollten uns davon nicht abschrecken lassen. Einerlei, welchen Namen sie tragen, sie sind so reizvoll, daß man nicht auf sie verzichten darf. Es sind reichblühende Sommerschlinger, die bei Vorkultur sehr zeitig mit der Blüte beginnen. Sie blühen je nach Art von Juni oder Juli bis zum Oktober, das heißt bis zum Frost. Ihr Klettern ist von besonderer Art. Sie winden wie auch die Kapuzinerkressen ihre Blattstiele um die Kletterhilfe und halten sich damit fest. Das heißt aber auch, daß die Kletterhilfen nicht zu dick sein dürfen, damit

die Blattstiele sich auch fest darum wickeln können. Vermehrung erfolgt durch Aussaat oder Stecklinge. Man kann *Asarina* als bewurzelte Stecklinge, das heißt als kleine Pflanzen überwintern und hat so im Frühjahr gleich kräftig wachsende Blüher. Am kühlen Wintersonnenfenster blühen solche Pflanzen schon ab März. Für Balkonkästen und Kübel an warmen Stellen, in Sonne und leichtem Schatten sind sie gut geeignet. Windige, zugige Plätze sagen ihnen nicht zu. Frischer, nährstoffreicher Boden fördert die Wuchskraft. Im Sommer muß öfter gegossen und gedüngt werden, damit Wuchs und Blüte nicht nachlassen.

A. antirrhiniflora, syn. *Maurandya antirrhiniflora, Antirrhinum maurandioides, Maurandella antirrhiniflora*, stammt aus den USA und Mexiko. Die Pflanze klettert 2–3 m hoch, die Blätter sind länglich 3eckig mit herzförmigem Grund, die Blüten löwenmaulähnlich, aber mit offenem Schlund, weißlich mit lila Hauch und gelber Lippe, einzeln in den Blattachseln stehend. Eine sehr reichblühende Art, die in der Heimat auch zu einem Kletterstrauch verholzt.

A. barclaiana, syn. *Maurandya barclaiana*, aus Mexiko, ist ein verholzender Sommerschlinger bis 2,5 m und höher, mit spießförmigen Blättern, die Blüten sind ähnlich *A. antirrhiniflora*, aber bis 5 cm lang und purpurrot mit grünlicher Blütenröhre.

'Grandiflora', Blüten größer, bis 7 cm. 'Alba', Blüten weiß mit grünem Hauch. 'Rosea', Blüten rosa.

A. erubescens, syn. *Maurandya erubescens*, aus Mexiko, wird 3 m und höher und verholzt in der Heimat. Die Blüten sind rosa, die Pflanze ist behaart und die Blätter bis 7 cm lang.

A. lophospermum, syn. *Maurandya lophospermum, Lophospermum scandens* aus Mexiko ist sehr ähnlich *A. erubescens*, die Blüten sind purpurrosa und außen gepunktet.

A. scandens syn. *Maurandya scandens, M. semperflorens* aus Mexiko ist ähnlich *A. barclaiana*. Die Blüten sind 3–4 cm groß, violettrosa. Es gibt Farbsorten von weiß bis reinlila und rosa bis kupferfarben, bei uns ist aber nur die Art zu erhalten.

Campsis

Klettertrompete, Jasmintrompete
Bignoniaceae, Trompetenbaumgewächse

Die zwei Arten in USA und Ost-Asien sind sommergrüne, mit Haftwurzeln kletternde Sträucher. Sie benötigten aber Kletterhilfen, da die Haftwurzeln die Last großer Pflanzen nicht halten können. Die Blätter sind gegenständig und unpaarig gefiedert, die Einzelblättchen gesägt. Die Blütenstände erscheinen an den Enden der jungen Triebe. Die Blüten sind glokkig bis trichterförmig. Für warme Südwände in frischem, nährstoffreichen, nicht sauren Boden ist *Campsis* ein wertvoller Spätsommer- und Herbstblüher, der jedes Frühjahr wie Weinreben auf die Gerüsttriebe zurückgeschnitten, kräftig blühen wird. Der Rückschnitt erfolgt im Februar–März. Nach der Pflanzung dauert es etwa fünf Jahre bis zur ersten Blüte. Vermehrung erfolgt durch Stecklinge und Wurzelschnittlinge.

C. grandiflora, syn. *C. chinensis, Tecoma grandiflora, Bignonia chinensis, B. grandiflora* aus China und Japan ist aus der Gattung die empfindlichste Art. Sie klettert bis 6 m hoch und ist nur für warme Lagen in Weinbaugebieten oder kleinklimatisch günstige Situationen in der Stadt geeignet. Sie blüht schon als kleine Pflanze. Die Blüten sind 5–6 cm groß, breitglockig und dunkelrot-orange. Die Blütenkrone ist etwa so lang wie der mit spitzen Kelchzähnen besetzte Kelch. Blütezeit ist August–September. Die Blätter haben 7 bis 9 Blättchen, deren Mittelrippe und Nerven auf der Unterseite unbehaart sind. 'Thunbergii', Blüten orange, ist fast so winterhart wie die nachfolgende Art.

C. radicans (Abb. Seite 124), syn. *Tecoma radicans* aus Südost-USA ist ein kräftiger Kletterer bis 10 m. Die Blätter haben 9–11 Blättchen, deren Mittelrippe unterseits behaart ist. Blütezeit ist Juli–September, die Blüten sind röhrig, 6–9 cm lang, orange mit rotem Saum und 4–5 cm breit. Der Kelch mit kurzen, dreieckigen Zähnen, ist viel kürzer als die Blütenröhre. *C. radicans* ist absolut winterhart. 'Flava', syn.

'Yellow Trumpet', Blüten gelb, bis 6 m hoch. 'Praecox', syn. 'Sanguinea Praecox', Blüten scharlachrot, schon im Juni blühend.

C. × tagliabuana ist eine Kreuzung aus *C. grandiflora × C. radicans* syn. *C. × hybrida*, und vereint die Merkmale beider Eltern-Arten: mehr strauchig wachsend, aber bei Halt auch bis 7 m hoch kletternd. Die Blüten sind 8 cm lang und 5–6 cm breit, außen orange und innen scharlachrot. Der Kelch hat lange, spitze Zähne, ist aber viel kürzer als die Blumenkrone. Blütezeit Juli–August. 'Coccinea', Blüten rot; 'Madame Galen', Blüten lachsrot, reichblühend und kräftig wachsend, ist die verbreitetste Sorte. Die Blätter sind bis 40 cm lang, die Blättchen unterseits behaart. Insgesamt sehr ähnlich *C. grandiflora*, aber viel härter.

Cobaea

Glockenrebe, Krallenwinde
Polemoniaceae, Sperrkrautgewächse

Die 18 Arten dieser Gattung sind verholzende, ausdauernde Kletterpflanzen des tropischen Amerika. Wir ziehen *Cobaea scandens* (Abb. Seite 124) als einjährige Schlingpflanze mit Vorkultur durch Aussaat jedes Jahr wieder neu. Sie schafft es, bei guter Düngung und reichlicher Bewässerung an sonniger Stelle in einem Sommer 6 m und mehr an Höhe zu erklettern. In der Heimat erreicht sie 12 m und mehr. Die Blätter sind zwei- bis vierpaarig gefiedert und enden in einer verzweigten rötlichen Ranke, deren jedes Ende einen Haken trägt, um eine einmal erfaßte Kletterhilfe nicht mehr loszulassen, bis sich die Ranken darumgewickelt haben. Die Ranken sind Muster an Empfindlichkeit. Wenn man eine Ranke an einer Stelle reibt und etwa 5 Minuten wartet, kann man beobachten wie sie sich krümmt. Schon im Juli beginnt sie zu blühen. Die Blüten stehen auf 15–20 cm langen Stielen und sind glockig mit gewelltem Rand. Beim Aufblühen sind sie grün und riechen etwas dumpfsüßlich und unangenehm. Zu diesem Zeitpunkt sind die Staubgefäße reif. Dann beginnt sich die Blüte violett zu färben. Wenn sie ganz violett ist, ist die Narbe reif, und die Blüte duftet nach Honig. Dann kann man die langgestielten Blüten als haltbare Schnittblumen für die Vase schneiden. Wer die aparte grüne Farbe für Gestecke möchte, sollte die Sorte 'Alboflora' aussäen, bei der sich die Blüten nicht violett verfärben. Die Bestäubung durch Fledermäuse funktioniert bei uns nicht, so daß man mit einem Pinselchen nachhelfen muß. Wenn die ersten Blüten bestäubt werden (am besten abends), reifen die bis 10 cm langen dreiteiligen Kapseln gut aus. Aufgeplatzte, vergoldete Kapseln sind dekorativer Christbaumschmuck. Cobaeen sind bis zum Frost reichblühende Kletterpflanzen von urwüchsiger Kraft und rotvioletter Herbstfärbung der Blätter. 'Alboflora', Blüten grünlich weiß bis zum Verblühen; Blätter heller grün als bei der Art. 'Variegata', Blattränder weiß, sonst wie die Art.

Cymbalaria
Zymbelkraut
Scrophulariaceae, Rachenblütler

15 Arten in West-Europa und dem Mittelmeerraum zählen zu dieser Gattung. Die bei uns vorkommende Art ist *Cymbalaria muralis*, uns auch als *Linaria cymbalaria* vertraut. Es ist eine alte, verbreitete Zierpflanze und viele heutige Vorkommen sind Verwilderungen aus Gärten. Es ist ein staudiges Kräutlein, dessen grünrote Triebe kriechend und kletternd 1 m und mehr an Mauerhöhe schaffen. Halbschattige Stellen sagen ihnen zu und je schattiger es ist, desto länger werden die Triebe, die auch in dicht verzweigten, kleinen Sträuchern ihren Weg nach oben suchen. Die dunkelgrünen Blätter sind efeuartig, 5- bis 7lappig und meist unterseits rötlich. Die Blüten ähneln dem Löwenmaul. Sie sind etwa 1 cm groß und hellviolett mit zwei gelben Flecken am Schlund. Stiel und Blattstiele suchen dunkle Ritzen, um dort zu wurzeln bzw. sich festzuklammern. Sie verzweigen sich schnell und bilden dann ein dichtes, grünes Netz. Interessant ist, daß sich die Blütenstiele mit der Blüte dem Licht entgegenstrecken (sie sind positiv phototrop). Wenn

sich nach der Befruchtung die Samenkapsel entwickelt hat, kehrt sich dies um. Die Blütenstiele mit Fruchtkapsel wachsen dem Dunkel zu (sie sind jetzt negativ phototrop). Die Samen reifen in Mauerritzen und Spalten.

Als Hängepflanze im Balkonkasten gedeiht *Cymbalaria* in Sonne und Halbschatten sehr schön. Im Garten ist sie im Schatten ein schnell wachsender Bodendecker, kann aber auch ein lästiges Unkraut sein.

C. microcalyx aus Jugoslawien und Griechenland ist eine Pflanze mit großen Blüten und im Gegensatz zu *C. cymbalaria* für trockene, sonnige Stellen und in warmen Lagen winterhart. Falls Samen zu bekommen sind, sollte man die Art ausprobieren.

Eccremocarpus
Schönranke
Bignoniaceae, Trompetenbaumgewächse

Die vier Arten in den Andengebieten Süd-Amerikas sind kletternde, immergrüne Sträucher mit doppelfiederschnittigen Blättern, deren Spitze eine Ranke ist. In der Heimat verholzen die Sträucher. Bei uns wird *Eccremocarpus scaber* (Abb. Seite 124) mit Vorkultur einjährig gezogen. In milden Wintern bleiben manchmal in Weinbaugegenden Pflanzen am Leben oder säen sich von selbst aus. Vermehrung erfolgt durch Aussaat oder Stecklinge. An einem Standort in warmer Südlage mit voller Sonne ranken die Pflanzen bis 5 m hoch. Die orangeroten oder auch gelben, etwa 2,5 cm langen Blüten sitzen in vielblütigen, 10–15 cm langen, bis zwanzigblütigen Trauben an den Triebenden gegenüber den Blättern. Neben orangeroten gibt es auch kirschrote oder gelbrötliche und rein gelbe Sorten. Die vielfältige Sommerschlingpflanze paßt ans Balkongitter genauso wie in das Spalier des wilden Weines oder auch an Zäune. Sie klettert auch in kleine Sträucher und Bäume und blüht vom Auspflanzen bis zum Frost. Die Fruchtstände sind nach dem Abblühen zu entfernen. Die Sorte 'Aureus' hat goldgelbe Blüten und wird oft als 'Lutea' angeboten.

Rosa

Rose

Rosaceae, Rosengewächse

Die Gattung ist mit etwa 250 Arten in den temperierten und tropischen Gebieten der Nordhalbkugel verbreitet. Es sind Sträucher, von denen einige mit langen Trieben in Sträucher und Bäume wachsen und sich mit Hakenstacheln festhalten. Ohne Kletterhilfe, wie Baum, Strauch, Pergola, Gerüst, Spalier oder Zaun liegen die Triebe der Erde auf. Für uns sind Kletterrosen mit ihren durch Kreuzungen entstandenen vielen hundert Sorten eine große Bereicherung des Kletterpflanzensortiments. Viele von ihnen blühen reich und lange bis in den Herbst und haben oft auch einen angenehmen Duft. Kletterrosen lieben keine heißen, trockenen Standorte, besonders solche nicht, an denen noch eine Mauer die Mittagssonne durch Reflektion verstärkt. Deshalb muß ein Spalier für Rosen mit einem Abstand von etwa 10 cm von der Mauer befestigt werden. Humoser, etwas kalkhaltiger, tiefgründiger Boden ist ideal, aber auch wärmere Standorte sind möglich. Stark saure oder alkalische Böden und kalte schwere Tonböden mit Staunässe sind auch bei viel Nachhilfe nicht besonders für Rosen geeignet. Vermehrung erfolgt durch Veredlung oder Stecklinge bzw. Steckholz. Am einfachsten ist es, eine fertige Pflanze zu kaufen. Bei dem heutigen riesigen Angebot alter und neuer Rosensorten (zum Beispiel 950 Sorten im Katalog von Jensen) sollte sich durch Vergleichen und Ansehen für jeden Geschmack die richtige Rosensorte finden lassen. Über Rosen und auch Kletterrosen gibt es viele Bücher. Wer also Kletterrosen liebt, möchte bald mehr vom Sortiment kennenlernen, als in einem Kapitel dieses Buches gesagt werden kann. Aus diesem Grund sind hier nur Beispiele für Kletterrosen aufgezeigt, um Appetit zu machen.

Es gibt viele Rosengärten. In Dortmund, im Westfalenpark, befindet sich das Deutsche Rosarium mit über 3000 Rosensorten. Der Verein Deutscher Rosenfreunde bietet die Möglichkeit, mit anderen Rosenfreunden zu „fachsimpeln" und in seiner reichhaltigen Rosenbibliothek (Rosarium Dortmund) zu schmökern. Die folgenden Rosensorten sind Beispiele, die bei den Autoren Eindruck hinterlassen haben. So enthält diese Sortenliste eine sehr begrenzte und sehr persönliche Auswahl schöner Kletterrosen, wobei Blütenfülle, Krankheitsresistenz, Duft und Blütenfarbe wichtige Kriterien waren. Die Liste enthält ebenso alte wie neue Sorten und auch die heimische Ackerrose, *Rosa arvensis*, die wohl ihren Gartenplatz verdient, soll nicht fehlen.

'Agnes' (Saunders 1922). Eine Kreuzung aus der Kartoffelrose, *R. rugosa* mit der ihr den köstlichen Duft und das Gelb vererbenden *R. foetida persiana*. Sie wird 2–3 m hoch, ist gesund und hart. Sie blüht (einmal) im Juli konstrastreich zum dunkelgrünen Laub. An Säulen sehr schön und z. B. mit Clematis 'Hagley Hybrid' oder 'Duchess of Albany' bis in den Herbst schön.

'American Pillar' (van Fleet 1902). Blüten zu vielen zusammen, kräftig rosa mit weißer Mitte und goldgelben Staubgefäßen. Kräftiger Wachser bis 5 m hoch und bei der einmaligen, lange dauernden Blüte sehr beeindruckend. Gut winterhart, für Säulen und Girlanden geeignet.

R. arvensis, heimische Acker- und Feldrose mit langen grünen Trieben, die durchs Gebüsch oder auf dem Boden entlang wachsen, aber in Sträuchern 6–8 m hoch klettern, nach oben, dem Lichte zu wachsend. Blüten weiß, schalenförmig im Juni–Juli, ähnlich der Heckenrose. Mit dem mattgrünen Laub im Schatten und in der Sonne sehr ausdrucksstark. Die grünen Triebe sind zum Beispiel nach dem Laubfall in einem Haselstrauch sehr dekorativ und durch die kugeligen dunkelroten Hagebutten kontrastreich zierend. Aus einer Kreuzung mit der Kartoffelrose, *R. rugosa* entstand die Hybride *R. × paulii* (Abb. Seite 124). Als Bodendecker breitet sie mit ihren kleinen Clematisähnlichen Blüten zusammen mit gleichzeitig blühenden großblumigen *Clematis* wie 'Lasurstern' einen kontrastreichen Teppich, der sich auch über Mauern und Sträucher breiten kann. Reicher

Hagebuttenansatz als Herbstschmuck, wie Pflanzen in Weihenstephan zeigen, erhöht den Wert der Sorten.

R. banksiae, chinesische Rose, ist seit 1796 in Kultur. Blüten klein, weiß, zu mehreren in den Blattachseln. Verbreitet sind die weiß gefüllt blühende und besonders die gelb gefüllt blühende Form. In milden Lagen an geschützter Stelle durch Bäume und Sträucher wachsend, ist sie durchaus bei uns zu kultivieren. Die stachellosen Triebe können, wie im Mittelmeerraum festzustellen, 8–10 m Länge erreichen. Blütezeit ist Mai–Juni. Blüten duften je nach Typ unterschiedlich stark. Winterhärte ist ähnlich Kiwi, *Actinidia chinensis*.

'Climbing Allgold' (Le Grice 1956). Goldgelbe, halbgefüllte, nur ganz leicht duftende Blüten. Reicher Dauerblüher mit gesundem Laub und bis 5 m hoch wachsend. Sehr hart und nicht für heiße Lagen.

'Climbing Compassion' (Harkners 1974). Blüten einzeln stehend, kräftig lachsrosa, gefüllt. Blüten im Verblühen hellrosa. Außergewöhnlich intensiver angenehmer Duft, für den sie in England die Auszeichnung als beste Duftrose erhielt. Bis 3–5 m, öfter blühend und für geschützte Stellen geeignet.

'Climbing Gloria Dei', syn. 'Climbing Mme. A. Meilland' (Meilland 1945). Blüten groß, gefüllt, weißgelb mit rötlichem Rand. Die Kletterform dieser gesunden, wetterfesten verbreiteten Rose ist gewaltig wüchsig, 6–8 m und hat später einen armdicken Stamm. Robust und überall, wo sie Platz hat, an Häusern wie in Bäume wachsend. Diese Rose braucht einige Jahre des Einwachsens bis zur vollen Entfaltung.

'Climbing Mme. Caroline Testout' (Pernet Ducher 1890). Gefüllte Blüten in klarem Rosa mit etwas zurückgerollten Bütenblättern und kräftigem Duft. Einmal blühend, bis 4 m hoch. Eine der verbreitetsten schönen alten Kletterrosen, die auch viel in der Züchtung verwendet wurde. An heißen Stellen verblüht sie schnell.

'Climbing Sutters Gold' (Swim/Armstrong 1950). Teerosenblüten, gefüllt, hellorange, oft rötlich überlaufen mit vorzüglichem Duft.

Auch für Höhenlagen, sehr gesund und harter Dauerblüher. Bis 4 m hoch.

'Flammentanz' (Kordes 1955). Blutrote, mittelgroße gefüllte Blüten, bis 4 m hoch. Freistehend an Pergola in der Blüte sehr beeindruckend, aber leider ohne Duft und nur einmal blühend.

'Gerbe Rose' (Fauque 1904). Ein Abkömmling von *R. wichuraiana*, für etwas geschützte Lagen. Große, gefüllte Blüten, dunkelrosa bis leicht lila und abends kräftig duftend. Nachblühend, gesund und kräftig bis 4–6 m hoch wachsend und fast stachellos.

'Gloire de Dijon' (Jacotot 1853). Große gefüllte Blüten, orangegelb mit weißlichem Rand, orange überhaucht, gut duftend. Bis 3 m hoch und mehrmals blühend. Eine der schönsten alten Kletterrosen für geschützte Pflanzstellen. Auch im lichten Schatten blühend. Gut mit großblumigen *Clematis* wie 'Mrs. Thompson' oder 'Mrs. Cholmondely'.

'Goldfassade' (Baum 1967). Mittelgroße, gelbe gefüllte Blüten mit rötlichem Hauch. Reichblühend, bis zum Frost. Bis 4 m hoch. Gute, kräftig duftende Kletterrose für Säulen und Pergolen.

'Ilse Krohn Superior' (Kordes 1964). Große gefüllte Blüte, zu mehreren stehend, die sich cremefarben öffnet und weiß verblüht. Duftet köstlich. Wird bis 3 m hoch und hat gesundes Laub. Sie ist sehr frosthart, liebt keine zu heißen Lagen. Nachblüte.

'Lawinia' (Tantau 1980). Große, locker gefüllte, intensiv rosa zu hell lachsrosa changierende Blüten mit starkem Duft. Blüht reichlich bis zum Frost. Für alle Möglichkeiten, bis 3 m hoch.

'Mermaid' (Paul 1918). Hellgelbe, schalenförmige, einfache bis 15 cm große Blüten. Die bräunlichen Staubblätter bilden einen guten Kontrast. Für warme, geschützte Pflanzstellen, dort Dauerblüher. 4–7 m hoch. Glänzendes, gesundes dunkelgrünes Laub. Bei uns, außer in sehr geschützten Lagen, zurückfrierend. Aber jeden Versuch, auch im Kübel, mit frostfreier Überwinterung wert.

'New Dawn' (Somerset Nursery 1930). Gefüllte, zartrosa Blüten bis zum Frost. Strauchig kletternde, bis 5 m hohe Rose mit Blüten ähnlich *R. wichuraiana*. Gesund und reichblühend, wenn sie nicht an zu heißer Stelle wächst. Schön über Mauern, Zäune und an Bögen.

R. × paulii siehe *R. arvensis*

'Paul's Scarlet Climber' (Paul 1916, Abb. Seite 141). Lange Zeit eine der verbreitetsten Kletterrosen. Halbgefüllte, regenunempfindliche, leuchtend scharlachrote, schwach duftende Blüten. In Süd- und West-Lagen manchmal anfällig für Mehltau. 3–6 m hoch wachsend. Blüht gut nach.

'Sympathie' (Kordes 1964). Dunkel samtrote, große gefüllte, etwas duftende Blüten, 4–6 m hoch, auch in Bäume wachsend. Frühblühend mit reichlicher Nachblüte bis zum Frost. Für helle oder Sonnenlicht-durchwanderte Stellen, da das dunkle Samtrot der Blüten sonst nicht wirkt. Gut mit weißen, großblumigen *Clematis*. Auch an Nordseiten blühend.

'Veilchenblau' (J. C. Schmidt 1909). Locker gefüllte, kleine purpurviolette Blüten mit weißem Auge, die blauviolett verblühen, leicht duften und zu mehreren zusammenstehen. Gesundes Laub an bis 4 m langen Trieben, die fast stachellos sind. Diese Sorte bringt die selten blauviolette Farbe in das Kletterrosensortiment. Einmal blühend im Mai, insbesondere im Schatten oder auf der Nordseite die Farbe gut haltend.

R. wichuraiana, Wildart aus China und Japan, von Dr. Wichura entdeckt und in Kultur eingeführt. Kleine weiße Blüten mit leichtem Duft, zu vielen in Doldenrispen. Im August–September blühend. Gesundes, dunkelgrünes Laub, das in milden Lagen immergrün ist. Triebe 4–8 m lang, als Bodendecker ebenso wie in Sträucher wachsend zu verwenden. Eltern vieler guter Kletterer. Besonders wertvoll auch wegen ihrer späten Blütezeit.

'Zephirine Drouhin' (Bizot 1868). Mittelgroße, schalenförmige, leuchtendrosa Blüten mit gutem Duft, ab August blühend. Ohne Stacheln, bis 4 m hoch und relativ unempfindlich gegen Regen. Für sehr warme Pflanzstellen, auch halbschattig gut gedeiht.

Thunbergia
Schwarzäugige Susanne
Acanthaceae, Akanthusgewächse

Von den etwa 200 Arten in den Tropen der alten Welt mit vielen schlingenden Arten gehören einige zu unseren schönsten Sommerschlingpflanzen. Es sind in der Heimat kletternde Stauden oder Sträucher, die bei uns als Einjährige mit Vorkultur gezogen werden. Die Keimtemperatur sollte mindestens bei 18 °C liegen; bei Dezemberaussaat dauert es 16 bis 20 Wochen, bei Märzaussaat 10 bis 12 Wochen bis zur Blüte. Neu hinzu kommt seit einiger Zeit *Thunbergia fragrans*, die jetzt als Topfpflanze angeboten wird. Vermehrung erfolgt durch Aussaat. Die Überwinterung der Pflanzen (außer *T. fragrans*) lohnt sich nicht. Sie benötigen nährstoffreiche, humose Erde und reichliches Düngen und Wässern während des Sommers. Es sind reichblühende Schlinger für Gitter, Sträucher und Zäune und auch reizvoll, wenn sie in größere Kübelpflanzen hineinklettern dürfen und so mancher Pflanze über die anfängliche Blütenlosigkeit hinweghelfen.

T. alata (Abb. Seite 141), aus Südost-Afrika, klettert bis 2 m hoch. Die Blätter sind gegenständig, breit pfeilförmig mit geflügeltem Blattstiel. Die Blüten stehen einzeln an 5 cm langen Stielen in den Blattachseln und sind etwa 4,5 cm groß mit 5teiliger Bütenkrone. Die Blüten sind blaßgelborange oder weiß. Je nach Sorte mit oder ohne schwarzbraunem, purpurnen Schlund. Die Triebe neigen von sich aus zum Kriechen und brauchen deshalb Hilfe zum Klettern, müssen also aufgebunden werden.

'Orange Wunder', Blüten größer, leuchtend orange und weniger wärmebedürftig, bis 3 m hochwachsend. Gute kräftige Auslese, etwas später mit der Blüte beginnend als die Art.

'Susie Serie' als Einzelfarben oder in Mischung, Blüten orange, gelb oder weiß, mit oder ohne schwarzem Auge.

T. fragrans aus Indien wird als Topfpflanze angeboten und ist bei Temperaturen um 10 °C zu überwintern. Die Blätter sind länglich oval, gezähnt und mit herzförmigem Blattgrund, die

Blüten weiß, 3,5–5 cm groß mit 5 großen, keilförmig geschnittenen Blütenblättern. Sie wird wie *T. alata* als Sommerschlinger verwendet und hat köstlichen Duft. Bei dieser Art lohnt sich die Überwinterung der Pflanze oder bewurzelter Stecklinge.

'Angel wings' ist eine weißblühende Sorte.

Die folgenden beiden Arten werden hin und wieder angeboten, sind aber nicht so robust wie *T. alata*-Sorten:

T. gibsonii, tropisches Afrika. Ähnlich *T. gregorii*, aber mit noch größeren Blüten und seidig behaart. Blüten. Die Blattstiele sind ungeflügelt, die Stengel gerippt, oft rot überlaufen.

T. gregorii aus Ost- bis Süd-Afrika ist ähnlich *T. alata*, aber bis auf die Blüte rauh behaart. Die Blattstiele sind wellig geflügelt, die Blattränder oft wellig. Die Blüten sind orange, bis 5 cm groß, ohne dunklen Schlund und stehen auf etwa 10 cm langen Stielen in den Blattachseln.

T. grandiflora aus Nord-Indien bis Süd-China. Wird neuerdings als Topfpflanze von der Lehr- und Versuchsanstalt Friesdorf-Auweiler angeboten. Sie hat blaue, bis 7 cm breite Blüten in bis 20 cm langen hängenden Trauben in den Blattachseln. Hauptblütezeit ist Juli–Oktober und bei genügend Licht und Wärme (mindestens 10–15 °C) auch in anderen Monaten.

Ähnlich sind zwei andere indische Arten: *T. coccinea* mit 2 cm breiten roten Blüten. Blütentrauben bis 30 cm und *T. mysorensis* mit gelben, ca. 5 cm breiten Blüten in roten Kelchen (Blütentrauben bis über 40 cm lang), die ihre Hauptblütezeit in den Wintermonaten haben und bei einer Temperatur um 20 °C zu Dauerblühern werden können.

Tripterygium
Dreiflügelschlinge
Celastraceae, Spindelbaumgewächse

Es sind 4 bis 5 ostasiatische Arten sommergrüner kletternder Sträucher mit einfachen, großen, wechselständigen Blättern. Die Zweige sind überhängend, die Blüten klein in endständigen großen Rispen mit zierenden dreiflügeligen Früchten. Eine Art ist winterhart.

T. regelii aus Japan und Korea wird bis 3 m hoch. Die Blätter sind eiförmig, 4–15 cm lang und bis 10 cm breit, die Blüten 5–6 mm groß, gelblichweiß, in 10–30 cm langen Rispen. Blütezeit ist Juli. Im September–Oktober erscheinen die grünlichen Früchte. Sie sind 1,5 cm groß, kantig und 3flügelig, ähnlich den flügeligen Ulmenfrüchten. Die Art ist ganz hart; die Kultur ist wie bei *Celastrus*. Es ist eine interessante, anspruchslose Rarität, oft auch als *T. wilfordii* bezeichnet. Das echte *T. wilfordii* hat aber rote Früchte und ist nicht winterhart.

Vermehrung erfolgt durch Aussaat, Stecklinge oder Ableger.

Clematis

Clematis, Waldrebe, Doppelblume zur Familie der Ranunculaceae, Hahnenfußgewächse gehörend, bietet mit 150 bis 300 Arten, je nach Aufgliederung oder Zusammenfassung, dem Clematisfreund, besser gesagt jedem Gartenbesitzer, vielfältigste Auswahl. Wenn auch nur 30 bis 40 Arten regelmäßig angeboten werden, so bieten die weit über 250 Sorten – vor allem der großblumigen Hybriden – mehr als ausreichende Vielfalt für den kleinsten wie auch den größten Garten.

Clematis umfassen einige wenige Stauden und überwiegend kletternde, meist verholzende Sträucher. Die Blätter sind gegenstänig und meist aus Fiederblättchen zusammengesetzt. Die Blattstiele, meist aber die Blättchenstiele, wickeln sich um Kletterhilfen und verholzen dann. Das gibt festen Halt. Die Blüten haben gefärbte Perigonblätter, Tepalen genannt, die wie Blütenblätter fungieren. Bei den Hahnenfußgewächsen, also auch bei *Clematis*, sind die Blütenteile spiralförmig zur Blütenmitte hin angeordnet. Dies bedeutet, daß es von Tepalen über tepalenähnliche Gebilde – verbänderte Staubblätter – Staubblätter zu Fruchtblättern hin alle Übergänge mit wechselnden Anteilen geben kann. So zum Beispiel auch bei der Blütenfüllung mit zusätzlichen Tepalen (zum Beispiel: großblumige Hybriden und *C. macropetala*) oder mit verbänderten (unfruchtbaren) Staubblättern (bei *C. alpina*, *C. macropetala* oder *C.* 'Florida Sieboldii'). Blüten sitzen einzeln oder zu mehreren in den Blattachseln oder am Triebende. Blütenstandsprinzip bei *Clematis* ist in der Regel das Cyathium, das heißt drei Blüten kommen aus einem Ansatz; die beiden äußeren können auch wegfallen, so bleibt eine Einzelblüte oder sie können Stiel für ein weiteres Cyathium (drei Blüten) sein. Die mittlere Blüte blüht oft früher als die beiden äußeren.

Bei einigen Arten stehen sie auch zu vielen in großen Blütenständen zusammen. Blütenduft ist leider bei den großblumigen Hybriden sehr selten. Nektar wird gebildet, so daß Bienen in den Blüten oft nicht nur Pollen sondern auch Nektar vorfinden. Bei *C. japonica* sind in der Blüte Nektartröpfchen zu sehen. Bei *C. tangutica* beißen Hummeln oft am Tepalengrund ein Loch, um so einfacher an den Nektar zu kommen, statt sich in die enge Blüte zwängen zu müssen. Interessant ist, daß der Griffel an den einzelnen Fruchtblättern stehenbleibt und bei vielen Arten noch wächst (z. B. ca. 7 cm lang bei *C. tangutica*) und dann Haare trägt. Die Natur hat hier eine Windverbreitung der Einzelfrucht vorbereitet. Wir Menschen freuen uns an den meist silbrighaarigen Fruchtständen und benutzen auch Länge, Form und Behaarung des Griffels an der Einzelfrucht als gutes zusätzliches Bestimmungsmerkmal.

Clematis-Arten kommen in allen Gebieten der Erde (ohne Polarbereich), besonders aber in den gemäßigten Klimazonen vor. So gibt es bei uns eine große Zahl winterharter *Clematis*. Viele davon blühen am Kurztrieb am vorjährigen Holz wie auch an den jungen Trieben. Das gibt die Möglichkeit je nach Schnittzeitpunkt die Hauptblüte durch schnittbedingtes Wachstum neuer Triebe zu steuern. *Clematis* können mit Ausnahme sehr alter Pflanzen stark, bis auf einige wenige Gerüsttriebe zurückgeschnitten werden, ohne ernsten Schaden zu leiden. Strenge Winter, in denen die oberirdischen Triebe erfrieren, sind so nur als starker Rückschnitt zu betrachten und keine ernste Gefahr.

Clematis lieben als Waldpflanzen einen kühlen, schattigen Wurzelbereich mit humosem, frischem, gut durchlüftetem, feuchtem aber nicht staunassem Boden. Durch vorgepflanzte niedrige Stauden, einen schattenspendenden großen Stein oder eine 20 cm hohe Kiesschicht ist die nötige Fußbeschattung herzustellen. Auch zu trocken darf es nicht werden, deshalb an Mauern, Wänden und Baumstämmen auf Abstand pflanzen, damit die *Clematis* aus der Trockenzone kommt. Triebe und Blüten brauchen Sonne, auch wenn einige Arten noch im Schatten gut wachsen und blühen. Da einige *Clematis* zu unseren mächtigen Gartenlianen gehören, zum Beispiel unsere heimische Waldrebe, *C. vitalba*, muß auch für Nährstoffe durch leichte Düngung gesorgt werden. Ein Blütenmeer kommt nicht von ungefähr. Eine wichtige Vorbedingung für das Gedeihen ist ein Pflanzloch von mindestens 70 × 70 × 70 cm, das mit Ästen, altem Laub und Komposterde gefüllt wird. Dabei sollte man Boden und Wände lockern, damit kein Riesenblumentopf entsteht. Diese Vorarbeit lohnt sich für ein langblütiges *Clematis*-Leben. Eine Krankheit, die *Clematis*-Welke, ist so gut wie das einzige Problem.

Es sind zwei Pilze *(Ascochyta clematidina* und *Coniothyrium clematidis-rectae)*, die in Verletzungen der Pflanze – meist am Trieb in Erdnähe – wohl als Schwächeparasiten eindringen und die Leitungsbahnen verstopfen. Dadurch stirbt der Trieb innerhalb eines Tages ab, wird schwarz und vertrocknet. In England und Holland sind gute Erfolge mit dem systemischen Fungizid Benomyl durch vorbeugendes Gießen mit der Lösung dieses Mittels gemacht worden. Benomyl ist bei uns allerdings nur noch sehr begrenzt zugelassen. Zur Desinfektion einer Pflanzstelle kann man auch mit Formaldehyd-Lösung (1:50) gießen und nach 4 bis 8 Wochen pflanzen. (Achtung, andere Pflanzen vertragen ebenso wie der Welkepilz auch kein Formaldehyd!) Wo die Welke zu häufig auftritt, ist auf *Clematis*-Arten wie *C. alpina* und *C. macropetala*, *C. viticella*, *C. montana*, *C. tangutica* und die Orientalis-Gruppe auszuweichen, sowie auf die Sorten der genannten Arten, da diese sehr selten oder nicht befallen

werden. Die *Clematis*-Welke zeigt sich bei den großblumigen Hybriden besonders in der Zeit höchster physiologischer Belastung, das heißt, wenn die Pflanze ihre Hauptblüte zur Entwicklung bringt und dadurch weniger widerstandsfähig ist, da ihr Nährstoff- und besonders ihr Wasserhaushalt angespannt sind. Wenn Welke auftritt, ist sie natürlich wie jeder Infektionsherd zu bekämpfen (Hygiene), um Ansteckung anderer Pflanzen zu vermeiden.

Clematis werden durch Aussaat, Stecklinge und Ableger vermehrt. Da *Clematis* im Herbst frühzeitig in eine Wachstumsruhe eintreten, muß man Stecklinge früh heranziehen oder zusätzlich belichten, damit die Tageslänge mehr als 8 Stunden beträgt. Oft werden die großblumigen Sorten auch auf *C. vitalba* und manchmal auf *C. viticella* veredelt. Bei den heutigen Bewurzelungsmitteln ist es kein Problem, Stecklinge zu bewurzeln. Man muß nur ausprobieren, ob weiche, halbreife, krautige oder etwas härtere Stecklinge geeignet sind, denn jede Art bzw. Sorte verhält sich anders. Versuche über Meristemvermehrung (Zellkultur) waren auch erfolgreich, sind aber noch nicht praxisreif.

Die *Clematis* wird die Königin der Schlingpflanzen genannt und hatte ihre hohe Zeit in der zweiten Hälfte des letzten Jahrhunderts. Dann brach die Begeisterung ab – wobei sicher offenbleibt, ob, wie vermutet, die Clematis-Welke oder mehr der Erste Weltkrieg, der so vielem mit Gewalt Einhalt bot, auch den Siegeslauf der *Clematis* stoppte. Jetzt scheint eine neue *Clematis*-Zeit angebrochen zu sein. Die Angebote werden reicher, und übliche Verkaufssortimente mit 10 bis 20 Sorten sind keine Seltenheit mehr. Das derzeit umfangreichste Sortiment ist bei Ingwer Jensen in Flensburg mit über 150 Arten und Sorten erhältlich (übrigens auch an 1000 alte und neue Rosen-Sorten, die sich mit *Clematis* bestens vertragen). Aber auch andere Betriebe bieten ein bis zwei Dutzend Arten und Sorten an.

Clematis sind ideal für Kombinationen, Große Kiefern, bewachsen mit *C. tangutica* oder *C. orientalis* zeigen, wie man das

Schwarzgrün der Nadeln beleben kann. Dies gilt auch für *C. viticella*-Sorten, mit denen rosarote oder blauviolette Eleganz in die statuarischen Kieferngestalten klettert. Zwei dieser Sorten, 'Abundance' mit weinroten, offenglokkigen Blüten und das Blauviolett von 'Etoile Violette' lassen sich bestens kombinieren, oder durch *C. tangutica* kann man Gelb hinzufügen. Purpurblättrige Perückensträucher (*Cotinus coggygria* 'Royal Purple') schmücken sich dann im Herbst mit silbrigen Fruchtständen. Die handgroßen, sternartigen rosa Blüten der Sorte 'Capitain Thuilleaux' geben dem Strauch von Juni bis August einen zusätzlichen Sommerflor, ohne Konkurrenz zum Fruchtschmuck zu sein. Wer im Mai bis Juni und auch im Herbst weißen Kontrast zum purpurroten Laub des Perückenstrauches liebt, pflanze 'Miss Bateman' mit cremeweißen Blüten, deren purpurrote Staubblätter die Mitte betonen. Wichtig ist, daß beim Wachsen in so dicht verzweigte Sträucher wie *Cotinus* solche *Clematis* gewählt werden, die nicht geschnitten werden müssen. Die sehr reich blühende 'Hagley Hybrid' wäre zum Beispiel ungeeignet, da sie jedes Frühjahr des Rückschnitts bedarf. Verwendungsmöglichkeiten solcher Art lassen sich für *Clematis* in jedem Garten finden: sei es eine samt-purpurrote 'Marcel Moser' in einer alten Spalierbirne oder die weiße 'Miss Bateman' oder die glokkenblumenblaue 'Lasurstern' zwischen köstlich duftenden lilarosa Blütenständen des nur 1–1,5 m hoch wachsenden Flieders *Syringia microphylla* 'Superba'. Man hat Fliederduft und edle Clematis-Blüten im Frühsommer und im Herbst bis Oktober. Noch werden Sorten der Texensis-Gruppe mit aufrechten, tulpenähnlichen Blüten wie 'Duchess of Albany' selten gepflanzt. Sie paßt zum Riesenchinaschilf (*Miscanthus sinensis* 'Gigantea'). Bei beiden müssen im Frühjahr alle alten Vorjahrestriebe weggeschnitten werden. Ist in manchen Jahren die *Clematis* schneller gewachsen, kann man mit einem Stab helfen, bis das Chinaschilf sie überholt hat.

Zur Züchtung der großblumigen *Clematis* ist anzumerken, daß viele Sorten aus der zweiten Hälfte des vorigen Jahrhunderts stammen und eigentlich erst jetzt wieder neue Sorten entstehen und angeboten werden. Züchtungszentren waren in der zweiten Hälfte des vorigen Jahrhunderts und bis zum Ersten Weltkrieg hinein in Großbritannien (z.B. Jackman, Markham, Cripps, Noble, Anderson-Henry, Pennell, Picton) in Frankreich (z.B. Morel, Moser, Lemoine, Simon-Louis, Boisselot, Le Bêle) und in Deutschland (Goos & Koenemann mit 'Lasurstern', Heinemann, Späth mit 'Elsa Späth') sowie die Niederlande (Grootendorst mit 'Madame Le Coultre', Koster mit 'M. Koster'). Jetzt sind als Züchter in größerem Umfang zu nennen: Johnson in Schweden, Noll und Francak in Polen.

Eine Vielzahl für uns neuer Sorten gibt es in Rußland und Japan.

Bei *Clematis*-Liebhabern, in Baumschulversuchsanstalten und auch in Botanikinstituten werden *Clematis* gezüchtet. Die großblumige *C. tangutica*-Hybridsorte 'Aureolin' ist zum Beispiel das Ergebnis einer solchen Züchtung. Es ist künftig noch viel zu erwarten in Blütenform und Farbe. Auch der Duft wird sicher wie bei den Rosen ein Zuchtziel werden. Die Züchtung ist verhältnismäßig einfach: Die Aussaat erfolgt direkt bei Reife in einen Topf oder ins Freiland. Mit etwas Geduld wird man sich überraschen lassen, wie das Ergebnis ausfällt: Fehlfarben oder ein Prachtexemplar. Anfangen sollte man mit *C. tangutica* oder auch *C. alpina*, weil bei diesen die Aussaat am leichtesten ist.

Viele *Clematis*-Arten wurden nach Herbarmaterial oder lebenden Pflanzen aus gesammelten Samen beschrieben, ohne zu wissen (oder zu beachten), daß das zur Beschreibung benutzte Exemplar nur ein Typ, nur eine Merkmalskombination von vielen möglichen des Gesamtverbreitungsgebietes war. Es zeigte sich, daß die zur Artbeschreibung dienenden Merkmale wie Blättchen- oder Blütenform z.B. bei der Orientalis-Gruppe sehr veränderlich sind. Bei genügend ausdauernder Suche im natürlichen Verbreitungsgebiet lassen sich alle Übergänge zwischen den einzelnen Arten zugeordneten Merkmalsausprägungen finden, das heißt, fließende Übergänge zwischen vielen bisher beschriebenen „Arten" bedeuten taxonomische Neuordnung zu klarer Abgrenzung oder Zusammenfassung zu Arten mit variablen Unterarten und Formen. Eine solche zusammenfassende Darstellung eng verwandter Arten empfiehlt sich auch deshalb, weil die Eltern vieler diesen Komplexen zuzuordnender Gartensorten (insbesondere bei Hybriden verschiedener Arten) nicht oder falsch benannt waren und eine nachträgliche Klärung schwer oder kaum möglich ist. Für unsere Gartenverwendung braucht die taxonomische Detailklärung nicht vertieft zu werden. Wer an diesen Einzelheiten Spaß hat, kann sich in die umfangreiche Speziallliteratur vergraben und sich an der weiteren Erforschung der Zusammenhänge beteiligen.

Das hier aufgeführte Sortiment umfaßt, was an Arten und Sorten angeboten wird und bei einiger Anstrengung auch zu erwerben ist. Es besteht zum größten Teil aus großblumigen Hybriden, deshalb sind sie in nicht ganz üblicher Weise den Arten vorangestellt. Bei ihnen ist jeweils auf die übliche praktische und auch heutigen Erkenntnissen nicht widersprechende Gruppenzuordnung hingewiesen. Bei den Arten und Artenkomplexen wird nach dem Stand der taxonomischen Erkenntnis verfahren. Die Sorten dieser Artenbereiche sind entsprechend zugeordnet.

Großblumige Hybriden

Die großblumigen Hybriden werden vier wichtigen „Stammeltern" (Ausgangs-Arten bzw. -Sorten) zugeordnet. Eine ist *C. florida*, die Thunberg 1776 aus Japan einführte. Von Siebold brachte sie 1836 nochmals von dort mit nach Europa, wie auch gleichzeitig *C. patens*. Durch Fortune kam um 1850 *C. lanuginosa* aus China zu uns. *C. viticella* aus dem Mittelmeerraum ist schon seit vielen Jahrhunderten bei uns als Gartenpflanze eingeführt. Bei der Züchtungsarbeit merkte man bald, daß es sich bei den drei asiatischen Eltern um alte Gartenpflanzen hybriden Ursprungs handelte, es also in unserem heutigen Sinne Sorten waren.

Die früher auf den vier Haupteltern aufgebaute Abstammungsgruppierung ist heute als Zuordnung zu Sortengruppen zu verstehen, mit denen sich eine gewisse generelle Charakterisierung von Wuchstyp, Blütentyp, Blühweise, Blütezeit und Schnittempfehlung geben läßt. Elter für eine weitere Gruppe ist auch *C. × jackmanii*, aus einer Kreuzung von *C. lanuginosa* mit *C. viticella* 'Atrorubens', 1858 bei Jackman entstanden.

Florida-Gruppe

Verholzende Kletterpflanzen, die am vorjährigen Trieb blühen und keines Rückschnitts bedürfen. Blütezeit ist meist (Mai) Juli bis September.

Ausgangsmaterial für zahlreiche Hybriden waren unter anderen zwei Formen von *C. florida*, die vermutlich schon in Japan als Gartensorten der reinen Art kultiviert wurden:

C. florida 'Plena', syn. *C. florida* 'Alba Plena'; Blüten sind grünlich weiß, Blütezeit Juli–August, Blüte 5–10 cm groß, Höhe ca. 2 m, Standort OSW, geschützt. Staubblätter unfruchtbar und verbändert, tepalenähnlich und Blüten rosettenartig in der Mitte füllend. Wahrscheinlich schon von Thunberg 1776 aus Japans Gärten mitgebracht.

C. florida 'Sieboldii', syn. *C. florida* 'Bicolor' und *C. sieboldiana*; Blüten grünlich zu weiß mit purpurroter, gefüllter Mitte, 6 Tepalen, $\emptyset$ bis 10 cm, Blütezeit Juli–August oder bis September; Höhe 2,5 m, Standort SW. Staubblätter meist unfruchtbar und zur Füllung verbändert. Blütenmitte hält noch nach Abfallen der Tepalen. Blütenstiele bis 20 cm lang. Für Schnitt geeignet. Von Siebold als Gartenform um 1837 aus Japan eingeführt.

Jackmanii-Gruppe

Verholzende Kletterpflanzen, die an den jungen Trieben lange und in reicher Fülle blühen.

Blütezeit Juli bis September. Kräftiger Rückschnitt im Februar–März auf 30, 50 oder 80 cm je nach Sorte. Ohne Rückschnitt, zum Beispiel beim Durchklettern eines hohen Baumes verkahlen die Pflanzen unten und die Blüten entschwinden nach hoch oben.

C. ×jackmanii ist Elternteil zahlreicher großblumiger Hybriden (vgl. Sorten-Liste Seite 147).

Clematis patens 'Fortunei', erste bei uns eingeführte gefüllt blühende großblumige Clematis

Lanuginosa-Gruppe

Verholzende Kletterpflanzen, die an kurzen, jungen Seitenästen der Triebe blühen. Blüten groß und über die ganze Pflanze verteilt. Blütezeit August–September. Kein Schnitt, nur totes Holz auslichten, wenn treibende Knospen dies ab Februar ermöglichen. Der der Lanuginosa-Gruppe zugrunde liegende Typ ist heute nicht mehr in Kultur.

C. 'Lanuginosa', Schreibweise ist meist C. lanuginosa, obwohl sie bereits in China Gartensorte war. Blüten je nach Form weiß bis lila, 6–8 Tepalen, außen behaart, insbesondere die Knospen stark behaart, ⌀ 10–20 cm, Höhe 2 m, Blütezeit Juli–September. Die Pflanze kam durch Fortune ca. 1850 aus dem chinesischen Gartenzentrum Tein Tung nach England.

Sie ist auch Kreuzungselter der Jackmanii-Gruppe (C. lanuginosa × C. viticella 'Atrorubens'). Herbarblätter seines gesammelten und eingeführten Pflanzenmaterials tragen den Vermerk „aus Garten".

'Lanuginosa Candida': grauweiß zu weiß erblühend, Staubbeutel gelb; halbgefüllt; 17–22 cm; Blütezeit VI–IX; Höhe 2,5–3,5 m; Standort OSW; Lanuginosa-Gruppe.

Patens-Gruppe

Verholzende Kletterpflanzen, die am Vorjahrestrieb blühen. Blütezeit unterschiedlich zwischen Mai und Oktober. Kein Schnitt.

C. patens, mit Heimat in China und Japan ist Ausgangsart für die Hybriden. Es gibt Farbtypen in Weiß, Violettblau, Violett, sowie auch gefüllt blühende Formen, alle mit rotvioletten Staubbeuteln, in China (Mandschurei) auch cremegelbe Formen. Diese cremegelbe Form wird in Japan als 'Manshu-Kii' (Mandschurisches Gelb) kultiviert und scheint in einer Auslese die Sorte zu sein, die als 'Wada's Primrose', 'Syn. Yellow Queen', im Handel ist und bei der jetzt gelbe Staubgefäße zu finden sind. Es bedarf noch eingehender taxonomischer Bearbeitung dieses C. patens-Komplexes und der vergleichenden Untersuchung am lebenden Material, um abschließende Klarheit zu erhalten. Alle haben 6–10 Tepalen und ca. 12–17 cm große Blüten; Blütezeit V–VII (IX); Wuchshöhe ca. 2–3 m, für OW-Standorte. C. patens ist in vielen Sorten eine alte chinesische und japanische Gartenpflanze und als solche durch von Siebold aus Japan nach Europa gebracht und wurde Typ für die Patens-Gruppe. C. patens 'Fortunei' ist eine gefüllt blühende Sorte, Blüten weiß, rosa überlaufen; Blütezeit Juni–Juli, um 1860 nach Europa gekommen.

Oben links: Rosa 'Paul's Scarlet Climber', Rose
Oben rechts: Thunbergia alata,
Schwarzäugige Susanne
Unten links: Jasminum nudiflorum, Winterjasmin
Unten rechts: Lonicera caprifolium, Geißblatt

Viticella-Gruppe

Verholzende Kletterpflanzen, die am jungen Trieb sehr reich und über lange Zeit blühen. Blütezeit Juli–September oder Oktober. Kräftiger Rückschnitt ganz (30–50 cm) oder auf einige Leittriebe im zeitigen Frühjahr. Hierzu rechnen die großblumigen Viticella-Hybriden. Die der Art ähnlichen, kleinblumigen Sorten sind ihr direkt zugeordnet (s. Seite 164).

Großblumige Hybriden in alphabetischer Reihenfolge

'Alabast': weiß, 6 Tepalen, ⌀ 15–17 cm, erste Blüte gefüllt. Blütezeit VI–VII + IX; Höhe 2–3 m; Standort OSW; Florida-Gruppe.

'Alice Fisk': lavendelblau, aufhellend, Staubfäden weiß, Staubbeutel dunkelpurpurn, 6 Tepalen, Rand gewellt, ⌀ 16–18 cm, Blütezeit V–VI + IX; Höhe bis 2,5 m; Standort NOSW; Patens-Gruppe.

'Allanah': glühend rubinrot, Staubbeutel braun; 6(–8) Tepalen, 15–20 cm; Blütezeit VII–IX; Höhe 2–3 m; Standort OSW; Neuseeländische Züchtung. Jackmanii-Gruppe.

'Anna': hellrosa, zur Mitte dunkler, Staubfäden gelbgrün, Staubbeutel purpurn, 6–8 Tepalen, gewellt, ⌀ 12–15 cm; Blütezeit V–VII+IX; Höhe über 2 m, Standort NOSW; Patens-Gruppe.

'André Devilliers': intensiv lavendelblau, Staubbeutel purpurn, Tepalen gewellt, ⌀ 15–20 cm; Blütezeit VI–IX. Patens-Gruppe.

'Andrew': blauviolett, Staubfäden und Staubbeutel purpurn bis violett, 8 Tepalen, unterseits behaart, ⌀ 15–20 cm; Blütezeit VI + IX; Höhe ca. 2 m, Standort OSW; bei Schnitt Herbstblüte am neuen Trieb; Lanuginosa-Gruppe.

'Annabel': hellblau mit weißer Mitte, Staubbeutel cremefarben, 6 Tepalen, ⌀ 15–20 cm;

Blütezeit VI–IX; Höhe 3–4 m, Standort NOSW; Patens-Gruppe.

'Asao': rosarot mit weißem Streifen, 8 Tepalen; ⌀ 15–20 cm; Blütezeit V–VI + IX; Standort NOSW; Höhe bis 3 m; Patens-Gruppe.

'Ascotiensis': leuchtendblau, Staubbeutel grünlich, 4–6 Tepalen, ⌀ 12–15 cm; Blütezeit VII–IX; Höhe ca. 3 m, Standort NOSW; Jackmanii-Gruppe.

'Bagatelle': violettsilbern, rosa gefleckt, Staubbeutel lila, ⌀ 12–15 cm; Blütezeit VI–VII + IX; kräftig wachsend; Patens-Gruppe.

'Barbara Dibley': hellrot mit dunklerem Mittelstreifen, Staubfäden weiß, Staubbeutel schwarzrot, (6–)8 Tepalen, ⌀ 15–20 cm; Blütezeit V–VI + IX; Höhe bis 3 m, Standort NO(S)W, verblaßt in der Sonne; Patens-Gruppe.

'Barbara Jackman': bläulich purpurn mit rötlichem Mittelstreifen, Staubfäden weiß, Staubbeutel gelb, 6(–8) Tepalen, breit überlappend; ⌀ 12–18 cm; Blütezeit V–VI + VIII–IX; Höhe bis 3,5 m; Standort NO(S)W; Blüten ähnlich 'Mrs. Thompson', aber blasser verblühend und etwas kleiner; gute Schnittblume; Patens-Gruppe.

'Beauty of Richmond': blaß lavendelblau, Staubbeutel gelbbraun, 6 Tepalen, ⌀ 15–20 cm; Blütezeit VI–VIII; Höhe ca. 3 m; Standort NOSW; Schnittblume; Lanuginosa-Gruppe.

'Beauty of Worcester': hellblau, Staubfäden weiß, Staubbeutel dunkel, 6 Tepalen; ⌀ 12–18 cm; Blütezeit V–VI(–VIII); Höhe ca. 3 m; Standort OSW; erste Blüte gefüllt; alte Sorte um 1890; Florida-Gruppe.

'Bees Jubilee': violettrosa mit karminroten Streifen, Staubfäden weiß, Staubbeutel hellbraun, (6–)8 Tepalen; ⌀ 15–18 cm, Blütezeit V–VI + VIII–IX; Höhe ca. 3 m, Standort NOW; schwachwachsend, farbkräftiger als die ähnliche 'Nelly Moser', reich blühend; Patens-Gruppe.

'Belle Nantaise': lavendelblau, Rückseite weißer Streifen, Staubbeutel weiß, 6–7 Tepalen; ⌀ 10–20 cm; Blütezeit VI–IX; Höhe bis 3,5 m; Standort NOSW; Lanuginosa-Gruppe.

Oben: Wisteria sinensis, Glyzine
Unten links: Lonicera caprifolium, duftendes Geißblatt
Unten rechts: Lonicera × tellmanniana, Geißblatt

'Belle of Woking': bläulich violett zu silbrig grau, Staubbeutel gelb, 6 Tepalen, oft grün gestreift; ⌀ 10–18 cm; Blütezeit V–VI + IX; Höhe bis 3,5 m; Standort NOSW; erste Blüte gefüllt, 8 Tepalenkreise; Florida-Gruppe.

'Blue Diamond': himmelblau, Staubbeutel weiß, 8 Tepalen; ⌀ 15–20 cm; Blütezeit VI–IX; Höhe bis 3,5 m; Standort OSW; Patens-Gruppe.

'Blue Gem': himmelblau zu lila verblühend, Staubbeutel dunkel purpurn, 8 Tepalen; ⌀ 10–20 cm; Blütezeit VI–VII; Höhe ca. 2 m; Standort NOSW; Lanuginosa-Gruppe.

'Boskoop Beauty': violettpurpur, Rand heller blau, Staubfäden weiß, Staubbeutel dunkel purpurrot, (4–)6 Tepalen; ⌀ 16–20 cm; Blütezeit V–VI + IX(–X); Höhe ca. 2–3 m; Standort NOSW; ein Elternteil dieser holländischen Züchtung von 1960 war 'Nelly Moser'; Lanuginosa-Gruppe.

'Bracebridge Star': lavendelblau mit karminfarbenen Streifen, Staubfäden rötlich, Staubbeutel dunkelrot, 8 Tepalen; ⌀ 15 cm; Blütezeit VI–IX; Höhe bis 3 m; Standort N(O)SW; Patens-Gruppe.

'Capitaine Thuilleaux': rosa mit dunklerem Streifen, Staubfäden weiß, Staubbeutel dunkel violettrot, (6–)8 Tepalen; ⌀ 12–18 cm; Blütezeit (V–)VI + IX; Höhe ca. 3 m; Standort NOSW; eigentlicher Name ist 'Souvenir de Capitaine Thuilleaux'; Patens-Gruppe.

'Cardinal Wyszynski': kräftig karminrot; Staubbeutel braun, 6 Tepalen, ⌀ 15 cm; Blütezeit VI–IX; Höhe 2–3 m; Standort OSW; Jackmanii-Gruppe. Züchtung des polnischen Jesuitenmönchs Francak vor 1980.

'Carnaby': erdbeerrosa mit dunklerem Streifen, Staubbeutel bräunlich, (6–)8 Tepalen; ⌀ 12–15 cm; Blütezeit V–VI; Höhe bis 3 m; Standort NOW; geeignet für Kübel und schattige Stellen; Lanuginosa-Gruppe.

'Cassiopeia': samtig purpurn, Staubfäden weiß, Staubbeutel purpurrot, 6–8 Tepalen; ⌀ 12–16 cm; Blütezeit VI–VII + IX–X; Höhe ca. 2 m; Standort OSW; neuere schwedische Züchtung mit sternförmigen Blüten; Lanuginosa-Gruppe.

'Charissima': kirschrot mit dunklerem Streifen, Staubfäden weiß, Staubbeutel purpurn, (6–)8 Tepalen; ⌀ 15–20 cm; Blütezeit VI–IX; Höhe 3,5 m; Standort NOSW; möglicherweise ändert sich dieser Name noch, da latinisierte Namen nicht registriert werden; Patens-Gruppe.

'Colette Deville': violettrot, Staubbeutel bräunlich, 6 Tepalen, nicht überlappend; ⌀ 15–20 cm; Blütezeit VI–IX; Höhe 4 m; Standort NOSW; Jackmanii-Gruppe.

'Countess of Lovelace': blaulila, von außen her aufhellend, Staubbeutel weißgelb, 6 Tepalen; ⌀ 10–15 cm; Blütezeit V–VI + VIII–IX; Höhe bis 3,5 m; Standort NOSW; Frühjahrsblüten dicht gefüllt, bis 270 Tepalen; Herbstblüte meist einfach; Patens-Gruppe.

'Comtesse de Bouchaud': dunkelrosa, Staubfäden weiß, Staubbeutel cremefarben, (5–)6(7) Tepalen; ⌀ 10–15 cm; Blütezeit VI–IX(X); Höhe bis 3,5 m; Standort NOSW; Blüte an langen Stielen über dem Laub; ähnlich 'Hagley Hybrid' aber kleinblütiger, früher und ebenso reich blühend; Jackmanii-Gruppe.

'Corona': dunkel karminrosa mit dunklem Streifen, Staubfäden weiß, Staubbeutel purpurrot, 6 Tepalen; ⌀ 12–16 cm; Blütezeit VI–VII + IX–X; Höhe ca. 2 m; Standort NO(S)W; ähnlich 'Barbara Dibley'; Patens-Gruppe.

'Crimson King': (in USA 'Crimson Star'); weinrot mit blassem Streifen, Staubfäden weiß, Staubbeutel hellbraun, 5–7 Tepalen; ⌀ 12–16 cm; Blütezeit VI–IX; Höhe bis 3,5 m; Standort OSW; Lanuginosa-Gruppe.

'C.W. Dowman': violettrosa mit karminfarbenen Streifen, Staubbeutel goldgelb, (6–)8 Tepalen; ⌀ 10–15 cm; Blütezeit VI–IX; Höhe bis 3,5 m; Standort NO(S)W; verblaßt etwas; Patens-Gruppe.

'Daniel Deronda': dunkelviolett mit hellerem, blauen Streifen, Staubfäden weiß, Staubbeutel cremefarben, 6 Tepalen; ⌀ 18 cm; Blütezeit VI–X; Höhe bis 3,5 m; Standort NOSW; erste Blüte halbgefüllt, Herbstblüte einfach; Patens-Gruppe.

'Dawn': purpurrosa zu weiß verblühend, Staubfäden weiß, Staubbeutel karmin,

(6–) 8 Tepalen; ⌀ 10–15 cm; Blütezeit V–VI + VIII–IX; Höhe 2,5 m; Standort NO(S)W; Patens-Gruppe.

'Docteur Le Bêle': hellrot, Staubbeutel gelb; 4-6 Tepalen; ⌀ 10–12 cm; Blütezeit VII–X. Jackmanii-Gruppe.

'Dorothy Walton': lilarosa, verblassend, Staubfäden weiß, Staubbeutel rotbraun, 4-6 Tepalen; ⌀ 10–15 cm; Blütezeit (VI)–VII–IX; Höhe 4–5 m; Standort OSW; Jackmanii-Gruppe.

'Dr. Ruppel': kräftig karminrosa mit dunklerem Streifen, Staubfäden cremefarben, Staubbeutel braunrot, 6-8 Tepalen, leicht gewellt; ⌀ 15–20 cm; Blütezeit V–VI + IX; Höhe 3,5 m; Standort NOSW; kaum verblassende Sorte, deshalb farbkräftiger als 'Nelly Moser'; Patens-Gruppe.

'Dronning Ingrid': weiß, Staubbeutel kräftig rot; 6-8 Tepalen; ⌀ 12–15 cm; Blütezeit VI–X; Höhe bis 2 m; Standort OSW. Patens-Gruppe.

'Duchess of Edinburgh' (Abb. Seite 178): weiß, Staubfäden gelblich, Staubbeutel cremefarben bräunlich, 6(–8) Tepalen; ⌀ 10–13 cm; Blütezeit V–VI + VIII–IX; Höhe bis 3,5 m; Standort NOSW; äußere Tepalen oft grünlich, bei Füllung zum Teil nicht voll entwickelt; leicht duftend; Florida-Gruppe.

'Duchess of Sutherland': weinrot mit hellerem Streifen, Staubfäden cremefarben, Staubbeutel rötlich purpurn, 6 Tepalen; ⌀ 12–18 cm; Blütezeit VI–IX; Höhe ca. 3 m; Standort OSW; erste Blüten etwas gefüllt; Viticella-Gruppe.

'Edith': weiß, Staubfäden weiß, Staubbeutel dunkelrot, 6-8 Tepalen; ⌀ 15–20 cm; Blütezeit V–IX; Höhe ca. 3 m; Standort NOSW; Sämling aus 'Mrs. Cholmondeley', Schnittblume; Lanuginosa-Gruppe.

'Edo Muraski': dunkelviolett mit schmalem, hell rötlichem Mittelstreifen, Staubfäden weiß, Staubbeutel dunkelpurpurn, 7–8 Tepalen, breit überlappend; 17–22 cm; Blütezeit V–VI + IX; Standort OSW; Höhe 2,5–3 m; Lanuginosa-Gruppe.

'Edouard Desfossé': purpurviolett mit dunklerem Streifen, Staubbeutel dunkel rötlichbraun, 8 Tepalen; ⌀ 12–17 (–27) cm; Blütezeit VI–IX; Höhe bis 3,5 m; Standort O(S)W; Herbstblüten kleiner; Patens-Gruppe.

'Elsa Späth': leuchtendblau, zur Mitte dunkler, Staubbeutel rötlich purpurn, (6–) 8 Tepalen, breit überlappend; ⌀ 15–18 cm; Blütezeit VIII–IX; Höhe ca. 3 m; Standort NOSW; ähnlich 'Mrs. P. B. Truax', nicht identisch mit der violetten 'Xerxes' (Patens-Gruppe). Beide Sorten unter wechselnden Namen in verschiedenen Ländern im Handel. Lanuginosa-Gruppe.

'Elisabeth Foster': rosa mit dunklerem Streifen; Höhe 2–3 m.

'Empress of India': hell purpurviolett, zur Mitte dunkler, Staubfäden weiß, Staubbeutel dunkelviolett, 8 Tepalen; ⌀ 15–20 cm; Blütezeit VI–VII + IX–X; Höhe bis 3 m; Standort OSW; Patens-Gruppe.

'Ernest Markham' (Abb. Seite 160): purpurrot, etwas blaurot beim Verblühen, Staubfäden weiß, Staubbeutel braunrot, 6 Tepalen; ⌀ 10–15 cm; Blütezeit VII–IX (X); Höhe ca. 3,5 m; Standort OSW; gut zum Durchwachsen von kleinen Bäumen; Jackmanii-Gruppe.

'Etoile de Malicorne' (Abb. Seite 178): hellblauviolett mit violettrotem Streifen, Staubfäden weiß, Staubbeutel purpur zu braunrot, 6(–8) Tepalen; ⌀ 12–14(–20) cm; Blütezeit VI–VII + IX; Höhe 2,5 m; Standort NOSW; Patens-Gruppe.

'Etoile de Paris': violett mit rötlichem Streifen zu blau verblühend, Staubfäden weiß, Staubbeutel gelb, (4–) 6 Tepalen; ⌀ 10–15 cm; Blütezeit V–VI; Standort OW; Viticella-Gruppe.

'Etoile Violette': dunkelblau violett mit Karminstreifen, Staubfäden weiß, Staubbeutel gelb, (4)–6 Tepalen; ⌀ 6–10 cm; Blütezeit VI–IX; Standort OSW; Höhe 3,5 cm; Viticella-Gruppe.

'Fair Rosamond': bläulichweiß mit rötlichem Mittelbereich, Staubbeutel purpurn, 6–8 Tepalen; ⌀ 10–20 cm; Blütezeit VI–IX; Höhe ca. 3 m; Standort O(S)W; Patens-Gruppe.

'Fairy Queen': blaßrosa mit kräftigerem Streifen, Staubbeutel dunkel purpurn, 6–8 Tepalen; ⌀ 15–20 cm; Blütezeit VI–VIII; Höhe 3 m; Schnittblume; Lanuginosa-Gruppe.

'Four Star': blaßlavendel mit dunklerem Mittelstreifen, 8 Tepalen; ⌀ 15–20 cm; Blütezeit V–VI + IX; Höhe bis 3 m; Standort NOSW; Lanuginosa-Gruppe.

'Fuji Musume': lavendelblau, Staubfäden weiß, Staubbeutel gelb, 6–7 Tepalen, selten überlappend; 12–22 cm; Blütezeit VI–IX; Höhe 2,5–3 m; Standort SW; Florida-Gruppe.

'Gabrielle': hellblau, 8 Tepalen; ⌀ 15–20 cm; Blütezeit V–VI; Höhe 1,5–2 m; Standort OSW; Patens-Gruppe.

'General Sikorski': hell violettblau, rötlicher Streifen zur Mitte, Staubfäden und Staubbeutel grünweiß, 6 Tepalen; ⌀ 18–22 cm; Blütezeit VI–IX; Höhe 2–3 m; Standort OSW; polnische Züchtung von Noll, Warschau und über England in den Handel gebracht; Lanuginosa-Gruppe.

'Gillian Blades': weiß mit cremefarbenen Streifen, Staubbeutel goldgelb, 7–8 Tepalen; ⌀ 10–15 (20) cm; Blütezeit V–VI + IX; Höhe 2–3 m; Standort NOSW; Patens-Gruppe.

'Gipsy Queen': samtig purpurviolett, verblüht violettblau mit rötlichem Streifen, Staubfäden rötlich, Staubbeutel rötlichpurpurn, 6 Tepalen, seltener 4 oder 5; ⌀ 8–15 cm; Blütezeit VII–IX; Höhe 4 m; Standort OSW; wird manchmal mit 'Jackmanii' verwechselt, diese hat aber 4 Tepalen. Jackmanii-Gruppe.

'Gladys Picard': blauweiß mit dunklerem Streifen, Staubfäden und Staubbeutel gelb, 6–8 Tepalen; ⌀ 16–20 cm; Blütezeit V–VI + IX; Höhe 2–3 m; Standort NOSW; Patens-Gruppe.

'Glynderek': tiefblau, Staubbeutel purpurn, 6–8 Tepalen; ⌀ 15–20 cm; Blütezeit V–VI + IX; Höhe bis 3 m; Standort OSW; erste Blüte gefüllt; Lanuginosa-Gruppe.

'Hagley Hybrid' (Abb. Seite 179): tief rosa, zu hellrosa verblühend, Staubfäden weiß, Staubbeutel purpurrot, (5–) 6 (–7) Tepalen, Rand gewellt; ⌀ 10–15 cm; Blütezeit (VI–) VII–IX (X); Höhe 2,5 m; Standort NO(S)W; benötigt reichlich Nährstoffe, da durch überreiche Blüte sonst das Wachstum gemindert wird; ohne Rückschnitt Blüte schon Anfang Juni möglich.

Eine der schönsten und reichblühendsten neuen Sorten. Züchter Percy Picton, England vor 1956. In Nord-Amerika unter dem Namen 'Pink Chiffon'. Jackmanii-Gruppe.

'Haku Ookan': intensiv blauviolett, Staubfäden gelbweiß, Staubbeutel goldgelb, 6 (–7) Tepalen; ⌀ 10–15 cm; Blütezeit V–VI + IX; Höhe 3,5 m; Standort OSW; kontrastreiche Blüte, Tepalen mit Staubblättern; erste Blüten halbgefüllt, Herbstblüte einfach; Florida-Gruppe.

'Halina Noll': weiß mit rosa Hauch, 6 Tepalen; ⌀ 14–18 cm; Blütezeit V–VI + IX; Höhe bis 3,5 m; Standort SW; erste Blüte gefüllt, Herbstblüte halbgefüllt; Florida-Gruppe.

'Henryi', Syn. 'Bangholme Belle': cremeweiß, anfangs leicht grünlich, Staubfäden weiß, Staubbeutel braunrot, (7–) 8 Tepalen; ⌀ 15–25 cm; Blütezeit VI–VII + IX; Höhe 4–5 m; Standort NOSW; für Schnitt geeignet; Lanuginosa-Gruppe.

'Herbert Johnson': rötlich lila, zur Mitte bräunlich, Staubfäden weiß, Staubbeutel rotbraun, 8 Tepalen; ⌀ 15–20 cm; Blütezeit VI–VI + IX; Höhe bis 3,5 m; Standort OSW; Patens-Gruppe.

'H.F. Young': hellblau, Staubfäden gelblich, Staubbeutel hellgelb, 6–8 Tepalen; ⌀ 15–20 cm; Blütezeit V–VI + VIII; Höhe 3 m; Standort OSW; Patens-Gruppe.

'Hidcote Purple': hell purpurrosa, Staubbeutel dunkelbraun, 7–8 Tepalen; ⌀ 13–18 cm; Blütezeit VI–IX; Höhe bis 3,5 m; Standort OSW; Lanuginosa-Gruppe.

'Horn of Plenty': purpurrosa mit dunklerem Streifen, Staubfäden weißlich, Staubbeutel schwarzpurpurn, 8 Tepalen; ⌀ 10–15 (–20) cm; Blütezeit V–VI + VIII; Höhe ca. 2,5 m; Standort NOSW; Lanuginosa-Gruppe.

'Huldine' (Abb. Seite 159): weiß mit lila Streifen auf der Rückseite; Staubfäden cremefarben, Staubbeutel grüngelb, (4–) 6 Tepalen; ⌀ 7–10 cm; Blütezeit VI–X; Höhe 5 m; Standort SW; zum Durchwachsen von Sträuchern und Stauden, gut für Schnitt; Viticella-Gruppe.

'Hybrida Sieboldii' Syn. 'Ramona' (Abb. Seite 178): hellblau, Staubfäden weiß, Staubbeutel purpurbraun, 6(–8) Tepalen; ⌀ 13–17 cm; Blütezeit VI–VII + IX; Höhe 3–4 m; Standort NOSW; Lanuginosa-Gruppe.

'Imperial': purpurn mit dunklerem Mittelstreifen, Staubfäden weiß, Staubbeutel purpurviolett, später gelb, 8 Tepalen, Rand gewellt; ⌀ 10–16 cm; Blütezeit VI–VII + IX; Höhe 2–3 m; Standort OSW; erste Blüte oft halbgefüllt, Sämling von 'Lasurstern'; Patens-Gruppe.

'Inez': blauviolett, Staubfäden grünlichweiß, Staubbeutel gelb, 6–8 Tepalen, Rand gewellt; ⌀ 18 cm; Blütezeit VII–X; Höhe über 3 m; Standort OSW; Sämling von 'Prins Hendrik'; Lanuginosa-Gruppe.

'Ishobel': weiß, Staubbeutel braun, 8 Tepalen, Rand gewellt; ⌀ 15–20 cm; Blütezeit V–VI + IX; Höhe bis 3 m; Standort OSW; Patens-Gruppe.

'Ivan Olsson': violettblau mit weißer Mitte, Staubfäden grünweiß, Staubbeutel purpurn, 8–12 Tepalen; ⌀ 8–14 cm; Höhe ca. 2 m; Standort OSW; Schnitt reiche Herbstblüte am jungen Trieb, Sämling von 'The President'; Patens-Gruppe.

'Jackmanii': purpurblau, Staubfäden weiß, Staubbeutel hellbraun, 4, selten 5–6 Tepalen, kreuzförmig, sich in der Regel nicht berührend; ⌀ 10–15 cm; Blütezeit VI–IX; Höhe bis 9 m; Standort NOSW; kräftiger Wachser und Blüher, braucht deshalb reichlich Wasser und Nährstoffe. Korrekte Schreibweise ist *C. × jackmanii*, da aus *C. lanuginosa × C. viticella* entstanden. Grundlage für diese Gruppe.

'Jackmanii Alba': (*C. × jackmanii* 'Alba') bläulichweiß, Staubfäden weiß, Staubbeutel hellbraun bis rot; (5–)6 Tepalen; ⌀ 10–14 cm; Höhe 4–6 m; Standort NOSW; Blüten von Vorjahrstrieben oft gefüllt bis halb gefüllt, deshalb sollte man wenigstens einen Teil der Pflanze nicht zurückschneiden.

'Jackmanii Rubra': (*C. × jackmanii* 'Rubra') tief violettrot, Staubbeutel cremefarben; 4–6 Tepalen; ⌀ 12–15 cm; Höhe 4–6 m; Blütezeit VI–IX; Standort NOSW; Blüte am alten Holz oft halb gefüllt; bei starkem Rückschnitt einfache Blüten von VI–X; Jackmanii-Gruppe.

'Jackmanii Superba': (*C. × jackmanii* 'Superba') samten tief purpurviolett mit leichtem roten Mittelstreifen, Staubfäden gelbweiß, Staubbeutel rotbraun, 4–6 Tepalen, breit, überlappend; ⌀ 8–13 cm; Blütezeit VII–IX; Höhe 4–6 m; Standort NOSW; unter diesem Namen wird häufig die einfache 'Jackmanii' angeboten; Jackmanii-Gruppe.

'Jane Cadge': violettblau, 6–7 Tepalen, überlappend; ⌀ 14–16 cm; Blütezeit V–VI + IX; Höhe 3,5 m; Standort SW; erste Blüten gefüllt, Herbstblüte einfach; Florida-Gruppe.

'Jim Hollis': lavendelblau, Staubfäden weiß, Staubbeutel gelblich, Tepalen mit schmalem Ansatz in mehreren Reihen, rosettenartig gefüllt; ⌀ 12–15 cm; Blütezeit VI–IX; Höhe 3–4 m; Standort NOSW; Florida-Gruppe.

'Joan Picton': blaß lilarosa mit blauweißem Mittelstreifen, Staubfäden weiß, Staubbeutel purpurbraun, 6–8 Tepalen; ⌀ 12–15 cm; Blütezeit V–VI + IX; Höhe 3,5 m; Standort NOSW; Patens-Gruppe.

'Joan Wilcox': blaß lilarosa mit dunklerem Mittelstreifen, Staubfäden gelb, Staubbeutel purpurn, 8 Tepalen, gewellt; ⌀ 10–22 cm; Blütezeit VI–X; Höhe ca. 3 m; Standort NOSW; Patens-Gruppe.

'John Gould Veitch' Syn. *C. fortunei* 'Coerulea': lavendelblau, 6–8 Reihen von Tepalen, rosettenartig gefüllte Blüte; ⌀ 10–12 cm; Blütezeit VI; Standort OW; historisch interessante Sorte, die 1862 von Fortune als Gartensorte aus Japan eingeführt wurde; heute statt dessen besser 'Countess of Lovelace'. Florida-Gruppe.

'John Gudmundsson': blauviolett mit leichtem Purpurstreifen, Staubfäden weiß, Staubbeutel purpurrot, 6–8 Tepalen, ⌀ 13–15 cm; Blütezeit VI–VII + IX; Höhe ca. 2 m; Standort OSW; Lanuginosa-Gruppe.

'John Huxtable': weiß, Staubbeutel gelb; 4–6 Tepalen; ⌀ 8 cm; Blütezeit VII–VIII; Höhe 3,5 m; Standort OW. Jackmanii-Gruppe.

'John Paul II': hell purpurrosa, aufhellend, mit dunklerem Mittelstreifen, Staubfäden weiß, Staubbeutel dunkelrot, 6 Tepalen; ⌀ 14–16 cm; Blütezeit VII–IX; Höhe 3–4 m; Standort NOW; ähnlich 'Nelly Moser', aber weniger ausbleichend und kräftiger wachsend; polnische Züchtung, die über England in den Handel kam; Jackmanii-Gruppe.

'John Warren': weißlich karminrosa mit dunklerem Mittelstreifen und Rändern, Staubfäden gelb, Staubbeutel dunkelbraunrot, 6(–8) Tepalen; ⌀ 15–20 cm; Blütezeit V–VI + IX; Höhe 2–3 m; Standort NOW; aparte Farbe, beim Verblühen etwas blasser werdend, Schnittblume; Lanuginosa-Gruppe.

'Kacper': intensiv violett, Staubbeutel violett, 8 Tepalen, Rand gewellt; ⌀ 15–20 cm; Blütezeit V–VI + IX; Standort NOSW; Lanuginosa-Gruppe.

'Karin': purpurviolett, Staubfäden weiß, Staubbeutel dunkel purpurrot, 8 Tepalen, Rand gewellt; ⌀ 14–16 cm; Blütezeit VI–IX; Höhe ca. 2 m; Standort OSW; Patens-Gruppe.

'Kasugyama': blaßrosa bis lavendel, Staubfäden weiß, Staubbeutel dunkelpurpurn, 8 Tepalen; ⌀ 15–20 cm; Blütezeit VI–IX; Höhe 2,5–3 m; Standort NOSW; Lanuginosa-Gruppe.

'Kathleen Dunford': purpurrosa mit dunklerem Streifen, Staubfäden weiß, Staubbeutel purpurrot, 6 Tepalen, bei Herbstblüte 8; ⌀ 13–15 cm; Blütezeit V–VI + IX; Höhe 2–3 m; Standort OSW; erste Blüte hat zwei Reihen Sepalen; ähnlich, aber reicher blühend ist 'Dorothy Walton'; Florida-Gruppe.

'Kathleen Wheeler': blauviolett mit hellerem Streifen, Staubfäden weiß, Staubbeutel hell braunrot, 6–8 Tepalen, einzeln stehend: ⌀ 16–25 cm; Blütezeit VI–IX; Höhe 2–3 m; Standort NOW; Patens-Gruppe.

'Keith Richardson': leuchtendrot mit dunklerem Streifen, Staubfäden und Staubbeutel weißlich, 8 Tepalen; ⌀ 15–20 cm; Blütezeit V–VI + IX; Höhe 2–3 m; Standort NOSW; Patens-Gruppe.

'Ken Donson': tiefblau, Staubfäden weiß, Staubbeutel gelb, 8 Tepalen; ⌀ 15–18 cm; Blütezeit V–VI + VIII–IX; Höhe 2–3 m; Standort NOSW; Patens-Gruppe.

'King Edward VII': rosaviolett mit dunklerem Streifen, verblassend, Staubfäden cremefarben, Staubbeutel braun, 8 Tepalen; ⌀ 15–18 cm; Blütezeit VI–VIII; Höhe 2,5 m; Standort NOW; Lanuginosa-Gruppe.

'King George V': fleischrosa mit dunklerem Streifen, Staubbeutel braun, 6 Tepalen; ⌀ 10–15 cm; Blütezeit VII–VIII; Höhe 3,5 m; Standort OSW; schwach blühend; Viticella-Gruppe.

'Lady Betty Balfour': blauviolett zu blaulila, Staubfäden weiß, Staubbeutel cremefarben, 6 Tepalen; ⌀ 12–16(–20) cm; Blütezeit VIII–X; Höhe 4–6 m; Standort SW; sehr wüchsig und gut blühend, für warme Stellen; Jackmanii-Gruppe.

'Lady Carolin Nevill': blaßlila mit dunklerer Mitte, Staubfäden weiß, Staubbeutel beige, 6–8 Tepalen; ⌀ 12–17 cm; Blütezeit VI–VIII; Höhe bis 5 m; Standort OSW; erste Blüten manchmal halb gefüllt; Lanuginosa-Gruppe.

'Lady Londesborough': zartlila zu silbrigblau verblühend, Staubfäden weiß, Staubbeutel braunrot, 8 Tepalen; ⌀ 13–15 cm; Blütezeit V–VI; Höhe 2 m; Standort NO(S)W; Patens-Gruppe.

'Lady Northcliffe': violettblau zu violett verblühend, Staubfäden weiß, Staubbeutel gelb, verbräunend, 6 Tepalen, Ränder nach oben gebogen; ⌀ 12–15 cm; Blütezeit VI–VIII; Höhe 2 m; Standort NOSW; Lanuginosa-Gruppe.

'Lasurstern': tief lavendelblau, beim Verblühen leicht aufhellend, Staubfäden weiß, Staubbeutel cremefarben, 6–8 Tepalen, Rand wellig; ⌀ 10–18(–23) cm; Blütezeit V–VI + VIII–X; Höhe bis 3 m; Standort NOSW; die am weitesten verbreitete, großblumige Sorte; Züchtung von Goos & Koeneman, Niederwalluf im Rheingau 1905. Mäßiger Wuchs und lange Blütezeit; gut in niedrige Sträucher wachsend. z.B. Syringia meyeri 'Palibin'. Patens-Gruppe.

'Lawsoniana': blaß purpurrosa mit dunkleren Längsadern, aufhellend, Staubfäden weiß, Staubbeutel hell braunrot, (6–)8 Tepalen, am Grunde schmal; ⌀ 18–24 cm; Blütezeit VI–IX; Höhe 2–3 m; Standort OSW; eine sehr großblumige Sorte mit radartigen Blättern; Lanuginosa-Gruppe.

'Lilacina Floribunda', Syn. 'Guiding Star: tief violettblau mit Mittelstreifen, Staubfäden weiß, Staubbeutel purpurbraun, (4–)6 Tepalen, 10–13 cm; Blütezeit VI–IX; Höhe 3–4 cm;

Standort NOSW; Jackmanii-Gruppe. Die unter diesem Namen im Handel erhältliche Sorte entspricht weder der alten Sorte 'Lilacina Floribunda' noch der alten Sorte 'Guiding Star', die es beide Ende vorigen Jahrhunderts gab.

'Lincoln Star': himbeerrosa mit dunklerem Streifen, Staubfäden weiß, Staubbeutel purpurrot, 6–8 Tepalen; ⌀ 12–18 cm; Blütezeit V–VI + IX; Höhe bis 2 m; Standort NOW; in der Sonne verblassend, Schnittblume; Patens-Gruppe.

'Lord Peter': blauviolett mit weißem Streifen, Staubfäden grünlich weiß, Staubbeutel purpurrot, 8 Tepalen, Rand gewellt; ⌀ 10–12 cm; Blütezeit V–VII; Höhe bis 2 m; Standort SW; von Johnson, Schweden, aus einer *C. patens* aus der Mandschurei selektiert. Patens-Gruppe.

'Lord Nevill': tiefblau, aufhellend, Staubfäden weiß, Staubbeutel purpurn, 6(–8) Tepalen; ⌀ 15–20 cm; Blütezeit V–VI + IX; Höhe bis 3,5 m; Standort NOW; vergleichbar, aber besser: 'William Kenneth', 'Lady Northcliffe' und 'Lasurstern'; Lanuginosa-Gruppe.

'Louise Rowe': blaßlila; Blütezeit V–VII; Höhe ca. 2 m; zugleich gefüllte, halb gefüllte und einfache Blüten an der Pflanze; ⌀ 15 cm, Lanuginosa-Gruppe.

'Madame Baron Veillard': matt lilarosa, aufhellend, Staubfäden grünlich weiß, Staubbeutel bräunlich grün, (4–)6 Tepalen; ⌀ 10–13 cm; Blütezeit IX–X; Höhe bis 4 m; Standort OSW; besser als diese Sorte ist 'Hagley Hybrid'; Jackmanii-Gruppe.

'Madame Eduard André': weinrot, Staubfäden und Staubbeutel cremefarben, 6 Tepalen, Ränder eingerollt; ⌀ 8–13 cm; Blütezeit VI–IX; Höhe 2–3 m; Standort NOSW; ähnlich 'Ville de Lyon', ohne eingerollte Tepalenränder. Jackmanii-Gruppe.

'Madame Grangé': purpurrot mit braunem Mittelstreifen, Staubbeutel dunkelrot, 4–6 Tepalen, Rand nach oben eingerollt; ⌀ 12–15 cm; Blütezeit VI–IX; Höhe bis 3,5 m; Standort NOSW; Viticella-Gruppe.

'Madame Le Coultre': reinweiß, Staubfäden weiß, Staubbeutel hellgelb, etwas bräunend, 6–8 Tepalen, kaum überlappend; ⌀ 14–17 cm; Blütezeit VI+VIII–IX; Höhe 3–4 m; Standort NOSW; schönste weiße Sorte, nicht identisch mit 'Marie Boisselot'; Lanuginosa-Gruppe.

'Madame Van Houtte': weiß, im Herbst mit hellviolettem Hauch, Staubfäden weiß, Staubbeutel bräunlich, 6 Tepalen; ⌀ 12–15 cm; Blütezeit V–VI + IX; Höhe 2 m; Standort OSW; Lanuginosa-Gruppe.

'Matthias': rosaviolett, Staubfäden grünlich weiß, Staubbeutel purpurrot, 6–8 Tepalen, Rand gewellt; ⌀ 15–20 cm; Blütezeit VI–VII + IX–X; Höhe 2 m; Standort OSW; Patens-Gruppe.

'Madame Julia Correvon': rot, Staubfäden grünlich gelb, Staubbeutel gelb, 4–6 Tepalen, Spitzen zurückgebogen; ⌀ 5–8(–12) cm; Blütezeit VI–IX(X); Höhe 2,5 m; schönste kleinblumige rote Sorte, die auch im Wintergarten im Kübel reich blüht; Standort OSW; Viticella-Gruppe.

'Madame Moser': weiß; Staubfäden weiß, Staubbeutel purpurn, 6–8 Tepaten; ⌀ 15–18 cm; Blütezeit V–VI + IX; Höhe 2 m; Standort OSW; Patens-Gruppe.

'Marcel Moser': rotviolett mit dunklerem Streifen, Staubfäden weiß, Staubbeutel schwarzpurpurn, 8 Tepalen, überlappend; ⌀ 18–23 cm; Blütezeit V–VI + IX; Höhe 3,5 m; Standort OSW; Patens-Gruppe.

'Margaret Hunt': lavendelrosa, Staubfäden weiß, Staubbeutel rötlich braun, 4–6 Tepalen, nicht überlappend; ⌀ 10–15 cm; Blütezeit VI–IX; Höhe 4–6 m; Standort OSW; sehr wüchsig, aber blasser in der Farbe als 'Hagley Hybrid' und Blüten witterungsempfindlicher; Patens-Gruppe.

'Margaret Wood': elfenbeinweiß, Staubbeutel dunkelpurpurn, 6–8 Tepalen, ⌀ 15–20 cm; Blütezeit V–VI + IX; Höhe 2,5–3 m; Standort OSW; Patens-Gruppe.

'M. Koster' Syn. 'Margot Koster', 'Monsieur Koster': rötlich purpurviolett, verblassend, Staubfäden grünlich weiß, Staubbeutel hellbraunrot, 4–6 Tepalen, nicht überlappend; ⌀ 7–10 cm; Blütezeit VII–IX; Höhe 4–6 m; Standort OSW; Patens-Gruppe.

'Marie Boisselot': reinweiß, milchig druchscheinend wirkend, Staubbeutel hellgelb, 6 Tepalen, überlappend; ⌀ 20 cm; Blütezeit V–VI + IX; Höhe 2–3 m; Standort NOSW; diese mit 'Madame Le Coultre' nicht identische Sorte ist sehr selten echt erhältlich; Lanuginosa-Gruppe.

'Marie Louise Jensen': violettblau mit rötlichem Hauch und hellerem Mittelstreifen, Staubfäden weiß, Staubbeutel purpurrot, 5–6 Tepalen, Rand gewellt; ⌀ 10–14 cm; Blütezeit V–VI + IX–X; Höhe 3 m; Standort OSW; Züchter Westphal, über Jensen 1987 in den Handel. Jackmanii-Gruppe.

'Maureen': samten purpurrot, Staubfäden weiß, Staubbeutel grünlich braun, 6 Tepalen, überlappend; ⌀ 10–12(–20) cm; Blütezeit VI–VIII; Höhe 3 m; Standort NOSW; Lanuginosa-Gruppe.

'Mevrouw Wasscher': hell lavendel mit dunklem Mittelstreifen, Staubbeutel purpurn, 7–8 Tepalen, ⌀ 15–20 cm; Blütezeit VI–VIII; Höhe 2–3 m; Standort OSW; Lanuginosa-Gruppe.

'Miriam Markham': intensiv lavendel, 6 Tepalen, ⌀ 15–20 cm Blütezeit VII–IX; Höhe bis 2 m; Standort NOSW; Jackmanii-Gruppe.

'Miss Bateman': weiß mit cremefarbenem Mittelstreifen, beim Aufblühen oft zuerst grünlich, Staubfäden weiß, Staubbeutel purpurrot, 8 Tepalen, breit überlappend; ⌀ 10–17 cm; Blütezeit V–VI + IX; Höhe bis 2,5 m; Standort OSW; als Schnittblume geeignet, sehr attraktiv mit ihren purpurroten Staubgefäßen auf weißer Blüte und leichtem Duft; im Typ ähnlich 'Henryi' oder 'Edith'; Patens-Gruppe.

'Miss Crawshay': blaß lilarosa, Staubfäden weiß, Staubbeutel gelb, später bräunlich, 6 Tepalen; ⌀ 10–12(–17) cm; Blütezeit VI–IX; Höhe bis 3 m; Standort OSW; erste Blüten manchmal halb gefüllt mit 8–12 Tepalen; Patens-Gruppe.

'Moonlight', Syn. 'Lawsoniana Henryi': grünlichgelb zu schwefelgelb erblühend, Staubfäden weiß, Staubbeutel hellgelb, 6–8 Tepalen, ⌀ 12–16 cm, leichter Duft, Blütezeit V–VI, bis 2,5 m; Standort OSW; Patens-Gruppe.

'Mrs. Busch': intensiv lavendelfarben, Staubbeutel bräunlich, 6–8 Tepalen; ⌀ 15–18 cm; Blütezeit VI–VIII; Höhe 3 m; Standort NOSW; Lanuginosa-Gruppe.

'Mrs. Cholmondeley': lavendelblau zu hellblau verblühend, Staubfäden weiß, Staubbeutel bräunlich, 6–8 Tepalen; ⌀ 15–20 cm; Blütezeit VI–IX; Höhe 3 m; Standort NOSW; lange Zeit reich blühende Sorte; Jackmanii-Gruppe.

'Mrs. George Jackman': weiß, Staubfäden beige, Staubbeutel braun, 8 Tepalen, überlappend; Blütezeit V–VI + IX; Höhe bis 3,5 m; Standort OSW; manchmal erste Blüten halb gefüllt; Patens-Gruppe.

'Mrs. Hope': lavendelblau, Staubfäden weiß, Staubbeutel purpurbraun, 6–8 Tepalen, breit, überlappend; ⌀ 15–17 cm; Blütezeit V–VI + VIII–IX; Höhe 2–3 m; Standort NOSW; Verwechslung mit 'William Kenneth' und 'Blue Gem' möglich; Lanuginosa-Gruppe.

'Mrs. N. Thompson': dunkelviolett mit rotem Mittelstreifen, Staubfäden weiß, Staubbeutel purpurrot, 6 Tepalen; ⌀ 10–15 cm; Blütezeit V–VI + IX; Höhe 3,5 m; Standort OSW; braucht Zeit zum Einwachsen, sehr aparte Sorte; Patens-Gruppe.

'Mrs. Oud': weiß, Staubfäden weiß, Staubbeutel dunkelbraun, 8 Tepalen; ⌀ 10–15 cm; Blütezeit VI–VIII; Höhe 2–3 m; Standort NOSW; schwach wachsend; Lanuginosa-Gruppe.

'Mrs. P. B. Truax': hell lilablau, Staubfäden weiß, Staubbeutel hellgelb, 6–8, auch 10 Tepalen; ⌀ 12–16 cm; Blütezeit V–VI + IX; Höhe 2 m; Standort OSW; Patens-Gruppe.

'Mrs. P. T. James': Syn. 'Blue Star': hell violettblau, aufhellend, Staubfäden weiß, Staubbeutel gelb, 6 Tepalen; ⌀ 10–13 cm; Blütezeit V–VI + IX; Höhe 4–6 m; Standort NOSW; farblich besser sind 'William Kenneth' oder 'Perle d'Azur'; Lanuginosa-Gruppe.

'Mrs. Spencer Castle': blaß violettrosa, geadert, Staubfäden weiß, Staubbeutel gelb, 6 Tepalen, sternförmig; ⌀ 10–15(–18) cm; Blütezeit V–VI + IX; Höhe 2–3 m; Standort NOSW; erste Blüten halb gefüllt; Florida-Gruppe.

'Musa China': weiß, Staubfäden weiß, Staubbeutel dunkelrot, 6–8 Tepalen, ⌀ 18–23 cm;

Blütezeit VIII–X; Höhe 2–3 m; Standort OSW; Lanuginosa-Gruppe.

'Myojo': samtrot mit dunklerem Mittelstreifen, 8 Tepalen, ⌀ 15–20 cm; Blütezeit V–VI + IX; Höhe bis 3 m; Standort NOSW; Patens-Gruppe.

'Nelly Moser': hell lilarosa mit violettrotem Mittelstreifen, Staubfäden gelblich, Staubbeutel rotbraun, 6–8 Tepalen; ⌀ 15–20 cm; Blütezeit V–VI + VIII–X; Höhe 2–3 m; Standort NOW; in der Sonne stark verblassend, deshalb besser für Halbschatten geeignet. Farbkräftiger ist 'Dr. Ruppel', ähnlich, aber weniger ausbleichend 'Bees Jubilee'; Patens-Gruppe.

'Neodynamia': samtig purpurviolett, Staubfäden grün, Staubbeutel braunrot, 4–6, seltener 8 Tepalen, Rand gewellt und eingerollt; ⌀ 10–15 cm; Blütezeit VII–IX; Höhe ca. 3 m; Standort OSW; Züchtung von Noll, Warschau, die über England in den Handel kam; Jackmanii-Gruppe.

'Niobe': tief schwärzlich rubinrot, Staubfäden gelbgrün, Staubbeutel hellgelb, (4–)6 Tepalen nicht überlappend; ⌀ 12–14 cm; Blütezeit VI–VIII; Höhe 2–3 m; Standort NOSW; aparte, an Seesterne erinnernde Blütenform; Jackmanii-Gruppe.

'Pennell's Purity': weiß, Staubfäden weiß, Staubbeutel goldgelb, 6–9 Tepalen; oft halb gefüllt; ⌀ 15–20 cm; Blütezeit VI–IX; Höhe ca. 3 m; Standort NOSW; Lanuginosa-Gruppe.

'Percy Lake': blaß rosalila, Staubfäden weiß, Staubbeutel weißgelb, 7–8 Tepalen; ⌀ 10–15 cm; Blütezeit V–VI + IX; Höhe ca. 3 m; Standort OSW; Patens-Gruppe.

'Percy Picton': purpurrosa, Mittelstreifen heller, Staubfäden weiß, Staubbeutel purpurn, 6–8 Tepalen; ⌀ 15–25 cm; Blütezeit V–VI, auch VIII; Höhe 2 m; Standort OSW; schwach wachsend; Patens-Gruppe.

'Perle d'Azur': himmelblau, Staubfäden grünweiß, Staubbeutel blaßgrün, 4–6 Tepalen; ⌀ 10–15 cm; Blütezeit VI–VIII oder X; Höhe 4–5 m; Standort NOSW; diese 1885 von Morel in Frankreich gezüchtete, reichblühende Sorte ist noch immer die beste in ihrer Farbe und in ihrem Typ; Jackmanii-Gruppe.

'Perrins Pride': dunkelviolettpurpurn, Tepalenrand dunkler, Staubfäden weiß, Staubbeutel bronzefarben, 6 Tepalen überlappend, 10–17 cm; Blütezeit VI–IX; Höhe 2,5–3 m; Standort OSW; Viticella-Gruppe.

'Peveril Pearl': lila mit rosa Mittelstreifen, Staubfäden cremefarben, Staubbeutel violett, 8 Tepalen, ⌀ 15–20 cm; Blütezeit V–VI + IX; Höhe 3–4 m; Standort NOSW; Patens-Gruppe.

'Phoenix': violett mit purpurnen Streifen, Staubfäden grünlich weiß, Staubbeutel purpurrot, 6–8 Tepalen; ⌀ 15–23 cm; Blütezeit VI–VII + IX; Höhe ca. 2 m; Standort OSW; Patens-Gruppe.

'Picadilly': dunkel purpurblau, Staubfäden weiß, Staubbeutel gelb, 6 Tepalen, ⌀ 10–15 cm; Blütezeit V–VI + IX; Höhe 2,5–3 m; Standort NOSW; Lanuginosa-Gruppe.

'Pink Fantasy': hellrosa mit dunklerem Mittelstreifen, Staubfäden gelblich, Staubbeutel braun, (4–)6 Tepalen; ⌀ 10–15 cm; Blütezeit VI–X; Höhe bis 4 m; Standort NOSW; Jackmanii-Gruppe.

'Prins Hendrik': hell purpurblau, aufhellend, Staubfäden weiß, Staubbeutel purpurrot, 7–8 Tepalen; ⌀ 17–22 cm; Blütezeit VI–VII + IX; Höhe 2–3 m; Standort NOSW; früher viel als Schnittblume im Gewächshaus angebaut; Lanuginosa-Gruppe.

'Prince Charles': hellblau mit violettem Mittelstreifen, Staubbeutel cremefarben, 4–5 Tepalen, ⌀ 10–15 cm; Blütezeit VII–IX; Höhe bis 2 m; Standort OSW; Jackmanii-Gruppe.

'Princess of Wales': bläulich lilarosa, Staubfäden weiß, Staubbeutel braunpurpurn, 8 Tepalen überlappend, ⌀ 15–18 cm; Blütezeit VI–IX; Höhe bis 3 m; Standort NOSW; Lanuginosa-Gruppe.

'Prince Phillip': purpurblau mit rötlichem Schimmer, 8 Tepalen, ⌀ 20–25 cm; Blütezeit VI–VIII; Höhe bis 3 m; Standort OSW; Lanuginosa-Gruppe

'Proteus': dunkelrosa, zu weißrosa verblühend, Staubfäden weißlich, Staubbeutel gelb, 4–5 Tepalen; ⌀ 12–15(–20) cm; Blütezeit V–VI + VIII–IX; Höhe 2–3 m; Standort

OSW; erste Blüte gefüllt, bis 100 Tepalen, Herbstblüte halb gefüllt bis einfach; Forida-Gruppe.

'Richard Pennell': purpurrosa, Staubfäden rot, Staubbeutel cremefarben, 8 Tepalen, dicht überlappend; ⌀ 15–20 cm; Blütezeit VI–IX; Höhe 3 m; Standort NOSW; Schnittblume; Patens-Gruppe.

'Rouge Cardinal' (Abb. Seite 179): dunkel samtrot, Staubfäden weiß, Staubbeutel purpurrot, 6 Tepalen; ⌀ 10–15(–18) cm; Blütezeit VI–IX oder X; Höhe 2–3 m; Standort OSW; beste rote Clematis; Jackmanii-Gruppe.

'Ruby Glow': rubinrot, Staubbeutel dunkelbraun, 8 Tepalen; ⌀ 10–15 cm; Blütezeit VI–IX; Höhe ca. 3 m; Standort OSW; Lanuginosa-Gruppe.

'Sally Cadge': blau mit karminfarbenem Mittelstreifen, Staubbeutel karminrot, 8 Tepalen; ⌀ 15–20 cm; Blütezeit V–VI + IX; 8 Tepalen, ⌀ 15–18 cm; Blütezeit V–VI + VIII–IX; Höhe ca. 3 m; Standort OSW; Patens-Gruppe.

'Saturn': lavendel mit braunem Mittelstreifen, Staubfäden weiß, Staubbeutel dunkelrot; Höhe 2 m; Standort OSW; russische Züchtung von Orlow; Patens-Gruppe.

'Scartho Gem': leuchtend rosa mit dunklerem Mittelstreifen, Staubbeutel rötlich, 8 Tepalen; ⌀ 15–20 cm; Blütezeit VI–IX; Höhe ca. 3 m; Standort OSW; im Frühjahr manchmal halb gefüllt; Patens-Gruppe.

'Sealand Gem': lilarosa mit rötlichem Streifen, verblassend, Staubfäden weiß, Staubbeutel hellbraun, 6 Tepalen; ⌀ 10–14 cm; Blütezeit VI–IX; Höhe 3–4 m; Standort NOSW; farblich besser, da nicht verblassend sind 'Mrs. Thompson' und 'Etoile de Malicorne'; Lanuginosa-Gruppe.

'Serenata': tief purpurviolett, Staubfäden weiß, Staubbeutel gelb, 4–6 Tepalen; ⌀ 10–15 cm; Blütezeit VI–IX; Höhe ca. 3 m; Standort OSW; Patens-Gruppe.

'Sho-UN': hellblau, Staubbeutel weiß, 8 Tepalen; ⌀ 16–20 cm; Blütezeit VI–IX; Höhe 2–3 m; Standort NOSW; der Name bedeutet „blauer Himmel"; Lanuginosa-Gruppe.

'Signe': blaßrosa getönt, 6–8 Tepalen; ⌀ 15–20 cm; Blütezeit VI–VII + IX; Höhe ca. 3 m; Standort OSW: Patens-Gruppe.

'Silver Moon': blaß lavendelfarben, verblassend zu fast weiß, Staubfäden grüngelb, Staubbeutel gelblich, später braun, 6–8 Tepalen; ⌀ 14–18 cm; Blütezeit VI–IX; Höhe ca. 3 m; Standort NOW; in der Sonne stark verblassend; Lanuginosa-Gruppe.

'Sir Garnet Wolseley': violettblau mit rötlichem Streifen, Staubbeutel dunkel purpurn, 8–10 Tepalen; ⌀ 5–12 cm; Blütezeit V–VI; Höhe 2–3 m; Standort OSW; Patens-Gruppe.

'Snow Queen': weiß mit bläulichem Hauch, Staubbeutel braun; 6–8 Tepalen; ⌀ 15–20 cm; Blütezeit V–VI + IX; Herbstblüten oft mit rötlichem Streifen. Neuere Züchtung, die aus Neuseeland nach Europa kam. Patens-Gruppe.

'Souvenir de J.L. Delbard': blauviolett mit purpurnem Streifen, Staubbeutel purpurn, 4–6 Tepalen, sternförmig angeordnet; ⌀ 12–15 cm; Blütezeit V–VI + IX; Höhe ca. 3 m. Jackmanii-Gruppe.

'Star Fish': weiß mit rosa Hauch, 8 Tepalen, ⌀ 10–15 cm; Blütezeit V–VI; Höhe bis 2 m; Standort OSW; Lanuginosa-Gruppe.

'Star of India': purpurviolett mit rötlichem Streifen, Staubfäden grünlich gelbweiß, Staubbeutel gelblich bräunlich, 4–6 Tepalen, überlappend; ⌀ 10–14 cm; Blütezeit VII–VIII; Höhe ca. 3 m; Standort NOSW; Jackmanii-Gruppe.

'Sunset': samtrot mit purpurblauem Rand, Staubbeutel gelb, ⌀ 12–15 cm; Blütezeit V–IX; Höhe 2–3 m; Standort NOSW; Jackmanii-Gruppe.

'Susan Allsop': purpurrosa mit rotem Streifen und roter Mitte, Staubfäden gelblich, Staubbeutel goldgelb, 8 Tepalen; ⌀ 15–20 cm; Blütezeit VI–IX; Höhe ca. 3 m; Standort OW; Lanuginosa-Gruppe.

'Sylvia Denny': weiß, Staubbeutel hellgelb, 6 Tepalen; ⌀ 10–15 cm; Blütezeit V–VI + VIII; Höhe 3–4 m; Standort OSW; erste Blüte halb gefüllt, spätere Blüten einfach; Florida-Gruppe.

'Teshio': hellavendel, Staubfäden weiß, Staubbeutel purpurn, halbgefüllte Blüten; Blütezeit

VI–IX; 10–15 cm; Standort SW; Florida-Gruppe.

'The President': dunkel purpurblau, Staubfäden weiß, Staubbeutel rötlich purpurn, 6–8 Tepalen; ⌀ 14–18 cm; Blütezeit VI–X; Höhe ca. 3 m; Standort NOSW; reich blühende, kompakt wachsende Sorte, auch für Kübel geeignet; Patens-Gruppe.

'Thorleif': blauviolett, Staubfäden weiß, Staubbeutel dunkel purpurn, 5–7 Tepalen; ⌀ 12–15 cm; Blütezeit VII–X; Höhe ca. 4 m; Standort NOSW; Lanuginosa-Gruppe.

'Tillicium': zartblau, Staubbeutel dunkelpurpurn, 6–8 Tepalen, 15–20 cm; Blütezeit VI–IX; Höhe 2,5–3,5 m; Standort OSW; Lanuginosa-Gruppe.

'Titania': weiß mit purpurrotem Mittelstreifen, Staubfäden weiß, Staubbeutel braun; 8 Tepalen, ⌀ 18–22 cm; Blütezeit VI–IX; Höhe 2–3 m; Standort NOW; Patens-Gruppe.

'Trianon': blauviolett mit dunklerem Mittelstreifen, aufhellend, Staubbeutel purpurn; 6–8 Tepalen; ⌀ 12–15 cm; Blütezeit V–VI + IX; Standort OW; Patens-Gruppe.

'Twilight': rotlila, aufhellend, Staubfäden rahmweiß, Staubbeutel gelb, 6 Tepalen, ⌀ 10–14 cm; Blütezeit VI–IX; Höhe ca. 3 m; Standort NOW; Jackmanii-Gruppe.

'Ulrique': rosaviolett mit dunklerer Mitte, Staubfäden grünlich weiß, Staubbeutel purpurrot, 6 Tepalen, Spitzen zurückgebogen; ⌀ 12–18 cm; Blütezeit VI–VII + IX; Höhe 2–3 m; Standort NOW; Patens-Gruppe.

'Velutina Purpurea': dunkelviolett, Staubbeutel grünlich, 4–5 Tepalen; ⌀ 10–12 cm; Blütezeit (VI) VII–IX; Höhe 3 m; Standort NOSW; Jackmanii-Gruppe.

'Venosa Violacea': rotviolett, nach innen zu weiß mit farbigen Adern, Staubfäden gelblich, Staubbeutel blauviolett, 5–6 Tepalen; 10 cm; Blütezeit VII–VIII; Höhe 3–4 m; Standort OSW; seltene Farbe; Viticella-Gruppe

'Veronica's Choice': weiß, lavendel getönt, Staubfäden und Staubbeutel gelb; Tepalenrand gekräuselt; ⌀ 15–20 cm; Blütezeit V–VI + IX; Höhe ca. 3 m; Standort OSW; halbgefüllte Blüten; Lanuginosa-Gruppe.

'Victoria': rötlich violett zu violettrosa aufhellend, Staubfäden grünweiß, Staubbeutel grünbraun, 4–6 Tepalen; ⌀ 13–15 cm; Blütezeit VII–VIII; Höhe ca. 3 m; Standort NOW; Jackmanii-Gruppe.

'Ville de Lyon': dunkel karminrot mit silberweiß zur Mitte verblauend, Staubfäden weiß, Staubbeutel gelb, 6 Tepalen, breit, überlappend; ⌀ 6–11 (–15) cm; Blütezeit VI–X; Höhe 3–5 m; Standort NOSW; Viticella-Gruppe.

'Vino': rotbraun mit violett; 4–5 Tepalen, ⌀ 15–20 cm; Blütezeit VI–VIII; Höhe ca. 3 m; Standort OSW; Jackmanii-Gruppe.

'Violet Charme': hell purpurviolett, Staubfäden bläulich weiß, Staubbeutel purpurrot, 6 (–8) Tapelen; ⌀ 15–18 cm; Blütezeit VI––VIII, auch X; Höhe 2–3 m; Standort NOSW; Lanuginosa-Gruppe.

'Violet Elisabeth': rosalila; 8 Tepalen, ⌀ 15–20 cm; Blütezeit V–VI + IX; Höhe ca. 3 m; Standort NOSW; gefüllt, sonst ähnlich 'Miss Crawshay'. Patens-Gruppe.

'Voluceau': dunkelpurpurrot, violettblau aufhellend, Staubfäden gelblich grün, Staubbeutel gelblich weiß, 6 Tepalen; ⌀ 10–15 cm; Blütezeit VI–IX oder X; Höhe ca. 4 m; Standort (O)SW; langstielig, für Schnitt geeignet; besser aber, da nicht verblauend sind 'Niobe' und 'Rouge Cardinal'; Jackmanii-Gruppe.

'Vyvyan Pennell': violettblau mit grünbraun, oft Streifen mit Spitze, Staubfäden weiß, Staubbeutel gelb, Spitze purpurn, 6 (–8) Tepalen; ⌀ 15–20 cm; Blütezeit V–VI + VIII–IX; Höhe ca. 3 m; Standort OSW; erste Blüten dicht gefüllt und zweite Blüte einfach lavendelfarben; Florida-Gruppe.

'Walter Pennell': dunkelrosa mit violettem Mittelstreifen, Staubfäden rötlich, Staubbeutel gelb, 8 Tepalen; ⌀ 15–20 cm; Blütezeit V–VI + IX; Höhe ca. 2 m; Standort OSW; gut gefüllt, Septemberblüte einfach; Florida-Gruppe.

'Warzawa Nike': tiefpurpurn, Staubbeutel gelb, 6–8 Tepalen, ⌀ 15–20 cm. Blütezeit VI–IX; Höhe bis 3 m; Standort OSW; Jackmanii-Gruppe.

'W.E. Gladstone': hell violettblau, Staubfäden weißlich, Staubbeutel dunkel purpurrot,

6–8 Tepalen; ⌀ 18–25 (–28) cm; Blütezeit VI–IX; Höhe ca. 4 m; Standort NOW; bei gutem Standort Sorte mit den größten Blüten, deshalb geschützte Stelle wählen; ähnlich, aber mit weniger großen Blüten ist 'William Kennett'; Lanuginosa-Gruppe.

'Wilhelmina Tull': dunkelviolett mit rötlichem Streifen, Staubbeutel goldgelb, 8 Tepalen; ⌀ 15–20 cm; Blütezeit V–VI + IX; Höhe bis 2 m; Standort OSW; Lanuginosa-Gruppe.

'Will Goodwin': hell lavendel, Staubbeutel cremegelb, 6–10 Tepalen; ⌀ 15–20 cm; Blütezeit VI–IX; Höhe ca. 3 m; Standort OSW; Lanuginosa-Gruppe.

'William Kennett': hell violettblau, Unterseite fast weiß, Staubfäden weißlich, Staubbeutel dunkel purpurrot, 8 Tepalen; ⌀ 14–18 cm; Blütezeit VI–VIII oder X; Höhe 4–6 m; Standort OW; beim Öffnen der Blüten oft ein rötlicher Mittelstreifen, der schnell verblaßt, schöne kugelige Fruchtstände; leichter Apfelduft; Lanuginosa-Gruppe.

'Xerxes': dunkelviolett mit karminroter Streifung, aufhellend, Staubfäden weiß, Staubbeutel dunkel purpurrot, 6–8 Tepalen, überlappend; ⌀ 14–20 cm; Blütezeit VI–VIII oder IX; Höhe ca. 3 m; Standort OSW; nicht identisch mit 'Elsa Späth' (Lanuginosa-Gruppe), Beide selten unter richtigem Namen im Handel. Patens-Gruppe.

'Yvette Houry': hellblau, Staubfäden weiß, Staubbeutel gelb, 8 Tepalen; ⌀ 15–18 cm; Blütezeit V–VI + IX; Höhe 4–5 m; Standort (N)OSW; erste Blüte gefüllt, Septemberblüte einfach; Lanuginosa-Gruppe.

Clematis-Wildarten

Die Arten-Gruppen lehnen sich zum Teil an die botanischen Untergliederungen der Gattung *Clematis* an oder sind Artenkomplexe, deren endgültige verwandtschaftliche Beziehungen bzw. gegenseitige Abgrenzung noch nicht endgültig geklärt sind. Aus praktischen Gründen werden sie zusammengefaßt. Dies soll helfen, die im Sortiment enthaltenen, auch nach Wuchstyp, Blütentyp und Verwendung einander ähnlichen Arten überschaubarer zu machen.

Clematis alpina und verwandte Arten

Zierliche Kletterer mit meist unverzweigten verholzenden Trieben. Die eng glockig bis weit offen stehenden Blüten mit 4 Tepalen stehen in der Regel einzeln in den Blattachseln der Vorjahrestriebe. Schnitt ist also nicht nötig (und falls doch, dann nur unmittelbar nach der Blüte). Gut geeignet zum Durchwachsen oder Überklettern niedriger Gehölze.
Zusammen mit *C. alpina* sind zu nennen:
  C. barbellata, C. chiisanensis,
  C. columbiana, C. japonica, C. koreana,
  C. macropetala, C. occidentalis

C. alpina – C. macropetala-Komplex

Für die gärtnerische Verwendung ist eine Zusammenfassung unserer Alpenclematis und ihrer asiatischen Schwester recht praktisch, denn es gibt fließende Übergänge zwischen beiden Arten, was übrigens auch schon Botaniker der Jahrhundertwende zum Zusammenfassen beider zu einer Art veranlaßte. Beide Arten lassen sich auch gut kreuzen und wurden so zu Eltern einiger Gartensorten. Selbst die nordamerikanische Alpenclematis *C. columbiana* läßt sich hier gut anfügen, da sie sich in ihrer Stammform eigentlich nur durch die Form ihrer Staminodien von *C. alpina* relativ sicher unterscheiden läßt. Die wesentlichste Abgrenzung zwischen *C. alpina* zu *C. macropetala* bilden die Tepalen ähnlich ausgebildeten Staminodien, die bei der ersteren etwa halb so lang wie die Tepalen sind und bei *C. macropetala* gleich lang wie die Tepalen. Die Blätter sind bei beiden Arten in der Regel doppelt dreizählig, und bei beiden sitzen die nickenden Blüten am alten Holz gestielt in den Blattachseln. Blüten und Blätter sind bei *C. macropetala* etwas größer und gröber, wenn auch beide die gleiche Chromosomenzahl ($2n = 16$) besitzen. Die Blütenfarben sind bei beiden blauviolett, hellblau, rosa und weiß. Wichtig für die Verwendung ist, daß *C. macropetala* mit 3–5 m etwa doppelt so hoch werden kann wie *C. alpina* und auch etwas mehr Trockenheit zu vertragen scheint.

C. alpina syn. *Atragene alpina*, Alpenclematis (Abb. Seite 159): Blüten 4–6 cm lang, glockig, später etwas öffnend. Blütezeit (III) IV–V.

C. alpina ssp. alpina Verbreitung im gesamten Alpengebiet, Apennin, Karpaten und nördlichen Balkanbereich. Tepalen blau bis hellblau, selten weiß oder rötlich.

C. alpina ssp. sibirica syn. *C. sibirica* Verbreitung von Nord-Norwegen bis Ost-Sibirien, mittlerer Ural und Mandschurei. Tepalen weiß. Blütezeit V–VI.

C. alpina var. ochotensis syn. *C. ochotensis, C. platypetala*: Tepalen violettblau, dickfleischig; Blätter in der Regel einfach dreizählig, Verbreitung von Ost-Sibirien bis Kamtschatka, Nord-Mandschurei, Korea und Japan.

C. barbellata syn. *C. nepalensis;* Heimat West-Himalaja; Blüten purpurviolett, 4 Tepalen, leicht behaart, etwas geöffnete Blüte; ⌀ 5–6 cm; Blütezeit V–VI; blüht im Sommer nach. Züchtungen von Johnson, Schweden, z.B.: 'Plena', wie die Art, aber gefüllte Blüten. 'Spectrum', violett, zum Teil gefüllt; 'Bishop', violett zu purpurn verblühend; 'Pansy', violett mit purpurrotem Glanz.

C. macropetala (Abb. Seite 160): Blüten 5–10 cm, langglockig, weiter öffnend, Staminodien Tepalen ähnlich; Blütezeit IV(–V); Verbreitung Sibirien, Mandschurei, Nord-China.

Zum *C. alpina*-, *C. macropetala*-Komplex gehören eine Fülle von Gartensorten, die entweder Selektionen der Arten oder deren Hybriden sind. Es gibt auch von beiden Arten Farbauslesen, die dann zum Beispiel 'Albiflora', 'Alba' oder 'Rosea' genannt werden und hier nicht aufgeführt sind.

Sorten und Hybriden von C. alpina und C. macropetala:

A – *C. alpina*, M – *C. macropetala* zugerechnet
A × M-Hybride aus beiden Arten:

'Ballet Blanc', weiß gefüllt – M; 'Bibirica', weiß gefüllt – A; 'Blue Bird', purburblau, ca. 7 cm, öffnend – A × M; 'Burford White', weiß – A; 'Carmen Rose', purpurrosa – A; 'Columbine', blaß lavendelblau – A; 'Cream Moth', gelblich weiß, ähnlich ist auch die Farbauslese 'Sibirica Flava' – A; 'Cyanea', intensiv blauviolett – A; 'Maria', hellrosa, glockige Blüten – A; 'Frances Rivis', syn. 'Blue Giant', 'Mrs. Rivis', tiefblau, größte Blüten der *C. alpina*-Sorten – A; 'Gravetye Form', cremefarben, 3–4 Wochen frühere Blüte als die meisten anderen – A; 'Lagoon', blau, dunkler ist 'Maidwell Hall' – M; 'Magnus Johnson', blau – A; 'Markham's Pink', syn. 'Markhamii', rosa – M; 'Maidwell Hall', blau – M; 'Orchid Purple', purpurrosa – A; 'Pagoda', rosa – M; 'Pamela Jackman', möglicherweise auch *C. columbiana* zuzuordnen; blau, sich sternförmig öffnend bis 8 cm breit – A; 'Pauline', tiefblau – A; 'Purity', weiß – A; 'Ria', blau – A; 'Rødklokke', rosa – M; 'Rosy O'Grady', tiefrosa, über 7 cm breit, sternförmig öffnend – A × M; 'Ruby', purpurrosa, manchmal sommerliche Nachblüte – A; 'Snowbird', weiß, halbgefüllt – M; 'White Lady', weiß – M; 'White Moth', weiß gefüllt – M; 'White Swan', weiß bis 7,5 cm, manchmal Nachblüte – A × M; 'White Tokijo', weiß – M; 'Willy', blaßrosa, roter Fleck am Tepalengrund – M

C. chiisanensis

Heimat Korea; Blüten grünlich gelb, hängend, ⌀ 2–3 cm, 4 Tepalen mit 3 bräunlichen Rippen auf der Rückseite; verbänderte Staubblätter wie bei *C. macropetala*; Höhe 4–5 m; Standort NOSW; hält gut in der Vase, blüht im Herbst oft nach.

C. columbiana

Syn. *C. pseudoalpina*: Heimat Gebirge der westlichen USA; Blüten violettblau, selten weiß, 4 Tepalen glockig stehend, kaum verbänderte Staubblätter, 2–6 cm lang; Blütezeit IV–VI; Höhe bis 2 m; Standort NOSW.

C. japonica

Syn. *C. ternata*; Heimat Japan; Blüten braunrot bis purpur, weiß gerandet, 4 Tepalen, Spitzen zurückgebogen, bis 3 cm lang glockig hängend, zu mehreren in den Blattachseln; Blütezeit V–VI; Höhe bis 3 m; Standort NOSW; hart und gut durch Aussaat vermehrbar; im Botanischen Garten Göttingen.

C. koreana

Heimat Korea, Mandschurei; Blüten dunkelviolett, 4 Tepalen; 2,5–3,5 cm lang; Blütezeit VI–VIII; Höhe 1–3 m; Standort NOW.
C. koreana var. **lutea**:gelbblütig. Eine von schwedischen Dendrologen in Korea gefundene stark duftende Form, wird zu Kreuzungen in der Gruppe *C. alpina* benutzt und läßt auf duftende Hybriden (Johnson, Schweden) hoffen; im Handel oft fälschlich mit *C. serratifolia* bezeichnet, deren Blätter doppelt dreizählig sind, während *C. koreana* Blätter einfach dreizählig hat.

C. occidentalis

Syn. *C. verticillaris*; Heimat Nord-Amerika; Blüten blau oder purpurn, 4 Tepalen, erst glockenförmig stehend, dann breit abspreizend meist nur äußere Staubblätter etwas verbreitert, aber noch Staubbeutel tragend; ⌀ 5–8 cm; Blütezeit V–VI; Höhe bis 2 m; Standort OSW.

Clematis montana und verwandte Arten

Eine Art, die sowohl im Himalaja-Gebiet als auch bis West- und Mittelchina verbreitet ist. Es gibt Typen, die niedrig strauchig wachsen, zum Beispiel die echte *C. chrysocoma* und an jungen Trieben dicht gelb behaart sind. Andere Typen wiederum sind kletternd und erreichen 8 m und mehr. An jungen Trieben sind sie mehr oder weniger behaart, zum Beispiel *C. montana* und *C. chrysocoma* var. *sericea*. Aus der Kreuzung dieser beiden Arten entstand *C. × vedrariensis*. Hybriden aus dieser Kreuzung sind auch als Gartensorten bei uns vertreten, zum Beispiel 'Highdown'.

Alle läßt man unbeschnitten, da sie am vorjährigen Trieb blühen, es sei denn es muß ausgelichtet werden und das sollte dann sofort nach der Blüte erfolgen. Allesamt sind herrliche winterharte Blüher des späten Frühjahrs.

Zu **C. montana** sind zu nennen:
C. chrysocoma, C. chrysocoma var. *sericea;*
C. × vedrariensis;

C. montana

Heimat Himalaja, Mittel- und West-China; Blüten weiß, 4 Tepalen, Staubfäden gelb, Staubbeutel gelb, auf 5–10 cm langen Stielen, einzeln oder bis zu fünf in den Blattachseln; leichter Vanilleduft; ⌀ 3–5 (–8) cm; Blütezeit V; Standort NOSW; Pflanzen, die in hohe Bäume und Sträucher klettern können. Im unteren Bereich kann man sie von anderen großblumigen Clematis bewachsen lassen. Dazu sollte man aber nur Sorten wählen, die ebenfalls keinen Schnitt brauchen.
C. montana var. **grandiflora**: Blüten reinweiß, nicht duftend, ⌀ 5–8 cm; Blütezeit V–VI; Höhe bis 12 m; gut für Nordwände und schattige Situationen.
C. montana var. **odorata**: Blüten blaßrosa, duftend; Blütezeit V–VI; im Handel ist ein Typ, dessen Benennung noch abzuklären ist.
C. montana var. **rubens** (Abb. Seite 160): Blüten rosarot, verblassen im Schatten, ⌀ 5–6 cm; Blütezeit V–VI; Höhe bis 9 m; duftende und nicht duftende Typen. Blühende Pflanzen kaufen, um einen guten Typ zu erhalten. Junge Blätter beim Austrieb purpurn, später sehr dunkelgrün. Ausgangstyp für die rosa bis rötlichen *C. montana*-Sorten.
C. montana var. **wilsonii**: Heimat Mittel-China; Blüten weiß anfangs oft grünlich; ⌀ 5–6 cm; Blütezeit VII–VIII, auch X; Höhe bis 6 m; hat von allen *C. montana* die späteste Blüte, manchmal noch einzelne Blüten an jungen Trieben; häufig nicht echt; duftet nach heißer Schokolade.

In die nachfolgende Sortenaufstellung sind auch Züchtungen aus *C. chrysocoma* und *C. × vedrariensis* einbezogen. Alle diese Sorten gehören zu unseren dankbarsten und winterharten, im Frühsommer bis Sommer blühenden Gartenclematis. Sie brauchen keinen Schnitt und blühen am vorjährigen Trieb.

'Alexander', cremeweiß, Blütezeit V–VI; ⌀ 3–5 cm; Höhe bis 9 m, gut duftend;

'Elizabeth' (Abb. Seite 178), zartrosa, im Schatten weiß, ⌀ 3–5 cm; Blütezeit V–VI; Höhe 6–8 m; Tepalen sich kaum berührend, nach Vanille duftend, nur in der Sonne voll ausgefärbt;

'Freda': dunkles Kirschrosa, heller Mittelstreifen, Staubbeutel gelb, 4 Tepalen; ⌀ 3–5 cm; Blütezeit: V–VI; Höhe 7–10 m; Standort NOSW; Montana-Gruppe.

'Marjorie', cremefarben-rosa, Füllung lachsrosa, halb gefüllt durch verbänderte Staubblätter; ⌀ 3–5 cm; Blütezeit V–VI; Höhe 6–9 m;

'Mayleen': tiefrosa, Staubbeutel gelb, ⌀ 5–7 cm; Tepalen 4; Blütezeit V–VI; Höhe 7–10 m; Standort NOSW; Montana-Gruppe.

'Pictons Variety', dunkelrosa, im Schatten blasser, 4 (–6) Tepalen; ⌀ 5–7 cm; Blütezeit V–VI + VIII–IX; Höhe 4 m; schwacher Duft, remontiert leicht im Herbst;

'Pink Perfection', dunkelrosa, ähnlich 'Elizabeth', aber dunkler in der Blüte; ⌀ 3–5 cm; Blütezeit V–VI; Höhe bis 9 m;

'Pleniflora', weiß, halbgefüllt bis fast gefüllt; Blütezeit V–VI; Höhe 4–6 m;

'Superba', weiß, wie *C. montana*, aber Blüten; ⌀ bis 8 cm; Blütezeit V–VI; Höhe 4–6 m;

'Tetrarose', intensiv lilarosa, Staubfäden weiß, Staubbeutel hellgelb, duftend; ⌀ 7–8 cm, Blütezeit V–VI; Höhe bis 6 m; tetraploide Sorte durch Polyploidie mit Colchizin im Baumschulinstitut 1960 in Holland entstanden.

C. chrysocoma

Im Handel ist ein kletternder, 5–6 m hoher Typ, der im Mai rosa blüht und wohl zu *C. montana* gehören dürfte, da die frühe Blüte auf Blüte am Vorjahrestrieb hinweist, ein typisches Merkmal von *C. montana*. Die echte *C. chrysocoma* ist strauchig und blüht am jungen Trieb.

C. chrysocoma var. **sericea**, syn. *C. spooneri*, Blüten weiß mit rosa Hauch; ⌀ 7–9 cm; Blüte-

zeit VI–VIII; Höhe 6 m; Triebe stärker behaart als bei einigen kultivierten *C. montana*-Typen. 1–2 Blüten je Blattachsel, blüht am alten Holz.

'Continuity', Blüten tief rosa, Staubbeutel gelb; Blütezeit V–IX; Standort SW; Blütenstiele 20–25 cm, keine Blütenfülle, aber lange Blütezeit; braucht Winterschutz, nur für sehr warme Lagen.

C. × vedrariensis

eine Kreuzung aus *C. chysocoma* und *C. montana* var. *rubens*.

'Highdown' blaß lilarosa, 4 (–6) Tepalen; ⌀ bis 8 cm; Blütezeit V–VI; Höhe bis 6 m; junge Triebe stärker behaart; 'Rosea', hellrosa, 4 (–6) Tepalen; ⌀ 8–10 cm; Blütezeit V–VI; junge Triebe ebenfalls stärker behaart.

Clematis orientalis und verwandte Arten

Kräftig wachsende Kletterer, die am jungen Trieb reichlich gelb blühen und oft herrliche Fruchtstände bis in den Spätwinter tragen. Kräftiger Rückschnitt im Februar–März ist nötig. Es kann auch Rückschnitt auf ein Triebgerüst erfolgen, zum Beispiel an einem Zaun entlang. Das Verbreitungsgebiet dieser Gruppe reicht von der Insel Kos in der Ägäis (*C. orientalis*) über Süd-Rußland (*C. orientalis*) zur Mongolei (*C. tangutica*) bis nach Japan (*C. serratifolia*). Es zieht sich aber auch von Turkestan (*C. orientalis*) über Tibet, das Hochland von Pamir nach China (*C. graveolens*, *C. tangutica*, *C. tibetana* und *C. vernayi*). Die hier genannten Arten sind in Kultur oft falsch benannt (zum Beispiel als *C. glauca*, obwohl diese Art nicht in Kultur ist), oder es haben sich Hybriden gebildet und diese sind als Arten oder Sorten mit Zuordnung zu einer Art im Handel.

Zu C. orientalis sind zu nennen:

C. graveolens, *C. tangutica*,
C. tibetana und *C. vernayi*
und die dem *C. graveolens*-Komplex zugeordneten Kultursorten und Auslesen sowie
C. serratifolia und *C. akebioides* (s. Seite 165).

157

C. orientalis

Syn. *C. glauca Willdenow*, Blüten gelb, blaß-gelb oder grünlichgelb, ⌀ 2–4 cm, Blütezeit: (VI) VII–VIII (IX), Höhe 5–8 m, Standort NOSW, Staubfäden: rotpurpurn (auch gelb), Staubbeutel: gelb, 4 Tepalen; 11–20 mm lang, sich öffnend und dann weit zurückrollend. Ränder stärker, Rücken mehr oder weniger schwach behaart. Tepalen manchmal auch innen purpurbräunlich oder außen rotviolett überlaufen. Blütenstände (Trugdolden) immer gestielt und drei- bis vielblütig in Dreiergruppen (Cyathium), wobei die mittlere Blüte in den Blattachseln oder am Triebende fehlen kann. Blätter graugrün, unpaarig gefiedert mit 5–7 (selten 3 oder 9) Blättchen, die schmal oder breit, ganz, geteilt oder dreizählig sein können.

Das weite Verbreitungsgebiet der Art gibt Spielraum für vielfache Merkmalsvariationen.

Es reicht von der Ägäisinsel Kos nördlich über Südrußland bis zur Mongolei und südlich über Kleinasien, N-Syrien, Iran, Afghanistan, Nordindien bis Westchina. Diese vielgestaltige Art ist oft als *C. glauca* im Handel. Alle sonst zu *C. orientalis* gerechneten Sorten gehören zum Komplex *C. graveolens* und sind dort zugeordnet.

Die hier beschriebene, echte *C. orientalis* ist auch fälschlich als *C. akebioides* mit „purpurnem Anflug" im Handel.

C. graveolens

Syn. *C. orientalis* var. *graveolens*; Blüten gelb, 4 Tepalen, abspreizend und Rand behaart, 2–4 cm lang; Blütezeit VIII–IX; Standort NOSW; die verholzende Kletterpflanze besitzt einfach, doppelt oder dreifach gefiederte Blätter. Die Blättchen sind sehr unterschiedlich in Größe und Form und unregelmäßig gelappt oder gesägt. Blüten zu 1 bis 3 in gestielten Blütenständen in den Blattachseln. Hauptverbreitungsgebiet ist der Himalaja. Hierzu gehören, werden aber üblicherweise als eigene Arten beschrieben:

C. tangutica

(Abb. Seite 179); Blüten leuchtend gelb, 4 Tepalen, Rand behaart, 4–8 cm lang; Blütezeit VI–IX; Höhe ca. 3–4 m; die nickenden glockigen Blüten stehen einzeln langgestielt in den Blattachseln oder am Triebende. Die behaarten Griffel der Einzelfrüchte können bis 7 cm lang werden, weshalb *C. tangutica* besonders schöne bartähnliche Fruchtstände hat. Die Blätter sind einfach gefiedert mit 5 bis 7 Blättchen. Diese sind unregelmäßig gesägt, gezähnt oder leicht gelappt und 4–8 cm lang. Verbreitungsgebiet ist das Hochland von Pamir und Nord-West-China.

C. tibetana

unterscheidet sich von C. tangutica durch blaugrüne Blätter, linealische Blättchen und violetten Flecken auf den Tepalen und ist in Tibet verbreitet.

C. vernayi

von *C. tangutica* durch dickfleischige, kürzere, abspreizende Tepalen unterschieden. Sie kommt in Tibet und Nepal vor und entspricht der Pflanze, die als *C. orientalis* L & S 13342 und mit deren Auslese 'Orange Peel' im Handel ist. Die Blüten stehen zu 1 bis 6 (ein bis zwei dreiblütige, nicht gestielte Cyathien) in den Blattachseln. Die Knospen werden meist schon im Juni–Juli angelegt und ruhen, stecknadelkopfgroß, bis September–Oktober. Nur in sehr kühlen Jahren entwickeln sich die Knospen gleich weiter, und die Blüte beginnt schon im Juli–August. Die Blüten duften kräftig fruchtig, an Aprikosen erinnernd.

C. serratifolia

syn. *C. orientalis* var. *serrata;* Heimat östliche UDSSR, Mandschurei, Korea; Blüten gelb, außen manchmal bronze bis rötlich mit leichtem Zitronenduft, Tepalen 2–3 cm lang, eine

Oben: Clematis alpina, Alpenclematis
Unten: Clematis-Sorten 'Huldine' und
C. viticella 'Royal Velours'

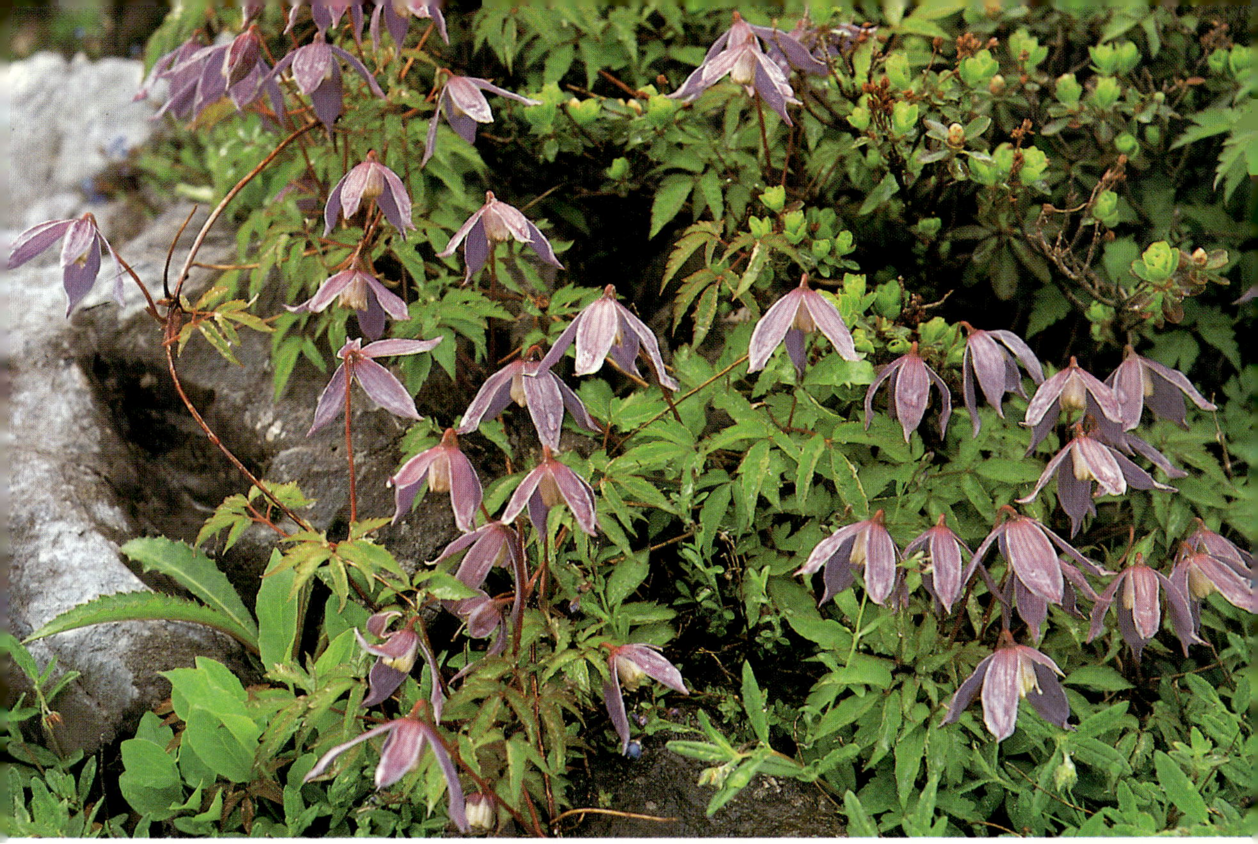

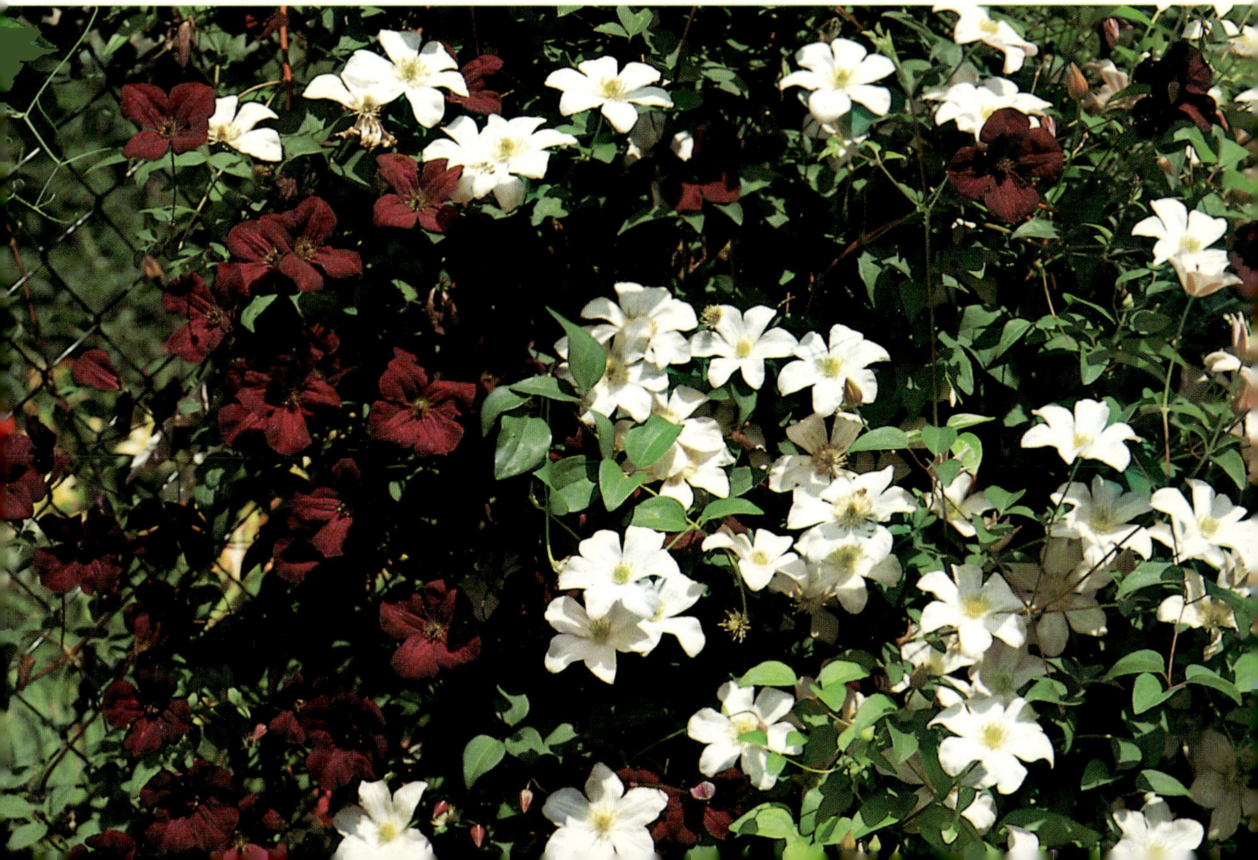

breite bis sehr weite Glocke bildend. Blüten und Fruchtstand ähnlich wie *C. tangutica*. Blütezeit VIII–X. Standort OSW. Höhe bis 3 m. Blätter grün, Blättchen scharf gesägt. Blütenstand mit kurzem aber deutlichem Stiel.

Sorten

Da meist nicht feststellbar ist, aus welcher Art eine Sorte entstanden ist, sind alle hier zusammengefaßt unter der Bezeichnung *C. Graveolens-tangutica-tibetana-vernayi-* Komplex.

Leider werden die Auslesen und Hybriden manchmal durch Aussaat vermehrt und sind dann in der Regel schlechter als vegetativ vermehrtes Material.

'Aureolin', intensiv gelb, ∅ 5–7,5 cm, Blütezeit VIII–IX; guter *C. tangutica*-Typ mit dicken Tepalen;

'Bill MacKenzie', zitronengelb, Blütezeit VII–IX; ∅ 2,5–5 cm; größte sich weit öffnende Blütenform.

'Bravo', großblumiger *C. vernayi*-Typ;

'Burford Variety', dunkelgelb; ∅ ca. 5 cm; Blütezeit VII–X; Blüten mit dickfleischigen Tepalen, kaum öffnend;

'Corry', zitronengelb; ∅ 5 cm; Blütezeit VII–IX; große, weit öffnende Blüten;

'Drakes Form', großblumig, Typ *C. tangutica*;

'Gravetye Variety', Blüte *C. tangutica* ähnlich, aber weiter öffnend, Laub feiner;

'Jackmans Variety', gute *C. tangutica*-Auslese;

L & S Form 13342, von Ludlow & Sheriff 1952 aus der Umgebung von Lhasa, Tibet, eingeführter Typ von *C. vernayi* und bisher als *C. orientalis* L & S 13342 im Handel; Blütezeit VIII–X;

'Orange Peel', syn. 'Lemon Peel', gelb blühender und orange verblühender Typ von

---

C. vernayi aus dem L & S 13342-Material; Tepalen dickfleischig.

Clematis vitalba und verwandte Arten

Es sind hochwachsende, verholzende Kletterpflanzen, die Höhen bis 20 m erreichen. Ihre großen end- und achselständigen weißen, oft duftenden Blütenstände entwickeln sich meist zu silbrigen Fruchtständen, die sich als Winterschmuck und für Trockengestecke eignen. Unsere Waldrebe und ihre Verwandten verwenden wir als Kletterer für Bäume und hohe Sträucher oder wir lassen sie über Hekken, Zäune und niedrige Gebäude (Schuppen) wachsen. Normalerweise werden sie nicht geschnitten, vertragen aber auch jährlichen totalen Rückschnitt. Bei *C. flammula* ist dies manchmal unerläßlich, weil sie in strengen Wintern zurückfriert. Auch teilweise, auf einem Triebgerüst zurückgeschnitten, lassen sie sich wenigstens etwas im Zaum halten. Blühende oder fruchtende Triebe sind ganz besonders geeignet als Vasenschmuck.

Mit *C. vitalba* in einer Gruppe sind außerdem zu nennen:

C. brevicaudata,
C. flammula,
C. × jouiniana,
C. ligusticifolia,
C. maximowicziana.

C. brevicaudata

Heimat Mandschurei bis West-China; Blüten weiß, 4 Tepalen; ∅ 2 cm; Blütezeit VII–VIII; Höhe bis 8 m; Standort OSW; viele blattachselständige Blütenstände an den Triebenden.

C. flammula

Heimat Mittelmeergebiet bis Persien; Blüten weiß zu vielen in Rispen, starker Bittermandelduft, 4 Tepalen, kreuzartig stehend; ∅ 3 cm; Blütezeit VIII–X; Standort SW; Höhe 2–6 m; alte Gartenpflanze (Heilpflanze) für geschützte Lagen; viel zierlicher als unsere heimische Waldrebe, *C. vitalba*, oder die nordamerikanische Verwandte *C. virginiana*.

C. × jouiniana

Aus einer Kreuzung von *C. heracleifolia* var. *davidiana* mit *C. vitalba* entstanden; Blüten weiß zu blaßblau verblühend, 4 Tepalen, leicht zurückgebogen; ⌀ 3 cm; Blütezeit VIII–IX; Standort NOSW; Höhe 2–4 m; leicht duftende Blüten in dichten Rispen in den Blattachseln an den Triebenden.

Die Sorte 'Praecox' hat hyazinthenähnliche, hellblaue Blüten, Blütezeit VII–IX; beide sind Spreizklimmer, aber auch gute Bodendecker, zum Beispiel zwischen Lilien.

C. ligusticifolia

Heimat Nord-Amerika, Blüten weiß, 4 Tepalen, kreuzartig; ⌀ 2 cm; Blütezeit VIII–IX; Höhe bis 6 m; Standort NOSW; Blüten wie bei unserer heimischen Waldrebe, *C. vitalba*, in großen Blütenständen, gefolgt von dekorativen Fruchtständen; männliche und weibliche Blüten auf getrennten Pflanzen.

C. maximowicziana

Syn. *C. dioscoreifolia*; Blüten weiß, duftend, 4 Tepalen in Kreuzform, Staubfäden weiß, Staubbeutel gelblich weiß; ⌀ 3 cm; Blütezeit IX–X; Höhe bis 10 m; Standort NOSW; oft noch als *C. paniculata* (Thunb. non Gmel.) bezeichnet, wobei die richtige *C. paniculata* (Gmelin, syn. *indivisa* Wild.), eine nicht winterharte, neuseeländische Art ist.

C. vitalba

(Abb. Seite 179), Heimat Europa bis zum Kaukasus, Nord-Afrika; Blüten cremeweiß, etwas duftend, 4 Tepalen, Staubfäden und Staubbeutel weiß; ⌀ 2 cm; Blütezeit VII–IX oder X; Höhe 10 m und höher; Standort OSW, auch N; unsere kräftigste heimische Liane mit Stämmen von Armdicke; verträgt Rückschnitt auf Gerüst. In Rispen, reich blühend; Ranken mit Blüten- oder Fruchtständen gut für Schnitt geeignet. Kann sich in Weinbergen und auf Waldwegen reichlich aussamen und wurde früher als Veredlungsunterlage benutzt; liebt kalkhaltigen, humosen gut durchlüfteten Boden mit reichlicher Feuchtigkeit.

Clematis texensis und verwandte Arten

Es sind krautige bis leicht verholzende Kletterpflanzen. Die glockigen bis krugförmigen Blüten, deren vier Tepalenspitzen meist nach außen gebogen sind, stehen meist langgestielt und nickend zu 1 bis 3 in den Blattachseln oder am Triebende. Bis auf *C. fusca*, die in Nord-Ost-Asien beheimatet ist, stammen diese Arten aus Nordamerika. Bisher haben sie alle noch zu wenig Verbreitung in unseren Gärten gefunden. Dies gilt insbesondere auch für die Hybriden von *C. texensis*. Zu *C. texensis* zu nennen: *C. cripsa, C. fusca, C. pitcheri, C. viorna*.

C. crispa

Heimat Süd-Ost-USA; Blüten blauviolett, weißrandig, 4 Tepalen, Spitzen zurückgebogen; glockig, nach Orangen duftend, bis 4 cm lang; Blütezeit VI–IX; Höhe 1(–3) m; Standort SW; staudige Art, wie *C. texensis* im Herbst bis zum Boden absterbend.

C. fusca

Heimat Nord- und Ost-Asien; Blüten braunrot, innen hellviolett, 4 Tepalen, Spitze zurückgeschlagen, behaart, 2 cm lang; Blütezeit VI–VIII; Höhe 2–3 m; Standort OW; 'Violacea' violett.

C. pitcheri

Heimat USA; violettpurpurne Glöckchenblüten, 4 Tepalen, behaart, Spitzen zurückgebogen; 2,5 cm lang; Blütezeit VI–VII, auch IX; Höhe bis 3 m; Standort OSW; das Blättchen an der Blattspitze oft bis auf die Mittelrippe reduziert und rankenähnlich genutzt. Fruchtstände stachelig wirkend, da die Griffel nicht behaart sind.

C. viorna

Heimat Ost-USA; Blüten rotbraun, bis trüb purpurn 4 Tepalen, Spitze aufgebogen, bis 3 cm lang; Blütezeit V–VIII; Höhe 3 m; Standort O(S)W; diese glockig blühende Art hat wie *C. texensis* das Spitzenblättchen zur Ranke reduziert und hält sich damit fest. In strengen

Clematis viorna

Wintern muß der Wurzelbereich mit Laub abgedeckt werden.

C. texensis

Clematis texensis, syn. *C. coccinea* stammt aus Texas. Es gibt Farbvarianten von Rosa über Rot bis Purpur; 4 Tepalen, fleischig, in Glockenform mit nach außen gebogenen Spitzen; ⌀ 2–3 cm; Blütezeit VI–VIII; Höhe 2 m; Standort OSW.

In strengen Wintern muß man den Wurzelbereich mit Laub abdecken. *C. texensis* ist eine staudige *Clematis*, die jedes Jahr bis zum Boden abstirbt.

Die Art kam 1868 nach Europa als *C. coccinea*. Max Leichtlin, ein bedeutender Pflanzensammler, mit eigenem botanischen Garten, dem Hortus Aureus in Baden-Baden, machte Farbauslesen zur Verbesserung der in Kultur genommenen und durch Aussaat vermehrten *C. texensis*. Seine Auslese verdreifachte die Blütengröße gegenüber dem Wildtyp. Er kreuzte auch als erster diese Art mit großblumigen Hybriden, deren Ergebnisse aber verlorengingen.

Von ihm aus kam *C. texensis* als *C. coccinea* 1880 nach England. Dort kreuzte sie Jackman mit der zur Jackmanii-Gruppe gehörenden großblumigen Sorte 'Star of India'. Aus dieser Kreuzung stammen folgende Sorten:

'Countess of Onslow', 'Duchess of Albany', 'Duchess of York', 'Grace Darling', 'Sir Trevor Lawrence' und 'Admiration'. Die Texensis-Gruppe wurde damals „Wokingensis Hybrids" genannt, da sie in Woking 1890 entstand.

In Frankreich entstanden bei Lemoin und Morel aus Kreuzungen mit *C. texensis* weitere Sorten, mit zum Teil ganz anderem Habitus, wie 'Gravetye Beauty' und 'Etoile Rose' (Abb. Seite 179).

Es ist zu hoffen, daß alle Sorten der Texensis-Gruppe wieder in den Handel kommen, denn sie verhalten sich staudig, sind reich blühende, aparte Gartenpflanzen und Schnittblumen und sollten viel mehr gepflanzt werden. Ebenso ist zu hoffen, daß wieder mit *C. texensis* gezüchtet wird, um weitere Gartensorten dieser Gruppe zu erhalten.

Die zur Texensis-Gruppe gehörenden Sorten besitzen alle 4–6 Tepalen mit viel Substanz.

Die Blütezeit reicht von Juli oder August bis September oder Oktober. Alle sind kräftige Wachser und schaffen, richtig gepflanzt, 3–5 m in einem Sommer. Das Spitzenblättchen ist zur Ranke reduziert und wird auch so genutzt. Unterschiedlich häufig werden die Art und folgende Sorten angeboten:

'Duchess of Albany', leuchtend rosa, zur Mitte dunkler, Blüte ca. 5 cm lang, tulpenähnlich nach oben geöffnet;

'Etoile Rose', dunkelrot, mit schmalem, hellen, weißlichen Rand, Blüten glockig hängend 3–5 cm lang, sich beim Verblühen öffnend. Blühbeginn bei frühem Sommer oft schon im Juni;

'Gravetye Beauty', rubinrot, purpurn schattiert, Blüten aufrecht wie lilienblütige Tulpen, 7–9 cm lang, öffnen sich von allen Sorten am weitesten, fast sternförmig; wenn Vorjahrestriebe überwintern, Blühbeginn im Juni–Juli, sonst im August; einjährige Triebe werden nur ca. 2 m hoch.

'Pagoda', lilarosa, Blüten hängend, 6–8 cm lang; neue Züchtung von Treasures of Tenbury,

'Sir Trevor Lawrence', kräftig kirschrot, Blüte glockig aufrecht, ähnlich 'Duchess of Albany'. Alle Sorten sind gut geeignet durch Bodendecker oder Staudenpflanzungen, über niedrige Sträucher oder in offene locker wachsende Sträucher zu klettern.

Zur Zeit nicht im Handel sind leider: 'Admiration', lachsrosa, Rand violett; 'Countess of Onslow', violettpurpurn mit breitem scharlachfarbenen Streifen; 'Duchess of York', blaßrosa mit dunklem Streifen; 'Grace Darling', kräftig karminrosa.

Clematis viticella und C. campaniflora

Die Heimat von *C. viticella* (Abb. Seite 179) ist Südeuropa bis Kleinasien; die Blüten sind purpurrosa bis violett mit 4 Tepalen, die Blüten etwas hängend, ⌀ 3–5 cm; Blütezeit VII–IX; Höhe 3–5 m; Standort OSW, auch N; die Art ist für lichten Schatten gut geeignet; eine sehr elegante, reichblühende, schon alte, harte Gartenpflanze.

Sie wurde bereits im 'Hortus Eystettensis' von 1613 beschrieben. Wir finden in alten Kräuterbüchern schon rosa oder rotpurpurn blühende Sorten mit einfachen oder gefüllten Blüten. Kräftiger Rückschnitt im Frühjahr oder Kultur auf Gerüst in klimatisch günstigen Lagen. Blühende Triebe für Schnitt geeignet. Neben den großblumigen Hybriden der Viticella-Gruppe gibt es eine große Zahl von Sorten mit Wildcharakter aus *C. viticella*. Von den vielen Sorten, die aus dieser Art ausgelesen wurden, werden noch oder wieder angeboten:

'Abundance', kräftig purpurrosa, dunkler geadert, Staubfäden und Staubbeutel cremefarben, 5–7 Tepalen, ⌀5–7 cm;

'Alba Luxurians', weiß mit grünen Spitzen beim Aufblühen, 4(–6) Tepalen etwas gedreht, glockig stehend, Staubfäden purpurn, Staubbeutel schwärzlich purpurn; ⌀ 7–8 cm; Höhe ca. 3 m;

'Blue Belle', tief blauviolett mit purpurnem Schein, 4–6 Tepalen; 5–11 cm

'Carmencita', purpurrot, 4–6 Tepalen, Staubfäden grün, Staubbeutel schwarzrot, ⌀ 6–10 cm; Höhe über 3 m; Standort W, auch O und S; ähnlich *C. viticella* 'Kermesina', aber samtiger dunkelrot und ohne helle Staubblätter; ist Sämling aus 'Grandiflora Sanguinea' (Johnson 1952);

'Grandiflora Sanguinea', purpurrot, 4–6 Tepalen, Blüten nickend, Staubbeutel grüngelb, ⌀ 5–7 cm; Höhe 3 m;

'Kermesina', weinrot, (4–) 6 Tepalen, ⌀ 5–7 cm, Höhe 2–3 m;

'Little Nell', weiß mit purpurrosa Rändern, 4–6 Tepalen, Staubfäden und Staubbeutel grünlich, ⌀ 5–6 cm; Höhe bis 6 m;

'Minuett', weiß violettpurpurn geadert, am Rand intensiv gefärbt, 4–6 Tepalen, unterseits hell, Staubfäden grünlich gelb, Staubbeutel grünlich; ⌀ 5 cm; 1 bis 2 Triebe ergeben einen eleganten, farblich aparten Vasenschmuck;

'Purpurea Plena Elegans', syn. 'Elegans Plena', kräftig purpurrosa, Rückseite graupurpurn, 4 Tepalen, ⌀ 3–4 cm; Höhe 3–5 m; dicht gefüllt von tepalenähnlichen, verbreiterten Staminodien (unfruchtbaren Staubblättern);

'Royal Velours', samtig dunkelpurpurn, 4 (–6) Tepalen, Staubfäden grünlich, Staubbeutel rötlich purpurn, ⌀ 5–8 cm; Höhe 2–3 m; dunkelste Sorte der purpurroten Clematis viticella. Zwischen die silbrig-grünen Blätter von Sanddorn oder *Eleagnus* × *ebbingei* klettern lassen;

'Rubra', hell weinrot, oft am Tepalengrund weiß, 4(–5) Tepalen, glockig stehend, Staubfäden grünlich, Staubbeutel rötlich braun, ⌀ 3–4 cm; Blüten etwas an Klatschmohn erinnernd.

C. campaniflora

Diese Art wird nach ihrem Habitus, und ihrer Blütenform und -farbe in eine Gruppe mit *C. viticella* gestellt.

Heimat Portugal, Blüten weiß, violetter Hauch, duftend, 4 Tepalen, glockig weit offen, ⌀ 2–3 cm; Blütezeit VI–VII; Höhe 2 bis gelegentlich 5 m; Standort SW; elegante Art, auch farblich blauere Typen durch Aussaat erzielbar.

Weitere Clematis-Arten und Kreuzungen

C. akebioides
Syn. *C. glauca* var. *akebioides* (Abb. Seite 160); Heimat W-China; Blüten gelb, glockig, sich höchstens halb öffnend, Tepalen dickfleischig, 2–3 cm lang, nur am Rande behaart. Blütenstand in den Blattachseln ohne Stiel. Blättchen dreiteilig, stumpf oval und gekerbt, blaugrün und fleischig. Blütezeit VIII–X, meist rot überlaufene Triebe; Höhe bis 4 m; Standort OSW; reichblühend; selten echt erhältlich. Kann auch den mit *C. orientalis* verwandten Arten zugerechnet werden (s. Seite 157).

C. aromatica
Aus *C. flammula* × *C. integrifolia* entstanden; Blüten dunkelviolett, 4 Tepalen, zurückgerollt, ⌀ bis 4 cm; Blütezeit VII–X; Staubbeutel weiß; Höhe bis 2 m; Standort OSW; durchwächst in Spreizklimmerart mit langstieligen Blütendolden niedrige Sträucher, stark duftend. Staudig, Rückschnitt erforderlich.

C. x bonstedtii 'Mrs. Robert Brydon'
Aus *C. heracleifolia* var. *davidiana* × *C. stans* entstanden; Blüten blaßblau, 4 Tepalen, ⌀ 1,5 cm; Blütezeit VIII–X; Höhe bis 2,5 m; Standort OSW; reich mit bis 1 m langen blühenden Triebenden als Spreizklimmer Sträucher oder Zäune durchwachsend; auch Schnitt möglich.

C. × durandii ('Durandii')
Syn. *C. integrifolia* 'Semperflorens'; Hybride aus *C. integrifolia* × *C. jackmanii*; Blüten dunkel blauviolett, kreuzförmige Blüte, 4–6 Tepalen mit tiefen Längsrippen, Staubfäden weißlich behaart, Staubbeutel weißlich; ⌀ 8–12 cm; Blütezeit VI–IX; Höhe 1–2 m; meist drei Blüten zusammenstehend; Standort NOSW; Spreizklimmer, geeignet, durch Staketenzäune oder lockere, niedrige Hecken zu klettern.

C. × eriostemon
Aus *C. integrifolia* × *C. viticella* entstanden; Blüten dunkelviolett zu mehreren zusammenstehend, 4 Tepalen, glockige Blüte, bis 6 cm lang; Blütezeit VII–IX; Höhe 1,5–3 m; Standort OSW; zum Durchwachsen von Büschen, Spreizklimmer.

C. lasiandra
Heimat Japan, China; Blüten weißlich mit violettem Hauch, 4 Tepalen, an den Spitzen etwas zurückgebogen, junge Triebe, etwas klebrig; Staubfäden behaart, Blüten zu 1–3 in den Blattachseln, 1–2 cm lang; Blütezeit VIII–X; Höhe bis 4 m; Standort SW.

C. potaninii
Syn. *C. fargesii*; Heimat China, Blüten weiß mit grünem Hauch, 6 Tepalen, anemonenblütig, Staubfäden und Staubbeutel grünlich, ⌀ 5–6 cm; Blütezeit VI–IX; Höhe bis 6 m; Standort SW; Blüten einzeln in den Blattachseln, bei endständigen mittlere eine Woche vorher erblühend. Blätter bis 30 cm, leicht behaart. Selten angeboten, aber besondere Gartenbereicherung.

C. rehderiana
Heimat West-China, Blüten gelb, duftend, 4 Tepalen, Spitzen zurückgebogen, 1,5 cm lang; Blütezeit VIII–X; Höhe bis 7 m; Standort OSW; Triebe behaart, kantig mit 7–9 Blättchen je Blatt. Blütenglöckchen zu vielen in achselständigen ca. 10 cm großen Rispen. Völlig winterhart und des Suchens wert, da wertvolle Gartenbereicherung. Die sehr ähnliche *C. veitchiana* hat weißlichgelbe, auch leicht duftende Blüten und 20 (und mehr) Blättchen je Blatt. Sie blüht im September-Oktober, stammt auch aus West-China und wird nur bis 3 m hoch. Durch weite Verbreitungsgebiete gibt es auch hier viele graduelle Abweichungen.

C. × triternata 'Rubro Marginata'
Kreuzung aus *C. flammula* × *C. viticella*; Blüten weiß mit breitem rötlich violetten Rand, Bittermandelduft, 4(–6) Tepalen; ⌀ ca. 3 cm; Blütezeit VIII–IX oder X; Höhe bis 5 m; Blüten zu vielen in Rispen. Alte Gartenpflanze für geschützte Stellen.

Arten für das Kleingewächshaus

Diese Gruppe eint die praktische Notwendigkeit, weil diese Arten bei uns nicht winterhart sind und frostfrei überwintert werden müssen oder nur im Kleingewächshaus oder im Wintergarten ausgepflanzt gedeihen. Das ist reizvoll, da sie fast alle immergrün sind und alle während der kalten Winter- und Vorfrühlingsmonate blühen und oft auch duften.

Folgende Arten sind empfehlenswert, wenn auch nicht überall erhältlich:

C. afoliata, Heimat Neuseeland, Blüten cremegelb, mit Seidelbastduft, 1–2 m hoch, fast blattlos.

C. armandii, Blüten weiß, zu 5–10 in den Blattachseln, duftend, 5–6 Tepalen, Staubbeutel cremefarben; ⌀ 3–6 cm; Blütezeit IV–V; Höhe 3–5 m; Standort S;

'Apple Blossom' mit rosa Blüten; 'Snowdrift' weiß;

Art und Sorten sind am besten im Kalthaus frostfrei zu kultivieren, auch in sehr geschützter Lage sind sie durchaus versuchswert. Pflanze hat im Palmengarten Frankfurt meist geblüht.

C. australis, Heimat Neuseeland, Blüten grünlich-cremefarben, duftend.

C. brachiata, Heimat Südafrika, Blüten grünlichgelb, duftend. 4–5 m.

C. cirrhosa, Heimat Südeuropa, Kleinasien, Blüten grünlich weiß bis rotbraun gefleckt, fast rötlich braun, 4 Tepalen, glockig hängend; ⌀ 3–6 cm; Blütezeit XI–V je nach Typ; Höhe 3 auch bis 8 m; Standort SW; weites Verbreitungsgebiet, deshalb viele Formen, zum Beispiel im Herbst und bis zum Frühjahr blühende Form (syn. *C. calycina* oder *C. balearica* angeboten) immergrün, für Schnitt geeignet und lange in der Vase haltbar. Weit verbreitet mit vielen Übergangsformen.

C. finetiana, Heimat China, weiße Blüten, Weißdornduft, Höhe bis 4 m; ähnlich *C. armandii*.

C. fosteri, Heimat Neuseeland, Blüten cremegrün, sternförmig, mit herbem Zitronenduft, 2–3 m hoch.

C. napaulensis, Heimat Himalaja, China; Blüten gelb, glockig, 2–3 cm groß mit roten Staubbeuteln; Höhe 3–7 m.

C. paniculata Gmelin Neuseeland. Blütenweiß, 7 cm, mit rosa Staubgefäßen; Höhe 2–3 m. *C phlebantha*, Heimat Nepal, Blüten weiß, rot geadert, 5 cm groß; dicht behaart, Höhe 3–4 m.

C. uncinata, Heimat China; Blüten weiß, duftend; Höhe 3–4 m.

Clematis cirrhosa

Die besten Sorten für den Anfänger

Das heute wieder erfreulicherweise sehr umfangreiche Sortiment ist für den Anfänger fast wie ein Irrgarten. Schon die Entscheidung, ob eine Wildart oder eine großblumige Hybride zu pflanzen ist, fällt schwer. Auch wir sind erst allmählich den Clematis näher gekommen und von weit über 100 Arten und Sorten im eigenen Garten sind viele wieder verschwunden oder durch uns sympathischere ersetzt worden. Als Entscheidungshilfe ist hier eine kleine Auswahl bewährter Arten und Sorten empfohlen.

Großblumige Hybriden

Weiß: 'Madame Le Coultre', 'Miss Bateman', 'Huldine'

Rosa: 'Capitaine Thuilleaux', 'Hagley Hybrid', 'Pink Fantasy'

Samtig purpurviolett: 'Gypsy Queen', 'Jackmanii Superba'

Blau: 'Haku Ookan', 'Lasurstern', 'Perle d'Azur', 'The President', 'William Kennett'

Gestreift: 'Dr. Ruppel', 'John Warren', 'Nelly Moser' (an Nordstandort), 'Mrs. Thompson'

Gefüllt: *C. florida* 'Sieboldii', 'Proteus', 'Vyvyan Pennell'.

Texensis-Gruppe

Aus dieser Gruppe seien speziell hervorgehoben: 'Duchess of Albany' und 'Gravetye Beauty'.

Arten mit Gartensorten

Von den Arten mit ihren Sorten seien besonders empfohlen:

C. alpina-C. macropetala: 'Frances Rivis', 'Markhams Pink', 'Pamela Jackman', 'Rosy O'Grady';

C. campaniflora; C. flammula;

*C. graveolens-tangutica-tibetana-vernayi-*Komplex: 'Aureolin', 'Orange Peel';

C. montana: 'Elizabeth', 'Tetrarose';

C. vitalba;

C. viticella: 'Minuett', 'Venosa Violacea' und 'Purpurea Plena Elegans'.

Jasmin und andere Dufter

Ein Intermezzo von Duft und Gerüchen nehmen wir nach einem Sommerregen wahr, wenn die Luft noch feucht und warm ist, und eine leichte Brise die Duftstoffe der Pflanzen weit umherträgt. Viele Pflanzenfamilien haben ganz eigene typische Gerüche, wenn ihre Blätter verletzt werden. Erbse und Bohne zum Beispiel unterscheiden sich im Geruch, und doch ist er ähnlich wie bei vielen Schmetterlingsblütlern oder Hülsenfrüchtlern. Sie besitzen eine Art Familiengeruch. Nicht umsonst nennen wir die Gattung *Codonopsis* „Tigerglocke". Wenn die Pflanze berührt wird, riecht sie streng und etwas erregend wie im Raubtierhaus des Zoos. Ähnlich, aber viel unangenehmer, ist der Zwiebelgeruch der Kaiserkrone. Mit dem Duft ist das eine ganz eigene Sache. Die Nasen scheinen unterschiedlich auf den gleichen Geruch zu reagieren und auch unterschiedlich empfindlich zu sein. Ein einfaches Experiment mit der Rose im Familien- und Freundeskreis zeigt, daß die Beschreibung von Art und Intensität des Duftes sehr unterschiedlich ausfällt und daß Wahrnehmung, Akzeptanz und Einordnung von Düften und Gerüchen sehr persönlich sind. Duft ist aber auf alle Fälle ein zusätzliches Geschenk unserer Gartenpflanzen an uns. Der am Duft interessierte Pflanzenfreund sollte auf Entdeckungsreisen gehen und zu unterschiedlichen Tageszeiten bei erblühenden oder verblühenden Blüten prüfend schnuppern. Oft liegt der Duftreiz wie bei *Passiflora caerulea* schwach, aber angenehm im Blüteninneren verborgen und erschließt sich erst der schnuppernden Nase. Oft kommt auch der Zufall zu Hilfe. Wir entdeckten bei einer dunkelrot blühenden Pflanze des hohlen Lerchensporns den gleichen intensiv schweren Duft wie bei *Passiflora caerulea*. Eines Abends roch es gegen 22.00 h im Zimmer wie nach angenehm frisch parfümierter Seife. Die Schnuppersuche führte zur Vase mit blühenden Forsythienzweigen. Am Strauch im Garten hatten wir noch nie einen Dufthauch wahrgenommen. Auch bei duftlosen Arten oder Sorten treten manchmal Exemplare mit Duft auf. Dann ist die Überraschung und auch Verwirrung groß. Die Blüten unserer *Clematis vernayi* duften fruchtig frisch nach Aprikosen und nach einem warmen Gewitterregen sogar kräftig und zwar im ganzen Bereich der Pflanze, die den Zaun überwachsend, den Weg zum Haus begleitet. In Pflanzenbeschreibungen überwiegt die vage Aussage „soll duften".

Bei Kletterpflanzen duften die Blüten vieler Arten. Die einen sind sparsam und erschließen ihren Duft nur der an ihnen schnuppernden Nase, wie Akebia. Andere spielen uns auch einen Schabernack. Die Glockenrebe, *Cobaea*, ist dafür ein Musterbeispiel. Bei grünfarbenem Erblühen ist der Duft süßlich dumpf oder auch altem Käse ähnlich. Erst die erblauten älteren Blüten duften angenehm und sind dann als Vasenschmuck geeignet. Andere wieder gehen mit ihrem Duft verschwenderisch um und sind, wie Karl Foerster sie nannte, wahre „Umherdufter". Sie sind es, die im Garten am Haus wachsen, blühen und duften sollten, so daß der leiseste Lufthauch den Duft zur Haustür, Terrasse oder zum Sitzplatz trägt und uns die Blütenpracht auch in der Nase erleben läßt.

Duftende Kletterpflanzen

Abobra, Preiselbeergurke; *Araujia*, Blasenblüte; *Clematis flammula, C. maximowicziana*; *Gelsemium*, Dufttrichter; *Jasminum officinale, J. polyanthum*; *Lathyrus odoratus*, Duftwicke; *Lonicera caprifolium*,

L. flava, L. × heckrottii, L. hildebrandiana, L. japonica, L. periclymenum; Mandevilla, Chilejasmin; Melothria, Haarweibchen; Rosen, verschiedene Arten und Sorten; Wisteria floribunda, W. sinensis, Glyzine.

Viele Kletterpflanzengattungen enthalten duftende Arten

Actinidia arguta, Strahlengriffel; Anredera, Madeirawein; Apios, Zimtwein; Asparagus, Calonyction album, Mondwinde; Codonopsis, Tigerglocke – bei Berührung raubtierartig; Convolvulus, Ackerwinde; Calystegia, Zaunwinde; Decumaria barbara, Sternhortensie; Dregea, Wattakakaschlinge; Hedera, Efeu; Holboellia, Wurstbeere; Marsdenia, Kondurangoschlinge; Passiflora, Passionsblume; Periploca, Seidenwein; Pueraria, Kopoubohne; Quamoclit coccinea, Sternwinde; Schisandra, Beerentraube; Smilax, Stechwinde; Solanum, Nachtschatten; Stauntonia, Honigbeere; Thunbergia fragrans; Tropaeolum, Kapuzinerkresse; Vitis, Wein.

Dregea
Wattakakaschlinge
Asclepiadaceae, Seidenpflanzengewächse

12 Arten dieser kletternden Sträucher sind im tropischen Afrika, in Südost-Asien und China beheimatet, eine Art in China. Dregea sinensis, syn. Wattakaka sinensis, wird hin und wieder unter seltenen Sträuchern angeboten. Sie klettert bis 3 m hoch und hat immergrüne, ovale, glänzende Blätter, die unterseits graubehaart sind. Die Pflanze und besonders die duftenden Blüten sehen der verwandten Wachsblume (Hoya) sehr ähnlich. Die Einzelblüten sind 1,5 cm groß, weiß mit rötlich gefleckter Mitte. Im Juni–Juli stehen sie zu 10 bis 25 in gestielten Dolden in den Blattachseln. Die Pflanze ist bei uns nicht winterhart, aber für Kleingewächshäuser oder Wintergarten gut geeignet. Als hochwachsende Kübelpflanze mit Klettergerüst bedarf sie kühler, heller Überwinterung. Nach der Blüte wird geschnitten, damit frische

Triebe für die Blüte des nächsten Jahres wachsen, und die Pflanze in transportabler Größe gehalten werden kann. Im Sommer wird sie in geschützter Lage an wärmenden Mauern aufgestellt, in Weinbaugegenden wäre die Überwinterung auch draußen zu versuchen. Vermehrung ist am einfachsten durch Aussaat, wenn im Oktober die Samen reif sind. Stecklinge sind ebenfalls möglich. Dregea stellt keine besonderen Bodenansprüche.

Gelsemium sempervirens (Dufttrichter)

Gelsemium
Dufttrichter
Loganiaceae, Brechnußgewächse

Zwei Arten sind im Südwesten der USA und in Mexiko, eine Art in Süd-China und Ost-Asien verbreitet. Die nordamerikanische Art, Gelsemium sempervirens hat bis 6 m lange, windende Triebe mit ganzrandigen, länglichen, gegenständigen Blättern. Die hellgelben, kräftig duftenden trichterförmigen Blüten sind bis 4 cm groß und sitzen einzeln oder zu mehreren in den Blattachseln der vorjährigen Triebe. Blütezeit ist je nach Standort ab April–Juni, im Haus auch oft schon im Winter. An sehr geschützten Stellen ist sie im Weinbauklima auch im Freien einen Versuch wert, sonst ist sie hell und kühl, aber frostfrei im Kleingewächshaus, Wintergarten oder als hohe Kübelpflanze zu überwintern. Wenige Blüten reichen schon für einen angenehmen Duft im ganzen Haus. Die Vermehrung erfolgt durch Stecklinge. Der Boden muß humos-lehmig und nährstoffreich sein. Die Pflanze entwickelt sich am besten an einer sonnigen Stelle.

Jasminum
Jasmin
Oleaceae, Ölbaumgewächse

Mit etwa 300 Arten ist diese sehr große Gattung in den Subtropen und Tropen Afrikas und Asiens, aber auch in Europa heimisch. Viele Arten sind als Zierpflanzen ihres Duftes wegen in den Gärten rund um die Welt verbreitet. Der angenehm duftende Jasmintee enthält getrocknete Blüten von *J. sambac*, der in Südost-Asien zu Hause ist und als wärmebedürftige Zimmerpflanze kultiviert werden kann. Wer die Riviera bereist hat, erinnert sich gewiß an das Eldorado der Düfte um Grasse. Dort duftet *J. grandiflorum*, der aus Arabien stammt. Viele Jasmin-Arten sind windende Sträucher, von denen einige auch bei uns gut zu pflanzen sind. Sie benötigen sonnige, geschützte Stellen mit Kletterhilfen und frischem, humusreichen tiefgründigen Boden. Vermehrung durch Stecklinge, Steckholz, Ableger. Eine Jasminpflanze sollte man blühend kaufen, um den Duft zu prüfen und sicher zu sein, einen reichblühenden Typ zu erhalten.

Viele der folgenden nicht harten Arten sind auch als Topfpflanze für winterkühle Sonnenfenster eine außerordentliche Bereicherung.

J. azoricum, auf Madeira und im Mittelmeerraum verbreitet, ist bei uns mit frostfreier Überwinterung eine dankbare, sehr angenehm duftende, fast strauchig wachsende Kübelpflanze. Die Blätter sind 3teilig, die Blüten weiß, als Knospe mit rosa Hauch. Blütezeit ist Sommer bis Herbst.

J. beesianum, aus West-China, mit gerillten Trieben bis 2 m hoch windend, hat lanzettliche Blätter. Die Blüten sind rosa bis rot und duften. Sie zeigen sich im Mai zu drei zusammenstehend. Für Weinbaugebiete oder Stadtgärten in geschützer Lage geeignet, besser ist frostfreie Überwinterung. Wert, kultiviert zu werden wegen der bei Jasmin selten vorkommenden Blütenfarbe.

J. nudiflorum, Winterjasmin aus Nord-China (Abb. Seite 141). Kann 3 m und höher werden, wenn er angebunden wird oder sich in Sträuchern hochschieben und dann herabhängen kann. Die Triebe sind grün, kantig und auch ohne die leuchtendgelben bis 3 cm breiten, achselständigen Blüten sehr zierend. Blütezeit ist Dezember bis April. Die Knospen sind oft rötlich, am Trieb des vorhergehenden Sommers. Nach der Blüte zu große Pflanzen zurückschneiden, damit viele frische, im folgenden Winter blühende Triebe wachsen. Im Herbst gut wässern, damit im Winter bei Frost die Triebe und Knospen nicht an Trockenheit leiden. Triebspitzen, die auf dem Boden liegen, wurzeln schnell an. Eingeführt wurde dieser winterblühende, goldgelbe Gartenschatz von dem schottischen Pflanzensammler Robert Fortune. Er schaffte es, trotz Räuber- und Piratenüberfällen auf seiner Heimreise, diesen Jasmin und noch viele andere chinesische Pflanzen für unsere Gärten mitzubringen. *Jasminum nudiflorum* ist in allen normalen Wintern absolut hart. Wächst und blüht in Sonne und Schatten. Knospige Triebe blühen in der Vase auf und halten gut.

J. officinale, aus Persien bis China ist im Mittelmeergebiet weit verbreitet und wächst zu 7 m hohen Blütenbergen. Die Zweige sind vierkantig, grün, die Blätter 5- bis 7teilig, ähnlich kleinen Eschenblättern. Die Blüten sind weiß, duften kräftig und sitzen in 6- bis 10blütigen doldigen Blütenständen an den Zweigenden des frischen Triebes. Man sollte vor allem Kübelpflanzen schneiden, um immer neue Triebe zu erhalten. In einem Jahr ist ein Wachstum bis zu 1,5 m möglich. Bei uns ist *J. officinale* nur in sehr geschützter Lage hart. Nach Abfrieren der oberirdischen Triebe treibt er bei gutem Laubschutz, der den Wurzelbereich frostfrei hält, im

Frühjahr schnell wieder aus. Er blüht dann im Herbst an den neuen Trieben und erfreut uns bei jedem Windhauch mit seinem Duft.

Die Sorte 'Affine', auch als 'Grandiflorum' im Handel, hat etwas größere Blüten, die außen ein wenig gerötet sind.

'Argenteum' hat weiß gefleckte Blätter, oft nicht hart.

'Aureum', syn. 'Aureovariegatum' hat gelbgefleckte Blätter.

'Grandiflorum' hat etwa 4 cm breite Blüten und eine etwas kräftigere „Statur", ist aber noch wärmebedürftiger.

J. polyanthum aus China (Abb. Seite 180) ist als Topfpflanze zu erhalten. Diese Art ist in allem ähnlich, aber zierlicher als *J. officinale* und auch als Kübelpflanze zu ziehen.

J. × stephanense, eine Kreuzung aus *J. officinale × J. beesianum*. Von Lemoine aus Nancy, einem der bedeutendsten Gärtner und Pflanzenzüchter des vorigen Jahrhunderts 1918 gezogen; in China auch wild gefunden. Die Pflanze ähnelt einem kräftigen *J. beesianum*. Die Blätter sind einfach bis 5teilig, ähnlich *J. officinale*. Blüht im Juni–Juli mit rosa Blüten, die duften und zu 2 bis 3 in den Blattachseln oder am Triebende stehen. Die Art ist winterhart wie *J. beesianum*. An Mauern mit Strauchschutz im Wurzelbereich (zum Beispiel *Mahonien*) hält er unsere Winter gut aus.

Lonicera
Geißblatt
Caprifoliaceae, Geißblattgewächse

Unter den 200 Arten in Nord-Amerika, Europa, im Himalajagebiet und in Südost-Asien gehören einige zu unseren schönsten duftenden Kletterpflanzen. Es sind verholzende sommergrüne – einige Arten in milden Gegenden immergrüne – Schlinger mit gegenständigen, ungeteilten Blättern. Die Blüten sind röhrenförmig, und die Frucht ist eine vielsamige Beere. Die schlingenden *Lonicera*-Arten wachsen am besten im Halbschatten, einige Arten sogar im Schatten. Besonders gut für Schatten geeignet sind: *L. caprifolium, L. periclymenum, L. tragophylla* und *L. × tellmanniana*. Die Arten aus dem Mittelmeerbereich und aus Nordamerika müssen „den Kopf in der Sonne haben", um reich zu blühen; so *L. etrusca* (nur im Weinbauklima winterhart) und *L. hirsuta*. Bei *L. sempervirens* ist ein solcher Standort auch zum Ausreifen der Triebe und für bessere Winterhärte wichtig. Die immergrünen Arten *L. alseuosmoides* und *L. henryi* brauchen geschützte Stellen, wo ihnen die kalten, trocknenden Winterwinde nicht schaden. In jedem Fall sollten Wurzel- und unterer Pflanzenbereich beschattet sein. Die Triebenden blühen reichlich, wenn sie die Sonne erreichen. Geißblätter, die an heißen, trockenen Südwänden stehen, verlausen meist und wachsen nicht gut. Hinsichtlich des Bodens sind sie anspruchslos. Nur zu trocken sollte er nicht werden. Die Vermehrung ist schnell und einfach durch Stecklinge im Juli und Stecklinge im Oktober möglich. Geißblätter vertragen kräftigen Rückschnitt, obwohl meist nur Auslichten erforderlich ist. Junge Bäume sollte man nicht umschlingen lassen, da die Umschlingung beim späteren Dickenwachstum des Stammes einschneidet. Besser ist es, *Lonicera* an Schnur oder Draht vom Boden in die Zweige zu leiten. Duftende Geißblattlauben standen in den Gärten unserer Großeltern. Auch heute noch gehören Geißblätter mit Clematis und Rosen zu den schönsten und wichtigsten Schlingpflanzen. Sie werden leider viel zu selten gepflanzt, obwohl die Auswahl vielfältig ist. Geeignete Arten und Sorten für Lauben, Säulen, Pergolen, Zäune, als Bodendecker und zum Durchwachsen von Sträuchern wie Flieder und zum Klettern in hohe Bäume werden angeboten.

Geißblätter sind – bedingt durch ihre langröhrigen Blüten – Schwärmerblumen, da nur diese mit ihren langen Rüsseln an den Nektar kommen. Es sind vor allem nachts fliegende Geißblatt- und Windenschwärmer. Hummeln entwickeln durch Aufbeißen des Blütengrundes eine eigene sehr effektive, aber der Bestäubung nicht nutzende Nektarräuberei. Neben Bestäubern und Nektarräubern finden wir am Geißblatt noch verschiedene Blattlausarten und eine Vielzahl anderer Insekten wie blattfressende Raupen und Käfer, Vögel, denen die Beeren munden usw. Solche Zusammenhänge zu erforschen, sind ein reizvolles Hobby. Einen Einstieg dazu bietet die Aufzählung der Geißblattschädlinge in Hegi, Illustrierte Flora von Mitteleuropa.

L. acuminata, Heimat Himalaja, ist ähnlich *L. japonica* gut als Bodendecker geeignet. Gelbe, duftende Blüten im Juni–Juli stehen zu mehreren an den Triebenden.

L. alseuosmoides, West-China. Immergrüner Kletterer, ähnlich L. henryi, bis 3 m hoch. Blätter nur 3–6 cm lang, am Rande behaart. Im Juli–Oktober kurze breite Blütenrispen in den oberen Blattachseln und am Triebende. Blüten trichterförmig, 1,5 cm lang, innen purpurn und behaart, außen gelb und glatt. Narbe und Staubgefäße im Gegensatz zu L. henryi nicht aus der Blüte herausragend. Beere schwarz, purpurn bereift. Die jungen Triebe sind unbehaart, die Blätter größer als bei *L. henryi. L. alseuosmoides* ist diploid (selten tetraploid) während *L. henryi* hexaploid ist.

L. × americana *(L. caprifolium × L. etrusca)*, syn. *L. italica*, *L. caprifolium* var. *major, L. grata, L. × etrusca* windet bis 9 m hoch. Die obersten Blattpaare sind schlüsselförmig verwachsen, die Blätter breit oval, unterseits bläulich und kahl. Die Blüten stehen in Quirlen am Triebende und in den oberen Blattachseln, so daß sich 20–25 cm lange Blütenstände ergeben. Die Blütenröhre ist 4–5 cm lang, außen rötlich, innen weiß bis gelb im Verblühen, duftend. Im Mai reich blühend. Bei jungen Pflanzen sollte man nicht ungeduldig werden, nach 1 bis 2 Jahren wachsen und blühen sie kräftig. Die Früchte sind rot. Es ist eine alte europäische Gartenpflanze, auch wenn der Name anderes vermuten läßt, die zu den schönsten Geißblättern gehört, weil sie von Ende Juni bis zum Frost blüht.

'Atrosanguinea' dunkelrotblühend; 'Rubella' Blüte blaßpurpurn erblühend aus dunklerer Knospe.

L. × brownii *(L. hirsuta × L. sempervirens)* ist ein in milden Wintern belaubt bleibender, bis 2 m hoher Schlinger mit elliptischen, unterseits bläulichen, etwas behaarten Blättern; obere Blattpaare etwas verwachsen. Die in Quirlen sitzenden Blüten sind bis 4 cm lang, schlank, orangerot, aber ohne Duft und erscheinen von Mai oder Juni bis Oktober.

Einige Sorten sind im Handel: 'Dropmore Scarlet Trumpet' starkwüchsiger, scharlachroter Blüher von Juni–Oktober. An geschützten Stellen bleibt er wintergrün und blüht länger. 'Fuchsioides' sehr ähnlich der Art, aber schwach wachsend. 'Plantierensis' kräftig wachsend. Blüten mehr dunkel, korallenrot mit orangen Blütenzipfeln. Schwachwüchsig. 'Punicea' orangerot, ähnlich, aber schwächer wachsend als 'Fuchsioides'.

L. caprifolium, Jelängerjelieber in Süd-Europa bis Asien zu Hause (Abb. Seite 141, 142). Bei uns stellenweise verwildert, früher das beliebte „Laubengeißblatt". Bis 6 m hoch und hat bis 10 cm lange, unterseits bläuliche Blätter, deren oberste Paare scheibenartig verwachsen sind. Dadurch ist es leicht von *L. periclymenum* zu unterscheiden, bei dem es keine verwachsenen Blattpaare gibt. Duftende Blüten im Mai oder Juni–Juli zu 6 in ungestielten Quirlen am Triebende und in den obersten Blattachseln. Die Blütenröhre 4–5 cm lang, gelblich weiß, außen rötlich überlaufen, die oberen Zipfel zurückgeschlagen, die Beeren leuchtend orangerot. 'Pauciflora', syn. *L. caprifolium* 'Rubra' Blütenröhre außen purpurrosa, innen gelblich weiß, 2–3 cm lang. 'Praecox' Blütenröhre weißlich bis blaßrot, im Verblühen gelblich und ca. 2 bis 3 Wochen vor der Art blühend.

L. etrusca aus dem Mittelmeerbereich ist in Weinbaugegenden ein ausdauernder und meist grünbleibender Kletterer und wird bis 6 m hoch. Die Blätter sind bläulichgrün. Die Blüten stehen in dichten end- und achselständigen Quirlen und sind bis 4 cm lang, duftend. Die Blütenröhre ist schlank, gelblich weiß und oft rötlich überlaufen, die Kronzipfel weit abstehend; Blütezeit ist Juni–Juli. Die Beeren sind rot. Von allen *Lonicera*-Arten benötigt *L. etrusca* die meiste Wärme für eine reiche Blüte und das Ausreifen der Triebe.

'Superba' sehr kräftig wachsend mit größeren Blütenständen und weniger wintergrün als die Art. 'Michael Rosse' eine englische Sorte, reich gelbcremefarben blühend.

L. flava ist ein bis 4 m hoher, schwach windender, sommergrüner, aber gut winterharter Kletterer aus den südöstlichen Teilen der USA. Die Triebe sind blaugrün bereift, die Blätter oben grün, unten ebenfalls blaugrün bereift und die oberen Blattpaare scheibenartig verwachsen. Die Blüten sind etwa 2 cm lang, stark duftend und von gelb zu orange verblühend. Die Blüten erscheinen im Mai–Juni und gegen August in mehreren Quirlen übereinander an den Triebenden. Oft werden andere Arten oder Sorten unter diesem Namen angeboten.

L. × heckrottii ist wahrscheinlich eine Kreuzung aus *L. americana* × *L. sempervirens*. Es ist ein sehr reich blühendes, nur schwach kletterndes, mehr buschig-strauchig wachsendes Geißblatt, mit starkem Duft, bis 3 m hoch. Die Blätter sind oben dunkelgrün, unten bläulich, die Blüten bis 5 cm lang in mehreren Quirlen, innen gelblich, außen purpurn und blühen von Juni bis September.

Die Sorte 'Goldflame' mit Blüten außen mehr orangerot, sonst wie die Art.

Mit *L. × heckrottii* lassen sich sehr reichblühende Geißblattwände ziehen.

L. henryi aus West-China ist ein immergrüner, stark wachsender Schlinger, der bis 4 m hoch wird. Junge Triebe sind behaart. Die ledrigen Blätter sind länglich spitz bis 7 cm, oberseits dunkelgrün und unterseits heller. Die im Juni–Juli erscheinenden Blüten sind gelblichrot, bis 2 cm lang, nur zu wenigen in Quirlen und unbedeutend. Die Beeren sind schwarz. *L. henryi* ist ein schöner immergrüner Schlinger, der öfter mit dem ähnlichen *Rubus henryi* verwechselt wird. Bei *Rubus* sind aber Trieb und Blattmittelrippe mit Stacheln versehen und die Blätter an älteren Pflanzen sind oft dreiteilig. Das bei uns verbreitete *L. henryi* soll meist *L. henryi* var. *subcoriacea* mit längeren Blättern und größeren Blüten sein.

L. hildebrandiana aus Burma, China, Thailand ist bei uns nicht winterhart und nur für Gewächshäuser geeignet. Es wird hier erwähnt, weil es das am kräftigsten wachsende und in der Heimat bis über 20 m hoch in Bäume kletternde Geißblatt ist. An älteren Pflanzen erscheinen die stark duftenden bis 15 cm langen, von weiß zu orange verblühenden Blüten. Es sind die größten Blüten der ganzen Gattung *Lonicera*. Vielleicht ist eine Kübelpflanzenkultur interessant. Es blüht allerdings erst nach einigen Jahren und wird 2–3 m hoch.

L. hirsuta, syn. *L. pubescens* aus Nord-Amerika ist ein reich verzweigter bis 4 m hoher, sommergrüner Schlinger, der in der Heimat an feuchten Stellen wächst und auch bei uns für solche Stellen als schön blühendes Geißblatt mit großer Winterhärte geeignet ist. Die Blätter sind ober- und unterseits behaart. Im Juni–Juli stehen die Blüten in dichten end- und achselständigen Quirlen. Die einzelne Blüte ist bis 3 cm lang, orangegelb, innen behaart, aber leider nicht duftend, die Beere gelbrot.

L. japonica stammt aus China, Japan, Korea und ist dort eine alte Garten- und Heilpflanze. Ihre Blüten tragen in China den beschreibenden Namen Chin-yin-hua was „Blüten aus Gold und Silber" bedeutet.

Die Pflanze behält in milden Wintern das Laub und klettert bis 6 m und höher. Die Blätter sind unterseits behaart, die Blüten tags und nachts stark duftend, bis 4 cm lang, außen behaart und von weißrosa zu gelb verblühend. Von Juni bis zum Frost erscheinen die Blüten paarweise in den Achseln der letzten Blattpaare am Triebende. Starker Duft und sehr lange Blütezeit machen es zu einem der wertvollsten Geißblätter. Die Beere ist schwarz.

Einige Sorten: 'Halliana' könnte die eigentliche Wildart sein. Blüten weiß, ohne rötlichen Anlauf, zu gelblichbeige verblühend. Stark wachsend. Meist im Winter Laub behaltend.

Eine neue, schon als Jungpflanze reichblühende holländische Sorte, auch für Topfkultur, ist 'Halls Prolific'; sie wird ausgepflanzt bis 6 m hoch.

'Repens' junge Triebe rot. Blätter eiförmig und meist eichenblattartig gelappt. Blattnerven oft rötlich. Blüten weiß zu gelb verblühend und unbedeutend. Als Bodendecker geeignet, da schwach kletternd.

'Aureo-Reticulata' gleich 'Repens', aber mit kräftig gelb geaderten Blättern, die oft tief eingeschnitten sind. Adern manchmal rötlich überlaufen. Guter Bodendecker, der in schneearmen Wintern bei harten Frösten leidet. Mit Nachhilfe klettert diese Sorte auch in Koniferen und andere immergrüne Gehölze, was zu kontrastreichen goldgelb getupften grünen Bereichen führt. Gut für Schnitt zu Sträußen geeignet, auch als Ampelpflanze in hellen Räumen. An vielen Stellen härter als zu erwarten und beschrieben.

L. periclymenum, bei uns heimisch, ist das Waldgeißblatt. An günstigen Stellen wird es bis 6 m hoch. Es ist eine Pflanze der Waldränder. Die Blätter sind länglich eiförmig, das oberste Blattpaar ist nie verwachsen, ein Unterschiedsmerkmal zu *L. caprifolium*. Die Blätter sind oben grün und unterseits blaugrün, die unteren Blätter kurz gestielt. Die kräftig duftenden Blüten stehen zu 3–5 in endständig oder achselständigen gestielten Quirlen, die Einzelblüte ist bis 5 cm lang, außen gelblich weiß, rot überlaufen und etwas klebrig. Blütezeit ist im Mai–Juni, oft mit Nachblüte bis zum Herbst. Es kommen Typen mit unterschiedlichen Blütezeiten wild vor, aus denen die folgenden alten Gartensorten stammen. Die Beeren sind bei allen Sorten dunkelrot. Die Art liebt kalkarme Böden.

'Belgica', syn. 'Early Dutch', mehr strauchig wachsend, Blätter unterseits weißlich. Blüten außen blaßpurpurn zu gelb verblühend. 'Serotina', syn. 'Late Dutch', obiger Sorte ähnlich, aber erst ab Juli–August und dann bis in den Herbst reich blühend. Diese Sorte ist ein guter Partner zum Beispiel zu der weißen *Clematis* 'Marie Boisselot' im Kontrast zum Purpur der Geißblattblüten.

Zwei Sorten mit besonderen Blättern sind: 'Aurea', Blätter gelb panaschiert und 'Quercina', Blätter eichenblattartig gebuchtet, oft mit schmalem weißen Rand.

'Graham Thomas' aus England, Auslese aus der Art, gut gefärbte, etwas größere Blüten.

Für *Lonicera periclymenum* gilt besonders, daß es nicht direkt um junge Bäume winden soll, da diese sonst beim späteren Dickenwachstum abgeschnürt werden. Stämmchen mit Einschnürungen von *L. periclymenum* werden oft zu Wanderstöcken verarbeitet.

L. sempervirens stammt aus USA und ist bei uns nur in geschützten Lagen immergrün. Es wird bis 5 m hoch, ist aber mehr strauchig wachsend. Blütezeit ist Mai bis Herbst. Die Blüten sind bis 5 cm groß, außen orangerot, innen gelb und ohne Duft. Die Früchte sind rot. Schöner als die Art sind die Abkömmlinge: *L. × brownii*, *L. × heckrottii*, *L. × tellmanniana* (Beschreibung siehe dort).

L. × tellmanniana (*L. sempervirens × L. tragophylla*, Abb. Seite 142) ist eine weit verbreitete, schöne Geißblattkreuzung. Überreich je nach Lage im Mai oder Juni bis Juli blühend, sollte es in geschützteren Lagen stehen. Die Pflanze wächst bis 5 m hoch, die Blätter sind oberseits dunkelgrün, unterseits weißbereift, die Blüten kräftig orangegelb mit Kupfertönung bis zu 12 in gestielten Quirlen am Triebende über dem obersten scheibenartig verwachsenen Blattpaar. Die Blüte ist bis 5 cm lang und 2,5 cm breit, aber leider ohne Duft. Von dem Elternteil *L. tragophylla* hat es die gute Schattenverträglichkeit geerbt.

L. tragophylla aus West-China ist ein sommergrüner, starkwüchsiger Schlinger bis 5 m hoch und höher. Die Blätter sind rundlich, unterseits bläulich und die Mittelrippe ist behaart. Die letzten Blattpaare sind zum Oval verwachsen. Die Blüten sitzen bis zu 20 in gestielten Köpfchen an den Triebenden. Die Blüte ist orangegelb, mit rötlicher Lippe, innen behaart, außen kahl und bis 9 cm lang. Es ist somit das großblumigste Geißblatt unserer Gärten und, obwohl ohne Duft, ein sehr schöner, im Juni–Juli reichblühender Schlinger. Die Beeren sind rot. Besonders wertvoll ist diese Art auch, weil sie am besten im Schatten gedeiht, wo das leuchtende Gelb der großen, sich fast 3 cm öffnenden Blüten richtig leuchtet. Diese Wirkung ist verblüffend, wenn sie lockere Sträucher durchwächst.

Mandevilla
Duftende Mandevilla, Chile-Jasmin
Apocynaceae, Hundsgiftgewächse

Von den 114 Arten im tropischen Süd-Amerika ist eine laubabwerfende Schlingpflanze dieser Gattung *M. laxa*, syn. *M. suaveolens*, im milden englischen Klima an Südwänden winterhart. Ihres Duftes wegen – die Blütezeit dauert von Juni bis August oder September – sollte sie bei uns als Kübelpflanze, als sommerliche Terrassenzierde gezogen werden. Die frostfreie Überwinterung ist unkompliziert. Die Blätter sind eiförmig mit langer Spitze. Die Blütentrauben stehen mit 5 bis 15 Blüten in den Blattachseln. Die weißen Blüten selbst sind bis 5 cm breit, glockig und sehr wohlriechend. Die Blüten sind der bei uns als Zimmerschlingpflanze zu findenden *Dipladenia* sehr ähnlich. Nach den Eisheiligen ist ein sonniger, warmer geschützter Terrassenplatz für sie richtig und läßt sie gut blühen. Sie wächst am besten in einer Mischung aus lehmiger Gartenerde und Torf. Sie braucht eine Kletterstütze. Die Vermehrung geschieht durch Aussaat oder Stecklinge.

Marsdenia
Kondurangoschlinge, Kondorschlinge
Asclepiadaceae, Seidenpflanzengewächse, Schwalbenwurzgewächse

Etwa fünf Arten sind in den Tropen zu Hause und eine Art, *Marsdenia erecta*, im Mittelmeergebiet. Es ist ein in geschützten Lagen winterharter Schlinger, der im Juni–Juli blüht und duftet und Ähnlichkeit mit *Stephanotis* hat. Seine weißen Blüten sitzen zu vielen in Dolden in den Blattachseln. Vorsicht ist – wie bei allen Asclepiadaceaen – geboten, damit der Milchsaft bei Verletzung der Pflanze nicht auf die Haut kommt. Das Sträuchlein wird bei uns 1–2 m, in der Heimat bis 8 m hoch. Es hat sommergrüne Blätter und liebt guten lockeren, nährstoffreichen Boden an geschützter Stelle vor eincr Südmauer. Die Pflanze ist schon seit 1597 in Kultur. Wegen des Duftes allein ist sie schon versuchswert. Vermehrung erfolgt durch Aussaat direkt nach der Samenreife und durch Stecklinge. In Gegenden mit strengen Wintern ist eine Kübelpflanzenkultur durchaus eine Alternative.

Herbstfarben und Fruchtschmuck

In unseren Breitengraden konnten auf Dauer nur Pflanzen überleben, die das Blühen, Fruchten und Ausreifen der Samen innerhalb der warmen Monate von Frühjahr bis Herbst schaffen. Das macht unseren Spätsommer und Herbst blütenarm. Um so willkommener sind deshalb Pflanzen, deren Laub sich im Herbst bunt färbt und farbenprächtig möglichst lange an der Pflanze bleibt. Wo Früchte den Herbstschmuck verstärken oder ersetzen, sollten wir uns über diese seltenen Fälle besonders freuen. Dies gilt auch für Kletterpflanzen, mit denen Pergolen und Gehölze, die als Kletterhilfen dienen, besondere herbstliche Farbakzente setzen können.

Die folgenden Listen sollen bei der Auswahl helfen. *Cardiospermum, Celastrus, Kadsura, Lycium, Schisandra* und *Sinofranchetia* werden hier vorgestellt, die vielen anderen Gattungen und Arten sind über das Register in den anderen Kapiteln zu finden.

Kräftige Herbstfarben

Actinidia arguta – gelb
Ampelopsis megalophylla – gelbrot
Aristolochia macrophylla – gelb
Celastrus – gelb
Dioscorea – gelb
Hydrangea – gelb
Kadsura – gelb
Menispermum – gelb
Parthenocissus inserta – tiefrot
P. quinquefolia – scharlachrot
P. tricuspidata – hell bis purpurrot
Thladianthia dubia – gelb
Vitis – je nach Art bzw. Sorte gelbgrün
    bis purpurrot und grünbronze bis
    orangerot und scharlach

Zierender Fruchtschmuck an winterharten Kletterpflanzen

Actinidia – Beerenfrüchte grüngelb bis braun, bei einigen Arten eßbar
Ampelopsis – Beeren bläulich, bei einigen Arten eßbar
Berchemia – von rot nach schwarz verfärbende Beeren an hängenden Rispen
Celastrus – orangeroter Arillus in aufgeplatzten Kapseln bis ins Frühjahr; auch für Schnitt
Clematis – silbrige Fruchtstände vieler Arten zieren bis ins Frühjahr; auch für Schnitt
Cocculus – rote und braune Beeren
Dioscorea – geflügelte Samenkapseln
Diplocyclos – mit roten oder rotgrün gestreiften Beeren
Euonymus – ähnlich *Celastrus*, aber meist weniger auffällig
Fallopia – rotüberlaufene Fruchtstände und Früchte
Humulus – „Hopfendolden" als braune, zapfenähnliche Gebilde bis in den Winter, für Trockensträuße geeignet
Lycium – auffällige, rötliche, hängende Beeren

Seite 177
Clematis 'Durandii'

Seite 178
Oben links: Clematis montana 'Elizabeth'
Oben rechts: Clematis 'Vyvyan Pennell'
Mitte links: Clematis 'Etoile de Malicorne'
Mitte rechts: Clematis 'Duchess of Edinburgh'
Unten links: Clematis 'Ville de Lyon'
Unten rechts: Clematis 'Hybrida Sieboldii'
(manchmal auch 'Ramona')

Menispermum – weintraubenähnliche, braunschwarze Beeren
Parthenocissus – blaue Beeren
Rubus – rote bis schwarze Beerenfrüchte, viele Arten und Sorten
Schisandra – rote, seltener blauschwarze Beeren, einige eßbar
Sinofranchetia – rötlich violette Beeren
Smilax – rötliche, nach blauschwarz färbende Beeren
Vitis – grüne, weiße, rötliche oder blauschwarze Beeren, einige eßbar

Viele Kletterpflanzen tragen unauffällige Früchte, die ihre Schönheit erst bei näherer Betrachtung zeigen. Sie sollten den Blicken leicht erreichbar neben die Haus- oder Terrassentüre oder an viel begangenen Gartenwegen gepflanzt werden.

Unauffällige Schönheiten

Akebia – altrosa bis purpurne Früchte
Ampelopsis brevipedunculata – blaue Früchte, wie mit Grünspan überzogen
Gentiana trinervis – rote Beeren
Holboellia – purpurne, eßbare Beerenfrüchte
Lardizabala – purpurne, eßbare Früchte
Lonicera – gelbe, orangefarbene oder schwarze Beerenfrüchte
Paederia – orangefarbene Beeren

Periploca – Balgfrüchte wie gegabelte Teufelshörnchen
Sinomenium – schwarze Beeren mit weißwächsernem Überzug
Stauntonia hexaphylla – purpurne, eßbare Beeren
Vicia – verdrehte, oft braune oder schwarze Hülsenhälften; auch für Trockensträuße geeignet

Zierende Triebe als Winterschmuck

Actinidida chinensis – braun behaart
Cocculus – blaugrün
Jasminum nudiflorum – grün mit gelben Blüten an milden Wintertagen
Menispermum – blaugrün
Rosa arvensis – grün
Rubus fruticosus – purpurrot bis rot und blauweiß bereift
Vitis davidii – braunrot und hakig bestachelt

Zierende Früchte an einjährigen Kletterpflanzen

Antigonon – rötliche Früchte
Caiophora – gedrehte Samenkapseln
Cardiospermum halicacabum – grüne Ballonfrüchte
Citrullus – grüne oder gelbe Wassermelonen
Cobaea – große Samenkapseln, für Trockenbinderei geeignet
Cucumis – grüne, gelbe Gurken und Melonen
Cucurbita – weiße, grüne, gelbe, rote, vielformige Zierkürbisse
Cyclanthera – grüne, aufplatzende, stachelige Gürkchen
Dolichos – schwarzviolette Bohnen
Gloriosa – Kapseln mit leuchtendroten Samen
Lagenaria – grüne, braun trocknende Kalebassenfrüchte
Luffa – gelbbräunliche Gurke
Mormodica – orangegelbe, aufplatzende Früchte
Passiflora – gelbe, orangefarbene, rote oder purpurne Beeren

Rhodochiton – purpurroter regenschirmartiger
Kelch über Samenkapsel
Thladiantha – grüne, orangefarbene,
reifende Beeren
Trichosanthes – grüne, rötlich orange
färbende Gurke
Tropaeolum speciosum – violettblaue Früchte

Cardiospermum
Ballonwein, Herzsame
Sapindaceae, Seifenbaumgewächse

Von den 12 Arten, die in Amerika, Asien und
Afrika beheimatet sind, ist bei uns eine Art, die
heute in den Tropen aller Erdteile verbreitet ist,
als wärmeliebende Sommerschlingpflanze zu
kultivieren. Es ist *Cardiospermum halicacabum*, der Ballonwein (Abb. Seite 198). Er wird
3 m hoch und hält seine gefurchten Triebe mit
verästelten Ranken fest, die am Blütenstand sitzen. Die Blätter sind 3teilig mehrfach gefiedert.
Die Blüten sind grünlich unscheinbar, aber die
Früchte sind 4–5 cm große, hellgrüne Ballons.
Mit Vorkultur ist die Pflanze für warme geschützte Stellen in frischem, nährstoffreichen,
humosen Boden geeignet. Sie ist ein interessanter, dekorativer Sommerschlinger, der bei
uns einjährig gezogen wird, da sich die Überwinterung nicht lohnt. Der Ballonwein war
schon in der Mitte des 16. Jahrhunderts bei uns
bekannt, denn Leonard Fuchs schreibt in seinem Kräuterbuch, daß diese Pflanze vor kurzer
Zeit eingeführt worden sei. Er ordnet sie zu den
Schluttenarten ein (*Physalis*, Judenkirsche,
Lampionpflanze).

Celastrus
Baumwürger
Celastraceae, Baumwürgergewächse,
Spindelbaumgewächse

30 Klettersträucher, die in Europa, Afrika,
Asien, Australien und Amerika verbreitet sind,
zählen zu dieser Gattung. Die Blätter sind gegenständig und gezähnt, die Blüten unscheinbar in Trauben, die Frucht ist eine 3teilige Kapsel. *Celastrus* stellt keine besonderen Bodenansprüche; die Vermehrung erfolgt durch Aussaat oder Ableger. Es sind kräftig wachsende
und windende, verholzende Pflanzen, die viel
Platz beanspruchen und im Alter durchaus
junge Bäume, Regenrinnen und ähnliches zer-
drücken können. An älteren Bäumen wird kein
Schaden angerichtet. Nur zwei Arten sind bei
uns verbreitet, obwohl noch einige andere hin
und wieder in botanischen Gärten zu finden
sind oder von Pflanzenliebhabern oder
Spezialbaumschulen angeboten werden. Alle
Arten sind giftig. Sie sind gut für Nordlagen
geeignet.

C. orbiculatus, syn. *C. articulatus* stammt aus
dem Bereich China, Sachalin und Japan. Die
Pflanze windet über 10 m hoch mit dünnen,
zähen Trieben. Die Rinde hat kleine graue
Höcker, die Blätter sind rundlich bis 10 cm
lang. Die blaßgrünen Blüten stehen in achselständigen Trauben. Die Frucht ist eine gelbe
Kapsel mit roten Samen, die nach dem Laubfall
deutlich zierend lange am Strauch bleiben und
oft noch im Dezember leuchten. Die fruchttra-
genden Zweige sind gut für den Schnitt geeignet. Es ist die verbreitetste Art. Um Früchte zu
erhalten, ist es notwendig, männliche und
weibliche Pflanzen zu setzen. Hin und wieder
gibt es auch Pflanzen, die sowohl männliche als
auch weibliche Blüten auf einer Pflanze besitzen. Diese sollten in den Baumschulen vermehrt werden, damit bei Pflanzung eines
Baumwürgers bereits der Fruchtbehang gesichert ist.

C. scandens aus Nord-Amerika wird bis 7 m
hoch. Die Blätter sind oval mit einer Spitze und
bis 10 cm lang. Er blüht im Juli in endständigen
Rispen. Die Früchte sind erbsengroß, gelb mit
karminroten Samen und zeigen sich von Oktober bis Dezember. Diese Art bildet Ausläufer.
Sie ist dadurch leicht zu vermehren, sollte aber,
damit sie nicht lästig wird, in ein eingesenktes
Faß ohne Boden gepflanzt werden. Dann ist
die Ausbreitung der Ausläufer begrenzt.

Auch einige andere Arten sind hart, aber nur
sehr selten anzutreffen.

C. angulatus, aus China, wird bis 7 m hoch mit
außerordentlich großen Blättern und Früchten.

C. flagellaris aus China, Korea und Japan, bis 8 m hoch.

C. rosthornianus aus China, wird bis 6 m hoch. Die Frucht ist orangegelb.

Kadsura
Kugelfaden
Schisandraceae, Beerentraubengewächse

Die Gattung, deren 22 Arten in Südost-Asien mit Vertretern in Indien, China und Japan vorkommen, enthält immergrüne, windende Sträucher mit wechselständigen ungeteilten Blättern. Die Blüten sind männlich oder weiblich und stehen einzeln oder zu wenigen in den Blattachseln. Die Beeren hängen zu mehreren in kugeligen Fruchtständen; dagegen sind sie bei der verwandten *Schisandra* wie an einer Schnur aufgereiht. Für humosen Boden in geschützter warmer Lage an einer Mauer, damit möglichst viele Blätter den Winter überstehen. Sie treiben sehr früh aus und sind dadurch spätfrostgefährdet. Für uns ist eine in Japan und Korea vorkommende Art, *Kadsura japonica* versuchswert. Von ihr wird in älteren Büchern berichtet, daß sie ohne Probleme winterhart sei. Sicher gilt das eher für eingewachsene Exemplare als für junge Pflanzen. Ihre Blütezeit von Juni bis September mit den 2 cm großen, gelben Blüten ist sehr lange. Die Beeren hängen zu mehreren in 2–3 cm breiten, leuchtend roten langgestielten Fruchtständen an den Trieben entlang herunter – daher der Name. Vermehrung erfolgt durch Aussaat und Stecklinge.

Lycium
Bocksdorn
Solanaceae, Nachtschattengewächse

Etwa 80 Arten kommen in den Tropen und gemäßigten Gebieten der Erde vor. Es sind sommergrüne oder immergrüne Sträucher, von denen einige Arten keine eigentlichen Klettersträucher sind, aber wie *Jasminum nudiflorum* in Sträuchern oder an Spalieren hoch wachsen und dann elegant überhängen. Auch als Hec-

kenpflanzen sind sie gut nutzbar. Zierend sind die roten Beeren. Die Vermehrung erfolgt durch Saat, Steckholz, Ableger oder Ausläufer. Sie sind für sonnige Lagen auch im Kalkboden und, da nicht salzempfindlich, sogar an der Küste verwendbar.

L. chinense, aus Nord-China ist ein 1–2 m hoch, üppigwachsender, reichverzweigter, unbedornter Strauch mit 4–5 m langen Trieben. Die Blätter sind rundlich bis lanzettlich, bis 8 cm lang. Sie bleiben in milden Wintern am Strauch. Die Blüten sind zu 2 bis 3, purpurn, 1 cm lang, von Juni bis Oktober zu sehen. Ab August entstehen rote, längliche bis 2,5 cm lange Beeren.

L. halimifolium, syn. *L. vulgare*, Gemeiner Bocksdorn, in Südost-Europa bis Kleinasien zu Hause, ist ein bis 2 m hoher bedornter Strauch, dessen Triebe auch gut 3 m lang werden. Er trägt lanzettliche, graugrüne bis 6 cm lange Blätter, die Blüten erscheinen von Juni bis September zu 1 bis 4 zusammenstehend, purpurlila, etwa 1,5 cm groß. Die Frucht ist eine längliche bis 2 cm große, scharlachrote Beere. Die manchmal als *L. barbarum* angebotenen Pflanzen sind entweder *L. halimifolium*, selten auch *Jasminum beesianum*. Bei der genauen Benennung besteht einige Unsicherheit: Nach Rheder hat *L. halimifolium* ein Synonym *L. barbarum* Aiton. *L. barbarum* Linné, der heute nach Zander gültige Name verleitet zu Verwechslungen. Das echte *L. barbarum* Linné ist nach Krüßmann nämlich ein kleines, knorriges Sträuchlein.

Schisandra
Beerentraube
Schisandraceae, Beerentraubengewächse

Von Schisandra sind 25 Arten in warmen und gemäßigten Gebieten Asiens zu Hause und eine Art in Nord-Amerika. Sie ist ein Schlinger mit einfachen, gegenständigen Blättern. Einige Arten, obwohl winterhart, gehören noch zu den sehr seltenen Schlingern in unseren Gärten. Die Blüten sitzen zu mehreren in den Blattachseln am unteren Ende junger Triebe.

Männliche und weibliche Blüten stehen getrennt, aber meist an einer Pflanze. Die Beerenfrüchte sitzen in etwa 10 cm langer, ährenförmiger Scheinfrucht. An geschützten, aber nicht vollsonnigen Stellen, z. B. zwischen Sträuchern oder an Mauern und in Spalieren zusammen mit anderen Kletterpflanzen fühlen sie sich am wohlsten. Sie lieben tiefgründige, frische, nährstoffreiche Erde. Vermehrung erfolgt durch Aussaat, Stecklinge oder Ableger. Die folgenden vier Arten sind winterhart.

Sch. chinensis aus Japan, Korea, dem Amurgebiet und Sachalin klettert bis 8 m hoch und hat bis 10 cm lange eiförmig lanzettliche Blätter. Die Zweige sind braun, etwas kantig. Im Mai –Juni erscheinen die Blüten, 1,5 cm groß. Die männlichen Blüten haben 5 Staubblätter und sind cremefarben bis rosa. Sie duften und haben damit eine besonders gesuchte, bei Schlingpflanzen seltene Eigenschaft. Im August–September hängen an weiblichen Pflanzen (wenn männliche in der Nähe sind) scharlachrote Beerenfrüchte in einer bis 10 cm langen Ähre, die neben den dunkelgrünen Blättern sehr zierend wirken. In der UdSSR wird diese Art daraufhin erprobt, ob sie zum Anbau als Beerenobst geeignet ist. Kräftige Sträucher sollen 4–6 kg Beeren tragen, die stark säuerlich schmecken, mit einem Gehalt von ca. 13 % Äpfel- und Zitronensäure, und für Tee, als Trockenfrüchte, zu Marmelade oder zum Frischverzehr geeignet sind.

Sch. repanda, ist sehr ähnlich der vorigen Art. Die Blätter am Stiel sind runder, die Blütenstiele meist rot. Im Mai–Juni erscheinen cremefarbene Blüten. Die Beeren sind blauschwarz.

Sch. sphaerandra, aus China, bis 6 m hoch kletternd, mit Blättern an kurzen Trieben, büschelig stehend. Die Blüten sind intensiv rot, die männlichen Blüten mit 20 bis 50 Staubblättern. Die ährigen Fruchtstände tragen rote, bis 5 cm lange Beeren.

Sch. sphenanthera aus Mittel- und West-China, wird bis 4 m hoch. Die jungen Triebe sind rötlich, die Blüten 1,5 cm groß, orangefarben und im April–Mai blühend. Der Fruchtstand ist 15–20 cm lang mit roten Beeren. Die Art sollte etwas geschützter stehen, da sie nicht überall an exponierten Stellen winterhart ist.

Im Weinbauklima oder in klimatisch ähnlichen, kleinklimatisch begünstigten städtischen Situationen sollte man folgende schöne Arten versuchen:

Sch. grandiflora, Himalaja, kahler, bis 5 m hoch windender Strauch mit 2,5 cm großen rosa Blüten im Mai–Juni. Ährenähnlicher Fruchtstand mit roten Beeren bis 20 cm lang.

Sch. henryi, Heimat Mittel- und Süd-China, ähnlich *S. grandiflora*; Blüten im April–Mai, 1,5 cm groß, weiß; Beeren rot in ährenähnlichen, bis 7 cm langen Fruchtständen.

Sch. propinqua, Heimat Himalaja bis Malaya, bis 7 m hoch; Blüte im Juni, 1,5 cm breit, orangefarben; Fruchtstand mit roten Beeren bis 15 cm lang. Dem Verbreitungsgebiet entsprechend könnten auch für uns winterharte Herkünfte gefunden und bei uns eingeführt werden.

Sch. rubriflora, China, bis 5 m hoch. Blüten im April–Mai, 3 cm groß, dunkelrot; männliche und weibliche Blüten auf getrennten Pflanzen; Fruchtstand etwa 12 cm lang, schönste Art.

Sinofranchetia
Kugelbeere
Lardizabalaceae, Fingerfruchtgewächse

Die sommergrüne, einzige Art, *Sinofranchetia chinensis* stammt aus Mittel- und West-China. Sie windet 5–10 m hoch. Junge Triebe sind rötlich bereift, die Blätter ähnlich Bohnenblättern, 3teilig, 15–20 cm groß, blaugrün und gelblich geadert. Blüte im Mai mit kleinen, weißen ca. 10 cm langen, hängenden Trauben. Die Früchte sind rötlichviolett, kugelig, bis 1,5 cm groß, zu 3 zusammen. Die Fruchtschnüre sind im Herbst sehr zierend. Vermehrung erfolgt durch Saat nach Reife oder durch Ableger im Herbst. Sie ist gut geeignet zur Bekleidung von Mauern in sonnigen bis halbschattigen Standorten, ohne besondere Ansprüche an den Boden; gutes Ausreifen der Triebe wichtig für die Winterhärte. Für Fruchtansatz sind männliche und weibliche Pflanzen nötig.

Wein mit und ohne Trauben

„Echter Wein" und „wilder Wein" oder auch „selbstkletternder Wein" werden beim Kauf verlangt. Was sich unter diesen Bezeichnungen verbirgt, sind einige wenige der über 700 Arten, die in 11 Gattungen zusammen die Familie der Weingewächse, Vitaceae, ausmachen. Einige dieser Weingewächse stammen aus den Tropen und sind uns als Topfpflanzen vertraut. So zum Beispiel die Känguruhklimme, *Cissus antarctica* aus Australien oder der Riesenwein aus Vietnam, *Tetrastigma voinerianum*, der in Wachstumsschüben mit 2 m langen Trieben alle Zimmermöglichkeiten sprengt. Die verbreitetste Zimmerpflanze ist wohl *Cissus rhombifolia* 'Ellen Danica'. Wer ein warmes Blumenfenster besitzt, ist ganz sicher mit den faszinierend buntblättrigen Klimmern, *Cissus discolor* aus Java und *Cissus njegerre* aus den Usambarabergen Afrikas vertraut. Die bei uns (zum Teil mit etwas Schutz) winterharten Weingewächse gehören zu fünf Gattungen, die an folgenden Merkmalen zu unterscheiden sind:

Ampelopsis, Scheinrebe
Borke (äußere Rindenschicht) an älteren Trieben nicht abfasernd. Mark der Triebe weiß, Ranken ohne Haftscheiben.

Cayratia, Japanischer Wein
Staude, Triebe krautig, im Winter oberirdisch absterbend. Ranken gegabelt ohne Haftscheiben.

Cissus, Klimme
Triebe krautig ohne abfasernde Borke. Blätter immergrün und am empfindlichsten von allen. Ranken ohne Haftscheiben. *Cayratia* und *Cissus* sind Sammlerpflanzen, wobei erstere schnell grüne Wände bildet.

Parthenocissus, Jungfernrebe
Borke an alten Trieben nicht abfasernd. Ranken mit Haftscheiben (Abb. Seite 180).

Vitis, Weinrebe
Borke an älteren Trieben abfasernd. Mark braun, Ranken ohne Haftscheiben.

Die Gattung *Vitis* bringt die nützliche Verbindung von Kletterpflanze und Weintraube und dazu noch bei vielen Sorten kräftige Herbstfärbung. Alle fünf Gattungen klettern mit Ranken. Bei *Parthenocissus* sitzen an den Enden der Rankenäste Saugnäpfe, die aber nicht immer gut ausgebildet sind. Nur bei *Parthenocissus tricuspidata* und den dazugehörenden Formen und Sorten funktionieren die Saugnäpfe so gut, daß auch Stürme große Pflanzen nicht von der Mauer reißen können.

Ampelopsis
Scheinrebe, Wilder Wein
Vitaceae, Weingewächse

Die Gattung ist mit 20 Arten in Nord-Amerika und Asien verbreitet. Es sind sommergrüne, mit Ranken ohne Haftscheiben kletternde Sträucher. Die Zweige sind meist dünn und mit Korkzellen besetzt. Die Blüten sind klein, grün, 5teilig und stehen in Scheindolden den Blättern gegenüber. Die Früchte sind Beeren. Die Blätter sind ungeteilt, geteilt, gefingert oder gelappt und oft in Form und Herbstfarben sehr zierend. In der Jugend ist das Aufbinden der Triebe erforderlich, damit sie dann selbständig an der Kletterhilfe weiterranken können. Frischer, nicht zu leichter Boden verbunden mit Wässern und Düngen fördert die Entwicklung dieser viel zu selten gepflanzten Kletterer. Der Standort kann sowohl sonnig als auch halbschattig sein. Die Pflanzen sind für Spaliere, Zäune, Mauern, Bäume und Lauben geeignet. Vermehrung erfolgt durch Aussaat, meist jedoch durch Stecklinge und Steckholz. In den ersten Jahren nach dem Pflanzen ist es gut, den Wurzelbereich über Winter mit trockenem Laub zu schützen, bis die Pflanzen richtig angewachsen sind.

A. aconitifolius, syn. *Vitis dissecta*. In Nord-China und in der Mongolei, ihrer Heimat, wird die Pflanze bis 10 m hoch, bei uns bis 4 m und ist trotz ihrer zierlichen, filigranen Blätter absolut winterhart. Die Blätter sind 5teilig und fiederlappig gegliedert und erinnern an die Blätter des Eisenhutes (daher auch der Name). Blütezeit ist August. Die orangefarbenen oder gelben Beeren reifen im September–Oktober. Es ist ein sehr eleganter, üppig wachsender Kletterer.

'Glabra', Blätter 3lappig bis 3teilig.

A. bodinieri, syn. *A. micans, Vitis repens, V. flexuosa wilsonii*, aus Mittel-China klettert bis 6 m hoch. Junge Triebe sind rötlich purpurn, die Blätter dreieckig, ganzrandig bis leicht gelappt und etwas behaart. Die Oberseite ist glänzend dunkelgrün und unterseits bläulichgrün. Die Beeren sind bei der Reife im Oktober dunkelblau.

A. brevipedunculata, syn. *Cissus brevipedunculata*, aus Ost-China ist ein kräftiger Kletterer und wird bis 10 m hoch. Die Blätter sind herzförmig, 3lappig bis 12 cm groß. Blütezeit ist Juli–August. Die Beeren beginnen im September ein bezauberndes Farbenspiel von lila- bis grünspanfarben, bis zu einem reinen Blau. Oft sind zur Reifezeit im Oktober verschieden reife, also verschieden farbige Beeren in einem Fruchtstand nebeneinander zu sehen. Dazu gehören einige Sorten wie:

'Citrulloides', syn. *A. heterophylla*, Blätter tief 5teilig eingeschnitten.

'Elegans', syn. *A. tricolor, A. heterophylla* 'Elegans', *Vitis elegans*. Blätter wie die Art, aber weißgelblich gefleckt und oft rötlich überlaufen. Hin und wieder wird diese Sorte als Topfpflanze angeboten. Sie wächst viel schwächer als die anderen.

'Maximowiczii', Blätter 3- bis 5teilig, oft bis zum Blattstielansatz eingeschnitten.

A. chaffanjonii, syn. *A. watsoniana, Vitis leeoides* aus Mittel-China ist ähnlich *A. megalophylla*, aber die Blätter sind nur einfach gefiedert mit 5 bis 7 Blättchen und bis 30 cm lang, unterseits etwas rötlich. Diese Art klettert auch schwächer und wird höchstens 6 m hoch. Die Früchte sind erst rot, später bei der Reife schwarz. Leider ist die Art nur in Weinbaugegenden ganz hart.

A. cordata (syn. *Vitis indivisa*), aus Nord-Amerika, wird bis 12 m hoch. Die Blätter sind einteilig bis 3lappig, die Blütenstände langgestielt, die Beeren im September erbsengroß und bläulichgrünlich.

A. megalophylla (syn. *Vitis megalophylla*), stammt aus West-China und ist ein starker, aber langsam wachsender 8–10 m hoher Kletterer, der mit seinen einfach- zum Teil doppeltgefiederten, bis 50 cm langen, blaugrünen Blättern einen Aspekt tropischer Wachstumsfülle in unsere Gärten bringt. Er ist gut geeignet für Säulen, Pergolen oder Bäume, wo er viel Platz hat, um die Schönheit seiner Blätter zu zeigen. Die Triebe sind blattbraun mit weißen Punkten. In der Jugend ist wie bei den anderen *Ampelopsis*-Arten Schutz durch trockenes Laub im Wurzelbereich zu empfehlen. Die Herbstfärbung ist bronzerot.

Cayratia
Japanischer Wein
Vitaceae, Weingewächse

Unter den 45 Arten von Afrika bis Südost-Asien und Australien sind Klettersträucher und Kletterstauden mit unscheinbaren Blüten, meist im Juni. Die Frucht ist eine kugelige schwarze Beere, die im September–Oktober erscheint. Eine Art, die eine Kletterstaude ist, wird hin und wieder angeboten und kann auch bei uns gepflanzt werden.

C. japonica (syn. *Cissus japonicus, Vitis japonica*) aus China, Japan, Malaysia. Sie treibt jedes Jahr 2–3 m lange Triebe, besitzt einen länglichen Wurzelstock und stirbt im Winter oberirdisch ab. Der Neuaustrieb eines jeden Jahres klettert mit verzweigten Ranken und Haftscheiben. Die Blätter sind bis 15 cm groß, wechselständig, 5- bis 7teilig und rot geadert.

Cayratia macht Ausläufer. Der Wurzelbereich sollte in Gegenden mit strengen, schneelosen Wintern mit trockenem Laub abgedeckt werden. Die Pflanze wächst ebenso gut in der Sonne wie im Halbschatten. Der Boden sollte frisch und nährstoffreich sein. Die Vermehrung erfolgt durch Stecklinge und Ausläufer.

Cissus
Klimme
Vitaceae, Weingewächse

Von der großen Gattung mit 350 Arten in den Tropen sind einige, wie *C. antarctica, C. njegerre* oder *C. rhombifolia* und *C. sicyoides* verbreitete Topfpflanzen. Auch sukkulente Arten gehören dazu. Eine davon, *C. quadrangularis*, ist manchmal als Topfpflanze zu finden. Eine Art ist auch bei uns an geschützten Stellen mit etwas zusätzlichem Winterschutz, oder in Weinbaugegenden hart:
C. incisa aus Nord-Amerika hat glänzend grüne, 3teilige, in tiefe Abschnitte geteilte Blätter. Der neue Austrieb im Frühjahr wird 1–2 m hoch.

Parthenocissus
Jungfernrebe
Vitaceae, Weingewächse

Die 15 in Nord-Amerika und Ost-Asien vorkommenden Arten sind meist sommergrüne Klettersträucher. Sie klettern oft mit Haftscheiben, die an verzweigten Ranken sitzen. Die Blüten stehen in Scheindolden den Blättern gegenüber. Die Früchte sind dunkelblaue Beeren. Trotz der manchmal vorhandenen Haftscheiben braucht der Jungfernwein bis auf *P. tricuspidata* immer eine Kletterhilfe, da er an den Mauern sonst nicht fest genug sitzt. Er braucht tiefgründigen, frischen Boden, der nie heiß und trocken werden darf. Zu trocken stehende Pflanzen erleiden öfter Frostschäden. Wird dies berücksichtigt, ist Pflanzung in sonnigen und schattigen Lagen möglich. Vermehrung erfolgt durch Aussaat, Steckholz und bei Sorten zum Teil durch Veredelung auf bewurzeltem Steckholz von *P. quinquefolia*. Läßt man die Triebe der Jungfernrebe in Nadelgehölze klettern, so ergibt sich je nach Sortenwahl ein gelber, orangefarbener oder roter Herbstakzent im Nadelgrün. Alle 2 bis 3 Jahre sollte man im November die Triebe bis zum Boden entfernen, damit die Nadelgehölze keinen Schaden leiden. Aus den blattlosen langen Trieben lassen sich dekorative und vielfältig verwendbare Kränze winden.

P. henryana aus Mittel-China wächst in Weinbaugegenden bis 5 m hoch und friert in strengen Wintern zurück. Der Wurzelbereich sollte deshalb sicherheitshalber mit Laub geschützt werden. Im Frühjahr treibt die Pflanze aber willig wieder aus. Die jungen Triebe und silberadrigen Blätter sind schön rot überlaufen und damit sehr zierend. Die Triebe sind kantig, die Ranken mit 5 bis 7 Ästchen und Haftscheiben. 'Variegata', Blätter weißrot gefleckt, nur für Kalthaus oder als Zimmerpflanze.

P. inserta (syn. *P. vitacea, P. quinquefolia* var. *vitacea*), aus Nord-Amerika ist schwach kletternd, man läßt sie am besten über Sträucher wachsen. Die jungen Triebe sind grün, Ranken mit 3 bis 5 windenden Ästen, praktisch immer ohne Haftscheiben. Die Blätter sind 3- bis 5zählig, die Blättchen 5–12 cm lang und scharf gesägt. Oft ist diese Art als *P. quinquefolia* im Handel. Einige Sorten:
'Laciniata', Blättchen kleiner und tiefeingeschnitten, gesägt, gelblichgrün.
'Macrophylla' mit sehr großen Blättchen, bis 18 cm lang und 10 cm breit. Im Herbst grünbleibend, d.h. ohne Herbstfärbung.

P. quinquefolia (syn. *Ampelopsis quinquefolia*, Abb. Seite 180) aus Nord-Amerika, der verbreitete „Wilde Wein" wächst bis 10 m hoch und höher. Die Ranken haben 5 bis 8 Äste und flache Haftscheiben, die aber nicht sicher halten. Die Blätter sind 5teilig, die Blättchen bis 15 cm lang und 8 cm breit. Sie färben sich im Herbst leuchtend karminrot, die Blütenstände sind endständig. Die dunkelblauen Beerenfrüchte werden von vielen Vögeln gern gefressen. Mit ihrem Kot hinterlassen sie dann blaue Flecken.

Diese Art hat viele Sorten:
'Engelmannii', von der Art durch die schmaleren, nur 3–4 cm breiten Blättchen abweichend, die im Herbst sehr matt dunkelrot werden. Ranken mit 4 bis 6 Ästen. Sieht eleganter aus als die Art.
'Hirsuta', junge Triebe und Blätter rot und behaart.
'Murorum', Ranken mit 8 bis 12 Ästen. Triebe häufiger verzweigt als Art. Blättchen kürzer und breiter als bei der Art. Herbstfärbung flammendrot.
'Saint-Paulii', ähnlich 'Murorum', Triebe oft mit kleinen Luftwurzeln. Blättchen 12–20 cm lang, tief gesägt, Ranken mit 8–12 regelmäßig sitzenden seitlichen Ästen.
P. tricuspidata (syn. *Ampelopsis tricuspidata*) aus Japan und China ist ein selbstklimmender, mit Haftscheiben gut festhaltender Wein, der keine Kletterhilfe braucht und 20 m Höhe erreichen kann. Er ist eine sortenreiche Art mit langgestielten, breiten, bis 25 cm großen, 3lappigen Blättern. An jungen Trieben sind die Blätter oft ungeteilt und sehr viel kleiner. Im Herbst hat er orange- und scharlachrote Färbung (Abb. Seite 197).
Viele Sorten:
'Aurata', Blätter goldgelb, grünlich marmoriert und mit rotem Rand.
'Beverley Brook', sehr kleinblättrig. Junge Blätter sind wie in der Herbstfärbung intensiv rot gefärbt.
'Gloire de Boskoop' (syn. 'Ruhm von Boskoop') mit sehr großen, das ganze Jahr über rotbraunen Blättern.
'Lowii', Blätter glänzend grün, ganz klein und nur 2–3 cm groß. Im Herbst tiefrot.
'Purpurea', wie 'Veitchii', aber Blätter immer rot. Herbstfärbung 3 Wochen vor den anderen Sorten.
'Veitchii', eine Jugendform mit ungelappten Blättern, die wesentlich kleiner als bei der Art und im Jugendstadium rot sind. Sehr verbreitet, ist aber nicht aus Steckholz zu ziehen, sondern muß auf bewurzeltem Steckholz oder Wurzelstück von *P. quinquefolia* veredelt werden.

Vitis
Weinrebe
Vitaceae, Weinrebengewächse

Die etwa 60 Arten in den gemäßigten Gebieten der Nordhalbkugel sind sommergrüne, mit Ranken kletternde Gehölze, deren Rinde sich faserig ablöst. Die Blätter sind meist gelappt, die Blüten klein in Rispen, die gegenüber den Blättern stehen. Die Früchte sind Beeren. Vermehrung erfolgt durch Stecklinge, Steckholz, Ableger oder bei veredelten Rebsorten durch Veredlung auf reblausresistente Unterlage. Pflanzung an sonniger Stelle mit tiefgründigem, nicht zu trockenen Boden. Die *Vitis*-Arten sind meist starkwüchsige, herrlich herbstfarbene Kletterpflanzen. Bei manchen Arten sind die Beeren eßbar, nicht nur bei den Edelreben. Die Pflanzen können in Bäume klettern, Mauern und Hauswände bedecken und sind mit *Vitis vinifera* ssp. *sylvestris* in den Auwäldern des Oberrheins neben *Clematis vitalba* die zweite mächtige, heimische Liane.
V. aestivalis, die Sommerrebe aus Ost-USA ist ein über 20 m hoch kletternder Wein mit eiförmigen, bis 30 cm breiten, 3- bis 5lappigen unterseits rotbraunfilzigen Blättern. Blütezeit ist Juni. Ranken und Blüten stehen abwechselnd den Blättern gegenüber, wobei jedes dritte Blatt ohne Ranke oder Blüte steht. Beeren sind schwarz, erbsengroß, süß und eßbar. Die Herbstfärbung ist leuchtend gelb.
V. amurensis, die Amur-Rebe stammt aus dem Amurgebiet, der Mandschurei, aus Korea und Japan. Sie klettert 10 m hoch, die jungen Triebe sind rötlich, zum Teil filzig behaart, dann grünlich, die Blätter sind tief 3- bis 5lappig, bis 20 cm breit. Blüht ebenfalls im Juni. Die Beeren sind schwarz, erbsengroß, eßbar, angenehm säuerlich. Die kräftige karminrote Herbstfärbung geht in Purpurrot über.
V. coignetiae (Abb. Seite 180), wird in ihrer Heimat Japan, Korea, Sachalin bis 25 m hoch mit meterlangen Jahrestrieben. Auch bei uns wird diese Art schnell über 10 m hoch. Junge Triebe sind rotfilzig behaart, die Blätter bis 30 cm breit, 3- bis 5lappig und unterseits röt-

lich filzig. Die Beeren sind bis 1 cm groß und schwarz-blau bereift, aber nicht eßbar. Herrlich gelborange bis dunkelscharlachrote Herbstfärbung, die lange hält.

V. davidii (syn. *V. armata*) aus China ist ein hochwachsender Kletterer, dessen Triebe dicht mit geraden und hakigen Stacheln besetzt sind. Dadurch ist er leicht von allen anderen Arten zu unterscheiden. Die Blätter sind herzförmig, gering 3lappig und bis 20 cm lang, die Beeren bis 1,5 cm groß, eßbar, schmecken aber nicht gut. Gute Herbstfärbung.

V. flexuosa aus China, Korea, Japan hat dünne Triebe, die in der Jugend rotbraun filzig sind und bis 5 m hoch klettern. Die Blätter sind schmal herzförmig bis länglich, dreieckig und bis 10 cm lang. Blütezeit ist Juni. Die Beeren sind gut erbsengroß und schwarz, nicht eßbar. Im Herbst ist das Laub metallisch bronzegrün und rötlich gefärbt, besonders in der kleinblättrigen Form 'Parvifolia'.

V. labrusca, Fuchsrebe, Labradorwein ist ein starkwüchsiger, bis 15 m hoch kletternder Wein aus Nordost-Amerika. Junge Triebe sind filzig und tragen an jedem Knoten eine Ranke. Die Blätter sind eiförmig bis 3lappig und bis 20 cm breit. Die Unterseite ist weiß bis bräunlich filzig. Blütezeit ist Juni. Die Beeren stehen in kleinen Trauben, sind bis 2 cm groß, purpurschwarz und eßbar, süßlich mit Muskatgeschmack. Es ist die Elternart vieler amerikanischer Traubensorten. Wo Platz ist, ist die Art zum Anbau zu empfehlen.

V. riparia (syn. *V. vulpina, V. odoratissima*), Uferrebe. Sie stammt aus Nord-Amerika, klettert bis 10 m hoch. De Blätter sind breit eiförmig, bis 10 cm lang, meist 3lappig. Die männlichen Blüten duften während der Blütezeit im Juni. Ihr Duft erinnert an Reseden. Die Beeren sind bereift, purpurschwarz. Das glänzend grüne Laub ist sehr zierend.

V. vulpina, Winterrebe. Diese Art ist ein sehr kräftig wachsender und kletternder Wein, dessen Triebe im Alter 50 cm dick werden können. Die Pflanze ist der Uferrebe ähnlich und wird oft mit dieser verwechselt. Die Blätter sind oval bis 20 cm lang und gut 10 cm breit, ungelappt

bis 3lappig. Die Blütenrispen sind bis 12 cm lang und blühen im Juli. Frostrebe heißt sie, weil die schwarzen, blaubereiften gut erbsengroßen Beeren erst nach Frosteinwirkung genießbar werden.

V. vinifera, Weinrebe. Neben den Kletterpflanzen der Gattung *Vitis*, die vornehmlich wegen ihres zierenden Laubes gepflanzt werden, wobei manche auch einige Trauben zum Naschen liefern, ist die Weinrebe auch an vielen Stellen zu pflanzen. Trauben werden in Klimazonen angebaut, in denen die mittlere Jahrestemperatur um bzw. über 9 °C liegt und die Wintertemperatur selten bis oder unter −20 °C fällt. Südseiten an Häusern und Schutz vor kalten Winden und Spätfrost können erheblich bessere kleinklimatische Werte erbringen und den Weinanbau ermöglichen, auch wenn die allgemeinen Klimadaten schlechter liegen. Wer sie pflanzt, möchte Trauben ernten und damit diese ausreifen und gut schmecken, muß der Standort sonnig und warm sein. In zu kalten Wintern erfrieren die Knospen und auch die Triebe. In kalten, nassen Sommern bleiben die Trauben sauer und geschmacklos. Am besten setzt man die Pflanze an eine windgeschützte Südwand und zieht die Rebe am Spalier, das stabil und viele Jahre haltbar sein muß. Reben sind eigentlich recht anspruchslos.

Gepflanzt werden veredelte Sorten, deren Wurzeln bei der Pflanzung auf Streichholzlänge und deren Triebe auf zwei Augen zurückgeschnitten werden. Das Pflanzloch sollte 40 cm tief sein und die Pflanze schräg zur Hauswand hin eingepflanzt werden, damit die Wurzeln von der trockenen Hauswand ein Stück entfernt sind. In der Zeit des Blühens und des Fruchtansatzes muß bei trockener Witterung gewässert werden. Dabei ist zu bedenken, daß Pflanzstellen in der Nähe der Hauswand oft viel trockener sind als der übrige Garten. Der im ersten Jahr gewachsene Trieb wird auf 6 bis 8 Augen, das heißt Knospen, zurückgeschnitten. Der Zuwachs des zweiten Jahres wird auf 1 – 1,5 cm gekürzt und nur die vier obersten der sich dann entwickelnden Triebe dürfen weiterwachsen. Im dritten Jahr dürfen je zwei Triebe nach beiden Seiten mit jeweils 5 bis 8 Augen wachsen und beginnen so das Traggerüst zu bilden. Der Rückschnitt der daraus wachsenden Seitentriebe erfolgt jährlich im Winter auf 2 bis 3 Augen. Die Sommertriebe werden im Juli eingekürzt. Genaue Schnittverfahren und geeignete Sortenwahl sollte man bei den nächsten Obst- und Gartenbauvereinen, den Kleingartenvereinen oder bei den Kreisberatungsstellen für Gartenbau erfragen.

In guten Gartencentern und Baumschulen weiß man auch von Erfolg oder Mißerfolg der Kunden mit Rebsorten und kann Empfehlungen geben. Es gibt regionale Faltblätter und Broschüren über Rebenpflanzung am Haus und im Hausgarten, so daß jedem ausreichende Informationen zugänglich sind. Die nachfolgend genannten Sorten sind deshalb nur einige Beispiele zur Information über die mögliche Vielfalt:

'Blauer Portugieser' starkwüchsig, mittel-spät. Blaue Beeren.

'Brant' sehr stark wachsend (bis 9 m), sehr hart, Beeren klein, rot und von gutem Geschmack. Die Sorte kommt ohne Pflanzenschutz aus und hat prächtige rote, gelbadrige Herbstfärbung. (Besitzt auch Erbeigenschaften aus *V. labrusca* und *V. riparia*).

'Gelber Muskateller' mittelfrüh, gelbe Beeren mit Muskatgeschmack.

'Königin der Weingärten' starker Wuchs, mittel-spät, Beere gelb.

'Gutedel' Sorten gehören zu den ganz alten Kulturtraubensorten. Das heißt, daß die typische Blattform des Gutedel schon in Ägypten abgebildet gefunden wurde, und die Römer diesen Traubentyp ins Markgräflerland am Bodensee gebracht haben sollen. Dazu gehören 'Muskat Gutedel' mit heller Beere und Muskatgeschmack, 'Roter Gutedel' mit graurotem Beeren und 'Weißer Gutedel' mit hellgrünen Beeren. Alle drei Sorten sind mittel-spät reifende, gutschmeckende Traubensorten; sie reifen noch in rauhen Lagen.

'Ortega' robuste Sorte mit frühreifenden, hellen Beeren und feinem Aroma.

'Perlkette' in England probierte kernlose hellbeerige Traubensorte.

'Purpurea', Färbertraube, Blätter jung roséfarben und ausgewachsen purpurrot.

'Siegerrebe' starker Wuchs für leichten, nicht zu kalkhaltigen Boden, frühreifend. Beeren rosarot.

Im Kleingewächshaus sollte man Sorten wählen wie 'Black Hamburg' oder 'Muscat Hamburg', die im Freiland nicht gedeihen.

Das Raritätenkabinett

Der Begriff „Raritätenkabinett" stammt aus Sammlungen, Ausstellungen und Museen. Sorgsam gehütet, werden die seltenen, die raren Stücke dort aufbewahrt. Und – Hand aufs Herz – mit seltenen Pflanzen machen wir es ebenso. Selten kann bei Pflanzen vielerlei bedeuten: selten, weil schwer zu kultivieren, zum Wachsen und Blühen zu bringen; selten, weil es eine bisher unbekannte Mutation in Blütenfarbe oder Wuchsform ist. Selten auch, weil bisher nicht in Kultur oder auch deshalb selten, weil mit diesem fehlenden letzten Exemplar zur Freude des Sammlers die Gattung nun vollzählig versammelt ist. Selten kann eine Pflanze auch sein, weil sie vom Aussterben bedroht ist und in ihrem natürlichen Verbreitungsgebiet nur noch in wenigen Exemplaren vorkommt. Bei solchen Pflanzen muß sich der Pflanzenfreund seiner Mitverantwortung für unsere Tier- und Pflanzenwelt bewußt sein und darf sich keine Pflanze vom Wildstandort, sondern nur aus botanischen Gärten und privaten Sammlungen besorgen. Unendlich viele andere, nicht vom Aussterben bedrohte Pflanzen, sind für den Pflanzenfreund selten, weil er sie nur unter großen Schwierigkeiten erwerben kann. So bieten viele der seltenen Kletterpflanzenarten ungeahnte Einblicke in Botanik, Entdeckerschicksale und Abenteuer, in Geschichte und Leben fremder Völker. Nehmen wir zum Beispiel die Gattung Enzian. Es ist nur wenig bekannt, daß es kletternde Arten in der Gattung *Gentiana* gibt. Sie waren früher als *Crawfurdia* in einer eigenen Gattung. Eine andere tarnt sich mit dem Namen *Tripterospermum japonicum* und ist unter diesem Namen in den Samenkatalogen der japanischen botanischen Gärten regelmäßig zu finden. Ihr heutiger Name ist *Gentiana trinervis*; trinervis deshalb,- weil schon dem ersten europäischen Entdecker, Carl Peter Thunberg, der sie in seiner Flora japonica 1784 beschrieb, die dreinervigen Blätter auffielen. Er war Schüler und später Nachfolger des Botanikers Linné in Uppsala.

Carl Peter Thunberg besuchte von 1775 bis 1776 Japan und beschrieb den Kletterenzian als *Convolvulus trinervis*, als dreinervige Winde. Kein Wunder, denn die Blüten sehen wie kleine, weiße Zaunwindenblüten aus. Sie stehen einzeln oder zu zweien in den Blattachseln. Dieser mit rötlichem Stengel knapp 1 m hoch kletternde Staudenenzian ist aber noch etwas ganz Besonderes. Er besitzt statt der trockenhäutigen, braunen Samenkapseln längliche, rote Beeren als Herbstschmuck.

An den Botaniker Thunberg erinnert übrigens auch eine schöne, sommerblühende Schlingpflanze aus Afrika, die *Thunbergia*. Auf seiner Reise nach Japan mußte Thunberg mit dem Schiff um Afrikas Südspitze fahren. Er botanisierte dort von 1772–1775 und veröffentlichte später darüber auch viele Schriften.

So ist ein kleiner, mit roten Stengeln kletternder Enzian mit weißen Windenblüten und roten Beerenfrüchten ein Beispiel dafür, wie selten, im Sinne von nachforschenswert eine Pflanze sein kann. Von den kletternden Enzianen gibt es auch blau, rotviolett und gelbgrün blühende Arten, zum Beispiel *Gentiana volubilis*. Manche klettern gar 2 m oder höher.

Eine Sammlung seltener Kletterpflanzen könnte auch zustande kommen, indem man kletternde Pflanzen aus den Familien oder Gattungen zusammenträgt, in denen man keine Kletterpflanzen vermutet. Ein paar Beispiele seien genannt:

Unter den Gänsefußgewächsen, Chenopodiaceae, gibt es eine etwas kletternde Pflanze,

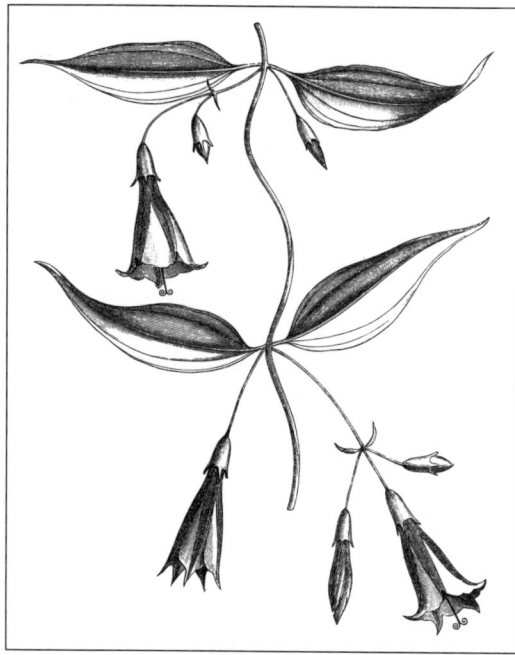

Gentiana speciosa (Kletternder Enzian)

die an eine blühende Futterrübe erinnert. Es ist *Hablitzia tamnoides*. Eine kletternde Orchidee ist *Vanilla planifolia*. Ihre bohnenähnlichen Samenkapseln werden fermentiert und in zugestöpselten Glasröhrchen als Vanilleschoten verkauft. Wenn es um Gewürze geht, ist auch der Pfeffer zu nennen. *Piper nigrum* ist im warmen Blumenfenster ein guter Kletterer für die schattige Ecke. Mit bunten Blättern gehört sein Vetter *Piper porphyrophyllum* dazu. Für das Blumenfenster wären Kletterpflanzen in Hülle und Fülle zu nennen. Seien es Wachsblume *(Hoya)* oder Kranzschlinge *(Stephanotis)*, *Bougainvillea* oder die zierliche, kletternde *Aloe ciliaris*. Wem es Spaß macht, alte Nutzpflanzen zu sammeln, kann beim nächsten Mittelmeerurlaub nach den Färber- oder Krappwurzeln suchen. Es sind Verwandte unseres Klebkrautes. Sie haben sehr attraktive Korkleisten an den alten Trieben. Aus ihren Wurzeln wurde ein roter Farbstoff gewonnen. Es ist *Rubia peregrina*, die levantinische Krappwurzel, oder *Rubia tinctorum*, die Fär-

berkrappwurzel. Beide sind durch jahrtausendelangen Anbau im Mittelmeerraum weit verbreitet und meist auch im Nutzpflanzenteil unserer botanischen Gärten zu sehen.

Wer schon beobachtet hat, daß sich unser einheimischer Erdrauch *(Fumaria officinalis)* mit seinen Blättchen an Grashalmen festhält, indem er sie umwindet, wird in den Gattungen *Adlumia* und *Fumaria* kletternde, unserem Erdrauch verwandte Arten finden. Wenn er Glück hat, wird er auch *Dicentra torulosa* ein kletterndes tränendes Herz, einjährig, gelbblühend finden. Ein ganzes Raritätengärtlein mit Kletterpflanzen läßt sich zusammentragen. Einige sehr schöne Beispiele seien hier noch genannt:

Ficus pumila, eine efeuähnlich kletternde Feige, ist hart bis 0 °C und hat eine fruchtende Altersform; eine eichenblättrige Varietät heißt neuerdings *F. montana*.

Brodiaea volubilis, die man respektlos als kletternden Schnittlauch bezeichnen könnte, wird bis 3 m hoch. Sie gehört zu der Gattung schön blühender Zwiebelpflanzen und stammt aus Kalifornien und den umliegenden Staaten. Dort heißt sie Snake Lily, Schlangenlilie, da sie ihren Blütentrieb schlangengleich durch Sträucher nach oben schiebt. Ihre Verwandten *Triteleia laxa* und *Ipheion uniflorum* mit der schönen Sorte 'Wisley Blue' kennen wir schon aus unseren Gärten. Zwei Australierinnen aus der Familie der Pittosporaceae, der Klebsamengewächse, seien nicht vergessen. Die Schönen sind:

Billardiera, Apfelbeere und *Sollya*, Blauglöckchen. Sie sind im Kapitel Sammeln beschrieben.

Ihren Vetter *Pittosporum tobira* und Verwandte kennen wir als dauerhafte grüne und duftende, weißblühende Kübelpflanzen.

Weitere Gattungen sind auf den folgenden Seiten beschrieben, als Anregung, nach interessanten Kletterpflanzen und ihren Geschichten zu suchen.

Es sind dies: *Aconitum*, Eisenhut, *Adlumia*, Doppelkappe, *Canarina*, Kanarenglocke, *Corydalis*, Lerchensporn, *Fumaria*, Erdrauch, *Lygo-*

Adlumia fungosa (Doppelkappe)

dium, Kletterfarn, *Mutisia*, Klettergazanie, *Paederia*, Stinkbeere, *Rhodochiton*, Rosenkelch, *Toxicodendron*, Giftsumach.

Aconitum
Eisenhut, Sturmhut
Ranunculaceae, Hahnenfußgewächse

Die Gattung mit etwa 300 Arten ist auf der Nordhalbkugel beheimatet und enthält viele bei uns winterharte Stauden, die oft eine knollige Wurzel haben, und alle giftig sind. Wer unseren heimischen Eisenhut *A. napellus*, und zwar die Unterart *neomantanum* kennt, kann darin eine Vorstufe des Kletterns und Klimmens erkennen. Dieser Eisenhut hat an schattigen Stellen 3–4 m lange Triebe, die er durch Sträucher wachsen und mit den Blütenständen elegant überhängen läßt. Ohne eine solche Stütze würden die Triebe umfallen. Sie sind auf „Anlehnung" angewiesen. In China kommen wirklich kletternde Eisenhut-Arten vor. Die zwei hier genannten sind auch in Europa hin und wieder zu finden. Sie sind winterhart. Eisenhüte brauchen frischen, humusreichen Boden und stehen im Halbschatten besser als

in der prallen Sonne. Vermehrung erfolgt durch Aussaat und Teilung. Der Eisenhut zeigt seine Blüte oberhalb des von ihm durchwachsenen Stammes.

A. hemsleyanum, Heimat ist Mittel-China; die Blätter sind tief 3- bis 5teilig, die Blüten groß, violett und stehen bis zu 10 in endständigen Trauben. Die Pflanze windet sich 2–3 m hoch. Dieser Klettereisenhut blüht von Juli bis September. Es soll auch Pflanzen mit hellblauen Blüten geben.

A. volubile, stammt aus West-China, Korea und Japan. Die dünnen Triebe winden sich 3–4 m hoch. Die Blüten sind violett und zeigen sich von August bis Oktober.

Mit der zu dieser Zeit gelbblühenden und auch schon fruchtenden *Clematis tangutica* ergibt sich eine schöne Farbkombination.

Adlumia
Doppelkappe
Papaveraceae, Mohngewächse

Zwei Arten gehören zu dieser Gattung, eine aus Korea und eine aus Nord-Amerika. Eingeführt ist *A. fungosa*, syn. *A. cirrhosa* aus USA. Da sie unserem heimischen Erdrauch, *Fumaria officinalis* ähnlich sieht, trug sie auch den Namen *Fumaria fungosa*. Sie liebt warmen, frischen, bis feuchten tiefgründigen Boden und wächst 2–3 m hoch. Die zarten blaugrünen, doppelt dreizähligen Blätter enden in feinen Verästelungen, mit denen sie klettern. Im ersten Jahr wächst die Pflanze büschelig und im zweiten Jahr kletternd. Sie blüht von Juli bis Oktober. Die blaßrosa oder weißen Blüten sind etwas bauchig aufgeblasen und sitzen zu vielen in achselständigen Trauben. Vermehrung erfolgt durch Aussaat. Sie eignet sich für Gitter und Zäune, klettert auch an *Miscanthus* oder Bambus, in Sonne und Halbschatten und ist ein Kletterer, der viel häufiger verwendet werden sollte und sich durch ausfallende Samen bald fest ansiedelt, soweit der Standort geschützt genug und nicht zu winterfeucht ist.

'Purpurea' ist eine manchmal angebotene, dunkelblütige Auslese.

Canarina
Kanarenglocke
Campanulaceae, Glockenblumengewächse

Drei Arten kommen auf den Kanarischen Inseln und im tropischen Ost-Afrika vor. Es sind staudige Glockenblumengewächse mit hängenden Glockenblumenblüten. *C. canariensis* ist mehr staudiger Spreizklimmer, während die afrikanischen Arten wie *Asarina* mit Hilfe der Blattstiele klettern. Die Frucht ist eine eßbare Beere im Gegensatz zu den sonst bei Glockenblumengewächsen üblichen trockenen Kapseln. Kräftige humose nährstoffreiche Erde und zur Wachstumszeit auch reichlich Wasser ist erforderlich. Vermehrung erfolgt durch Aussaat, Teilung und Stecklinge. Die Art ist nicht hart, aber der herrlichen Blüten wegen zu empfehlen. Der knollige Wurzelstock wird wie Dahlienknollen überwintert. Winterurlauber auf den Kanarischen Inseln sehen die Pflanze oft und können dort Samen oder Pflanzen erwerben. Man kann Canarina als Hängepflanzen kultivieren oder Kletterhilfen anbringen.

C. canariensis, syn. *Campanula canariensis, Canarina campanulata, C. campanula* von den Kanarischen Inseln, klettert bis ca. 2 cm hoch. Die Blätter sind gegenständig, unregelmäßig gezähnt, die Blüten endständig oder in Triebgabelungen offen glockig hängend. Sie sind gelb, orangefarben oder rot mit roten Nerven und 2–5 cm lang. Die Kelchzipfel werden rechtwinkelig abgespreizt. Als Kübelpflanze gezogen braucht *Canarina* ein Sonnenfenster, da sie im August bis September zu treiben beginnt und im Winter oder zeitigen Frühling blüht.

Die afrikanischen Arten haben bis 7,5 cm lange Blüten, die je nach Herkunft in der Farbe variieren; bei *C. abyssinica* von orange bis ziegel- oder braunrot und bei *C. eminii* von gelblich zu orange bis dunkelrot. Während *C. canariensis* die sechs Kelchzipfel rechtwinkelig abspreizt, stehen sie bei *C. eminii* nur etwas ab und liegen bei *C. abyssinica* eng an. Auf den Molukkeninseln soll kürzlich noch eine vierte Art entdeckt worden sein.

Diese herrlichen Glockenblumenkletterer sind alle als Winterblüher für Kleingewächshaus oder Wintergarten wie geschaffen. Bei *C. canariensis* reichen Temperaturen von 10 °C, bei den Afrikanern sollten es 15 °C sein.

Corydalis
Lerchensporn
Papaveraceae, Mohngewächse

Von den über 300 Arten, die auf der nördlichen Halbkugel in den gemäßigten Gebieten verbreitet sind, kommt bei uns in Teilen der Bundesrepublik eine schlingende Art, *Corydalis claviculata*, vor. Sie ist ein sehr zierlicher, mit Ranken kletternder Geselle. Die verzweigten Ranken sitzen an den Blättern. Die Pflanze ist geschützt, und man darf deshalb in der Natur weder Pflanzen noch Samen sammeln. Da die Pflanze aber als seltene, kletternde *Corydalis*-Art in fast allen botanischen Gärten angepflanzt ist, kann man dort Samen erhalten und dann später nach eigener Samenernte Freunden und Bekannten davon abgeben. Die Pflanze klettert bis 1 m hoch und braucht humosen, sauren Laubboden und fühlt sich im lichten Schatten, zwischen lockeren Sträuchern am wohlsten. Sie klettert zum Beispiel an Bambus hoch und wird nie lästig. Es ist eine zierliche Pflanze, ähnlich *Adlumia*, und gut geeignet, im Garten an sonniger, zusagender Stelle angesiedelt zu werden. Die Blüten sind klein, gelblichweiß in achselständigen Trauben und blühen von Juni bis Juli.

Fumaria
Erdrauch
Papaveraceae, Mohngewächse

Auch Erdrauch-Arten wie die heimische *Fumaria officinalis* mit lilarose Blüten und *F. capreolata* mit weißroten Blüten klettern. Sie halten sich mit den Fiederblattstielchen fest, die sie wie manche *Clematis* und *Tropaeolum*-Arten um dünne Kletterhilfen winden. Der aus dem Mittelmeergebiet stammende Ranken-Erdrauch (*F. capreolata*) wird bis 1 m hoch und blüht sehr schön von Mai bis September. Die Blüten sind 10–15 mm groß, stehen zu 15 bis 20 in aufrechten Trauben in den Blattachseln. Sie erblühen weiß und färben sich nach der Bestäubung an der Spitze dunkel purpurrot. Aus Samen, mitgebracht aus dem Mittelmeerurlaub, kann im Folgejahr ein interessanter Kletterer werden, der in Gräser, über niedrige Sträuchlein oder gar im Balkonkasten zwischen den Geranien wächst.

Lygodium
Kletterfarn
Lygodiaceae, Kletterfarngewächse

Von den 40 Arten in den Tropen und Subtropen sind zwei Arten als Kuriosität, nämlich als kletternde Farne mit windendem Blattstengel interessant. Sie benötigen feuchten, sauren, humosen Boden (ph 4–5) und einen schattigen Standort. Vermehrung erfolgt durch Sporenaussaat.

L. japonicum aus Japan, Korea, China und Australien, hat bis 1 m hoch windende Blattstengel. Die Fieder sind vielteilig mit unregelmäßig gezähnten Blättern (Wedeln). Die Pflanze wird wieder als Topfpflanze angeboten. Im Moorbeet kann man sie zumindest als interessante „Sommerschlingpflanze" versuchen. Vielleicht gibt es in Nordjapan für uns winterharte Typen.
L. palmatum aus den USA ist härter als *L. japonicum*. Die Art hat bis 1,2 m hoch windende Blattstengel, die unteren Fiederblätter sind handförmig, vielteilig, die oberen sporentragend. Sie sehen so schmal aus wie verzweigte Ranken. In USA ist die Art fast bis New York winterhart. Bei uns ist sie auch versuchswert, da *L. palmatum* in der Heimat mit dem bei uns winterharten Strauch *Kalmia latifolia*, der Lorbeerrose, zusammen vorkommt.

Mutisia
Klettergazanie
Asteraceae, Asterngewächse

Es sind 60 Arten, die meistens mit der verlängerten Blattmittelrippe als Ranke klettern. Alle kommen in Süd-Amerika vor und gehören zu den wenigen kletternden Korbblütlern. Neben *Mutisia* gibt es noch in den Gattungen *Senecio* und *Mikania* kletternde Arten. Mutisien sind Pflanzen, die von erfahrenen Hobbygärtnern in Kleingewächshäusern gezogen werden können. Im Freiland sind sie bei uns nicht hart, auch wenn einige Arten, die ungeteilte, längliche Blätter haben, in ihrer Heimat, den kühlen Anden, bis zur Schneegrenze hin vorkommen. Die Arten mit den ungeteilten Blättern sind bei 5–10 °C zu kultivieren. Die Arten mit geteilten Blättern je nach Heimat bei 10–20 °C. Die Blüten sind einzeln endständig und meist sehr groß und blühen lange. Lockerer humoser, saurer Boden ohne Staunässe, aber nicht trocken und viel Licht ist für sie lebensnotwendig. Wichtig ist Schatten für den Wurzelbereich. Obwohl nicht so schön, sind sie doch für den Hobbygärtner von gleicher Verlockung wie *Lapageria* aus Chile. Wer mit einer Gattung Glück hat, sollte auch die andere versuchen, da die Ansprüche an Boden, Temperatur und Licht etwa gleich sind. Nur die Mutisien-Arten mit gefiederten Blättern lieben es wärmer. Vermehrung erfolgt durch Aussaat und halbreife Stecklinge. Einige Arten sind in England zu erhalten und dabei, auch bei uns angeboten zu werden. Als Beispiele seien genannt:

M. clematis, aus Peru, Kolumbien, Ekuador. Diese Pflanze gehört zu der Gruppe mit gefiederten Blättern, die nicht so kühl stehen muß. Sie wächst sehr stark, bis 4 m und mehr. Blütezeit ist von Mai bis Oktober. Die Blüten sind leuchtend orange, 5–6 cm breit hängend. Die Blätter sind 6- bis 10paarig gefiedert und die Blattmittelrispe endet in einer verzweigten Ranke. Jährlicher Rückschnitt ist nötig.
M. decurrens aus Chile. Die Blätter sind graugrün, schmal mit der Blattmittelrippe als verzweigter Ranke an der Blattspitze. Die Blüten sind leuchtend orangefarben, bis 10 cm groß und erscheinen von Juni bis August. Diese Art gilt mit *M. clematis* als eine der schönsten Arten. Die Pflanze bildet Ausläufer und ist damit gut zu vermehren.

M. ilicifolia aus Chile, klettert 3–4 m hoch. Die Blätter sind ungeteilt, länglich mit herzförmiger Basis und Blattmittelrippe in einfacher Ranke auslaufend. Diese Art blüht fast das ganze Jahr mit 5–7 cm großen, blaß rosa-lila Blüten. Vor allem für kühle Pflanzstellen geeignet.

M. retusa ebenfalls aus Chile, klettert 4–5 m hoch. Die Blätter sind ungeteilt, die Blüten rosa, etwa 2 cm groß. Dies ist wohl eine der härtesten Arten.

Rhodochition atrosanguineus (Rosenkelch)

Paederia
Stinkbeere, Stinkknackbeere
Rubiaceae, Krappgewächse

Etwa 50 Arten von Kletterpflanzen, die in Amerika und Asien verbreitet sind, gehören zu dieser Gattung. Von den bei uns winterharten Arten ist nur *Paederia scandens* eingeführt. Der ihr nachgesagte unangenehme Geruch wird nur beim Beschädigen der Pflanze hervorgerufen. *P. foetida* und *P. tomentosa*, die mit *P. scandens* gemeinsam vorkommen, könnten auch bei uns winterhart sein.

P. scandens, stammt aus China, Korea und Japan. Sie klettert bis 5 m hoch. Die Blätter

sind länglichoval mit langer Spitze und heller Unterseite. Bis 1,5 cm lange, weiße Röhrenblüten mit purpurnem Schlund zieren die Pflanze. Sie stehen in bis 40 cm langen, lockeren Rispen an den Triebenden. Blütezeit ist Juli–August. Ihnen folgen dann im September–Oktober die erbsengroßen, orangefarbenen Früchte. Es ist eine interessante, an halbschattiger bis schattiger Stelle gut wachsende Kletterpflanze, die keinerlei Ansprüche an den Boden stellt. Die Vermehrung erfolgt durch Stecklinge und Ableger.

Rhodochiton
Rosenkelch, Rosenmantel
Scrophulariaceae, Braunwurzgewächs

Die Gattung besteht nur aus der einen Art *R. atrosanguineus*, syn. *R. volubilis* aus Mexiko (Abb. Seite 198). Es ist eine bezaubernde Staude, deren untere Triebe bei mehrjähriger Kultur verholzen und die mit ihren Blattstielen klettert und 3 m erreichen kann. Die wechselständigen Blätter sind herzförmig. Die Blüten hängen einzeln in den Blattachseln, sind röhrenförmig, ca. 5 m lang mit 5teiligem Rand, dunkel blutrot. Der Kelch spannt sich wie ein Schirm 2–3 m breit über die Blüte. Der beste Standort im Sommer ist die Terrasse. Bei Überwinterung am Südfenster bei 10–15 °C blüht die Pflanze fast das ganze Jahr – auch wenn es in vielen Büchern anders steht. Mit

Seite 197
Parthenocissus tricuspidata,
Selbstklimmender Wein

Seite 198
Oben links: Cardiospermum halicacabum,
Ballonwein, Herzsame
Oben rechts: Senecio mikanoides,
Eisenbahnerefeu
Unten links: Rhodochiton atrosanguineus,
Rosenkelch, Rosenmantel, Purpurglocke
Unten rechts: Lagenaria siceraria,
Flaschenkürbis, Kalebasse

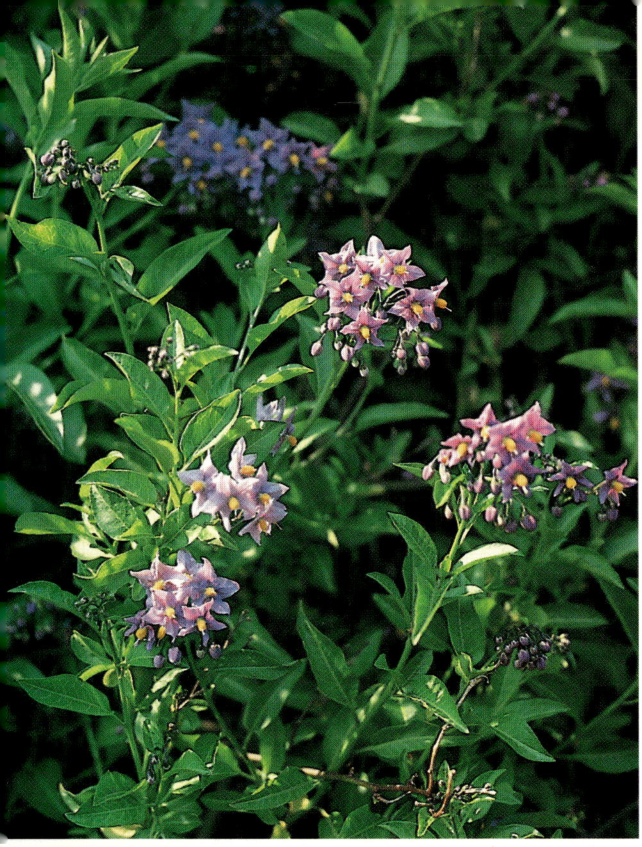
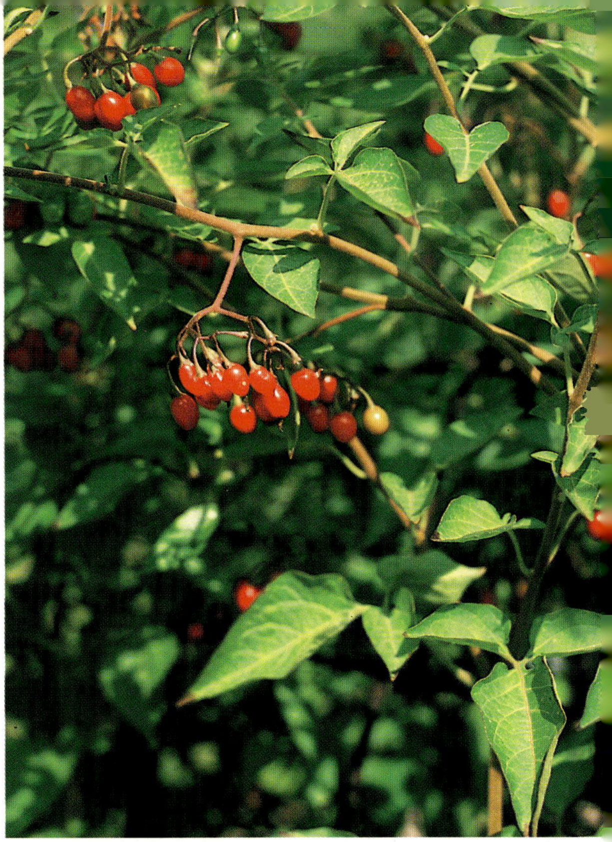
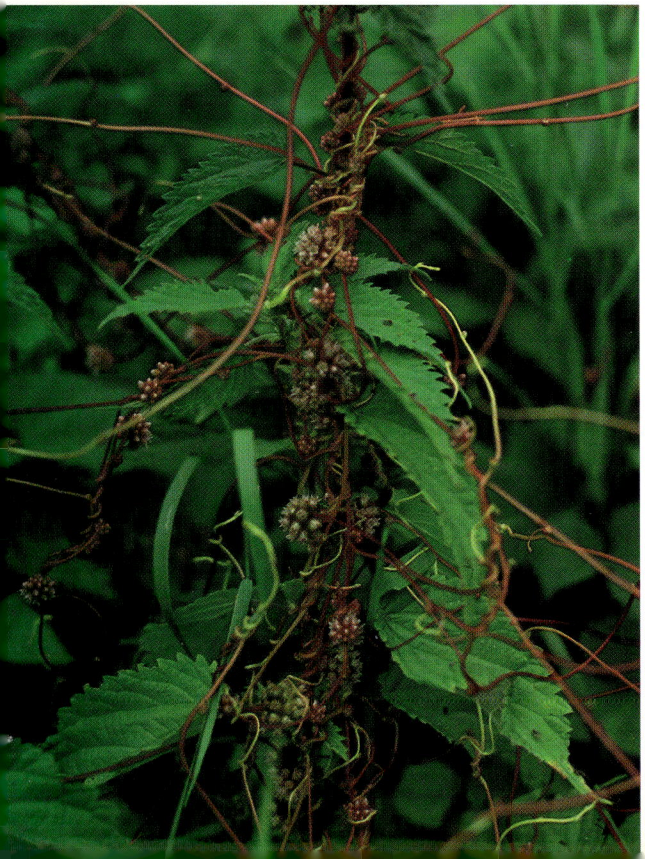
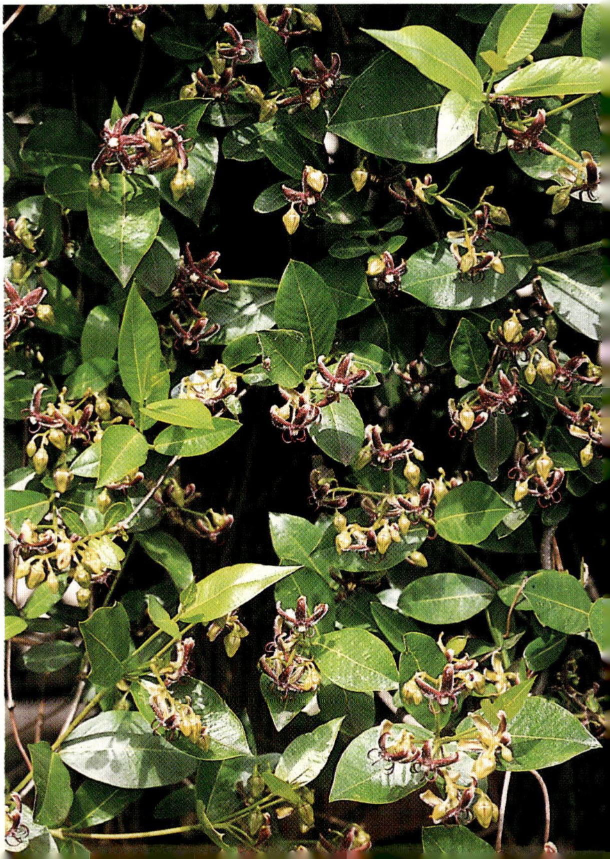

Handbestäubung ist leicht für Samennach-schub gesorgt. Vermehrung erfolgt durch Aussaat oder Stecklinge. Im Sommer ist sie im Freien wie ein üblicher Sommerschlinger zu verwenden, wo Dauerblüte und die lange zierenden roten Kelchschirme besonders gut zu sehen sind, wenn die Triebe entlang waagerechten Drähten oder Schnüren wachsen. Die Pflanze ist jetzt leichter erhältlich, da sie seit 1987 öfter im Topfpflanzensortiment angeboten wird.

Toxicodendron
Giftsumach, Giftefeu
Anacardiaceae, Sumachgewächse

Etwa 15 Arten kommen in Asien, Nord- und Süd-Amerika vor. Der bei uns verbreitete Essigbaum, *Rhus typhina* stammt aus einer verwandten Gattung. Die kletternden, bei uns winterharten Arten aus Nord-Amerika heißen dort „Giftefeu". Diese Arten, wie *T. radicans*, verursachen bereits bei Berührung schlimme, schlecht heilende Hautreizungen und Vergiftungserscheinungen. Der Hinweis hier soll deutlich machen, daß sie in keinen Garten gehören, auch wenn sie wie Efeu klettern und eine herrliche Herbstfärbung zeigen.

Pflanzen sammeln kann reizvoll sein

Sammeln ist „in". Fast alles wird gesammelt, warum also nicht auch Pflanzen? Bei Kakteen oder Orchideen, Alpenpflanzen oder Rosen ist uns das Sammeln vertraut – bei Schlingpflanzen ist es sicher noch die Ausnahme. Wichtig sind die Möglichkeiten für die Unterbringung der gesammelten Schätze. Schlinger lassen sich nicht – höchstens als Herbarexemplar – gestapelt im Schrank aufbewahren. Balkon, Garten, Kleingewächshaus, Wintergarten oder Fensterbrett setzen da die Grenzen, besser gesagt entscheiden mit, was zu sammeln möglich ist. Wer meint, in seinem Garten keinen Platz mehr zu haben, sollte sich auf Kletterpflanzen verlegen.

Sie lassen sich gut in bestehende Pflanzungen integrieren, ohne extra Platz zu beanspruchen.

Sammelt man eine bestimmte Gattung, die ein klimatisch einheitliches Verbreitungsgebiet hat, dann wird die Sache, wie bei der Gloxinienwinde *Asarina* aus Mexiko, verhältnismäßig einfach. Größer ist das Problem für jemanden, dem es die Winden angetan haben, und der nun für die unterschiedlichsten Wuchstemperamente und Klimaansprüche Platz finden muß. Der Reiz zu zeigen, daß man es trotzdem schafft, wächst mit der Aufgabe. So sind für den Sammler von Winden unterschiedliche Schlinger wie *Convolvulus althaeoides*, Malvenwinde aus dem Mittelmeergebiet, *Calonyction*, die Mondwinde aus den Tropen, *Quamoclit*, Sternwinde aus Mexiko und *Calystegia*, die Zaunwinde aus unserem Garten zusammenzubringen und jeweils die Voraussetzungen für das Wachsen und Blühen zu erfüllen.

Einem kenntnisreichen Pflanzenfreund geben Dachboden und Keller, Fensterbrett, Terrasse, Balkon und Gartenbeet unterschiedliche Möglichkeiten, um den Ansprüchen je nach Klima, Wachstum oder Ruhe für Sommer und Winter Rechnung zu tragen.

Meist fängt das Sammeln ganz harmlos an. Man erhält zum Beispiel eine Tigerglocke *(Codonopsis)* geschenkt. Die Auskünfte lauten: „geschützte, sonnige Stelle im Garten mit Klettermöglichkeit so etwa für 1–2 m und im Winter etwas Schutz durch trockenes Laub, damit bei strengem Frost die knollige Wurzel nicht Schaden leidet – das genügt vollkommen". Man pflanzt und ist überrascht von den blauen Glockenblumen, die nicht an dem als Kletterhilfe angebotenen Zierquittentrieb, sondern am nahen Hamameliszweig zu finden sind. Der Tigerglockentrieb fand vielleicht den Halt in der Hamamelis schneller. Diese, so durch Zufall entstandene Gemeinschaft aus Zaubernuß, mit der Blüte im Winter, und blauem Glockenblumenschmuck im Spätsommer, mit dem letzten Blau zwischen der gelben Herbstlaubfärbung ist bezaubernd. Sie weckt den Wunsch nach mehr Wissen über die Tigerglocken, um noch weitere Arten dieser problemlosen und doch so reizvollen Schlinger im Garten wachsen und blühen zu lassen. Wer keinen Garten hat, braucht – sollten Tigerglocken oder Kapuzinerkressen seine Lieblinge werden – nicht zu verzweifeln. Töpfe und Kästen auf Balkon oder Terrasse oder gar dem Fensterbrett tun es auch. Wo Wunsch und Wille ist, findet sich immer ein Plätzchen, um diesen zierlichen Schlingern auch als Topfpflanze an einem Zweig oder stärkeren Zwirnsfaden ihren Lauf zu lassen. Briefmarkensammler besitzen Kataloge, in denen sie nachschlagen können, welche Marken zu einem Briefmarkensatz gehören und welche Werte bisher erschienen sind. So einfach ist es beim Pflanzensammeln nicht. Zwar gibt es botanische Bücher, doch muß man beim Spezialisieren tiefer graben und die oft sehr verstreut in der Literatur veröffentlichten Erstbeschreibungen und Reiseberichte der Pflanzensammler studieren. Reisen in die Heimatländer sind die gute Ergänzung zum Literaturstudium, um die lebendige Pflanzengemeinschaft und die Wachstumsverhältnisse (Klima, Boden und Pflanzennachbarn) in natürlicher Situation kennenzulernen. Das zeigt, wozu Pflanzensammeln führen kann.

Am Anfang reichen Informationen von Gärtnern, Bücher, und die schriftlichen oder mündlichen Informationen aus Veröffentlichungen spezieller Pflanzenliebhabergesellschaften und ihrer immer hilfs- und auskunftsbereiten Mitglieder – auch in anderen Ländern. Es gibt also viele Möglichkeiten, um Wissen über das gewählte Pflanzensammelgebiet zusammenzutragen.

Alle Informationen werden nach Arten zugeordnet, Adressen von Bezugsquellen werden notiert, ebenso, wo Pflanzen in anderen Gärten stehen, oder welcher Pflanzenfreund Exemplare besitzt und möglicherweise eine Jungpflanze einer in der eigenen Sammlung noch fehlenden Art abzugeben bereit ist. Alle diese Informationen sind eine gute Grundlage für die entstehende Sammlung. Dazu kommen Notizen über Beobachtungen an den eigenen Pflanzen, wann das Wachstum beginnt, wie streng der Winter war, wann sich die ersten Knospen öffnen, und ob warme oder kühle Witterungsperioden dabei eine Rolle gespielt haben können. Duftet die Blüte, und wer besucht sie als Bestäuber? Vielleicht werden Sie zum Hummelfreund beim Beobachten Ihrer Tigerglocke.

Man kann sein Sammelgebiet auch dem Alltagszwang unterordnen, und zum Beispiel Pflanzen sammeln, die problemlos zu überwintern sind. Das ist am einfachsten mit Samen bei einjährigen Pflanzen. Andere Pflanzen überdauern mit Rhizom, Zwiebeln oder Knollen den Winter, sozusagen im Winterschlaf im Keller oder auf dem Schrank in der Abstellkammer; so zum Beispiel die prachtvoll blühende *Gloriosa* oder einige Kürbis-Verwandte wie Quetschblume *(Thladiantha)* oder die Haarblumen *(Trichosanthes)* mit ihren filigranen Blütenkunstwerken.

Viele Gattungen und Familien eignen sich zum Sammeln. Einige Anregungen bieten die folgenden Listen. Eine Möglichkeit ist das Sammeln nach Erdteilen oder Ländern, zum Beispiel als Ergänzung zu einer Kakteensammlung.

Kletterpflanzen aus Chile
Asteranthera, Berberidopsis, verschiedene *Bomarea*-Arten, *Ercilla, Lapageria, Lardizabala, Mitraria*, verschiedene *Mutisia*-Arten, verschiedene *Passiflora*-Arten, verschiedene *Tropaeolum*-Arten.

Kletterpflanzen aus Mexiko
Antigonon, Asarina, Cobaea, Eccremocarpus, verschiedene *Ipomoea*-Arten, *Ipomoea tricolor* in Sorten, *Quamoclit, Rhodochiton*.

Kletterpflanzen aus Australien
Billardiera, Hardenbergia, Kennedia, Sollya

Andere Themen für eine Sammlung könnten Pflanzengruppen sein, wie sie hier im Buch in einzelnen Kapiteln zusammengestellt sind, zum Beispiel: „eßbar und nützlich".

Sehr naheliegend ist es, Arten einer bestimmten Gattung zu sammeln. Für den Anfang ist dies auch am einfachsten.

Gattungen, die sich zum Sammeln eignen
Actinidia, Strahlengriffel; *Ampelopsis*, Scheinrebe; *Clematis; Codonopsis*, Tigerglocke; *Cucurbitaceae*, Kürbis; *Hedera*, Efeu; *Ipomoea*, Winden; *Kennedia*, Korallenerbse; *Lonicera*, Geißblatt; *Rosa; Schisandra*, Beerentraube; *Tropaeolum*, Kapuzinerkresse.

Es wären noch viele Gattungen zu nennen. Als Beispiel für den Anfang ist hier stellvertretend die Gattung *Codonopsis* beschrieben.

Codonopsis

Tigerglocke, Glockenwinde
Campanulaceae, Glockenblumengewächse

Von den etwa 40 in Asien von Neapel bis China, zur Mandschurei und Japan verbreiteten Arten der Gattung *Codonopsis* sind einige Arten kletternd. Faszinierend sind die Zeichnungen im Innern der glockigen Blüten. Die Pflanzen verströmen bei Berührung einen Raubtiergeruch ähnlich der Kaiserkrone. Der Wurzelstock ist knollig (bei *C. convolvulacea*, *C. ussuriensis* und *C. vinciflora*) oder rübig bei den anderen genannten Arten.

Hin und wieder sind Pflanzen zu kaufen. Oft ist auch Saatgut aus Samentauschlisten zu erhalten. Es sind unproblematische Pflanzen für Sonne und Halbschatten, die in jedem gut durchlässigen Gartenboden wachsen. Die stark schlingenden Arten sind an robuste Sträucher zu setzen. In naßkalten Wintern müssen die Pflanzen mit einer Laubdecke geschützt werden. Auch für Balkonkästen sind *Codonopsis* gut geeignet, sie müssen dann aber frostfrei überwintert werden. Die Vermehrung erfolgt durch Aussaat. Einige, meist staudige Arten werden im folgenden genannt.

C. affinis aus dem Ost-Himalaja ist ähnlich C. rotundifolia und wird bis ca. 1 m hoch. Der Blattgrund ist tief herzförmig, die Blüte glockig, ca. 2 cm breit und grünlich mit purpurroter Fleckung auf den Zipfeln. Blütezeit bis Juli.

C. clematidea (Abb. Seite 199). Heimat ist Kaschmir, Turkestan. Die Blüten erscheinen im Juni–Juli, sind endständig, breitglockig, bauchig mit zurückgebogenen Zipfeln, weißbläulich, am Grunde schön braun und schwarz mit gelb bis orange gezeichnet. Die Blätter sind oval mit schlanker Spitze. Die Wurzel ist rübenförmig. Die Pflanze klettert bis gut 1 m hoch.

C. convolvulacea (Abb. Seite 199). Heimat ist Himalaja, China. Die Blüten sind blau bis lila, 5 cm breit und erscheinen im August–Oktober. Sie sind radförmig, da die Blütenblätter nicht zur Glocke verwachsen sind. Die Blätter sind oval, bis lanzettlich, wechselständig. Die Wurzel ist knollig. Die Pflanze windet gegen den Uhrzeigersinn 2–3 m hoch.

C. c. var. forrestii ist kräftiger als die Art. Die Blüten sind größer, bis 8 cm ⌀.

'Summer Snow' ist eine reinweiß blühende Sorte.

C. cordifolia, Heimat Yunnan, China, windet über 1 m hoch, die Blätter sind am Grunde herzförmig, die Blüten glockig, gut 2 cm lang und grüngelb mit violetter Zeichnung. Blütezeit Juli.

C. handeliana Heimat Yunnan, China, windet ebenfalls über 1 m hoch, die Blätter sind breit eiförmig mit herzförmigem Grund. Die Blüten sind 1–2 cm breit, glockig, grünlichgelb mit violetter Tönung. Blütezeit ist Juli.

C. lanceolata, Heimat China und Japan, windet bis über 1 m hoch mit in der Jugend behaartem, purpurnen Stengel. Die Blätter sind länglich oval, wie Schuppen an den Trieben. An den Triebenden sitzen Blattquirle. Die glockigen Blüten hängen am Ende kurzer Seitentriebe. Sie sind außen grünlich, innen mit rotbraunen Flecken. Blütezeit ist August–Oktober. Die Wurzel ist knollig.

C. macrocalyx Heimat Yunnan, China, windet bis 1 m hoch. Die Blätter sind länglich mit gekerbtem Rand, die Blüten schmal trichterförmig, ca. 2 m lang, gelblichgrün mit purpurner Zeichnung am Blütengrund. Blütezeit ist Juli oder August.

C. pilosula syn. *C. sylvestris* (Abb. Seite 199) aus Nord-Asien, windet bis 2 m hoch, die Blätter sind klein, eiförmig, die Blüten flach glockig, gut 2 cm groß, blaßgrünlich mit purpurner Tönung, die Kelchblätter sternförmig abstehend. Blütezeit ist Juli–August.

C. rotundifolia 'Angustifolia', aus dem Himalaja, ist eine staudige Pflanze bis 1 m hoch windend. Die Blätter sind oval länglich. Im Juni–Juli zeigen sich die endständigen, breitglockigen, grünlichgelben Blüten, die braunpurpurn geadert sind.

C. tangshen aus West-China, wird bis 3 m hoch. Die Blätter sind oval lanzettlich, die Blüten glockig, grünlichweiß, außen und innen purpurn gestreift bis gefleckt. Die Wurzel ist eine Knolle, die auch heute noch in China ein bewährtes Stärkungsmittel in der Heilkunde ist.

C. tubulosa aus Südwest-China, windet bis 2 m hoch. Die Blätter sind eiförmig mit grobgesägtem Rand, die Blüten schmal trichterförmig ca. 3 cm lang, gelblich grün mit unterschiedlich intensiver purpurbrauner Aderung. Blütezeit ist Juli.

C. ussuriensis, aus der Mandschurei und Japan, ist ähnlich *C. lanceolata*, aber viel zierlicher. Die Pflanze ist rasch wachsend, die Blüten sind purpurviolett, länglich glockig, blühen reich im Juni – Juli. Die Knollen sind rundlich.

C. viridis aus dem Himalaja windet gut 2 m hoch. Die Blätter sind länglich eiförmig mit herzförmigem Grund, die Blüten weit offen, glockig, gelblichgrün. Blütezeit ist Juli – August.

C. viridiflora aus Mittelchina ist nur leicht schlingend, bis über 1 m. Die Blätter sind herzförmig, leicht gekerbt, die Blüten breit glockig, ca. 1 cm groß, gelbgrün, am Grunde violett gezeichnet. Blütezeit ist Juli.

Es gibt noch eine Reihe weiterer schlingender *Codonopsis*-Arten. Fahnden könnte man im Samentausch zum Beispiel auch nach: *C. alata, C. deltoidea, C. farreri, C. macrantha, C. micrantha, C. subglobosa.*

Experimentieren und beobachten

Wer mit Pflanzen umgeht, sollte auch neugierig sein. Neugierde, verbunden mit gezielter Beobachtung, läßt uns die Geheimnisse des Pflanzenwachstums, die ökologischen Zusammenhänge zwischen Pflanze und Umwelt, der Pflanzen in Gesellschaft, der Beziehungen zwischen Pflanzen und Tieren, die Reaktion der Pflanzen auf Temperatur und Licht und die Jahreszeiten erkennen. Aus solchen Erfahrungen heraus läßt sich dann manche Pflanze leichter kultivieren und auch dort noch zur Entwicklung, zu Blüte und Frucht bringen, wo sie sonst nicht gedeihen würde. So weiß man, daß Kürbisse, Melonen und Flaschenkürbisse höhere Temperaturen zum Keimen brauchen oder daß die Bohnenkerne zwar quellen, aber danach nur keimen, wenn die Bodentemperatur über 10 °C liegt. Läßt die Witterung das nicht zu, dann muß man die Bohnen in der Wohnung auf feuchten Papiertaschentüchern in einer Plastikbox vorquellen und keimen lassen und dann mit der Keimwurzel auspflanzen.

Wenn die Kürbisse wachsen, ist es interessant festzustellen, wie bei ihnen alle Übergänge von Blatt und Ranke vorkommen, daß also die Kürbisrankenarme eigentlich von der Anlage her Blätter sind. Wenn man eine solche Ranke mit einem Wollfaden belastet oder mit einem Stöckchen streicht, kann man beobachten, wie sie sich krümmt, wie lange sie dazu braucht und wie sie dann um die Kletterhilfe, den Zweig, den sie berührt, rankt. Die Ranken bei den Kürbisgewächsen rollen sich spiralig auf und haben dann eine Art federnde Verbindung zum Zweig. Andere Rankentypen wiederum verdicken sich, nachdem sie sich um den Zweig gelegt haben und schaffen so eine absolut feste Verbindung. Die Blattstiele der *Clematis* zum Beispiel verholzen, nachdem sie sich fest um

einen Zweig oder einen Draht am Zaun gelegt haben und sind dann nur noch durch Zerbrechen abzulösen. Wenn wir so etwas wissen, können wir die Kletterhilfen für die Pflanzen entsprechend gestalten und dafür sorgen, daß sie sich fest verankern. Auch das Phänomen des Kletterns und Windens läßt sich dabei beobachten. Der Trieb einer Pflanze, zum Beispiel von *Anredera*, dem Madeirawein, beschreibt Kreise, bis er eine Stütze gefunden hat. Wie lange dieses Kreisen dauert, wie groß die Kreise sind, ist von Pflanzenart zu Pflanzenart verschieden. Man kann beobachten und lernen, wie weit eine Pflanze es selber schafft, sich festzuhalten. Bei manchen Pflanzen wird man feststellen, daß nur wiederholte Reizung den Umklammerungsvorgang auslöst, wie bei den Stielen der Fiederblättchen des Erdrauchs *(Fumaria)*. Man wird dabei auch das Phänomen entdecken, daß manche Pflanzen keine festgelegte Winderichtung haben, andere wiederum sich im Uhrzeigersinn, also mit der Sonne winden, wieder andere sich gegen den Uhrzeigersinn, also gegen den Sonnenlauf, um ihre Stütze herumwinden. Feststellen läßt sich auch, wie dick eine Kletterhilfe sein darf, fingerdick, daumendick, armdick. Für die meisten Pflanzen ist eine armdicke Kletterhilfe zu stark und nur ganz wenige Pflanzen wie die Glyzine schaffen es, einen solchen Pfahl oder Pergolenständer noch als Kletterhilfe zu benutzen.

Ein weiteres Experimentierfeld bildet die Gattung *Cuscuta*, mit der Kleeseide und der Hopfenseide. Wenn eine Pflanze gekeimt hat, sucht sie nach einem Wirt, um den sie sich schlingen und den sie „anzapfen" kann. Wenn sie den nicht mit dem Wachstum des Triebes erreicht, stirbt sie von der Wurzel her ab und wächst vorn weiter, in der Hoffnung, noch einen solchen Wirt zum Überleben zu erreichen. Man kann dies ausprobieren, indem man eine Pflanze in einem Topf an eine solche kleeseidenbewachsene Pflanze setzt und einen Trieb an die neue Wirtspflanze wachsen läßt. Wenn sie sich festgeklammert und mit ihren Haustorien an den Saftleitungsbahnen der Wirtspflanze angeschlossen hat, kann man sie von der alten Pflanze abtrennen und auf der neuen Wirtspflanze weiterwachsen lassen.

Interessant sind auch die Beziehungen zwischen Kletterpflanzen und Tieren. Man denkt vielleicht zuerst an Blattläuse und andere Schädlinge. Bald wird man aber entdecken, daß der Mensch hier auch viele Helfer besitzt. So fressen Marienkäfer ebenso wie ihre Larven in Windeseile ganze Blattlauskolonien auf. Auch die Larven der Schwebfliegen, die ohne Beine am Stengel entlangrobben, sind unermüdliche Blattlausfresser. Schwebfliegen kann man anlocken, indem man viele Doldenblütler im Garten zieht. Bei uns hat sich auch *Lythrum*, der Blutweiderich, bewährt, der viele Schwebfliegen anlockt. Natürlich bemerken das auch die Vögel, zum Beispiel Grasmücken, sitzen auf dem Zaun und warten, bis eine dicke Schwebfliege sich ihnen in Schnabelnähe mundgerecht serviert und schnappen sie dann als willkommene Beute. Man kann auch beobachten, wie Blattläuse durch Ameisen auf Efeutriebe getragen und dort „gemolken" werden. Die Ameisen versuchen die Schwebfliegen anzugreifen, wenn diese ihre Eier am verlausten Efeutrieb ablegen wollen. Meistens siegt aber doch die Schwebfliege und dann ist innerhalb von 2 bis 3 Wochen keine Blattlaus mehr am Efeutrieb zu finden.

Unsere Kletterpflanzen müssen, um Fruchtansatz zu haben, auch bestäubt werden. Dies tun Bienen, Hummeln, Fliegen und Käfer. So wird *Clematis vernayi* von Bienen besucht, die scheinbar durch den Duft angelockt werden und Nektar finden, während andere Clematis viel von Hummeln beflogen werden, die den Pollen einsammeln und mit dicken Pollenhöschen wieder in ihr Hummelnest fliegen.

Ein besonderes Märchen wird von der Quälblume erzählt. Sie soll durch klebrigen, wachsartigen Pollen Insekten festhalten (quälen). Tatsache ist, daß die Pollenträger paarweise sitzen und Insektenbeine sich leicht im Spalt dazwischen verhaken.

Kapuzinerkresse sind beliebte Futterpflanzen für Weißlingsraupen. Hier zeigt sich, daß unsere Tierwelt anpassungsfähig ist und wie der Kohlweißling nicht nur heimische Futterpflanzen braucht, sondern die südamerikanische Kapuzinerkresse durchaus liebt.

Viele Kletterpflanzen bilden mit der Zeit dichte Gewirre alter und abgestorbener Triebe. Wo es der Pflanze nicht schadet, sollte man diese lassen. Es sind ideale Nistgelegenheiten für viele Vögel. Der Zaunkönig baut manchmal dahinein sein rundes Kugelnest. Man kann beobachten, wie die Vögel im Herbst oder Frühjahr versuchen, sich den Früchten gütlich zu tun. Der Efeu, dessen Früchte im zeitigen Frühjahr reifen, ist dann eine Futterstelle und ein Vogelbeobachtungsplatz par excellence. Ob Ringeltauben, Holz- oder Turteltauben, Amseln oder selbst Rotkehlchen, die große Mühe haben, die Efeubeeren hinunterzuschlucken, alle tun sich daran gütlich. Sie können, wenn sie so richtig am Fressen sind, mit dem Fernglas beobachtet und mit der Kamera beim Schmausen festgehalten werden (siehe dazu auch Seite 50).

Und wer hat die *Cobaea* bestäubt, wenn sie bei uns Samen ansetzt? In ihrer Heimat tun dies Fledermäuse. Dies ist sicher auch der Grund, warum ihre Blüten beim Erblühen, wenn sie noch grünlich sind, einen mehr fauligen, nach überreifen Früchten oder altem Käse riechenden Duft ausströmen. Erst wenn die Blüten blau werden, verändert sich der Duft. Er wird dann honigähnlich. Alle diese Beobachtungen, die man feststellt und an denen man sich freut, kann man in einem Pflanzentagebuch notieren, denn wir wissen alle noch viel zu wenig von unseren Pflanzen.

Spaß macht auch, ein wenig selbst zu züchten. Wenn man Zierkürbisse ausgesät hat, ist in dem Päckchen meistens Samen verschiedenster Fruchtformen. Möchte man die ganz dünnen, langen, grüngelb gestreiften oder die weißen mit den Zacken, die als Dornenkronen bezeichnet werden, erhalten oder eine bestimmte Färbung von kugeligen oder flaschenförmigen Zierkürbissen, dann muß man diese auslesen, wieder aussäen, die schönsten daraus heraussuchen und manchmal kann man auch durch Kreuzung zweier solcher Sorten neue Farb- und Formkombinationen erreichen.

Ein Erfolg ist oft schon, selber Samen zu ernten. Anderen Pflanzenfreunden kann man beispielsweise über die Samentauschliste davon anbieten und die Pflanzenart so mit verbreiten helfen.

Ein Pflanzentagebuch kann später einmal zeigen, wieviel Geduld notwendig war, zum Beispiel *Bomarea*, die Andenlilie, vom Saatkorn bis zur blühfähigen Knolle über 6 oder 8 Jahre zu pflegen und wie sehr man sich darüber freute, als sie stärker und länger wurde und höher wuchs. *Bomarea edulis* erreicht manchmal eine Höhe von fast 6 m.

Für die Kinder ist es in der Schule und auch zu Hause ein Sport, Kürbis- oder Bohnenkerne zu legen, um zu sehen, wie schnell sie keimen und wachsen, wie sich ihr Trieb im Kreis bewegt und eine Stütze sucht, und wessen Bohne am schnellsten die 1 m-Marke erreicht.

Auch bei den bestäubenden Insekten läßt sich einiges entdecken. So ist die *Aristolochia*-Blüte eine regelrechte Fliegenfalle, die später ihre Zwangsgäste eingepudert mit Blütenstaub wieder frei läßt. Im Blütenschlund stehen nach unten gerichtete Haare, die das Hineinkriechen ermöglichen, das Entweichen aber verhindern. Wenn diese Haare welken, ist der Ausgang offen, und die eingesperrten Gäste verlassen die Blüte. Die Fliegen sind wie Zecher auf dem Heimweg und können der nächsten Einkehr in die nächste Blütenbar nicht widerstehen und bringen so Blütenstaub von einer Blüte in die andere. Die meisten Pflanzen sind behaart, ganz spärlich oder auch pelzig dicht. Nach der Art der Haare, unter der Lupe oder dem Mikroskop betrachtet, lassen sich Pflanzen bestimmen – eine faszinierende Welt von Gebilden aus wenigen Zellen. Das gilt zum

Beispiel, wenn es sich um die schildförmigen Auswüchse des Hopfens oder um die Brennhaare der Brennwinde *(Cajophora)* handelt.

Auch die Fortpflanzung einiger Kletterpflanzen ist nicht minder vielfältig und bemerkenswert. Knollen in den Blattachseln bei Yamswurz *(Dioscorea)* und Madeira-Wein *(Anredera)*, unterirdische Ausläufer und Knollen bei Quetschblume *(Thladiantha)* oder Erdbirne *(Apios)* sind elegante vegetative Lösungen. Bei der geschlechtlichen (generativen) Vermehrung durch Samen finden wir vielerlei Tricks, die Samen möglichst weit von der Mutterpflanze weg zu befördern. Geschickt sind die Hülsenfrüchtler, die beim Aufplatzen der Hülse die Samen weit wegschleudern. Andere, wie Korbblütler, Clematis oder Seidenpflanzengewächse geben ihren Samen durch Fallschirme und Haare die Schwebemöglichkeit im Winde; die Katzenkralle *(Doxantha)* hat Flugsäume rund um ihre Samen und läßt sie so im Luftzug weit segeln. Besonders überraschend und explosiv ist die Spritzgurke *Ecballium*, bei der der Innendruck in der reifen Frucht so hoch steigt, daß der flüssige Inhalt samt Samen aus dem Loch des Stengelansatzes meterweit herausspritzt, wenn die Gurke abfällt.

Licht und Temperatur sind Wachstumsfaktoren, die auch auf die Steuerung des Pflanzenlebens ihren Einfluß ausüben. Die Kletterwurzeln von Efeu und Hortensie wachsen vom Licht weg der Mauer zu, um dort festzukleben. Die Samenkapsel des Zymbelkrautes *(Cymbalaria)* wird vom Stiel in dunkle Mauerspalten geschoben.

An trüben Tagen bleiben die Eintagsblüten vieler Winden auch zwei Tage offen. Wie hell darf es sein, damit dies eintritt? Die Tageslänge ist es, die bei *Tropaeolum tuberosum* die Blühphase auslöst. Bei unserer normalen Kapuzinerkresse werden Knospen nur bis ca. 20 °C angelegt, so daß viele Sorten auch im Winter Dauerblüher sind. Wer weiß schon, wieviele (Tages)Lichtstunden eine Pflanze braucht, damit durch die Lichtdauer die Blütenbildung ausgelöst wird. Bei Kurztagspflanzen erfolgt dies durch Unterschreiten einer kritischen für diese Art charakteristischen Tageslänge und bei Langtagspflanzen durch Überschreiten. Welche Lichtintensität ist für das Blühen nötig, um sagen zu können, „blüht im Schatten" oder „nur in der Sonne"?

Vieles ist noch nicht genügend erforscht, beispielsweise wie der Kürbis seine Blätter in der sengenden Sonne kühlt. Die Spaltöffnungen sind bei manchen Arten über die Blattoberfläche herausgehoben. Das bedeutet zusätzliche Verdunstungskälte beim leisesten Lufthauch. Aber wieviele Grad Celsius macht das aus, und welche Zusammenhänge bestehen? Diese Beispiele sollen zeigen, wie vielfältig und abwechslungsreich der Umgang mit Pflanzen sein kann. Einige Gattungen mit ihren Arten sind als besondere Anregung zum Experimentieren und Beobachten nachstehend beschrieben.

Caiophora
Fackelträger, Brennwinde
Loasaceae, Brennwindengewächse,
Blumennesselgewächse

Die große, 65 Arten umfassende Gattung mit Verbreitung in Süd-Amerika enthält leuchtendrote Blüten tragende Sommerschlinger mit Brennhaaren wie bei Brennesseln. Sie werden bei uns als Einjahrsblumen mit Vorkultur behandelt und an sonnigen Stellen in nährstoffreichen Boden gesetzt. Am besten pflanzt man sie vor eine Wärme speichernde Mauer, da sie an trockenen warmen Stellen gut wachsen. Auch für Kübel und Balkonkästen und zum Ranken in lichte kleine Gehölze und Sträucher sind sie geeignet. Aber immer ist an die Brennhaare zu denken, nur die Schönheit zu bewundern, aber die Pflanze nicht anzufassen. Diese Sommerschlinger sind wirklich einen Versuch wert. Wer die Möglichkeit zum Überwintern von Pflanzen hat, kann im Frühsommer aussäen und Pflanzen überwintern, die dann im folgenden Jahr besonders kräftig wachsen und blühen. Die Vermehrung der *Caiophora* erfolgt durch Aussaat.

C. contorta syn. *Blumenbachia grandiflora*, *Loasa contorta*, stammt aus Chile und Peru. Sie

wird gut 2 m hoch, die Blätter sind mehrteilig fiederspaltig und langgestielt, die Blüten orangerot, ca. 5 cm breit, 5teilig mit grüner Nebenkrone. Sie blüht sehr attraktiv von Juli bis in den Herbst.

Caiophora lateritia (Brennwinde)

C. lateritia, syn. *Blumenbachia lateritia*, *Loasa lateritia*, stammt aus Chile. Sie wird 3 m hoch. Man kann sie auch als Bodendecker wachsen lassen. Ähnlich voriger Art, sind die Blüten ziegelrot mit gelber Nebenkrone. Sie hält sich mit den Blütenstielen an Kletterhilfen fest. Die Samenkapsel ist um sich selbst verdreht, 8–10 cm lang.

Eine weitere, bis 2 m kletternde Blumennessel wurde um die Jahrhundertwende häufiger gepflanzt. Es ist *Scyphanthus elegans*, die Tassenblume, zu der noch eine weitere Art in Chile gehört. Sie wird einjährig gezogen und hat tassenförmige, langgestielte, gelbe Blüten. Bei guter Vorkultur bringt sie reiche Sommerblüte von Juni bis Oktober. Sie wächst auch an Nordseiten.

Nach Samen einer weiteren, einjährigen 3–4 m kletternden Brennwinde sollte man

Ausschau halten. Es ist *Loasa canarinoides*. Ihre Brennhaare haben es in sich! Sie hat ziegelrote Blüten den ganzen Sommer hindurch.

Alle Blumennesseln sind schöne, reichblühende Sommerblumen. Sie sind harmlos, wenn man sie kennt und mit ihnen umzugehen weiß.

Cuscuta
Seide, Teufelszwirn
Convolvulaceae, Windengewächse

170 Arten kommen in den tropischen und gemäßigten Gebieten der Erde vor. Es ist eine Gattung ganz besonderer einjähriger Schlingpflanzen. Sie zieren nicht, sondern sind als Schmarotzer ohne Blattgrün interessante Studienobjekte. Manche Arten haben sich auf einzelne Pflanzenarten spezialisiert, andere sind nicht wählerisch und setzen sich an vielen Pflanzen fest. Die Samen keimen etwas später als ihre Wirtspflanzen und verankern sich mit einer kleinen, fadenartigen Wurzel. Der Trieb beginnt zu wachsen und macht kreisende Bewegungen, um einen Wirt zu finden. Sobald eine Wirtspflanze gefunden und umschlungen ist, treibt die Seide Auswüchse (Haustorien) in die Wirtspflanze und holt sich aus ihr alles Lebensnotwendige. Die eigene Wurzel der Seide stirbt ab. Die Seiden sehen wie weiße bis purpurne Schnüre aus, die sich um ihre Wirtspflanzen winden und tragen ihre kleinen weißlich rosa Blüten geknäuelt an den blattlosen Stengeln. Zum Kultivieren muß man die Wirtspflanze eintopfen und den Seidensamen an den Fuß der Pflanze säen. Dann kann man mit dem Beobachten beginnen. Samen kann man in der freien Natur selbst sammeln oder in Schulgärten oder botanischen Gärten erhalten. Experimentieren kann man mit:
C. europaea, Nesselseide, Hopfenseide (Abb. Seite 200), schmarotzt auf Brennessel und Hopfen. Bis 1,5 m hoch windend, verbreitet und leicht zu ziehen.
C. epithymum, Quendelseide, Wirtspflanze sind Thymian, Heidekraut und einige Korbblütler.

C. gronovii, Weidenseide aus Nord-Amerika, schmarotzt auf Kräutern und Weiden, windet bis 2 m hoch. In den Flußufergesellschaften an Rhein, Main und Mosel ist diese interessante Pflanze stellenweise zu finden.

Cyclanthera pedata (Kreismännchen)

Cyclanthera
Kreismännchen, Explodiergurke
Cucurbitaceae, Kürbisgewächse

Die 15 Arten sind kletternde Stauden im tropischen Amerika. Interessant für Kleingewächshäuser und Wintergärten ist eine Art, *Cyclanthera brachystachia*, syn. *C. explodens*. Ihre aus drei Fruchtblättern bestehenden Früchte reißen an zwei „Nähten" auf. Dies wird durch einen starken Spannungsdruck der Fruchtschale bewirkt, die sich bei Reife dadurch aufrollt und die daran sitzenden Samen weit fortschleudert. Da es ein besonderes Beispiel von Samenverbreitung ist, wird die Pflanze als Anschauungsmaterial in vielen Schulgärten, botanischen Gärten und Instituten ausgesät und gezeigt. Auf diese Weise kann man selbst auch an Samen kommen und die Pflanze, falls man kein

Kleingewächshaus hat, auch an einer warmen Stelle auf der Terrasse oder im Garten nach Mitte Mai auspflanzen und in einem warmen Sommer selbst dieses Vergnügen haben. Ende Mai – Anfang Juni läßt sich in einem warmen Sommer auch die Aussaat an Ort und Stelle im Garten probieren. Eine Art, die bis 5 m hoch klettert und aus Mexiko stammt, ist *C. pedata*, die ebenfalls einen Versuch wert ist, falls davon Samen angeboten werden sollten.

Die Früchte vieler Arten werden als Gemüse genutzt, da dies die einzige Gattung der Kürbisgewächse ist, die den Bitterstoff Cucurbitacin nicht enthält.

Ecballium
Spritzgurke
Cucurbitaceae, Kürbisgewächse

Im östlichen Mittelmeerraum kommt die einzige Art, *Ecballium elaterium*, die Spritzgurke, vor. Bei der Reife fällt die Gurke ab und spritzt aus dem Loch des Stengelansatzes den Samen mit ihrem ganzen flüssigen Inhalt kräftig und weit aus. Die Wände der Frucht (botanisch ist es eine Beere) sind elastisch und so kann die Pflanze in der Frucht den Druck bis auf 6 bar (der Druck in einem Autoreifen beträgt nur 2 bar) erhöhen, bis sie sich dadurch vom Fruchtstiel löst. Da die Früchte hängen, „schießt" der Inhalt mit den Samen schräg nach oben und bis zu 10 m weit. Das ist eine interessante Kuriosität, für die es sich lohnt, die Pflanze einmal wachsen zu lassen. Meist ist aus diesem Grunde Samen über Schul- und Lehrgärten und Botanische Institute zu erhalten, da sie dort als Anschauungsmaterial eines seltenen Typus der Samenverbindung gezogen wird. Die gelben Blüten stehen in Trauben in den Blattachseln. Blütezeit ist Juni – August. Die Pflanze kriecht mehr als daß sie klettert und braucht Hilfe, um sich aufwärts zu entwickeln. Es ist ein Sonnenkind ohne besondere Ansprüche und in der Sommerkultur mit vorhergehender Anzucht wie Gurke oder Melone leicht zu ziehen. Vorsicht, Frucht und Inhalt sind nicht zum Verzehr geeignet, denn der wässerige Saft in der Frucht ist ein starkes Abführmittel.

Lens
Linse
Leguminosae

Unsere Linse, *Lens culinaris*, syn. *L. esculenta*, kommt zusammen mit 9 Arten im Mittelmeergebiet vor. Eine großsamige Auslese daraus ist unsere Speiselinse. Sie ist schon seit alters her – wie man aus der Bibel weiß – eine begehrte Speise. Die Pflanze ist einjährig, bis 50 cm hoch und blüht mit weißen Blüten, die zu 2 bis 3 zusammenstehen Die Hülse enthält zwei Samen. Die Blätter haben 2 bis 7, meist aber 6 Paar Fiederblättchen. Die Blattmittelrippe verlängert sich in eine Ranke. Blütezeit ist Juni – Juli. Da in fast jedem Haushalt Linsen vorhanden sind, ist es leicht, am Fensterbrett eine Linse zu ziehen. Ein Zweig als Stütze genügt.

Verzeichnisse

Literaturverzeichnis

Dieses Buch der Kletterpflanzen umfaßt Arten aus fast allen Erdteilen und Klimazonen. So unterschiedlich wie die Herkunft der Kletterpflanzen ist auch ihre Verbindung zum Menschen. Vertiefende Literatur findet sich deshalb zum Beispiel in Floren und Nutzpflanzenkompendien ebenso wie in gärtnerischen, botanischen und pharmazeutischen Werken. Dazu gehören auch eine Fülle von Einzelveröffentlichungen in unterschiedlichsten Publikationen. Zur Anregung für eigenes vertiefendes Studium in unterschiedlichen Bereichen und zur Information über Kletterpflanzen begleitende Frühjahrsblüher, Sommerblumen, Stauden und Gehölze seien hier einige Titel genannt:

Bärtels, A.: Gartengehölze. Verlag Eugen Ulmer, Stuttgart 1981, 2. Aufl.

Bärtels, A.: Gehölzvermehrung. Verlag Eugen Ulmer, Stuttgart 1982, 2. Aufl.

Brandenburg, W.A., van de Vooren, J.G..: Tentative List of Clematis. Und: Biosystematic study of the Clematis orientalis complex. Erscheint beides 1988/89, Landbauuniversität, Wageningen.

Darwin. C.: Die Bewegungen und Lebensweise der kletternden Pflanzen. Schweizerbart'sche Verlagsbuchhandlung, Stuttgart 1899.

Encke, F., Fessler, A., Götz, E. u.a.: Kalt- und Warmhauspflanzen. Verlag Eugen Ulmer, Stuttgart 1987, 2. Aufl.

Encke, F., Buchheim, G., Seybold, S.: Zander-Handwörterbuch der Pflanzennamen. Verlag Eugen Ulmer, Stuttgart 1984, 13. Aufl.

Flora Europaea, Bd. 1–5. Cambridge University Press. 1964–1980.

Frohne, D.; Pfänder, H.J.: Giftpflanzen. Wissenschaftliche Verlagsgesellschaft, Stuttgart 1987, 3. Aufl.

Haupt, W.: Bewegungsphysiologie der Pflanzen. Thieme Verlag, Stuttgart 1977.

Hay, R., Synge, P.M., Herklotz, A., Menzel, P.: Die Sommerblumen und Stauden für den Hausgarten. Verlag Eugen Ulmer, Stuttgart 1988, 3. verb. Aufl.

Hegi, G.: Illustrierte Flora von Mittel-Europa. Verlag Paul Parey, München, Hamburg, 2. Aufl. In Fortsetzung seit 1964.

Hegnauer, R.: Chemotaxonomie der Pflanzen. Bd. 1–6. Birkhäuser Verlag, Basel, Stuttgart 1962–73.

Herklots, G.: Flowering Tropical Climbers. Dawson & Sons Ltd., Folkstone, Kent 1976.

Herklotz, A., Menzel, P.: Gartenblumen. Verlag Eugen Ulmer, Stuttgart 1977.

Iconographia Cormophytorum Sinicorum. Bd. 1–5. Peking 1972.

Jelitto, L., Schacht, W., Feßler, A.: Die Freiland-Schmuckstauden. Verlag Eugen Ulmer, Stuttgart 1985.

Krüssmann, G.: Handbuch der Laubgehölze. Bd. 1–3. Verlag Paul Parey, Berlin, Hamburg 1976, 2. Aufl.

Kumar, C.R., Nair, P.K.K.: Gloriosa. National Botanical Research Inst. Lucknow, India: In New Botanist, Vol. 12, No. 1. 1985.

Lawrence, H.M.: Identification of the Cultivated Passionflowers. In: Baileya, Journal of Horticultural Taxonomy, Vol. 8, No 4, 1960.

Mansfeld, R.: Verzeichnis landwirtschaftlicher und gärtnerischer Kulturpflanzen (ohne Zierpflanzen) Bd. 2, 4. Springer Verlag, Berlin, Heidelberg, New York 1986, 2. Aufl.

Menninger, E.A.: Flowering Vines of the World. Hearthside Press, New York 1970.

Mohr, H., Schopfer, P.: Lehrbuch der Pflanzenphysiologie. Springer Verlag, Berlin, Heidelberg, New York 1978, 3. Aufl.

Rose, P.Q.: Efeu. Verlag Eugen Ulmer, Stuttgart 1982.

Scheller, H.: Clematis-Wildarten für unsere Gärten. Gartenpraxis (5) 1981.

Scheller, H.: Die großblumigen Garten-Clematis. Gartenpraxis (6 und 7) 1981.

Thomas, G.S.: Climbing Roses old and new. Phoenix House, London 1965.

Wehrhahn, H.R.: Die Gartenstauden. 2 Bde. 1931. Nachdruck Koeltz Scientific Books, Königstein 1988.

Willis, J.C. (Hrsg.): A Dictionary of the Flowering Plants and Ferns. Cambridge University Press 1973, 8. Aufl.

Woessner, D.: Gartenrosen. Verlag Eugen Ulmer, Stuttgart 1988, 2. Aufl.

Wong, M., Handbuch der chinesischen Pflanzenheilkunde Freiburg, Bauerverlag 1978.

Pflanzenliebhabergesellschaften

Arbeitsgemeinschaft Deutscher
Pflanzenliebhaber-Gesellschaften,
Godesberger Allee 142–148, 5300 Bonn 2.

Deutsche Bromelien-Gesellschaft e.V.
Geschäftsführerin: Aja Köster,
Siesmayerstr. 61, Palmengarten, 6000
Frankfurt 1. Tel.: 069/2125140

International Camellia Society
(deutsch-österreichische Sektion)
Geschäftsführer: Dr. Klaus Hackländer,
Simeonstr. 5, 5500 Trier. Tel.: 0651/74013

Deutsche Dendrologische Gesellschaft e.V.
Geschäftsführer: Wolfgang Schönherr,
Hawstr. 28, 5500 Trier. Tel.: 0651/34888

Deutsche Dahlien-, Fuchsien- und Gladiolen-
Gesellschaft e.V.
Geschäftsführerin: Elisabeth Göring,
Drachenfelsstr. 9a, 5300 Bonn 2.
Tel.: 0228/355835

Europäische Bambusgesellschaft (EBS)
Saarstraße 2
7570 Baden-Baden Oos

Gesellschaft für fleischfressende Pflanzen
Geschäftsführer: Rolf-Diether Gotthard,
Adenauerstr. 13, 7303 Neuhausen.

Deutsche Fuchsien-Gesellschaft e.V.
Geschäftsführer: Hans Peter Peters,
Pankratiusstr. 10, Großförste, 3208 Gießen.
Tel.: 05066/3717

Gesellschaft der Heidefreunde e.V., Vors.,
Präsident u. Geschäftsführer: Fritz Kirscher,
Tangstedter Landstr. 276, 2000 Hamburg.
Tel.: 040/5202871

Deutsche Gesellschaft für Hydrokultur e.V.,
Vizepräsident: Ernst Eugen Bolduan,
Scharnhorststr. 11, 6200 Wiesbaden.
Tel.: 06121/47663

Deutsche Kakteen-Gesellschaft e.V.,
Geschäftsführer: Kurt Petersen,
Klosterkamp 30, 2860 Osterholz-Scharmbeck.
Tel.: 04791/2715

Deutsche Orchideen-Gesellschaft e.V.,
Geschäftsführerin: Lieselotte Thielmann,
Arndtstr. 8, 2724 Sottrum.
Tel.: 04264/9017

Deutsche Rhododendron-Gesellschaft e.V.,
Geschäftsführer: Dr. Lothar Heft,
Marcusallee 60, 2800 Bremen 33.
Tel.: 0421/496325

Verein Deutscher Rosenfreunde e.V.
(mit Deutschem Rosarium, Dortmund),
Geschäftsführerin: Hanni Bartetzko,
Waldseestr. 14, 7570 Baden-Baden.
Tel.: 07221/31302

Gesellschaft der Staudenfreunde e.V.,
Geschäftsführerin: Martel Hald,
Dörrenklingenweg 35, 7114 Untersteinbach.
Tel.: 07949/692

The International Clematis Society,
3 La route du Condré
Rognaine – St. Pierre du Bois
Guernsey, Channel Islands, GB.

American Ivy Society, National Center for
American Horticulture Mount Vernon,
Virginia 22121, USA.

Bezugsquellen

Das Kletterpflanzensortiment ist in den letzten Jahren sehr gewachsen. Auch die Zahl der Spezialbetriebe mit großem Kletterpflanzensortiment oder Spezialbereichen wie *Clematis* hat erfreulich zugenommen. In gleicher Weise ist auch das Angebot an Samen, Topfpflanzen und Sommerblumen artenreicher geworden. Hinzu kommen die vielfältigen Tauschmöglichkeiten innerhalb der Pflanzenliebhabergesellschaften. Die nachfolgend genannten Adressen können bei der Suche nach besonderen Einzelpflanzen hilfreich sein, ohne aber nichtgenannte Bezugsquellen als weniger empfehlenswert einstufen zu wollen.

Für sehr viele Pflanzengattungen und -arten bestehen Internationale Registerstellen, bei denen alle dazugehörenden Sorten und Kulturformen registriert werden. Zu erfragen sind diese bei
ISHS
De Dreijen 6, 6703 BC Wageningen, Niederlande

Samenbezugsquellen:
Bund Deutscher Samenkaufleute und Pflanzenzüchter, Rheinallee 3, 5300 Bonn 2

Thysanotus-Samen
Postfach 448109, 2800 Bremen 44
Gesamtes riesengroßes Samensortiment von Thompson & Morgan, Ipswich, GB.

Gehölzbezugsquellen einschließlich Rosen:
Bund Deutscher Baumschulen,
Bismarckstr. 49, 2080 Pinneberg

Staudenbezugsquellen:
Bund Deutscher Staudengärtner,
Gießenerstr. 47, 6310 Grünberg 1

Einige Clematisspezialisten, die bereit sind, Einzelbestellungen anzunehmen:

Bradshaw (auch sehr großes Gesamtsortiment),
Busheyfields Nursery Herne Common,
Herne Bay, GB-Kent CT6 7LJ, England

Caddick, Dyers Lane, Rushgreen Road,
GB-Lymm, Cheshire WA 13 9QL, England

Cedergren, Box 16016, S- 250 16 Helsingborg, Schweden

F. Fopma B.V., (besitzt auch große Sammlung), P.O. Box 13,
NL-2770 AA Boskoop, Holland

I.J. Jensen, (auch großes Rosensortiment)
Hermann-Löns-Weg 39, 2390 Flensburg

Münster (dazu Gesamtsortiment)
Baumschule, 2200 Bullendorf über Elmshorn

Peine (auch großes Gesamtsortiment)
Staudengärtnerei, Aubingerstr. 172,
8000 München 60

Travers, (dazu *Wisteria*-Sortiment),
Cour Charette, F-45650 Saint-Jean-Le-Blanc, Frankreich

Valley Clematis Nursery Willingham Road,
GB-Hainton, Lincoln LN3 6LN, England

Bildquellen

Farbfotos

Bärtels, A., Waake: Titelfoto, Seite 33 u. l., 34 u., 51 o. l., u., 88 o. l., 141 o. l., 160 o. r., 178 o. l., m. l., m. r., u. l., 179 o. l., o. r., 180 o. r., u. l., u. r., 199 o. r., 200 o. l., o. r.

Debus, V., Dautphethal: Seite 70 o. l.

Fuchs, H., Hof: Seite 33 o. r., 199 o. l., u. l., u. r.

Hoffmann, G., Bonn: Seite 52 o. r., m. r., 88 m. l., 105 o. r.

Klose, M., Witten: Seite 51 o. r.

Köhlein, F., Bindlach: Seite 70 o. r., 159 u.

Krieger, K., Herdecke: Seite 123 o. r.

Maethe, H. u. H., Haan: Seite 178 u. r.

Menzel, I. u. P., Sinzig: Seite 52 o. l., u. l., 70 u. r., 88 o. r., 105 o. l., 123 m. r., 124 u. l., 160 o. l., 178 o. r., 179 m. l., m. r., 200 u. l.

Morell, E., Dreieich: Seite 34 o. l., 69 o. r., 87 o. l.

Pretscher, P., Bonn: Seite 88 m. r., 123 o. l.

Reinhard, H., Heiligkreuzsteinach: Seite 33 u. r., 52 m. l., 87 o. r., u. l., u. r., 106, 123 u. r., 124 o. l., 141 u. l., u. r., 142 u. l., 160 u. r., 180 o. l., 197, 198 o. l.

Rücker, K., Stuttgart: Seite 141 o. r.

Schacht, D., München: Seite 70 u. l., 88 u. l., 105 u., 159 o.

Schacht, W., Frasdorf: Seite 52 u. r., 69 o. l., 123 m. l., 124 u. r.

Seibold, H., Hannover: Seite 33 o. l., 124 o. r., 142 u. r., 160 u. l., 198 o. r., 200 u. r.

Seidl, S., München: Seite 34 o. r., 69 u. l., u. r., 123 u. l., 142 o., 179 u. r., 198 u. l., u. r.

Simon, H., Marktheidenfeld: Seite 177.

Weber, K., Köln: Seite 88 u. r.

Schwarzweißabbildungen

Brunfels, O. von: Contrafayt Kreuterbuch, Hans Schott, Straßburg 1532: Seite 16.

Darwin, C. Die Bewegungen und Lebensweise der kletternden Pflanzen. E. Schweizerbart'sche Verlagshandlung, Stuttgart 1899, 2. Aufl.: Seite 16 o., 17 o. r., u.

Engler, A., Prantl, K.: Die natürlichen Pflanzenfamilien III. Verlag Wilhelm Engelmann, Leipzig 1894: Seite 65, 73, 116, 117, 193.

Engler, A., Prantl, K.: Die natürlichen Pflanzenfamilien IV. Verlag Wilhelm Engelmann, Leipzig 1897: Seite 169, 192.

Grönland, J., Rümpler, Th. (Hrsg.): Vilmorins' illustrierte Blumengärtnerei, Berlin 1873, Band I: Seite 101, 103, 210; Band II: Seite 110, 209; Band III: Seite 113 r., l.

Neger, Fr. W.: Biologie der Pflanzen, Verlag Ferdinand Encke, Stuttgart 1913: Seite 16, 18 r.

Nicholson, G. (Hrsg.): The Illustrated Dictionary of Gardening, L. Upcott Gill, London: Band I. Seite 19, 64, 75, 81; Band II: Seite 140, 166; Band IV: Seite 129.

Schillings, S.: Grundriß der Naturgeschichte II. Verlag Ferdinand Hirt, Breslau 1897, 15. Aufl.: Seite 17 o. l., 18 l.

Sturm, J.: Flora von Deutschland Bd. 8: Rosen von Ernst Krause. K. G. Lutz, Stuttgart 1904: Seite 97.

Voß, A., Siebert, A. (Hrsg.): Vilmorin's Blumengärtnerei Bd. 1, Berlin 1896, 3. Aufl.: Seite 41, 108, 125, 196.

Alle übrigen Zeichnungen
von Helmuth Flubacher, Fellbach,
nach Vorlagen der Verfasser.

Verzeichnis der wissenschaftlichen Pflanzennamen

Synonyme Pflanzennamen sind gerade gesetzt, ausführliche Beschreibungen sind durch halbfette Seitenzahlen gekennzeichnet. Seitenzahlen mit Sternchen * verweisen auf Farbfotos.

Verzeichnis der Arten, Sorten und großblumigen Hybriden der Gattung Clematis

Verzeichnis der deutschen Pflanzennamen

Ackerrose = *Rosa arvensis*
Ackerwinde = *Convolvulus arvensis*
Afrikanische Yambohne = *Sphenostylis*
Alpenclematis = *Clematis alpina*
Amurrebe = *Vitis amurensis*
Andenlilie = *Bomarea*
Anguriagurke = *Cucumis anguria*
Apfelbeere = *Billardiera*
Apfelkürbis = *Cucurbita pepo*
Augenbohne = *Vigna unguiculata*

Ballonwein = *Cardiospermum*
Balsamapfel = *Momordica balsamina*
Balsambirne = *Momordica charantia*
Balsamgurke = *Momordica charantia*
Bananenpassionsfrucht = *Passiflora mollissima*
Batate = *Ipmoea batatas*
Baumschlinge = *Periploca*
Baumwürger = *Celastrus*
Beerentraube = *Schisandra*
Beißapfel = *Momordica balsamina*
Bisamkürbis = *Cucurbita moschata*
Bischofsmütze = *Cucurbita pepo*
Bittergurke = *Momordica charantia*
Bittersüßer Nachtschatten = *Solanum dulcamara*
Blasenblüte = *Araujia*
Blauglöckchen = *Sollya*
Blaugurkenwein = *Akebia*
Blauregen = *Wisteria*
Bocksdorn = *Lycium*
Bohne = *Phaseolus*
Boysenberry = *Rubus × loganobaccus*
Brennwinde = *Caiophora*

Brombeere = *Rubus*
Butterlilie = *Littonia*

Cantaloup Melone = *Cucumis melo*
Chayote = *Sechium edule*
Chileglocke = *Lapageria*
Chilejasmin = *Mandevilla*
Chinalaterne = *Sandersonia*
Chinesischer Mondsame = *Sinomenium*
Chinesische Rose = *Rosa banksiae*
Chinesische Stachelbeere = *Actinidia chinensis*
Cocozellen = *Cucurbita pepo*

Doppelkappe = *Adlumia*
Dornenkrone = *Cucurbita pepo*
Dreiflügelschlinge = *Tripterygium*
Duftende Mandeville = *Mandevilla*
Dufttrichter = *Gelsemium*
Duftwicke = *Lathyrus odoratus*

Efeu = *Hedera*
Eisenbahnerefeu = *Senecio mikanoides*
Eisenhut = *Aconitum*
Erbse = *Pisum*
Erdbirne = *Apios*
Erdnußplatterbse = *Lathyrus tuberosus*
Erdrauch = *Fumaria*
Eselsgurke = *Ecballium elaterium*
Explodiergurke = *Cyclanthera*

Fackelträger = *Caiophora*
Faselbohne = *Dolichos*
Färbertraube = *Vitis vinifera* 'Purpurea'
Feigenblattkürbis = *Cucurbita ficifolia*

Feinblättrige Wicke = *Vicia tenuifolia*
Feuerbohne = *Phaseolus coccineus*
Fingerfrucht = *Lardizabala*
Flaschenkürbis = *Lagenaria*
Fliegende Untertasse = *Cucurbita pepo*
Flügelbohne = *Psophocarpus*
Fuchsrebe = *Vitis labrusca*

Gartenkürbis = *Cucurbita pepo, Cucurbita maxima*
Gartenwicke = *Lathyrus odoratus*
Gefüllte Winde = *Calystegia pellita* 'Flore Pleno'
Geigenwinde = *Ipomoea pandurata*
Geißblatt = *Lonicera*
Gelbe Riesenmelone = *Cucurbita pepo*
Gelblocke = *Littonia*
Geleemelone = *Cucumis metulifera*
Gemüsekürbis = *Cucurbita*
Gemüsemelone = *Cucumis melo*
Giftefeu = *Toxicodendron*
Giftsumach = *Toxicodendron*
Glockenrebe = *Cobaea*
Glockenwinde = *Codonopsis*
Gloxinienwinde = *Asarina*
Glyzine = *Wisteria*
Goabohne = *Psophocarpus*
Goldapfel = *Momordica balsamina*
Gurke = *Cucumis sativus*

Haarblume = *Trichosanthes*
Haargurke = *Sicyos*
Haarweibchen = *Melothria*
Heckenknöterich = *Fallopia dumetorum*
Helmbohne = *Dolichos*
Herkuleskeule = *Lagenaria*
Herzsame = *Cadiospermum*
Holzrose = *Merremia tuberosa*

Honigbeere = *Stauntonia*
Honigmelone = *Cucumis melo*
Hopfen = *Humulus*
Hopfendolde = *Humulus lupulus*
Hopfenseide = *Cuscuta europaea*
Hortensie = *Hydrangea*
Hubbardkürbis = *Cucurbita maxima*
Hundswürger = *Cynanchum*
Hyazinthenbohne = *Dolichos*

Igelgurke = *Echinocystis*
Immergrün = *Vinca*
Immergrüne Brombeere = *Rubus henryi*
Inkawinde = *Bomarea*

Japangurke = *Trichosanthes cucumerina*
Japanischer Hopfen = *Humulus scandens*
Japanische Kaiserwinden = *Pharbitis nil*
Japanischer Wein = *Cayratia*
Jasmin = *Jasminum*
Jasmintrompete = *Campsis*
Jelängerjelieber = *Lonicera caprifolium*
Jelly melone = *Cucumis metulifera*
Jungfernrebe = *Parthenocissus*

Kaiserwinde = *Pharbitis nil*
Kalebasse = *Lagenaria*
Kalikoblume = *Aristolochia littoralis*
Kanarenglocke = *Canarina*
Känguruhklimme = *Cissus antarctica*
Kapuzinerkresse = *Tropaeolum*
Kartoffelbohne = *Pachyrhizus tuberosus*
Kartoffelrose = *Rosa rugosa*
Katzenkralle = *Doxantha*
King's Acreberry = *Rubus × loganobaccus*
Kiwano = *Cucumis metulifera*
Kiwi = *Actinidia chinensis*

Kleeseide = *Cuscuta epithymum*
Kletterbohne = *Phaseolus*
Klettereisenhut = *Aconitum*
Kletterenzian = *Gentiana*
Klettererdbeere = *Fragaria*
Kletterfarn = *Lygodium*
Kletterfeige = *Ficus pumila*
Klettergazanie = *Mutisia*
Kletterglocke = *Littonia*
Kletterhortensie = *Hydrangea*
Kletterknöterich = *Fallopia*
Klettermaxe = *Fallopia*
Kletterrose = *Rosa*
Klettertrompete = *Campsis*
Kletternder Erdrauch = *Fumaria capreolata*
Kletternder Lerchensporn = *Corydalis claviculata*
Kletterndes tränendes Herz = *Dicentra torulosa*
Klimme = *Cissus*
Knollenbohne = *Sphenostylis*
Knollenplatterbse = *Lathyrus tuberosus*
Knöterich = *Fallopia*
Kokkelstrauch = *Cocculus*
Koloquinte = *Citrullus colocynthis*
Kondurangoschlinge = *Marsdenia*
Kondorschlinge = *Marsdenia*
Kopoubohne = *Pueraria*
Korallenbohne = *Hardenbergia*
Korallenerbse = *Kennedia*
Korallenranke = *Antigonon*
Korallenstrauch = *Berberdopsis*
Korallenwein = *Antigonon*
Kranzschlinge = *Stephanotis*
Krappwurzel = *Rubia*
Kreismännchen = *Cyclanthera*
Kreuzkraut = *Senecio*
Kreuzrebe = *Bignonia*
Krummhalskürbis = *Cucurbita pepo*
Kugelbeere = *Sinofranchetia*
Kugelfaden = *Kadsura*
Kugelfrucht = *Lagenaria*
Kuhbohne = *Vigna*
Kürbis = *Cucurbita*

Labradorwein = *Vitis labrusca*
Lagerkürbis = *Cucurbita maxima*
Laubengeißblatt = *Lonicera caprifolium*
Lerchensporn = *Corydalis*
Linse = *Lens*
Loganbeere = *Rubus × loganobaccus*
Luffaschwamm = *Luffa*
Luftkartoffel = *Dioscorea bulbifera*

Madeirawein = *Anredera*
Malvenwinde = *Convolvulus althaeoides*
Manettie = *Manettia*
Mantelsackkürbis = *Cucurbita moschata*
Maracuja = *Passiflora edulis*
Marionberry = *Rubus × loganobaccus*
Maurandie = *Asarina*
Melone = *Cucumis melo*
Melonenkürbis = *Cucurbita moschata*
Mexikanischer Flammenschlinger = *Senecio confusus*
Mondsame = *Menispermum*
Mondwinde = *Calonyction*
Morgengruß = *Ipomoea*
Moschuskürbis = *Cucurbita moschata*
Moskitopflanze = *Cynanchum*
Mützenstrauch = *Mitraria*

Nachtschatten = *Solanum*
Natallilie = *Littonia*
Nesselseide = *Cuscuta europaea*
Netzmelone = *Cucumis melo*

Ogenmelone = *Cucumis melo*
Ölkürbis = *Cucurbita pepo*
Osterluzei = *Aristolochia*

Passionsblume = *Passiflora*
Patissonkürbis = *Cucurbita pepo*
Persischer Efeu = *Hedera colchica*

Pfeffer = *Piper*
Pfeifenblume = *Aristolochia*
Pfeifenwinde = *Aristolochia*
Platterbse = *Lathyrus*
Prachtlilie = *Gloriosa*
Prachtwinde = *Pharbitis*
Preiselbeergurke = *Abobra*
Prophetengurke = *Cucumis prophetarum*
Pulverhorn = *Lagenaria*
Purgierwinde = *Ipomoca purga*
Purpurkranz = *Petrea*

Quälblume = *Araujia*
Quendelseide = *Cuscuta epithymum*
Quetschblume = *Thladiantha*

Rattanrebe = *Berchemia*
Rattanschlinge = *Berchemia*
Riesengranadille = *Passiflora quadrangularis*
Riesenkalebasse = *Lagenaria*
Riesenkürbis = *Cucurbita maxima*
Riesenwein = *Tetrastigma*
Rosenglocke = *Lapageria*
Rosenkelch = *Rhodochiton*
Rosenmantel = *Rhodochiton*
Rotfrüchtige Zaunrübe = *Bryonia cretica*
Ruhmeskrone = *Gloriosa*
Russischer Wein = *Cissus antarctica*

Salatgurke = *Cucumis sativus*
Scallopini = *Cucurbita pepo*
Scharlachranke = *Coccinia*
Schälgurke = *Cucumis sativus*
Scheinerdbeere = *Duchesnea*
Scheinknöterich = *Muehlenbeckia*
Scheinrebe = *Ampelopsis*
Scheinzaunrübe = *Diplocyclos*
Schlangengurke = *Trichosanthes cucumerina, Cucumis sativus*
Schlangenlilie = *Brodiaea volubilis*
Schlangenmelone = *Cucumis melo*
Schlingmelde = *Basella*

Schlingdost = *Mikania*
Schmetterlingserbse = *Clitoria ternata*
Schmerwurz = *Tamus*
Schneckenbohne = *Phaseolus caracalla*
Schneeballhortensie = *Pilostegia*
Schönranke = *Eccremocarpus*
Schwammgurke = *Luffa*
Schwammgurkenfrucht = *Luffa aegyptiaca*
Schwammkürbis = *Luffa aegyptiaca*
Schwarzäugige Susanne = *Thunbergia alata*
Selbstkletternder Wein = *Ampelopsis, Parthenocissus, Vitis*
Seide = *Cuscuta*
Seidenwein = *Periploca*
Senfgurke = *Cucumis sativus*
Silvanberry = *Rubus × loganobaccus*
Sommerrebe = *Vitis aestivalis*
Sommersquash = *Cucurbita pepo, Cucurbita maxima*
Spalthortensie = *Schizophragma*
Spargel = *Asparagus*
Spargelbohne = *Vigna unguiculata*
Speisekürbis = *Cucurbita*
Spindelstrauch = *Euonymus*
Spitzkrönchen = *Oxypetalum*
Spritzgurke = *Ecballium*
Squash = *Cucurbita pepo, Cucurbita maxima*
Stachelgurke = *Echinocystis*
Stachellose Brombeere = *Rubus laciniatus, Rubus × loganobaccus, Rubus ulmifolius*
Stangenbohne = *Phaseolus*
Staudenkürbis = *Cucurbita foetidissima*
Staudenpassionsblume = *Passiflora incarnata*
Staudenwicke = *Lathyrus latifolius*
Stechwinde = *Smilax*
Sternhortensie = *Decumaria*

Sternjasmin = *Trachelospermum*
Sternwinde = *Quamoclit*
Stinkbeere = *Paederia*
Stinkknackbeere = *Paederia*
Strahlengriffel = *Actinidia*
Sturmhut = *Aconitum*
Sunberry = *Rubus × loganobaccus*
Süße Granadille = *Passiflora ligularis*
Süßkartoffel = *Ipomoea batatas*
Süßkürbis = *Cucurbita moschata*

Tassenblume = *Scyphanthus*
Tayberry = *Rubus × loganobaccus*
Teufelszwirn = *Cuscuta*
Tigerglocke = *Codonopsis*
Traubengurke = *Cucumis sativus*
Trichterwinde = *Ipomoea tricolor*
Trompetenblume = *Bignonia*
Tummelberry = *Rubus × loganobaccus*
Turbankürbis = *Cucurbita maxima*

Uferrebe = *Vitis riparia*

Vogelwicke = *Vicia cracca*

Wachsblume = *Hoya*
Wachskürbis = *Benincasa*
Waldgeißblatt = *Lonicera periclymenum*
Waldrebe = *Clematis vitalba*
Warzenkürbis = *Cucurbita pepo*
Wasserlimone = *Passiflora laurifolia*
Wassermelone = *Citrullus lanatus*
Wattakakaschlinge = *Dregea*
Weidenseide = *Cuscuta gronovii*
Weihnachtsglöckchen = *Sandersonia*
Wein = *Vitis*

Weinrebe = *Vitis*
Weiße Zaunrübe = *Bryonia alba*
Wicke = *Lathyrus*
Wilde Erdmandel = *Lathyrus tuberosus*
Wilder Wein = *Parthenocissus, Ampelopsis*
Wimperblatt = *Clematoclethra*
Winde = *Convolvus, Calonyction, Ipomoea, Pharbitis*
Windender Hans = *Berchemia*
Windenknöterich = *Fallopia convolvulus*
Winterkürbis = *Cucurbita maxima, Cucurbita moschata, Cucurbita pepo*

Wintermelone = *Cucumis melo*
Wintersquash = *Cucurbita maxima, Cucurbita pepo*
Winterjasmin = *Jasminum nudiflorum*
Wurstbeere = *Holboellia*

Yambohne = *Pachyrhizus erosus*
Yams = *Dioscorea batatas*
Yamswurzel = *Dioscorea*
Yang Tao = *Actinidia chinensis*
Youngberry = *Rubus × loganobaccus*

Zackengurke = *Cucumis metulifera*
Zaunrübe = *Bryonia*
Zaunwinde = *Calystegia*
Zimtwein = *Dioscorea batatas*
Zimtwein = *Apios*
Zottelwicke = *Vicia villosa*
Zucchini = *Cucurbita pepo*
Zuckermelone = *Cucumis melo*
Zymbelkraut = *Cymbalaria*

Die Freiland-Schmuckstauden. Handbuch und Lexikon der winterharten Gartenstauden. Begr. von → **Leo Jelitto** †, **Wilhelm Schacht** und **Alfred Feßler.** Neu herausgegeben von → **Wilhelm Schacht,** Frasdorf, und → **Alfred Feßler,** Weihenstephan. 3., völlig neubearbeitete Auflage. 683 Seiten mit 645 Farb- und 355 SW-Fotos. Ln. mit Schutzumschlag → **DM 290,-.**

Iris. Von → **Fritz Köhlein,** Bindlach, und → **Peter Werckmeister** †. 360 Seiten mit 147 Farbfotos und 60 Zeichnungen. Kst. mit Schutzumschlag → **DM 98,-.**

Lilien. Von → **Carl Feldmaier,** Pfarrkirchen, und → **Judith McRae,** Oregon/USA. 2., neubearbeitete und erweiterte Auflage. 246 Seiten mit 103 Farb- und 10 SW-Fotos sowie 35 Zeichnungen. Ln. mit Schutzumschlag → **DM 98,-.**

Enziane und Glockenblumen. Von → **Fritz Köhlein,** Bindlach. 326 Seiten mit 115 Farbfotos und 80 Zeichnungen. Ln. mit Schutzumschlag → **DM 98,-** (Gebirgspflanzen im Garten).

Primeln und die verwandten Gattungen Mannsschild, Heilglöckchen, Götterblume, Troddelblume, Goldprimel. Von → **Fritz Köhlein,** Bindlach. 406 Seiten mit 112 Farbfotos und 100 Zeichnungen. Ln. mit Schutzumschlag → **DM 128,-** (Gebirgspflanzen im Garten).

Saxifragen und andere Steinbrechgewächse. Von → **Fritz Köhlein,** Bindlach. 289 Seiten mit 100 Farbfotos und 50 Zeichnungen. Leinen mit Schutzumschlag → **DM 98,-** (Gebirgspflanzen im Garten).

Freilandsukkulenten. Von → **Fritz Köhlein,** Bindlach. 2., überarbeitete Auflage. 287 Seiten mit 105 Farbfotos und 48 Zeichnungen. Ln. mit Schutzumschlag → **DM 98,-** (Gebirgspflanzen im Garten).

Bäume und Sträucher im Garten. Von → **Prof. Dr. Richard Hansen,** Freising, und → **Friedrich Stahl,** Nürnberg. 2., durchgesehene Auflage. 238 Seiten mit 64 Farbfotos, 61 Zeichnungen und 58 Pflanzenlisten. Kst. mit Schutzumschlag → **DM 58,-.**

Gartengehölze. Von → **Andreas Bärtels,** Göttingen. 2., völlig neubearbeitete und erweiterte Auflage. 496 Seiten mit 265 Farbfotos, 320 Zeichnungen und 60 Tabellen. Ln. mit Schutzumschlag → **DM 168,-.**

Zwerggehölze und ihre Verwendung im Garten. Von → **Andreas Bärtels,** Göttingen. 287 Seiten mit 84 Farbfotos und 126 Zeichnungen. Kst. mit Schutzumschlag → **DM 68,-.**

Blütengehölze für Garten und Park. Von → **Franz Boerner** †, überarbeitet von → **Hans Scheller,** Coburg. 3., überarbeitete und neugestaltete Auflage. 272 Seiten mit 94 Farbfotos. Ln. mit Schutzumschlag → **DM 88,-.**

Kostbarkeiten aus ostasiatischen Gärten. Von → **Andreas Bärtels,** Göttingen. 184 Seiten mit 77 Farbfotos und 4 SW-Fotos sowie 62 Zeichnungen. Ln. mit Schutzumschlag → **DM 88,-.**

Prospekte kostenlos

Erhältlich in Ihrer Buch(Fach)handlung oder beim **Verlag Eugen Ulmer** Postfach 70 05 61, 7000 Stuttgart 70

E.U.

VERLAG EUGEN ULMER

Gartenglück. 40 Ideen für schönere Gärten. Von → **Elisabeth de Lestrieux,** mit Fotos von → **Marijke Heuff.** Aus dem Niederländischen von → **Herbert Duggen,** Kiel. 156 Seiten mit 155 Farbfotos und 77 Zeichnungen. Ln. mit Schutzumschlag → **DM 48,-.**

Farbe im Garten. Von → **Penelope Hobhouse,** England. Aus dem Englischen von → **Dr. Helge Mücke,** Bramsche. 240 Seiten mit 300 Farbfotos, Skizzen und Plänen. Ln. mit Schutzumschlag → **DM 98,-.**

Heidegärten. Von → **Lothar Denkewitz,** Hamburg. 356 Seiten mit 69 Farbfotos und 39 Zeichnungen. Ln. mit Schutzumschlag → **DM 128,-.**

Der Steingarten der sieben Jahreszeiten. Naturhaft oder architektonisch gestaltet. Von → **Prof. Dr. h. c. Karl Foerster** †. 10. Auflage; neubearbeitet ab der 7. Auflage von B. Röllich. 320 Seiten mit 172 Farb-, 118 SW-Fotos, 18 Zeichnungen und 140 Arealkarten. Ln. mit Schutzumschlag → **DM 48,-.**

Der Steingarten. Von → **Wilhelm Schacht,** Frasdorf. 6., überarbeitete und ergänzte Auflage. 224 Seiten mit 182 Farbfotos und 13 Skizzen. Pp. → **DM 68,-.**

Der Wassergarten. Von → **Karl Wachter,** Etz/Pinneberg. 6., verbesserte Auflage. 251 Seiten mit 128 Farbfotos, 48 Zeichnungen und 9 Entwürfen. Pp. → **DM 42,-.**

Gärten nach der Natur. Mit einheimischen Pflanzen und Materialien. Von → **Erhard Jaeckel,** Wittingen. 2. Auflage. 187 Seiten mit 75 Farbfotos, 63 Zeichnungen und 14 Pflanzenmodellen. Kst. → **DM 42,-.**

Das Wisley-Gartenbuch. Erfahrungen aus englischen Gärten. Hrsg. von → **Robert Pearson,** London. Aus dem Englischen von → **Susanne Lennartz,** bearbeitet von → **Alfred Feßler.** 475 Seiten mit 40 Farbfotos und 192 Zeichnungen. Ln. mit Schutzumschlag → **DM 78,-.**

Japanische Gärten und Gartenteile. Von → **Kiyoshi Seike** und **Masanobu Kudo,** Japan. Deutsche Bearbeitung von → **Walter Schmidt,** Hamburg. 96 Seiten mit 141 Farbfotos sowie zahlreichen Zeichnungen. Pp. mit Schutzumschlag → **DM 58,-.**

Zwiebel- und Knollengewächse. Von → **Reinhilde Frank,** Heppenheim. 461 Seiten mit 121 Farbfotos und 35 Zeichnungen. Ln. mit Schutzumschlag → **DM 128,-.**

Das Blumenzwiebelbuch. Die Zwiebel- und Knollengewächse. Von → **Christian Grunert** †. 319 Seiten mit 125 Farbfotos und 46 Zeichnungen. Ln. mit Schutzumschlag → **DM 58,-.**

Narzissus und die Tulipan. Über alte und neue Blumenzwiebeln. Von → **Dr. Wolf-Dieter Kaiser** und → **Rainer R. Vetter,** Dresden. 172 Seiten mit 163 Farbfotos und 13 Vignetten. Ln. mit Schutzumschlag → **DM 38,-.**

Prospekte kostenlos

Erhältlich in Ihrer Buch(Fach)handlung oder beim **Verlag Eugen Ulmer** Postfach 70 05 61, 7000 Stuttgart 70

E.U.

VERLAG EUGEN ULMER